Enterprise Social Networks

Alexander Rossmann · Gerald Stei · Markus Besch
(Hrsg.)

Enterprise Social Networks

Erfolgsfaktoren für die Einführung und
Nutzung – Grundlagen, Praxislösungen,
Fallbeispiele

Herausgeber
Alexander Rossmann
Bietigheim-Bissingen
Baden-Württemberg
Deutschland

Markus Besch
SocialMedia Institute (SMI)
Nürtingen
Deutschland

Gerald Stei
München
Deutschland

ISBN 978-3-658-12651-3
DOI 10.1007/978-3-658-12652-0

ISBN 978-3-658-12652-0 (eBook)

Die Deutsche Nationalbibliothek verzeichnet diese Publikation in der Deutschen Nationalbibliografie; detaillierte bibliografische Daten sind im Internet über http://dnb.d-nb.de abrufbar.

Springer Gabler
© Springer Fachmedien Wiesbaden 2016

Gedruckt auf säurefreiem und chlorfrei gebleichtem Papier

Springer Fachmedien Wiesbaden ist Teil der Fachverlagsgruppe Springer Science+Business Media (www.springer.com)

Vorwort

Enterprise Social Networks beziehen sich auf eine weitere Evolutionsstufe bei der Nutzung digitaler Technologien für die Kommunikation und Zusammenarbeit in Unternehmen. Die Art und Weise wie in Unternehmen kommuniziert und kooperiert wird unterliegt kontinuierlichen Veränderungen. Dabei hat sich die Nutzung moderner Informationstechnologien in den letzten Jahrzehnten gravierend auf den Arbeitsalltag in Unternehmen ausgewirkt. Kaum ein Prozess ist heute noch ohne IT-Unterstützung möglich. Ein weiterer Schritt in dieser Entwicklung bezieht sich nun auf den Einsatz so genannter Enterprise Social Networks (ESN), die häufig auch unter Schlagworten wie „Enterprise 2.0", „Enterprise Social Software" oder „Social Business" diskutiert werden. Aus theoretischer Sicht handelt es sich dabei um webbasierte Intranet-Plattformen, die es den Mitarbeitenden in Unternehmen erlauben, dauerhafte Objekte zu einem gemeinsamen Pool beizusteuern, öffentliche Antworten zu diesen Objekten erfassen und die Vernetzung der Nutzer untereinander fördern. Praktisch geht es um eine neue Form der Zusammenarbeit. Die Mitarbeitenden erhalten ein öffentliches Profil und können transparent mit anderen Unternehmensmitgliedern kommunizieren – und dies über räumliche und zeitliche Grenzen hinweg. Typische Ansätze für ESN werden auf der Grundlage unterschiedlicher Softwarelösungen umgesetzt. Der vorliegende Herausgeberband gibt einen Einblick in theoretische Grundlagen, Praxislösungen und Fallstudien für den Einsatz dieser Lösungen.

Eine weitere Diskussion der Chancen, Grenzen und Erfolgsfaktoren von ESN ist dringend erforderlich. In der Unternehmenspraxis ist der Einsatz von Social Software in der internen Kommunikation und Zusammenarbeit häufig mit hohen Erwartungen verbunden. Dies bezieht sich beispielsweise auf die Verbesserung der Zusammenarbeit, den Wissensaustausch oder die Stimulierung von Innovationsprozessen. ESN sollen sich auch positiv auf die Führungskultur und die Mitarbeiterzufriedenheit bzw. allgemein die Produktivität auswirken.

Seit etwas mehr als zwei Jahren werden daher auch im deutschsprachigen Raum ESN eingeführt. Dies bezieht sich v. a. auf den Einsatz in Großunternehmen. Analysten prognostizieren für 2017 ein weltweites Marktvolumen von 2,7 Mrd. US-Dollar. Angesichts dieser Investitionen stellt sich die Frage, welche Faktoren für den Erfolg wesentlich sind bzw. ob sich die mit ESN verbundenen Erwartungen realisieren lassen.

Derartige Fragestellungen diskutiert dieser Herausgeberband. Dabei werden drei wesentliche Schwerpunkte gesetzt. Teil 1 des Bandes befasst sich der Perspektive der Forschung und der Untersuchung von ESN mit wissenschaftlichen Forschungsmethoden.

Teil 2 lenkt den Fokus bereits auf die Perspektive der Praxis. Dabei werden einige Kernkonzepte diskutiert, die für den praktischen Einsatz von ESN von zentraler Bedeutung sind. Teil 3 skizziert schließlich die Umsetzung der skizzierten Modelle und Werkzeuge anhand von konkreten Fallbeispielen aus der Unternehmenspraxis. Es werden Erfahrungen bei der Einführung von ESN aus der Perspektive von vier Großunternehmen dargestellt.

Zu Beginn geben die Herausgeber eine Einführung in das Thema. ESN werden begrifflich gefasst und aus Perspektive der Forschung und Praxis definiert. Dabei bezieht sich der Beitrag im Wesentlichen auf die Analyse der wesentlichen Forschungsfelder für ESN. Die Analyse macht zum einen deutlich, dass die relevante Forschung im Themenbereich bereits einen erheblichen Umfang erreicht hat. Zum anderen sind immer noch vielfältige Fragen zu beantworten, die sich beispielsweise auf das Nutzerverhalten, Management, Leadership und die Governance von ESN beziehen. Insgesamt werden acht relevante Forschungsfelder abgeleitet und mit Hinblick auf relevante Forschungsfragen für zukünftige Projekte beschrieben.

Der folgende Beitrag von Sebastian Sprenger befasst mit einem dieser Forschungsfelder, nämlich mit der Erfolgsmessung in ESN. Untersuchungen in der Unternehmenspraxis machen deutlich, dass viele Führungskräfte bei der Einführung entsprechender Plattformen zögern. Dies wird häufig daran festgemacht, dass kein messbarer Nutzen durch Veränderungen bei der Kommunikation und Zusammenarbeit zu erlangen ist. Sebastian Sprenger setzt eine Befragung von Enterprise 2.0 Nutzern und Nicht-Nutzern auf und vergleicht die wahrgenommene Effektivität bei der Aufgabenbewältigung. Die Ergebnisse weisen darauf hin, dass Enterprise 2.0 Anwendungen tatsächlich eine höhere, wahrgenommene Produktivität bei den Nutzern hervorrufen. Dies bietet eine hervorragende Ausgangsbasis für weitere Forschungsarbeiten zur Messung der Erfolgswirkung von ESN.

Im Anschluss daran diskutieren David Wagner, Jan-Mathis Schnurr, Susanne Enke und Ben Ellermann die Bedeutung von Social-Media- und Community-Management in der digitalen Transformation. Auf dem Weg zur vernetzten Organisation spezialisieren sich auch die Berufsbilder in Unternehmen. Auf der Basis einer Studie des Bundesverband Community Management e. V. lässt sich ableiten, dass die Ausbildung neuer Rollenprofile im Kontext von ESN bereits ein ausgeprägtes Niveau erreicht hat. In der Tendenz wird diese Spezialisierung in Zukunft weiter zulegen. Daher zeigt der Beitrag auch auf, wie neue Berufsfelder gefördert und mit bereits etablierten Rollen auf Team- und Organisationsebene zu vernetzen sind.

Die Ausbildung neuer Rollen und die Steuerung der Kommunikation und Zusammenarbeit in ESN kann unter dem Begriff der Governance zusammengefasst werden. Das Konstrukt Governance wird in seiner Konzeptualisierung, Definition und in Bezug auf die konkrete Umsetzung in Unternehmen durch den Beitrag von Alexander Rossmann, Gerald Stei und Winfried Ebner skizziert. Auf Basis einer fundierten Literaturanalyse und qualitativer Interviews werden mögliche Governancemodelle für die Einführung und

Weiterentwicklung von ESN diskutiert. Die Resultate der Untersuchung weisen auf Zusammenhänge zwischen unterschiedlichen Intensitäten und Formen der Governance und der Nutzung von ESN hin, die sich als Ausgangshypothesen für weitere Forschungsarbeiten nutzen lassen.

Einen weiteren Ausblick in die Zukunft bietet schließlich der Beitrag von Daniel Hein und Philipp Rauschnabel zu Augmented Reality Smart Glasses. Die Autoren zeigen auf, wie neue technologische Möglichkeiten zusätzliche Informationen in verschiedenen Wertschöpfungszusammenhängen erzeugen. Dabei werden besonders die Einsatzmöglichkeiten von Smart Glasses im Kontext von ESN skizziert. Der Beitrag diskutiert sowohl theoretische Perspektiven zur Konzeptualisierung der Kernfaktoren für die Akzeptanz neuer Technologien, als auch Ansatzpunkte zur Erzeugung von Wettbewerbsvorteilen durch Smart Glasses in der Wissensarbeit.

Der **zweite Teil** des vorliegenden Herausgeberbands behandelt praxisorientierte Leitlinien und Empfehlungen für die Einführung und Nutzung von ESN. Den Anfang macht in dieser Hinsicht ein Beitrag von Martina Göhring und Joachim Niemeier zu erfolgreichen Praktiken bei der Einführung von ESN. Die Autoren betonen, dass der Aufwand der Einführung entsprechender Plattformen in den meisten Unternehmen unterschätzt wird. Dies gilt v. a. für die Anforderungen in Bezug auf Arbeitsprozesse und die Unternehmenskultur. Auf der Grundlage von empirischen Studien werden die Ziele, Treiber, Erfolgsfaktoren und Barrieren für die Einführung von ESN skizziert. Dies beinhaltet auch eine Blaupause für die wesentlichen sieben Schritte der Systemeinführung. Dabei empfehlen die Autoren ein Lernen aus Fallbeispielen und die Übertragung bereits umgesetzter Maßnahmen aus Best Practice Erfahrungen.

Die drei folgenden Beiträge greifen konkrete Teilfragen bei der Nutzung von ESN auf. Der erste Themenbereich bezieht sich auf die Gewährleistung von Datensicherheit. Katrin Beuthner weist darauf hin, dass in ESN auch vertrauliche Informationen und Daten ausgetauscht werden. Daher spielen die Datensicherheit und der Datenschutz an dieser Stelle eine besondere Rolle. Der Fokus des Beitrags lenkt die Aufmerksamkeit auf konkrete Risikofaktoren sowie auf Instrumente und Techniken, die genutzt werden können, um die Datensicherheit von ESN zu verbessern.

In diesem Kontext zeigt Carsten Ulbricht rechtliche Implikationen und entsprechende Handlungsempfehlungen für ESN auf. ESN versprechen unterschiedliche Vorteile, u. a. durch die Förderung der Effizienz von Arbeitsprozessen und einen barrierefreien Informationsfluss im Unternehmen. Dabei sind jedoch einige rechtliche Rahmenbedingungen zu berücksichtigen. Dies gilt bereits für die Phase der Konzeption und Einführung, da sich relevante Fragen bereits hier adressieren lassen. Der Beitrag von Carsten Ulbricht gibt einen Überblick zu den relevanten rechtlichen Implikationen. Im Einzelnen werden die Aspekte Datenschutz, Urheberrecht, Arbeitsrecht und Risikomanagement in Bezug auf die Anwendung sozialer Netzwerke im Unternehmenskontext dargestellt.

Die Themenbereiche Datenschutz und Datensicherheit sowie die rechtlichen Rahmenbedingungen setzen einen Gestaltungsbereich für die Entwicklung und Umsetzung von ESN. Der Beitrag von Volker Steinhübel und Sebastian Reek greift auf, dass für die

Entscheidung für oder gegen den Einsatz entsprechender Lösung jedoch eine Bewertung des ökonomischen Nutzens maßgeblich ist. Eine valide Messung der ökonomischen Vorteile von Kommunikationsmitteln ist mit unterschiedlichen Herausforderungen verbunden. Der durch die wirksame Anwendung eines ESN generierte Nutzen zeigt sich zunächst in einer Steigerung des gegenseitigen Vertrauens und der damit verbundenen Reduktion von Transaktionskosten. Die hat einen direkten Einfluss auf Erfolgsfaktoren im Beziehungs-, Struktur- und Humankapital. Durch einen ganzheitlichen Betrachtungsansatz kann die strategische und operative Wirkung des Wissenskapitals auf die Performance des Unternehmens analysiert werden. Damit wird den für ein ESN notwendigen Investitionen in Kapazitäten und Technologie eine quantifizierbare ökonomische Erfolgsgröße gegenübergestellt.

ESN sind heute bei Großunternehmen im Einsatz oder befinden sich zumindest im Einführungsprozess. Markus Besch stellt in seinem Beitrag die These auf, dass der Mittelstand bei der Nutzung von ESN zögert und weitgehend auf traditionelle Modelle der Kommunikation und Zusammenarbeit setzt. Dies kann sich insbesondere bei der Gewinnung junger Talente als Nachteil erweisen, da von dieser Mitarbeitergruppe ein digitaler Arbeitsplatz mit zeitgerechten Werkzeugen und offenen Partizipationsmöglichkeiten erwartet wird. Der Beitrag von Markus Besch beleuchtet daher, welche spezifischen Voraussetzungen bei mittelständischen Unternehmen zu berücksichtigen sind und wie sich ESN auch im Mittelstand wirksam einsetzen lassen.

Der abschließende Beitrag im zweiten Kapitel von Peter Schütt thematisiert die interne Seite der digitalen Transformation. Technologien wie Cloud Computing, mobile Endgeräte und soziale Medien haben sich bislang v. a. auf das Zusammenspiel mit externen Bezugsgruppen ausgewirkt. Grundsätzlich ist jedoch davon auszugehen, dass sich auch interne Prozesse im Wandel befinden. Dies führt zu einer Transformation hin zu digitalen Unternehmen, in denen Netzwerkstrukturen eine höhere Bedeutung zukommen wird. Peter Schütt macht deutlich, dass dies nicht als Einführung einer neuen IT-Plattform, sondern in erster Linie als Change Projekt für die gesamte Organisation zu deuten ist. Dabei müssen unterschiedliche Abteilungen einen Beitrag leisten. Darüber hinaus verändert sich die Rolle der Führung in Unternehmen. Gleichzeitig setzt sich der technologische Wandel fort, denn schon bald werden kognitive Systeme unsere Arbeitsweisen erneut stark verändern.

Der **dritte Teil** dieses Herausgeberbands befasst sich mit Fallbeispielen und Einblicken in die praktische Umsetzung von ESN. Den Anfang macht hier Christina-Dorothea Schlichting. Sie beschreibt die Einführung einer internen sozialen Kollaborationsplattform bei der *Volkswagen AG*. Mit der Plattform will der Konzern eine bessere Abstimmung zwischen den Mitarbeitern ermöglichen, eine offenere Kultur fördern und gleichzeitig den Wissens- und Erfahrungsaustausch intensivieren. Die Erfahrungen bei Volkswagen weisen darauf hin, dass die Usability der technischen Plattform für die Akzeptanz der Nutzer wesentlich ist. Darüber hinaus geht es darum, die Mitarbeiter bei der Entwicklung der Plattform umfassend einzubeziehen. Dies betrifft v. a. die Gestaltung von Anwendungsfällen in verschiedenen Fachbereichen. Der Beitrag gibt Einblicke in einige Use Cases bei

Volkswagen und beleuchtet weitere Faktoren, die für den Erfolg eines ESN aus Sicht der Praxis wesentlich sind.

Winfried Ebner, Keltoum Strunck-Zair und Romina Seidel gehen anschließend auf die TSN Guide Initiative der *Telekom Deutschland* ein. TSN steht für Telekom Social Network und bezieht sich auf die Umsetzung eines ESN im Telekommunikationskonzern. Die Idee der TSN Guides dreht sich um die Einbindung von Mitarbeitern, die freiwillig Ansätze für „Anders Arbeiten" in die Organisation tragen. Der Beitrag diskutiert, wie die Initiative gestartet wurde, welches Selbstbild sich entwickelt hat und durch welche Formate die TSN Guides unterstützt werden. Die Guides werden heute als wesentlicher Erfolgsfaktor für das TSN gesehen. Daher bietet der Beitrag Einblicke in die Eckpfeiler der Einführung eines ESN auf Basis einer Freiwilligen-Initiative. Darüber hinaus geht es darum, wie sich derartige Guide-Konzepte in Zukunft weiter ausbauen lassen.

Das dritte Fallbeispiel des Herausgeberbands befasst sich mit dem Relaunch des ESN bei der *Bayer AG*. Thomas Helfrich und Gerald Stei führen aus, wie sich Connections@ Bayer seit der konzernweiten Einführung im Jahr 2012 entwickelt hat. Dabei fokussiert sich der Beitrag auf die Begleitung der Einführung eines ESN durch Kommunikationsmaßnahmen. Dies umfasst beispielsweise die Gewinnung der Aufmerksamkeit der Mitarbeiter und die Schaffung von Interesse für die neue Form der Zusammenarbeit. Die Kommunikationsstrategie bei Bayer umfasst acht Kernnachrichten, die auf unterschiedlichen Kommunikationskanälen im Unternehmen verbreitet werden. Zudem lassen sich durch die Verwendung von Testimonials die Vorteile für alle Mitarbeitergruppen darstellen. Der Relaunch war erfolgreich: Die Nutzerzahlen konnten erweitert werden und die Mitarbeiterzufriedenheit stieg an. Die Fallstudie stellt daher anschaulich dar, dass ein von einer effektiven Kommunikationskampagne begleiteter Relaunch eines ESN die Nutzung entsprechender Plattformen nachhaltig beeinflussen kann.

Den Abschluss des dritten Kapitels bildet der Erfahrungsbericht von Rüdiger Schönbohm zur Einführung eines ESN bei der *Robert Bosch GmbH*. Der Weg in ein vernetztes Unternehmen begann bei Bosch mit der schrittweisen Einführung einer Social Collaboration Plattform für die weltweit über 300.000 Mitarbeiter der Bosch-Gruppe. Das ESN entwickelte sich zunehmend zu einem wesentlichen Baustein für die langfristig angelegte Weiterentwicklung der Organisation in ein agiles Unternehmen. Der Beitrag erläutert wichtige Schritte auf diesem Weg und zeigt exemplarisch das Vorgehensmodell und die Auswirkungen auf Strategie, Geschäftsprozesse, IT, Führungs- und Mitarbeiterentwicklung sowie Kultur auf.

Die einzelnen Beiträge lassen sich einzeln oder chronologisch lesen und bieten einen Überblick zum Stand von Forschung und Praxis in Bezug auf die Nutzung von ESN. Es zeigt sich deutlich, dass mit der Einführung entsprechender Plattformen ein grundlegender Wandel der Kommunikation und Zusammenarbeit in Unternehmen verbunden ist. Dabei kann nicht oft genug auf den Charakter entsprechender Projekte als Veränderungsvorhaben hingewiesen werden. Daher sind neben technologischen Fragestellungen, v. a. Aspekte wie Governance, Führung, Kommunikation sowie das Zusammenspiel zwischen ESN und der Aufbau- sowie Ablauforganisation zu beleuchten. In diesem Sinne lassen sich entsprechende Plattformen mittelfristig als Treiber für den Wandel hin zu vernetzten, transparenten und dynamisch agierenden Unternehmen nutzen. Der vorliegende Herausgeberband bietet dazu einen Zwischenbericht und weist auf weitere Entwicklungsperspektiven hin.

An dieser Stelle bedanken wir uns in erster Linie bei den Autoren für die Zusammenarbeit bei der Gestaltung und Umsetzung der einzelnen Beiträge.

Dezember 2015   Alexander Rossmann,
                                                                Gerald Stei und Markus Besch

Abkürzungsverzeichnis

AA:	Automotive Aftermarket
Abb.:	Abbildung
Abs.:	Absatz
AG:	Aktiengesellschaft
AK:	Arbeitskreis
API:	Application Programming Interface
AR:	Augmented Reality
ArbnErfG:	Arbeitnehmererfindungsgesetz
B2B:	Business to Business
BDSG:	Bundesdatenschutzgesetz
BES:	Blackberry Enterprise Server
BetrVG:	Betriebsverfassungsgesetz
BSC:	Balanced Scorecard
BVCM:	Bundesverband Community Management
BYOD:	Bring Your Own Device
bzw.:	beziehungsweise
ca.:	circa
CD:	Corporate Design
CI:	Corporate Identity
CIO:	Chief Information Officer
CMS:	Content Management System
CSCW:	Computer Supported Cooperative Work
DFB:	Deutscher Fußballbund
d. h.:	das heißt
DMZ:	Demilitarized Zone
DNS:	Domain Name System
E2.0:	Enterprise 2.0
ebd.:	ebenda
ECS:	Enterprise Collaboration Software

EFQM: European Foundation of Quality Management
e. g.:   example given
ERP: Enterprise Ressource Planning
ESN: Enterprise Social Network
ESS: Enterprise Social Software
et al.:   et aliae
etc.:   et cetera
EU: Europäische Union
FAQ: Frequently Asked Questions
FB: Facebook
f./ff.:   folgende
ggf.:   gegebenenfalls
GIS: Geographic Information System
GmbH: Gesellschaft mit beschränkter Haftung
HR: Human Ressources
Hrsg.:   Herausgeber
HTTP: Hypertext Transfer Protocol
HTTPS: Hypertext Transfer Protocol Secure
IBM: International Business Machines
ICR: Intellectual Capital Reports
i. d. R.:   in der Regel
IEC: International Electrotechnical Commission
IfM: Institut für Mittelstandsforschung
iOS: iPhone Operating System
IP: Internet Protocol
ISO: International Organization for Standardization
ISS: Intranet Social Software
IT: Informationstechnologie
i. V. m.:   in Verbindung mit
KMU: Kleine und Mittlere Unternehmen
KPI: Key Performance Index
LAN: Local Area Network
LDAP: Lightweight Directory Access Protocol
LTE: Long Term Evolution
Mio.:   Millionen
Mrd.:   Milliarden
MW: Mittelwert
N: Größe der Stichprobe
NAT: Network Address Translation
NGFW: Next Generation Firewall
o. A.:   ohne Angabe
o. ä.:   oder ähnliche(s)

OSN:	Online Social Networks
PC:	Personal Computer
PDCA:	Plan-Do-Change-Act
PDF:	Portable Document Format
PIN:	Personal Identification Number
QR:	Quick Response
R&D:	Research and Development
RoD:	Return on Digital
RoI:	Return on Investment
S.:	Seite
SD:	Standardabweichung
SME:	Small and Medium Enterprises
SMTP:	Simple Mail Transfer Protocol
SNS:	Social Networking Site
SocBiz:	Social Business
Tab.:	Tabelle
TAM:	Technology Acceptance Model
TMG:	Telemediengesetz
TQM:	Total Quality Management
TRA:	Theory of Reasoned Action
TSN:	Telekom Social Network
TTF:	Task Technology Fit
UrhG:	Urheberrechtsgesetz
URL:	Uniform Resource Locator
USA:	United States of America
usw.:	und so weiter
UX:	User Experience
v. a.:	vor allem
VDI:	Verein Deutscher Ingenieure
vgl.:	vergleiche
VPN:	Virtual Private Network
VR:	Virtual Reality
vs.:	versus
VUCA:	Volatility, Uncertainty, Complexity, and Ambiguity
VW:	Volkswagen
WAN:	Wide Area Network
WWW:	World Wide Web
z. B.:	zum Beispiel

Inhaltsverzeichnis

Abbildungsverzeichnis

Liste der Tabellen

Teil I
Enterprise Social Networks aus der Perspektive der Forschung

Enterprise Social Networks – Einführung in die Thematik und Ableitung relevanter Forschungsfelder

Alexander Rossmann und Gerald Stei

Inhaltsverzeichnis

Zusammenfassung

Die Relevanz von Enterprise Social Networks (ESN) für den Arbeitsalltag in Wissens-organisationen steigt. Diese Netzwerke unterstützen die Kommunikation, Zusammen-arbeit und das Wissensmanagement in Unternehmen. Der vorliegende Beitrag beinhaltet eine Einführung in das Themengebiet ESN und skizziert Einsatzmöglichkeiten, Poten-ziale und Herausforderungen. Er gibt einen Überblick zu wesentlichen Fachartikeln,

A. Rossmann (✉) · G. Stei
Hochschule Reutlingen, Reutlingen Deutschland
E-Mail: Alexander.Rossmann@reutlingen-university.de

© Springer Fachmedien Wiesbaden 2016
A. Rossmann et al. (Hrsg.), *Enterprise Social Networks,*
DOI 10.1007/978-3-658-12652-0_1

die eine Übersicht zu Forschungsarbeiten im Bereich ESN beinhalten. Anschließend werden einzelne Forschungsbeiträge analysiert und weitere Forschungspotenziale abgeleitet. Dies führt zu acht Erfolg versprechenden Bereichen für die weitere Forschung: 1) Nutzerverhalten, 2) Effekte des Einsatzes von ESN, 3) Management, Leadership und Governance für ESN, 4) Wertbestimmung und Erfolgsmessung, 5) kulturelle Auswirkungen, 6) Architektur und Design von ESN, 7) Theorien, Forschungsdesigns und Methoden, sowie 8) weitere Herausforderungen in Bezug auf ESN. Der Beitrag charakterisiert diese Bereiche und formuliert exemplarisch offene Fragestellungen für die zukünftige Forschung.

Schlüsselwörter

Web 2.0 · Enterprise 2.0 · Einführungsphase · Social Networking Sites · Social Software · Intranet Social Software · Enterprise Social Networking · Enterprise Social Platform · Enterprise Social Networking Site · Nutzerverhalten · Teams · Effekte · Social Connectedness · Management · Governance · Leadership · Adoption · Wertbeitrag · Unternehmenskultur · Architektur · Design · Theorien · Methoden · Forschungsdesigns · Herausforderungen

1.1 Einleitung

Die rasche Verbreitung von Web 2.0-Technologien erlaubt es den Nutzern, eine wesentliche Rolle bei der Content-Erstellung auf Internetplattformen zu spielen. Eine grundlegende Eigenschaft dieser Technologien besteht in der Möglichkeit, Informationen zu schaffen und über internetbasierte Plattformen auszutauschen (Antonius et al. 2014). Diese Web 2.0-Technologien werden auch als Social Media bezeichnet und bilden das Fundament für eine intensive Diskussion von Chancen und Risiken in Forschung und Praxis (Altamimi 2013). Social Media umfasst eine Vielzahl an Technologien und Funktionalitäten, wie etwa Blogs, Wikis, Podcasts, virtuelle Welten und soziale Netzwerke (Cooke und Buckley 2008; Schmidt und Bannon 2013).

Der damit verbundene Wandel bietet eine Reihe von Vorteilen, die nicht nur für Privatnutzer, sondern auch für Unternehmen interessant sind (Mukkamala und Razmerita 2014). Organisationen führen Web 2.0-Werkzeuge für die interne Anwendung ein, etwa um es den Mitarbeitern zu ermöglichen, Informationen zu teilen und die Zusammenarbeit mit Kunden und Partnern zu unterstützen (Altamimi 2013). Eine Gruppe dieser Werkzeuge, die im organisationalen Kontext besondere Aufmerksamkeit erlangt hat, wird als Enterprise Social Networks (ESN) bezeichnet. ESN werden heute mit dem Ziel eingesetzt, sowohl die organisationale Effektivität wie auch die Effizienz zu verbessern (Hatzi et al. 2014).

Das Beratungsunternehmen Altimeter definiert ESN als ein „[…] Bündel von Technologien, die einen Geschäftswert erzeugen, indem sie die Mitglieder einer Organisation durch die Bereitstellung von Profilinformationen, Updates und Benachrichtigungen vernetzen" (Li et al. 2012a, S. 3). Die Bezeichnungen ESN und Enterprise 2.0 werden häufig synonym verwendet. Andrew McAfee (2006) gilt als Begründer des Begriffs Enterprise 2.0, den er heranzog, um die Nutzung von Social Software-Plattformen in Unternehmen zu beschreiben. Der Betrieb von Enterprise 2.0-Plattformen erlaubt es den Mitgliedern einer Organisation, virtuelle Verbindungen zu ihren Kollegen zu knüpfen (Li et al. 2012b). Die Mitarbeiter können ESN nutzen, um miteinander zu interagieren, online zusammenzuarbeiten und webbasierte Inhalte zu bearbeiten (Denyer et al. 2011; Steinhueser et al. 2011). Derartige Technologien werden insbesondere in der Wissensarbeit angewandt, um den Austausch von Informationen zwischen den Mitgliedern einer Organisation zu unterstützen und um einen Wissensspeicher in Unternehmen zu schaffen (Mukkamala und Razmerita 2014). Je mehr Teilnehmer die Plattformen nutzen, desto höher sind die Vorteile der Nutzung, der Interaktion und der Kombination von Daten aus unterschiedlichen Quellen. Diese Netzwerkeffekte werden auch als „Architektur der Partizipation" bezeichnet (Altamimi 2013).

ESN-Lösungen wie IBM Connections, Jive, Microsoft Sharepoint oder Yammer (Kuegler et al. 2013; Richter und Riemer 2013b) sollen die Erreichung von Geschäftszielen unterstützen (Antonius et al. 2014). In Forschung und Praxis werden verschiedene Gründe für die Nutzung von ESN beschrieben.

Der erstgenannte Ziel, Zusammenarbeit, bezieht sich auf die Entstehung neuer Organisationsformen und Arbeitsarrangements (Jarle Gressgård 2011). ESN unterstützen die kollaborative Zusammenarbeit in Organisation durch Funktonen, die von der gemeinsamen Dokumentenbearbeitung und -teilung (Hatzi et al. 2014; Williams und Schubert 2011) bis hin zur Erschaffung umfangreicher kollaborativer Arbeitsumgebungen reichen (Schmidt und Bannon 2013). Von solchen Unternehmensnetzwerken wird erwartet, die Zusammenarbeit selbst über hierarchische Strukturen hinweg zu verbessern (Awolusi 2012).

In der Verbesserung der Kommunikation liegt ein weiteres Ziel der ESN-Nutzung. Bedingt durch die technologische Entwicklung ändert sich die Kommunikation in Unternehmen spürbar (Jarle Gressgård 2011). ESN erlauben es den Nutzern, über räumliche und zeitliche Distanz hinweg miteinander zu kommunizieren und Konversationen über das Unternehmensnetz zu führen (Altamimi 2013). Dies kann die Kommunikation zwischen verschiedenen organisationalen Einheiten und Ebenen betreffen und Implikationen für die vorhandene Hierarchie erzeugen (Berger et al. 2014a).

Ein weiteres Ziel von ESN bezieht sich auf den Bereich Wissensmanagement: ESN unterstützen die effiziente Verteilung von Wissen in Organisationen (Hatzi et al. 2014), in dem sie eine geeignete Architektur bereitstellen, die einen einfachen Austausch von Informationen zwischen den Mitarbeitern ermöglicht (Berger et al. 2014a; Williams und Schubert 2011). Nicht nur Wissen selbst, sondern auch Expertise im Sinne von spezialisierten Wissensressourcen kann dabei von den Nutzern weitergegeben werden (Ackerman et al. 2013).

Zudem können sich über ESN soziale Interaktionen zwischen den Nutzern etablieren. Der informelle Austausch kann zu einem verbesserten Informationsfluss in Unternehmen führen und dabei helfen, arbeitsbezogene Problemstellungen leichter zu lösen (Hatzi et al. 2014).

Weitere relevante Bereiche der ESN-Nutzung beziehen sich auf das Auffinden von Experten, auf die Unterstützung der Entscheidungsfindung und auf das Erschaffen von neuen Kommunikationskanälen in Unternehmen (Williams und Schubert 2011).

Obwohl ESN in der Praxis weitreichend Anwendung finden (Denyer et al. 2011) und ihnen das Potenzial zugesprochen wird, die Arbeitspraxis in Unternehmen zu verändern (Spangler et al. 2014), bleibt festzuhalten, dass sich die erhofften Erfolge häufig nicht einstellen. Der Nutzungsgrad von ESN bleibt in der Praxis oftmals hinter den Erwartungen zurück und die Beteiligung der Mitarbeiter ist gering (Kuegler et al. 2013). Dies führt dazu, dass die Netzwerke ihr theoretisches Potenzial nicht voll entfalten können. Damit stellen sich die erhofften Netzwerkeffekte nicht ein und die Erwartungen an die Systeme werden nicht erreicht (Jeon et al. 2011). Dies legt die Frage nahe, ob und ggf. unter welchen Voraussetzungen eine Investition in ESN sinnvoll ist (Schubert und Williams 2011). Die Marktforscher von Gartner schätzen, dass 80 % der ESN-bezogenen Anstrengungen nicht zu den erhofften Effekten führen. Als wesentliche Ursachen werden „inadäquate Führung und eine Überbetonung der technologischen Aspekte" von ESN genannt (van der Meulen und Rivera 2013).

Somit bleibt die Frage offen, welche organisationalen Aktivitäten hilfreich sind, um ESN zum Erfolg zu führen. Dabei werden in Theorie und Praxis unterschiedliche Faktoren genannt. Die Ausgestaltung der Einführungsphase ist besonders wichtig, um eine erfolgreiche Adoption der Netzwerke zu stimulieren (Kuegler et al. 2013). Auch nach der technischen Einführung des ESN besteht für Unternehmen die Notwendigkeit, diese Systeme aktiv zu unterstützen, da deren Zielsetzung mit den bestehenden organisationalen Realität kollidieren kann (Denyer et al. 2011). Jenseits der technologischen Aspekte müssen weitere potenzielle Herausforderungen berücksichtigt werden. Zu nennen ist hier etwa das Wechselspiel mit der Organisationskultur (Antonius et al. 2014).

Derartige Fragestellungen stehen im Fokus diverser wissenschaftlicher Beiträge über ESN. Aufgrund der Vielzahl von Forschungsarbeiten ist es erforderlich, den aktuellen Stand der Forschung zu evaluieren. Dies bietet einen Überblick zu bereits behandelten Themenstellungen und weist darauf hin, welche Fragestellungen noch nicht abschließend beantwortet wurden. Aus diesem Grund bezieht sich der vorliegende Beitrag auf die folgenden Fragestellungen:

Welche weiteren Forschungsfragen lassen sich auf Basis der vorliegenden Beiträge zu Enterprise Social Networks ableiten?

Wie lassen sich die abgeleiteten Forschungsfragen zu relevanten Themenbereichen für die weitere Forschung zur Enterprise Social Networks integrieren?

Der Beitrag gliedert sich folgendermaßen: Zunächst werden bereits publizierte Literaturanalysen zu ESN dargestellt und zusammengefasst. Auf dieser Grundlage erfolgt eine ausführliche Literaturanalyse. Diese umfasst die Artikel seit 2013 und zielt darauf ab, relevante Fragen für die weitere Forschung zu ESN identifizieren. Schließlich werden diese Fragen zu Themenbereichen der zukünftigen Forschung aggregiert.

1.2 Analyse der Literatur

Der vorliegende Beitrag soll die theoretische Erschließung des Forschungsgebietes ESN unterstützen. Ein Blick in die Literatur zeigt, dass eine Vielzahl an Forschungsarbeiten über ESN vorhanden ist, unter anderem in der Form von Literaturübersichten. Diese sollen genauer betrachtet und auf die Frage hin analysiert werden, welche Implikationen für die zukünftige Forschung in diesen Beiträgen beschrieben werden. Anschließend wird das methodische Vorgehen bei der eigenen, ergänzenden Literaturanalyse vorgestellt.

1.2.1 ESN-Literaturübersichten

Der vorliegende Beitrag betrachtet sechs exemplarische Beiträge in wissenschaftlichen Journalen, die eine Literaturübersicht zum Thema ESN beinhalten. Dabei steht die Frage im Mittelpunkt, welche Kernfragen für die zukünftige Forschung in diesen Aufsätzen genannt werden. Daher werden nachfolgend die Forschungsarbeiten von Boyd und Ellison (2007), Richter und Bullinger (2010), Altamimi (2013), Williams et al. (2013), Berger et al. (2014a) und Meske et al. (2014) skizziert.

Bereits 2007 beschreiben Boyd und Ellison die Funktionen von Social Networking Sites (SNS) und liefern eine umfassende Definition. Sie definieren SNS als „[…] web-based services that allow individuals to (1) construct a public or semi-public profile within a bounded system, (2) articulate a list of other users with whom they share a connection, and (3) view and traverse their list of connections and those made by others within the system. The nature and nomenclature of these connections may vary from site to site" (Boyd und Ellison 2007, S. 212). Wie die Definition andeutet, fokussieren sich die beiden Autorinnen nicht explizit auf soziale Netzwerke in Unternehmen. Stattdessen beschreiben sie die historische Entwicklung von SNS, insbesondere für den privaten Anwendungskontext. Dabei werden v. a. Netzwerke wie Friendster, MySpace, etc. analysiert. In Bezug auf zukünftige Forschungsfragen halten die Autorinnen fest, dass in der Literatur ein Mangel an Kausalaussagen vorherrscht. Als Grund wird das Fehlen von Experimental- und Longitudinalstudien angeführt. Zudem stellen die Autoren fest, dass in Wissenschaft und Praxis nur ein limitiertes Verständnis dafür vorliegt, wer SNS nutzt bzw. nicht nutzt, und warum und zu welchem Zweck dies geschieht, bzw. nicht geschieht. Aus diesem Grund skizziert der Beitrag einen Forschungsbedarf für die Durchführung von großangelegten quantitativen und qualitativen Forschungsinitiativen in den Bereichen Nutzeranalyse und Kausalmodellierung (Boyd und Ellison 2007, S. 223).

Im Jahr 2010 fassen Richter und Bullinger in ihrem Aufsatz den Stand der Forschung zum Thema Enterprise Social Networks zusammen und identifizieren sechs Metathemata, die als Grundlage für zukünftige Forschung dienen soll. Als Grundlage wird eine Aufarbeitung der Literatur zum Themengebiet „Enterprise 2.0" vorgenommen. Bei ihrer Analyse beschränken sich die Autoren auf den deutschsprachigen Raum. Anschließend werden im Rahmen eines eintägigen Expertenworkshops mit 19 Teilnehmern aus Wissenschaft und Praxis sechs Themen erarbeitet. Die sechs Themenbereiche, die sich für weitere Forschung eignen sind: „Zielsetzung & Definition", „Enterprise 2.0 in der Organisation", „Funktionalitäten", „Motivation", „Nutzung" und „Daten" (Richter und Bullinger 2010). Dabei wird die Verbindung verschiedener Metathemata als relevant für die Forschung genannt.

Der jordanische Wissenschaftler Loay Altamimi analysiert 2013 in einer lexikalischen Untersuchung die wissenschaftliche Fachliteratur zu Social Software. Dabei verfolgt er das Ziel, systematisch die Evolution der Literatur seit der Entstehung von Social Software- und Web 2.0-Technologien darzustellen. Er fokussiert sich explizit auf die Anwendung im organisationalen Kontext. Obwohl der Schwerpunkt auf die Aufarbeitung der historischen Entwicklung dieser Technologien liegt, liefert der Beitrag Ansatzpunkte für die zukünftige Forschung: So sollten Vor- und Nachteile von Social Software in organisationalen Szenarien betrachtet, die Effekte und Erfolge von Web 2.0-Systeme bestimmt, sowie damit entstehende Problemstellungen analysiert werden. Ferner sind weiterführende Literaturanalysen mit innovativen Ansätzen, wie etwa der Content-Analyse, erforderlich (Altamimi 2013).

Ebenfalls 2013 untersuchten Williams et al. die Übereinstimmung der in vorliegenden wissenschaftlichen Beiträgen analysierten Forschungsfragen mit dem Erkenntnisinteresse der Unternehmenspraxis. Die Autoren identifizieren in ihrer Analyse fünf ESN-spezifische Themenbereiche, denen bereits publizierte Fachbeiträge zugeordnet werden. Dabei geht es um die Bereiche „Overview", „Adoption", „Use", „Impact" und „Other". Die Studie zeigt, dass sich in den ersten Jahren der ESN-Forschung eine inhaltliche Forschungsströmung entwickelte, in der allgemein ein Überblick zu ESN erarbeitet sowie die Adoption und Nutzung der Systeme beschrieben wurde. Jedoch zeigt die Analyse von Williams et al. (2013), dass sich die gesammelten Anforderungen der Unternehmenspraxis eher auf Informationsmanagement und Compliance-Herausforderungen, die Identifikation und die Messung der Vorteile von ESN sowie auf die Integration von ESN in organisationale Geschäftsprozesse und Geschäftssoftware beziehen. Aus diesem Grund wird von den Autoren eine zweite Forschungsströmung gefordert, die stärker die Bedürfnisse der Praxis fokussiert. Darüber hinaus wird die Bearbeitung bislang noch nicht aufgearbeiteter Themengebiete, wie etwa Governance, Risiko und Compliance, Integration und Informations-/Content-Management empfohlen (Williams et al. 2013).

In der Literaturübersicht von Berger et al. (2014a) erfolgt eine strukturierte Aufarbeitung von Forschungsaufsätzen im Themenbereich Information Systems. Dabei werden soziale Netzwerke betrachtet (Online Social Networks – OSN), jedoch nicht explizit im Unternehmenskontext. Berger et al. (2014a) analysieren auf dieser Grundlage relevante Forschungslücken und schlagen exemplarische Forschungsfragen für Online- und Offline-Netzwerke in folgenden Themengebieten vor: „Charakteristika von OSN", „Nutzerverhalten und OSN", „Datensicherheit und OSN" und „Design von OSN" (2014a). Ein weiteres identifiziertes Forschungsthema, „OSN in Organisationen und Gesellschaft" ist im ESN-Kontext speziell relevant. Dabei spezifizieren die Autoren in diesem Thema drei exemplarische Forschungsbereiche:

- Definition des Wertes von OSN für Organisationen: Berger et al. (2014) stellen fest, dass die organisationale Nutzung von dieser Plattformen noch nicht im Detail untersucht wurde und schlagen daher diese als Gegenstand zukünftiger Forschung vor.

- Analyse der Herausforderungen für Organisationen: Die Nutzung der Sozialen Netzwerke kann für Unternehmen sowohl Chancen eröffnen, wie auch Schwierigkeiten bedeuten. Herausforderungen können sich auf die Sicherung des Datenschutzes, die Messung von Datenqualität oder die Analyse von großen Datenmengen („Social Business Intelligence") beziehen.
- Bestimmung des Einflusses formaler Hierarchien auf die Nutzung von internen OSN: In der Literatur finden sich Hinweise darauf, dass die in Organisationen vorherrschende Hierarchie einen Einfluss auf informelle soziale Beziehungen hat und die Anzahl potenzieller Netzwerkstrukturen begrenzt. In der Literatur sind größtenteils noch keine Untersuchungen darüber erfolgt, ob und wie formale Hierarchien die Kommunikation und das Netzwerken in OSN beeinflusst. Die Autoren schlagen daher Untersuchungen vor, die den aktuellen Forschungsstand erweitern (Berger et al. 2014a).

Der letzte an dieser Stelle analysierte Beitrag stammt von Meske et al. (2014). Die Autoren blicken auf die bislang durchgeführte Diskussion zum Thema „Wert von Corporate Social Media" zurück und beschreiben den aktuellen Stand der Forschung zu diesem Thema. Der Artikel bezieht sich auf den intraorganisationalen Einsatz von Social Media bzw. auf sogenannte Intranet Social Software (ISS) (Meske et al. 2014). Die Autoren untersuchen die Literatur zur Mehrwertmessung von ISS in der Domäne der Wirtschaftsinformatik, mit dem Ziel, den Wissensbestand zu extrahieren und systematisch zu erfassen. Dabei zeigt sich, dass die ersten Jahre der Forschung von einer qualitativen Erfassung der Mehrwerte geprägt waren, zunächst durch theoretische Überlegungen, später in Form von Fallstudien. Zwischenzeitlich hat sich das Forschungsfeld jedoch stärker in Richtung einer quantitativen Erfolgsforschung orientiert (Meske et al. 2014). Ableitungen zu weiteren Forschungsfragen werden in dem Artikel nicht vorgenommen.

In den aufgeführten Beiträgen liegt der Fokus der Literaturübersichten auf unterschiedlichen Aspekten von ESN. Betrachtet werden in diesen die Geschichte von SNS (Boyd und Ellison 2007), eine Forschungsagenda für den deutschsprachigen Raum auf Basis einer Literaturrecherche und eines Expertenworkshops (Richter und Bullinger 2010), die Evolution der Literatur zu Social Software (Altamimi 2013), der Grad der Übereinstimmung wissenschaftlicher Beiträge zu Enterprise 2.0 mit den Problemstellungen der Praxis (Williams et al. 2013), offene Forschungsfragen zu OSN (Berger et al. 2014a) und der Wert von Corporate Social Media (Meske et al. 2014). Der vorliegende Beitrag soll diese Arbeiten ergänzen, indem er eine systematische Darstellung der in der ESN-Fachliteratur genannten Forschungspotenziale aus einer Vielzahl von Fachartikeln vornimmt.

1.2.2 Literaturanalyse

Dieser Beitrag soll der Theorie und Praxis eine Orientierung in Bezug auf relevante Forschungsfragen bei ESN bieten. Dafür erfolgt eine Literaturanalyse mit anschließender Darstellung der noch nicht hinreichend untersuchten Fragestellungen der Forschung zu

ESN. Es werden aktuelle Beiträge aus wissenschaftlichen Journalen analysiert und mit Hinblick auf ihre Implikationen für die weitere Forschung zu Themenfeldern gruppiert.

Somit unterscheidet sich der vorliegende Beitrag von den oben genannten Literaturanalysen in Bezug auf verschiedene Aspekte. Zunächst richtet sich die hier vorliegende Literaturanalyse ausschließlich auf Artikel mit expliziter Ausrichtung auf ESN, wohingegen in den analysierten Literaturübersichten teilweise auch Anwendungen für den nichtorganisationalen Einsatzbereich betrachtet werden. Weiterhin liegt das Ziel in einer Identifikation und detaillierten Ausarbeitung der Forschungslücken, die in der Literatur genannt werden, ohne Fokus auf einen bestimmten Kulturraum. Zudem werden, um eine besonderes Augenmerk auf aktuell relevante Fragestellungen zu legen, nur Beiträge im Zeitraum ab 2013 für die Analyse im vorliegenden Beitrag berücksichtigt.

Während der Literaturanalyse wurde für die Suche nach geeigneten Fachartikeln auf verschiedene wissenschaftliche Datenbanken zurückgegriffen. Die Analyse bezieht sich entsprechend auf folgende Kataloge: IEEE Xplore, EBSCOhost Business Source Complete und ScienceDirect. Die Suche nach relevanten Beiträgen setzte auf folgenden Schlüsselbegriffen (Keywords) auf: „Enterprise Social Networks", „Enterprise Social Software", „Enterprise 2.0", „Enterprise Social Networking", „Enterprise Social Platform" und „Enterprise Social Networking Site".

Die Treffer wurden wie folgt selektiert: Es wurden nur Beiträge aus wissenschaftlichen Journalen berücksichtigt. Zur Gewährleistung einer hohen Aktualität der Analyse fanden zudem ausschließlich Artikel der Jahre 2013 bis 2015 Berücksichtigung.

Da im vorliegenden Beitrag der Fokus auf ESN, im Sinne von integrierten Softwarelösungen liegt, wurden Artikel die ausschließlich einzelne Module von ESN beschreiben, wie etwa Corporate Microblogging, nicht analysiert. Ebenfalls nicht inkludiert wurden Artikel, die sich mit der Erfassung und Analyse von Beziehungen in Sozialen Netzwerke (Social Network Analysis) beschäftigten. Insgesamt fanden damit 85 Artikel Eingang in die vorliegende Analyse.

1.3   Identifikation von Forschungsfeldern

Im Rahmen der Literaturanalyse wurden offene Forschungsfragen mit Bezug zu ESN identifiziert. Dies basiert auf einem umfangreichen Kodierungsprozess, der sich zunächst auf die Abstracts und später auf einzelne Textteile der ausgewählten Beiträge hinsichtlich der dargestellten zukünftigen Forschungsfragen bezieht. In diesen Artikeln wurden die Implikationen für die Theorie gesammelt und in mehreren Iterationsschritten zu Themen verdichtet. Nach mehreren Iterationsstufen lassen sich damit acht Themengebiete differenzieren, die in der bisherigen Forschung als relevant angesehen werden. Diese Forschungsfelder beziehen sich auf 1) das Nutzerverhalten, 2) Effekte des Einsatzes von ESN, 3) Management, Leadership und Governance für ESN, 4) Wertbestimmung und Erfolgsmessung in ESN, 5) kulturelle Auswirkungen, 6) Architektur und Design von ESN,

7) Theorien, Forschungsdesigns und Methoden, sowie auf 8) weitere Herausforderungen in Bezug auf ESN. Diese Kerninhalte zu den einzelnen Forschungsfeldern werden nachfolgend charakterisiert.

1.3.1 Nutzerverhalten

In der Literatur besteht Konsens, dass ein besseres Verständnis über das Nutzerverhalten als zentraler Erfolgsfaktoren für den Betrieb von ESN zu betrachten ist. So weisen etwa Berger et al. (2014) auf die Bedeutung der Untersuchung des Nutzerverhaltens in Bezug auf soziale Netzwerke im Unternehmenskontext hin.

Der zentrale Forschungsgegenstand liegt hier im Grad der Systemnutzungsbereitschaft der Mitarbeiter/innen. Gerade in der Phase der Einführung von ESN ist es wichtig, eine umfangreiche Adoption neuer Technologien und Arbeitsweisen zu stimulieren. Daher liegt ein wesentlicher Forschungsbereich in der Untersuchung der Faktoren, die eine hinreichende Adoption von ESN unterstützen. Als Kernfrage kann hier betrachtet werden, aus welchen Motiven die Mitarbeiter/innen einer Organisation ESN nutzen bzw. nicht nutzen (Antonius et al. 2014). In diesem Zusammenhang könnten die motivationalen Faktoren, die zur Nutzung bzw. zur Ablehnung von ESN führen untersucht werden (Xiong et al. 2014). Zukünftige Forschungsarbeiten können den aktuellen Kenntnisstand erweitern, indem weitere Fallstudien untersucht oder die Motive der Nutzer durch standardisierte Befragungen evaluiert werden. Zudem bietet es sich an, die Wahrnehmung der ESN-Nutzung durch die Mitarbeiter genauer zu betrachten (Richter und Riemer 2013b). Es ist denkbar, das Nutzungsverhalten in Bezug auf unterschiedliche Altersgruppen oder Geschlechter zu beobachten, um Unterschiede in der Einstellung zu ESN bei verschiedenen Nutzergruppen auszuwerten (Cardon und Marshall 2015).

Weiterhin lassen sich relevante Kontextfaktoren analysieren, die einen Einfluss auf die Nutzung des ESN entfalten. Es existiert eine Vielzahl relevanter Faktoren, deren Einfluss noch nicht abschließend bestimmt ist (Kuegler et al. 2013). Chin et al. (2015) fordern beispielsweise die Identifizierung und/oder Validierung von technologischen, organisationalen, sozialen, individuellen und aufgabenbezogenen Faktoren, die die Nutzung von ESN beeinflussen. Ein möglicher Faktor mit hoher Relevanz ist das interpersonelle Vertrauen, das zwischen den (potenziellen) Nutzern eines Netzwerkes herrscht. Dieser und andere Kontextfaktoren bieten sich als Untersuchungsobjekt für die weitere Forschung an (Buettner 2015).

Ein Erkenntnisgewinn könnte auch in der Differenzierung der Nutzergruppen liegen. Durch die Bildung von heterogenen, in sich jedoch homogenen Nutzergruppen könnten unterschiedliche Ansätze für eine erfolgreiche Adoption von ESN evaluiert werden (Behrendt et al. 2014). Mit einer tiefergehenden Analyse der Bedürfnisse homogener Nutzergruppen lassen sich Erfolgsfaktoren identifizieren und adressieren, die gerade für die Einführungsphase von ESN von Bedeutung sind (Trimi und Galanxhi 2014).

Als ebenfalls aufschlussreich wird die Betrachtung der ESN-Nutzung durch Teams angesehen. Dabei lässt sich untersuchen, wie die Arbeit in Teams die Adoption von ESN beeinflusst. Sofern Aufgaben vorliegen, die von Teammitgliedern gemeinsam bearbeitet werden müssen, scheint dieser Umstand die Adoption von ESN zu begünstigen. Im Vergleich dazu ist ein geringerer Grad an Adoption zu erwarten, wenn die Teamaufgaben in Teilaufgaben heruntergebrochen, diese von den Mitgliedern unabhängig voneinander bearbeitet und die Ergebnisse anschließend zusammengeführt werden können. Die Untersuchung dieser Thematik wird von Leonardi (2013) vorgeschlagen.

Bei ESN handelt es sich um variable Systeme, die eine Vielzahl von Nutzungsfällen abbilden. Aus diesem Grund müssen entsprechende Lösungen in der Lage sein, sich auf die Bedürfnisse unterschiedlicher Nutzer einzustellen. In diesem Zusammenhang ist die Frage interessant, ob und wie sich die Anforderungen der Nutzer im Zeitverlauf ändern. Die Durchführung von Längsschnittstudien könnte Aufschluss darüber geben, wie sich das Nutzungs- und Adoptionsverhalten in Bezug auf ESN im Zeitverlauf entwickelt (Wang et al. 2014).

Fulk und Yuan (2013) fordern die tiefer gehende Untersuchung der Unterschiede zwischen konventionellen Informations- und Kommunikationstechnologien und ESN – dabei kann auch die Frage beantwortet werden, inwieweit der parallele Einsatz verschiedenen ESN sinnvoll ist, um ähnliche oder unterschiedliche Bedürfnisse zu adressieren.

Ein spezieller Aspekt der Nutzung von ESN bezieht sich auf das Teilen von Wissen („Knowledge Sharing"). Dabei ist nach wie vor fraglich, welche Faktoren für den Wissensaustausch in ESN relevant sind. Beispielsweise kann die Nutzung von ESN in Bezug auf aufgabenbezogene vs. soziale Zwecke evaluiert werden (Ellison et al. 2015). Allgemein ist es sinnvoll zu analysieren, aus welchen Gründen Mitarbeiter ihr Wissen teilen (Leroy et al. 2013; Singh und Chandwani 2014). Schließlich liegt ein wesentlicher Forschungsbereich in der Identifikation der (de)motivierenden Faktoren, die einen entscheidenden Einfluss darauf haben, ob Wissen in ESN geteilt wird (Engler et al. 2015). Unter Berücksichtigung der spezifischen Vitalität eines ESN kann zudem die Diffusion der Informationen und des Wissens in Unternehmen näher untersucht werden (Viol und Durst 2014). Es ist wünschenswert, die Potenziale von ESN in Bezug auf die organisationale Wissensentstehung und auf den Wissensfluss in Unternehmen zu untersuchen (Fulk und Yuan 2013).

1.3.2 Effekte des Einsatzes von ESN

Ein weiteres Forschungsfeld, dessen Relevanz in der Literatur als hoch eingeschätzt wird, bezieht sich auf die Effekte von ESN in Unternehmen. Dazu ist eine weitere Forschung etwa in Form von Fallstudien erforderlich, um die Effekte von ESN holistisch beschreiben zu können (Cardon und Marshall 2015). Zur Gewährleistung von Kausalmodellen mit hoher Praxisrelevanz, sind die Effekte des Einsatzes von ESN in der empirischen Praxis zu beschreiben (Altamimi 2013). Dabei ist beispielhaft davon auszugehen, dass ESN die Arbeitsprozesse in Organisationen beeinflussen. Dabei kann durch empirische Untersuchungen bestimmt werden, welche Kausaleffekte unter welchen Bedingungen tatsächlich vorliegen (Suh und Bock 2015).

Die Nutzung von ESN verspricht eine Vielzahl an positiven Effekten auf Organisationsprozesse, die jedoch noch nicht vollständig erfasst und empirisch überprüft sind. Dabei bereitet häufig bereits die Operationalisierung der relevanten Konstrukte erhebliche Probleme. Eine über den aktuellen Forschungsstand hinausgehende Untersuchung der Vorteile der Nutzung von ESN wird von Kuegler und Smolnik (2013) genannt. In diesem Zusammenhang ist auch die Entwicklung von Operationalisierungsmöglichkeiten dieser Vorteile anzustreben.

Ein theoretischer Vorteil von ESN liegt in der Möglichkeit der offenen Kommunikation und im Wissensaustausch. In diesem Zusammenhang kann eine weitergehende Definition der kontextuellen Faktoren, die diese Effekte stimulieren, wertvolle Impulse bieten. Dabei sollte eine Vielzahl von Abteilungen und Funktionen berücksichtigt und auf Basis einer cross-funktionalen Zusammenarbeit evaluiert werden (Gibbs et al. 2013).

Zudem weist der Befund qualitativer Vorstudien darauf hin, dass der Einsatz von ESN die in Organisationen vorhandene Kreativität unterstützen kann. Kuegler et al. (2015c) leiten daraus weitere Forschungsfragen ab. Dies bezieht sich beispielsweise auf den Zusammenhang zwischen den Funktionen der Kommunikationsplattformen und der Kreativität der Nutzer.

Guy et al. (2013) führen als Hinweis für zukünftige Forschung die Frage an, inwiefern die Nutzung von Social Media dazu beiträgt, die in Organisationen vorhandene Expertise zu erhöhen.

ESN bieten den Mitarbeitern die Möglichkeit, sich untereinander zu vernetzen und auszutauschen. Dabei kann neben arbeitsbezogenen Themen auch der soziale Austausch im Mittelpunkt stehen. Diese Nebeneffekte können in weiteren Forschungsarbeiten tiefer evaluiert werden. Ein fruchtbarer Forschungsansatz liegt darin, alle relevanten Aspekte des Phänomens „Social Connectedness" zu untersuchen (Berger et al. 2014b). Zusätzlich lassen sich die Beziehungen der Schlüsselnutzer untereinander analysieren und in Bezug auf weitere relevante Fragestellungen evaluieren.

Neben den positiven Effekten von ESN können auch negative Auswirkungen auftreten. Diese sind bislang noch nicht umfassend erforscht. Um negative Wirkungseffekte von ESN zu erschließen, fordern Subramaniam et al. (2013) eine ganzheitliche Analyse der Wirkungsdynamik entsprechender Lösungen. Exemplarisch sei genannt, dass durch den Einsatz von ESN versteckte Verhaltensweisen begünstigt oder dialektische Spannungen zwischen den Mitarbeitern auftreten können (Gibbs et al. 2013). Weitere Forschung wäre an dieser Stelle hilfreich, um das Thema ESN vollständig zu erschließen.

Abschließend bleibt zu den Effekten von ESN festzuhalten, dass auch von der bestehenden Forschung weitere Untersuchungen zu Kausaleffekten als hilfreich angesehen wird. So weisen etwa Behrendt et al. (2014) darauf hin, dass eine Untersuchung der Zusammenhänge zwischen der Kommunikation in ESN und der informellen Kommunikation außerhalb dieser Systeme umgesetzt werden kann.

1.3.3 Management, Leadership und Governance für ESN

Sowohl für die Theorie als auch für die Praxis ist die Frage von Bedeutung, inwieweit sich die Einführung und der Betrieb von ESN im Sinne der Unternehmensziele beeinflussen lassen. Erfahrungen in Unternehmen zeigen, dass sich ESN von anderen IT-Systemen dadurch unterscheiden, dass sie flexibel sind und für unterschiedliche Zwecke eingesetzt werden können. Richter und Riemer (2013a) sprechen in diesem Zusammenhang von „Malleable End-User Software" und fordern die Entwicklung von angemessenen Theorien und Management-Konzepten für derartige Systeme. Weitere Autoren weisen ebenfalls auf die Relevanz der Entwicklung von maßgeschneiderten Management- und Governance-Ansätzen für ESN hin (Hatzi et al. 2014; Nedbal et al. 2014).

Das Konstrukt Leadership wird in diesem Zusammenhang in der Forschung ebenfalls behandelt. Diesbezüglich ist beispielsweise relevant, welche Rolle unterschiedliche Formen von Leadership im Zusammenhang mit ESN spielen (Richter und Wagner 2014).

In der Phase der Einführung von ESN ist es von großer Bedeutung, die Adoption des Systems durch die Nutzer zu stimulieren. In der Unternehmenspraxis wurden bereits einige Best Practices für die Einführung identifiziert. Dabei zeigt sich, dass die Entwicklung einer Adoptionsstrategie im Vorfeld der Einführung hilfreich sein kann. Die Bestimmung der Inhalte für solche Adoptionsstrategien stellt einen wichtigen Gegenstand der zukünftigen Forschung dar. Dabei kann etwa untersucht werden, welche Leitprinzipien für die Berücksichtigung in einer Adoptionsstrategie sinnvoll (Louw und Mtsweni 2013a) und welche erfolgskritischen Elemente für den Inhalte der Strategie maßgeblich sind (Louw und Mtsweni 2013b).

Eng mit den Themen Management und Leadership verbunden ist der Begriff der Governance. Han et al. (2015) beschreiben in ihrer Arbeit die Implementierung einer Governancestruktur für die Einführung eines ESN bei einem norwegischen Energieunternehmen. Weitere Forschungsarbeiten können sich auf die Entwicklung allgemeiner Governancemodelle beziehen. Dabei sind aktuell bereits vorliegende Modelle für die Governance vergleichend zu untersuchen. Zudem wäre eine tiefere theoretische Fundierung des Governance-Ansatzes hilfreich (Han et al. 2015). Auch Alqahtani et al. (2014) fordern weitere Untersuchungen darüber, wie Organisationen ESN effektiv steuern können (2014). Weiterer Klärungsbedarf liegt etwa bei der Frage vor, ob durch das Angebot von Trainingsmaßnahmen die Nutzung von ESN in einer vom Unternehmen gewünschten Art und Weise stimuliert werden kann – hier wäre möglicherweise eine Studie im Längsschnitt mit Zeitreihendaten sinnvoll (Engler et al. 2015).

Grundsätzlich ist es wichtig, im Zusammenhang mit der Frage nach dem Management und der Steuerung von ESN die kontextuellen Faktoren zu berücksichtigen. Bei der Forschung sollten unterschiedliche Organisationen betrachtet und die entwickelten theoretischen Bezugsrahmen unter verschiedenen Umweltbedingungen getestet werden (Gibbs et al. 2013).

1.3.4 Wertbestimmung und Erfolgsmessung in ESN

Ein weiteres wesentliches Forschungsgebiet bezieht sich auf den unternehmerischen Wertbeitrag von ESN. Die Bestimmung des Wertbeitrags ist weder in der Forschung, noch in der Unternehmenspraxis hinreichend gelöst. Aufgrund der vielseitigen Einsatzmöglichkeiten von ESN ist es schwierig, allgemeine Messmöglichkeiten für den Wertbeitrag zu etablieren. In diesem Zusammenhang fordert Altamimi (2013) eine Konzeptualisierung und Evaluation der „Performance" von ESN.

Nicht zuletzt als Grundlage der Investitionsentscheidung für ESN ist es für Unternehmen essenziell, deren Wert eindeutig bestimmen zu können. Dazu sind weitere Untersuchungen erforderlich. Dabei lassen sich beispielsweise konkrete Messmodelle im Hinblick auf den Geschäftswert definieren und evaluieren (Richter et al. 2013).

Eine Messung des ESN-Beitrags bezüglich Kollaboration und Performance wird auch von Merz et al. gefordert (2015). Durch die Nutzung von ESN werden umfangreiche Daten erzeugt. Diese lassen sich z. B. mit der Produktivität der Mitarbeiter in Zusammenhang setzen (Matthews et al. 2013). Entsprechende Ansätze werden auch von Leftheriotis und Giannakos (2014) beschrieben. Für die Autoren stellt sich die Frage, ob die Nutzung von ESN die Performance der Mitarbeiter beeinflusst. Dabei sind geltende Datenschutzbestimmungen zu beachten, die gerade in deutschen Unternehmen einen hohen Stellenwert einnehmen. Fraglich ist, ob eine Auswertung auf Mitarbeiterebene möglich ist oder ob auf eine Auswertung in aggregierter Form zurückgegriffen werden muss.

Schließlich liegen mit Hinblick auf die Erfolgsmessung in ESN einige Barrieren vor, deren Untersuchung Gegenstand zukünftiger Forschung sein kann. So fordern etwa Herzog et al. (2013, 2014) weitere Forschungsarbeiten bezüglich möglicher Hindernisse der Erfolgsmessung. Diese Barrieren der Erfolgsmessung können sich auf drei Themenfelder beziehen (Herzog et al. 2014):

Das erste Feld, „Ressourcen und Verantwortung", umfasst etwa Barrieren, die durch einen Mangel an Verantwortlichen, einen zu hohen Aufwand der Erfolgsmessung, ein Fehlen von Kapazitäten, ein nicht akzeptables Verhältnis zwischen Aufwand und Nutzen, sowie durch den Umstand, dass es sich nicht um ein offizielles Projekt handelt, bedingt sind.

Das zweite Feld der Barrieren, „Ziele und Zieldefinition", beinhaltet das Fehlen von Zielen, die Existenz von ungenauen (nicht messbaren) Zielen, die Schwierigkeit Kennzahlen zu definieren, sowie eine zu hohe Komplexität der Messung von Kennzahlen.

Zu dem dritten Feld, „Vorgehen und Datenmaterial", werden etwa Barrieren in Bezug auf Datenschutzbestimmungen, Grenzen der Umfragen (Sprache, Länge), Regulierung durch den Betriebsrat, technische Grenzen der Datenerhebung und Auswertung, fehlende Vergleichsdaten, Schutz personenbezogener Daten und Komplexität der inhaltlichen Analyse gezählt (Herzog et al. 2014).

1.3.5 Kulturelle Auswirkungen

Mit der Einführung von ESN in Unternehmen wird ein neuartiger Kommunikationskanal geschaffen. Eine Änderung der Kommunikationsstruktur kann in verschiedene Organisationsbereiche ausstrahlen. Diesen Sachverhalt greift Altamimi (2013) auf. Auf der

Grundlage der Hypothese einer Beeinflussung der Gesamtorganisation bei der Einführung von ESN ist eine nähere Untersuchung der organisationalen Implikationen erforderlich. An dieser Stelle ist besonders die Unternehmenskultur zu berücksichtigen. Diese wird einerseits durch die Kommunikation über die Plattform beeinflusst. Im Gegenzug hat die Unternehmenskultur jedoch auch Auswirkungen auf die Nutzung der ESN. Kuegler et al. (2015a) bezeichnen eine weitere Untersuchung des Zusammenspiels kultureller Faktoren mit ESN als wünschenswert.

Die bislang vorliegende Forschung zur Untersuchung der Auswirkungen der Unternehmenskultur auf die Nutzung von ESN lässt sich auf zwei Ebenen beschreiben. Die erste Ebene bezieht sich auf die Wechselwirkungen zwischen ESN und der Organisationskultur, die zweite Ebene beinhaltet den Einfluss gesellschaftlicher bzw. landes- und regionenspezifischer Kulturen auf die Nutzung von ESN.

Für die erste Ebene wird in der Literatur gefordert, das Wechselspiel zwischen ESN und unterschiedlichen organisationalen Kulturen zu studieren (Koch et al. 2013). Kuegler et al. (2015b) fordern, das organisationale Klima und weitere Determinanten für den ESN-Implementierungsprozess zu evaluieren. Dafür ist auch die Rolle der Organisationshierarchie relevant. So kann der Einfluss der Hierarchie auf die Adoption von ESN auf der Grundlage von standardisierten Befragungen analysiert werden. Dies lässt Rückschlüsse auf die Adoptionsdynamik in Unternehmen zu (Chelmis et al. 2014). Es bietet sich zudem an, den Einfluss einzelner hierarchischer Stufen in der Aufbauorganisation auf die Adoption von ESN zu bewerten (Stieglitz et al. 2014).

Bei der Betrachtung der zweiten Ebene (Auswirkungen der landes- und regionenspezifischen Kultur auf die Nutzung von ESN) zeigt sich, dass in der Literatur ein signifikanter Einfluss unterstellt wird. So weisen etwa Trimi und Galanxhi (2014) auf die Notwendigkeit der Bestimmung des Effektes regionaler Kulturen auf die Nutzung von ESN hin. Dabei kann etwa der Einfluss unterschiedlicher kultureller Bedingungen auf das Dialog- und Kommunikationsverhalten in ESN betrachtet werden (Riemer et al. 2015). Die Generalisierbarkeit der Forschungsergebnisse kann durch die Nutzung verschiedener Datenquellen in unterschiedlichen kulturellen Szenarien sichergestellt werden. Somit lassen sich Rückschlüsse auf die Adoption von ESN in verschiedenen Ländern ziehen (Wang et al. 2014). Schließlich fordern auch Han et al. (2015) die Durchführung fallübergreifender Studien in verschiedenen kulturellen Kontextbedingungen.

1.3.6 Architektur und Design von ESN

Ein weiterer relevanter Forschungsbereich bezieht sich auf die technologische Architektur von ESN sowie auf das Design der Software. Baghdadi und Maamar (2013) präsentieren in ihrer Ausarbeitung ein Interaktion-Referenzmodell und stellen eine Interaktionsarchitektur für ESN vor. Diese Vorarbeiten können ausgebaut und durch die Nutzung serviceorientierter Architekturen und Web Services erweitert werden (Baghdadi und Maamar 2013). Ein weiterer erfolgversprechender Ansatz für die Architektur von ESN liegt in der

Implementierung derartiger Systeme in einer skalierbaren verteilten Computing-Umwelt (Liu et al. 2013).

Durch das Design von ESN kann die Nutzung der Kommunikationsplattform beeinflusst werden. Es könnten Erkenntnisse über die Bedürfnisse und Präferenzen der (potenziellen) Nutzer bereits bei der Entwicklung der ESN-Plattformen berücksichtigt und die Systeme passgenau auf verschiedene relevante Nutzergruppen zugeschnitten werden. Dies hat wiederum positive Auswirkungen auf die Adoption von ESN. Daher fordern Berger et al. (2014a) die Gewinnung zusätzlicher Erkenntnisse in Bezug auf das Design der Software.

1.3.7　Theorien, Forschungsdesigns und Methoden

In der Literatur werden Implikationen für die zukünftige Forschung in Bezug auf Theorien, Methoden und Forschungsdesigns genannt. Diese Vorschläge können schwerlich verallgemeinert werden und müssen jeweils zum Kontext des Forschungsgegenstandes passen. Dennoch sollen hier einige exemplarische Vorschläge genannt werden, die sich fruchtbar auf die weitere ESN Forschung auswirken können.

Zunächst kann die von van Osch und Coursaris (2013) skizziert Forderung nach der Erarbeitung der relevanten theoretischen Perspektiven in Bezug auf ESN angeführt werden. Die beiden Autoren stellen dar, dass hierzu sowohl Theorien aus dem Bereich „Information Systems", wie auch theoretische Ansätze aus verwandten Disziplinen heranzuziehen sind. Zudem sind empirische Tests relevanter Multi-Level-Konstrukte anzustreben (van Osch und Coursaris 2013).

Bezüglich zukünftiger Forschungsdesigns wird in verschiedenen Beiträgen die Untersuchung von Zusammenhängen im Zeitverlauf genannt. Durch die Auswertung von Zeitdaten in Längsschnittstudien lassen sich Rückschlüsse auf relevante Entwicklungen im Zeitverlauf ziehen (Boyd und Ellison 2007; Beck et al. 2014; Wang et al. 2014; Engler et al. 2015).

Auch zu den gewählten Forschungsmethoden lassen sich in der Literatur zahlreiche Vorschläge finden. Schubert und Glitsch (2015) führen an, dass es hilfreich wäre, eine formale Methode für die Modellierung von Fallstudien und Kollaborationsszenarien zu entwickeln. Als weitere nützliche Methoden werden Inhaltsanalysen (Riemer et al. 2015), semantische Analysen (Friedman et al. 2014) sowie ethnografische Forschungsmethoden (Richter und Riemer 2013b) genannt.

Die Rolle des sozialen Kapitals kann Gegenstand weiterer Forschung sein (Cardon und Marshall 2015). Dieses bezieht sich auf die Beziehungen zwischen den Nutzern von ESN: Im Kern beschreibt es die Bereitschaft der User miteinander zu kooperieren. Es bietet sich an zu untersuchen, welche Faktoren dieses Kapital beeinflussen und welche Auswirkungen unterschiedliche Ausprägungen dieses Konstruktes haben.

Grundsätzlich ist es wesentlich, die der Forschung zugrundeliegenden Annahmen und Grenzbedingungen eindeutig zu artikulieren. Auf dieser Basis können bestehende

Theorien erweitert und neue Theorien entwickelt werden (Ellison und Boyd 2013). Essenziell ist darüber hinaus, dass die zukünftige Forschung einen Beitrag zu Themen leistet, die für die Praxis relevant sind (Williams et al. 2013).

1.3.8   Weitere Herausforderungen in Bezug auf ESN

In der Literatur werden weitere Herausforderungen genannt, die Hinweise auf Forschungspotenziale zu ESN geben. An dieser Stelle soll auf einige exemplarische Vorschläge hingewiesen werden.

Ein möglicher Ansatz besteht in der Identifikation und Beschreibung der zusätzlichen Risiken für Unternehmen, die bei dem Betrieb von ESN entstehen. Diese umfassen etwa Gefährdungen durch Schadsoftware, Datenverlustrisiken, Zeitverschwendung der Mitarbeiter oder Fehlinformationen in ESN. Für Organisationen stellt sich die Frage, wie diese zusätzlichen Risiken zu adressieren sind (Alqahtani et al. 2014), ohne dass durch Limitationen und Regeln die Kommunikation in ESN negativ beeinflusst wird.

Eine weitere Herausforderung besteht in der Sicherung der Daten, die in ESN generiert werden. Gerade im Hinblick auf die Gefahr von unbefugten Zugriffen auf ESN und von Hackerangriffen sollte sichergestellt werden, dass die Daten umfangreich geschützt sind. Berger et al. (2014a) fordern weitere Forschung zum Thema Datensicherheit in ESN (2014a).

Weiterhin sind Aspekte wie etwa die Umweltfreundlichkeit von ESN zu nennen. Mit dem Hinweis auf den Begriff „Green IT" skizzieren Agarwal und Nath (2013), dass weitere umfangreiche Studien in Bezug auf Energieeffizienz und Umweltverträglichkeit von ESN erfolgen müssen.

1.4   Schlussfolgerung

Seit ihrer Entstehung werden ESN immer wichtiger für die Arbeit in Wissensorganisationen. Sie bieten zeitgemäße Arbeitsplattformen für Unternehmen und finden immer häufiger Eingang in den organisationalen Arbeitsalltag (Altamimi 2013). ESN unterstützen etwa die Kommunikation, die Zusammenarbeit und das Wissensmanagement in Unternehmen.

Die Bedeutung von ESN für die Praxis ist hoch: Bereits 90 % der Fortune-500-Unternehmen nutzen ESN (Berger et al. 2014b) und es ist davon auszugehen, dass deren Relevanz weiter ansteigt. Aus Sicht der Forschung bleibt festzuhalten, dass es sich bei sozialen Technologien um ein Kernphänomen des 21. Jahrhunderts handelt (Berger et al. 2014b) und das diese diese das Potenzial besitzen, die bestehenden Verhältnisse in Organisationen zu ändern (Spangler et al. 2014).

Der vorliegende Beitrag stellt eine Einführung in das Themengebiet der ESN dar und charakterisiert deren Einsatzmöglichkeiten, Potenziale und Herausforderungen. Er analysiert die bestehende Literatur der ESN-Forschung und gibt einen Überblick zu exemplarischen Beiträgen, die sich einer ESN-spezifischen Literaturanalyse widmen. Auf Basis der daraus gezogenen Erkenntnisse erfolgt eine Analyse aktueller Forschungsarbeiten, um Aussagen für die zukünftige Forschung zu ESN abzuleiten. Dabei lassen sich acht Erfolg versprechende Forschungsfelder identifizieren: 1) Nutzerverhalten, 2) Effekte des Einsatzes von ESN, 3) Management, Leadership und Governance für ESN, 4) Wertbestimmung und Erfolgsmessung in ESN, 5) kulturelle Auswirkungen, 6) Architektur und Design von ESN, 7) Theorien, Forschungsdesigns und Methoden, sowie 8) weitere Herausforderungen in Bezug auf ESN. Diese Felder werden skizziert und anhand exemplarischer Fragestellungen gekennzeichnet. Dabei ist offensichtlich, dass umfangreiche Forschungspotenziale existieren, die sich für eine Aufarbeitung in zukünftigen Forschungsdesigns und wissenschaftlichen Untersuchungen eignen.

Dabei unterliegt der Beitrag unterschiedlichen Limitationen: Um den aktuellen Stand der Forschung abzubilden, werden nur Fachartikel der Jahre 2013 bis 2015 betrachtet. Für die Erarbeitung einer umfassenderen Forschungsagenda lässt sich der Fokus der Untersuchung auf zusätzliche Jahre erweitern. Zudem lassen sich die Online-Bibliotheken weiterer Fachgebiete heranziehen, um eine breitere Datenbasis zu gewinnen und um interdisziplinäre Forschungsarbeiten zu ESN zu stimulieren. Der vorliegende Beitrag gibt einen Überblick über Forschungspotenziale zu ESN. Eine tiefer gehende Analyse der einzelnen Forschungsfelder würde den Rahmen dieses Herausgeberbandes sprengen. Interessierte Forscher könnten einzelne zitierte Aufsätze im Detail aufarbeiten und spezifische Fragestellungen ableiten.

Schließlich bildet dieser Überblick zu ESN den Status Quo offener Forschungsfragen im Themengebiet ab. Er kann als Orientierung für weitere Forschungsarbeiten und zur Identifikation Erfolg versprechender Fragestellungen genutzt werden. Damit leistet der Beitrag einen wertvollen Beitrag für die weitere Erschließung des Forschungsgebietes.

Literatur

Ackerman, M. S., J. Dachtera, V. Pipek, und V. Wulf. 2013. Sharing knowledge and expertise: The CSCW view of knowledge management. *Computer Supported Cooperative Work (CSCW)* 22 (4–6): 531–573.

Agarwal, S., und A. Nath. 2013. A study on implementing green IT in Enterprise 2.0. *International Journal of Advanced Computer Research* 3 (1): 43–49.

Alqahtani, S. M., S. Alanazi, und D. McAuley. 2014. The role of Enterprise Social Networking (ESN) on business: Five effective recommendations for ESN. Ninth International Conference on Advances in Intelligent Systems and Computing 286:23–36.

Altamimi, L. 2013. A lexical analysis of social software literature. *Informatica Economica* 17 (1): 14–26.

Antonius, N., J. Xu, und X. Gao. 2014. Factors influencing the adoption of enterprise social software in Australia. *Knowledge-Based Systems* 73:1–12.

Awolusi, F. 2012. The impacts of social networking sites on workplace productivity. *Journal of Technology, Management & Applied Engineering* 28 (1): 2–6.

Baghdadi, Y., und Z. Maamar. 2013. A framework for enterprise social computing: Towards the realization of Enterprise 2.0. *International Conference on Networking, Sensing and Control*, 672–677.

Beck, R., I. Pahlke, und C. Seebach. 2014. Knowledge exchange and symbolic action in social media-enabled electronic networks of practise: A multilevel perspective on knowledge seekers and contributors. *MIS Quarterly* 38 (4): 1245–1270.

Behrendt, S., A. Richter, und K. Riemer. 2014. Conceptualisation of digital traces for the identification of informal networks in enterprise social networks. *25th Australasian Conference on Information Systems*, 1–10.

Berger, K., J. Klier, M. Klier, und F. Probst. 2014a. A review of information systems research on online social networks. *Communications of the Association for Information Systems* 35 (8): 145–172.

Berger, K., J. Klier, M. Klier, und A. Richter. 2014b. „Who is Key...?" – Value adding users in enterprise social networks. *22nd European Conference on Information Systems* (ECIS), 1–16.

Boyd, D. M., und N. B. Ellison. 2007. Social network sites: Definition, history, and scholarship. *Journal of Computer-Mediated Communication* 13 (1): 210–230.

Buettner, R. 2015. Analyzing the problem of employee internal social network site avoidance: Are users resistant due to their privacy concerns? *48th Hawaii International Conference on System Sciences*, 1819–1828.

Cardon, P. W., und B. Marshall. 2015. The hype and reality of social media use for work collaboration and team communication. *International Journal of Business Communication* 52 (3): 273–293.

Chelmis, C., A. Srivastava, und V. K. Prasanna. 2014. Computational models of technology adoption at the workplace. *Social Network Analysis and Mining* 4 (1): 1–18.

Chin, C. P.-Y., N. Evans, K.-K. R. Choo, und F. B. Tan. 2015. What influences employees to use enterprise social networks? A socio-technical perspective. *Pacific Asia Conference on Information Systems (PACIS)*, 1–11.

Cooke, M., und N. Buckley. 2008. Web 2.0, social networks and the future of market research. *International Journal of Market Research* 50 (2): 267–292.

Denyer, D., E. Parry, und P. Flowers. 2011. „Social", „open" and „participative"? Exploring personal experiences and organisational effects of Enterprise 2.0 use. *Long Range Planning*, 44 (5–6), 375–396.

Ellison, N. B., und D. Boyd. 2013. Sociality through social network sites. In *The Oxford Handbook of Internet Studies*, Hrsg. W. H. Dutton, 151–172. Oxford: Oxford University Press.

Ellison, N. B., J. L. Gibbs, und M. S. Weber. 2015. The use of enterprise social network sites for knowledge sharing in distributed organizations: The role of organizational affordances. *American Behavioral Scientist* 59 (1): 103–123.

Engler, T. H., P. Alpar, und U. Fayzimurodova. 2015. Initial and continued knowledge contribution on enterprise social media platforms. *23rd European Conference on Information Systems (ECIS)*, 1–11.

Friedman, B. D., M. J. Burns, und J. Cao. 2014. Enterprise social networking data analytics within Alcatel-Lucent. *Bell Labs Technical Journal* 18 (4): 89–109.

Fulk, J., und Y. C. Yuan. 2013. Location, motivation, and social capitalization via enterprise social networking. *Journal of Computer-Mediated Communication* 19:20–37.

Gibbs, J. L., N. A. Rozaidi, und J. Eisenberg. 2013. Overcoming the „Ideology of Openness": Probing the affordances of social media for organizational knowledge sharing. *Journal of Computer-Mediated Communication* 19 (1): 102–120.

Guy, I., U. Avraham, D. Carmel, S. Ur, M. Jacovi, und I. Ronen. 2013. Mining expertise and interests from social media. *22nd International Conference on World Wide Web*, 1–11.

Han, S., S. Sörås, und O. Schjødt-Osmo. 2015. Governance of an enterprise social intranet implementation: The Statkraft case. *23rd European Conference on Information Systems (ECIS)*, 1–17.

Hatzi, O., G. Meletakis, M. Nikolaidou, und D. Anagnostopoulos. 2014. Collaborative management of applications in enterprise social networks. *IEEE 8th International Conference on Research Challenges in Information Science*, 1–9.

Herzog, C., A. Richter, M. Steinhueser, U. Hoppe, und M. Koch. 2013. Methods and metrics for measuring the success of Enterprise Social Software – What we can learn from practice and vice versa. *21st European Conference on Information Systems (ECIS)*, 1–12.

Herzog, C., A. Richter, M. Steinhueser, U. Hoppe, und M. Koch. 2014. Erfolgsmessung von Enterprise Social Software: Wer? Was? Wie? *i-com* 13 (2): 3–8.

Jarle Gressgård, L. 2011. Virtual team collaboration and innovation in organizations. *Team Performance Management*, 17 (1/2): 102–119.

Jeon, S.-H., Y.-G. Kim, und J. Koh. 2011. Individual, social, and organizational contexts for active knowledge sharing in communities of practice. *Expert Systems with Applications* 38:12423–12431.

Koch, H., D. E. Leidner, und E. S. Gonzalez. 2013. Digitally enabling social networks: Resolving IT-culture conflict. *Information Systems Journal* 23 (6): 501–523.

Kuegler, M., S. Dittes, S. Smolnik, und A. Richter. 2015a. Connect me! Antecedents and impact of social connectedness in enterprise social software. *Business & Information Systems Engineering*, 57 (3): 181–196.

Kuegler, M., C. Luebbert, und S. Smolnik. 2015b. Organizational climate's role in enterprise social software usage an empirical assessment. *12th International Conference on Wirtschaftsinformatik*, 1–16.

Kuegler, M., und S. Smolnik. 2013. Just for the fun of it? Towards a model for assessing the individual benefits of employees' enterprise social software usage. *46th Hawaii International Conference on System Sciences*, 3614–3623.

Kuegler, M., S. Smolnik, und G. C. Kane. 2015c. What's in IT for employees? Understanding the relationship between use and performance in enterprise social software. *The Journal of Strategic Information Systems* 24 (2): 90–112.

Kuegler, M., S. Smolnik, und P. Raeth. 2013. Determining the factors influencing enterprise social software usage: Development of a measurement instrument for empirical assessment. *46th Hawaii International Conference on System Sciences (HICSS)*, 3635–3644.

Leftheriotis, I., und M. N. Giannakos. 2014. Using social media for work: Losing your time or improving your work? *Computers in Human Behavior* 31:134–142.

Leonardi, P. M. 2013. When does technology use enable network change in organizations? A comparative study of feature use and shared affordances. *MIS Quarterly* 37 (3): 749–775.

Leroy, P., C. Defert, A. Hocquet, F. Goethals, und J. Maes. 2013. Antecedents of willingness to share information on enterprise social networks. *Organizational Change and Information Systems* 2:109–117.

Li, C., A. Webber, und J. Cifuentes. 2012a. Making the business case for enterprise social networking: Focus on relationships to drive value. Altimeter, 1–23.

Li, M., G. Chen, Z. Zhang, und Y. Fu. 2012b. A social collaboration platform for enterprise social networking. *IEEE 16th International Conference on Computer Supported Cooperative Work in Design (CSCWD)*, 671–677.

Liu, D., L. Wang, J. Zheng, K. Ning, und L.-J. Zhang. 2013. Influence analysis based expert finding model and its applications in enterprise social network. *International Conference on Services Computing*, 368–375.

Louw, R., und J. Mtsweni. 2013a. Guiding principles for adopting and promoting Enterprise 2.0 collaboration technologies. *International Conference on Adaptive Science and Technology*, 1–6.

Louw, R., und J. Mtsweni. 2013b. The quest towards a winning Enterprise 2.0 collaboration technology adoption strategy. *International Journal of Advanced Computer Science and Applications* 4 (6): 34–39.

Matthews, T., S. Whittaker, H. Badenes, B. A. Smith, M. J. Muller, K. Ehrlich, et al. 2013. Community insights: Helping community leaders enhance the value of enterprise online communities. *Proceedings of the SIGCHI Conference on Human Factors in Computing*, 1–10.

McAfee, A. 2006. Enterprise 2.0: The dawn of emergent collaboration. *MITSloan Management Review* 47:21–28.

Merz, A. B., I. Seeber, und R. Maier. 2015. Social meets structure: Revealing team collaboration activitites and effects in enterprise social networks. *23rd European Conference on Information Systems (ECIS)*, 1–16.

Meske, C., S. Stieglitz, und D. Middelbeck. 2014. Mehrwerte von Intranet Social Software – Status Quo in der Wissenschaft. *Multikonferenz Wirtschaftsinformatik*, 1775–1785.

van der Meulen, R., und J. Rivera. 2013. Gartner says 80 percent of social business efforts will not achieve intended benefits through 2015. Gartner. http://www.gartner.com/newsroom/id/2319215. Zugegriffen: 10. Nov. 2015.

Mukkamala, A. M., und L. Razmerita. 2014. Which factors influence the adoption of social software? An exploratory study of Indian information technology consultancy firms. *Journal of Global Information Technology Management* 17 (3): 188–212.

Nedbal, D., M. Stieninger, und A. Auinger. 2014. A systematic approach for analysis workshops in Enterprise 2.0 projects. *Procedia Technology* 16:897–905.

van Osch, W., und C. K. Coursaris. 2013. Organizational social media: A comprehensive framework and research agenda. *46th Hawaii International Conference on System Sciences (HICSS)*, 700–708.

Richter, A., und A. C. Bullinger. 2010. Enterprise 2.0 – Gegenwart und Zukunft. Multikonferenz Wirtschaftsinformatik, 741–753.

Richter, A., und K. Riemer. 2013a. Malleable end-user software. *Business & Information Systems Engineering* 5 (3): 1–7.

Richter, A., und K. Riemer. 2013b. The contextual nature of enterprise social networking: A multi case study comparison. *21st European Conference on Information Systems (ECIS)*, 1–12.

Richter, A., und D. Wagner. 2014. Leadership 2.0: Engaging and supporting leaders in the transition towards a networked organization. *47th Hawaii International Conference on System Sciences (HICSS)*, 574–583.

Richter, A., J. Heidemann, M. Klier, und S. Behrendt. 2013. Success measurement of enterprise social networks. *11th International Conference on Wirtschaftsinformatik*, 1–15.

Riemer, K., S. Stieglitz, und C. Meske. 2015. From top to bottom: Investigating the changing role of hierarchy in enterprise social networks. *Business & Information Systems Engineering* 57 (3): 197–212.

Schmidt, K., und L. Bannon. 2013. Constructing CSCW: The first quarter century. *Computer Supported Cooperative Work (CSCW)* 22 (4–6): 345–372.

Schubert, P., und J. H. Glitsch. 2015. Adding structure to enterprise collaboration systems: Identification of use cases and collaboration scenarios. *Procedia Computer Science* 64:161–169.

Schubert, P., und S. P. Williams. 2011. A framework for identifying and understanding enterprise systems benefits. *Business Process Management Journal* 17 (5): 808–828.

Singh, J. B., und R. Chandwani. 2014. Adoption of Web 2.0 technologies among knowledge workers: A theoretical integration of knowledge sharing and seeking factors. *Twenty Second European Conference on Information Systems*, 1–11.

Spangler, W., R. Sroufe, M. Madia, und J. Singadivakkamm. 2014. Sustanability-focused knowledge management in a global enterprise. *Journal of Computer Information Systems* 55 (1): 70–82.

Steinhueser, M., S. Smolnik, und U. Hoppe. 2011. Towards a measurement model of corporate social software success – Evidences from an exploratory multiple case study. *44th Hawaii International Conference on System Sciences (HICSS)*, 1–10.

Stieglitz, S., K. Riemer, und C. Meske. 2014. Hierarchy or activity? The role of formal and informal influence in eliciting responses from enterprise social networks. *22nd European Conference on Information Systems (ECIS)*, 1–14.

Subramaniam, N., J. Nandhakumar, und J. Babtista. 2013. Exploring social network interactions in enterprise systems: The role of virtual co-presence. *Information Systems Journal* 23:475–499.

Suh, A., und G.-W. Bock. 2015. The impact of enterprise social media on task performance in dispersed teams. *48th Hawaii International Conference on System Sciences*, 1909–1918.

Trimi, S., und H. Galanxhi. 2014. The impact of Enterprise 2.0 in organizations. *Service Business* 8 (3): 405–424.

Viol, J., und C. Durst. 2014. A framework to investigate the relationship between employee embeddedness in enterprise social networks and knowledge transfer. *Studies in Computational Intelligence* 526:259–285.

Wang, T., C.-H. Jung, M.-H. Kang, und Y.-S. Chung. 2014. Exploring determinants of adoption intentions towards Enterprise 2.0 applications: An empirical study. *Behaviour & Information Technology* 33 (10): 1048–1064.

Williams, S. P., und P. Schubert. 2011. An empirical study of Enterprise 2.0 in context. *24th Bled eConference*, 42–55.

Williams, S. P., V. Hausmann, C. A. Hardy, und P. Schubert. 2013. Enterprise 2.0 research: Meeting the challenges of practice. *26th Bled eConference*, 251–263.

Xiong, M., Q. Chen, und A. Zhao. 2014. The comparison study on the motivations of staffs' behaviors on public and enterprise social network: Evidence from China. *International Conference on Advances in Social Networks Analysis and Mining*, 802–807.

Dr. Alexander Rossmann ist Professor für Digital Business an der Hochschule Reutlingen sowie Research Associate am Institut für Marketing der Universität St. Gallen. Vor dieser Tätigkeit war er über 10 Jahre Mitglied der Geschäftsleitung einer renommierten Unternehmensberatungsgesellschaft. Seine Forschungsschwerpunkte liegen in den Bereichen Relationship Marketing, Digital Business und Social Media.

Er hat sein MBA-Studium an der Universität Tübingen und der State University of New York absolviert. Darüber hinaus verfügt er über eine fundierte Ausbildung in systemischer Beratung und Familientherapie.

Alexander Rossmann ist verheiratet und hat drei Kinder. Er verbringt seine Freizeit neben der Familie gerne mit sportlichen Aktivitäten und Musik.

Gerald Stei forscht als Wissenschaftlicher Mitarbeiter an der Hochschule Reutlingen und am Herman Hollerith Zentrum in Böblingen. Als Projektleiter im Research Lab for Digital Business untersucht er die Erfolgsfaktoren der Digitalen Transformation. Seine Forschungsschwerpunkte liegen in den Bereichen Digital Business und Enterprise Social Networks.

Vor dieser Tätigkeit war er bei einer renommierten schweizerischen Unternehmensberatung angestellt. Sein Betriebswirtschaftsstudium an der Friedrich-Alexander-Universität Erlangen-Nürnberg und der Technischen Universität Freiberg absolviert.

Er verbringt seine Freizeit gerne mit Sport, Lesen und Reisen.

Enterprise Collaboration Software – Eine empirische Studie zum Einsatz von Kollaborationsplattformen

2

Sebastian Sprenger

Inhaltsverzeichnis

Zusammenfassung

Elektronische Vernetzung durch neue Kommunikationsmedien, soziale Netzwerke und andere digitale Plattformen zum Zwecke des Informationsaustauschs haben die Gesellschaft in einem unumkehrbaren Maße verändert. Diese Entwicklung hat längst auch Einzug in Unternehmen erhalten. Wissensarbeiter fordern zunehmend von ihrem Unternehmen und der IT-Abteilung, Kollegen und Projektteams elektronisch miteinander zu vernetzen und einheitliche Plattformen zur synchronen Übersicht und Bearbeitung von gemeinsamen Projektaufgaben bereitzustellen. Auch wenn sich solche Enterprise 2.0 Anwendungen bereits großer Beliebtheit erfreuen, zögern nicht wenige

S. Sprenger (✉)
Friedrich-Alexander-Universität Erlangen-Nürnberg, Lehrstuhl für IT-Management,
Nürnberg, Deutschland
E-Mail: sebastian.sprenger@fau.de

© Springer Fachmedien Wiesbaden 2016
A. Rossmann et al. (Hrsg.), *Enterprise Social Networks*,
DOI 10.1007/978-3-658-12652-0_2

25

IT-Entscheider bei der Einführung von Enterprise Social Software mit der Begründung, keinen messbaren Nutzen durch derartige Veränderungen zu erlangen. Der vorliegende Beitrag liefert Studienergebnisse aus einer Befragung von Enterprise 2.0 Nutzern und Nicht-Nutzern und vergleicht die wahrgenommene Effektivität bei der Aufgabenbewältigung mit Hilfe der zur Verfügung stehenden IT-Anwendungen. Es zeigt sich, dass Enterprise 2.0 Anwendungen tatsächlich eine höhere, wahrgenommene Produktivität bei Endnutzern hervorrufen. Implikationen für IT-Entscheider und weiteren Forschungsbedarf werden ebenfalls diskutiert.

2.1 Einleitung

Der Austausch von Informationen und Dokumenten zwischen Personen wird heute zu einem wesentlichen Teil über elektronische Kommunikations- und Informationsmedien abgewickelt (Lee 2010). Klassische Meetings und Telefonate werden nicht zuletzt aufgrund räumlicher Distanz und damit einhergehenden, unterschiedlichen Zeitzonen, in denen sich die kooperierenden Personen befinden, durch asynchrone, digitale Medien wie soziale Netzwerke und Kollaborationsplattformen ersetzt (Hippner 2006; McAfee 2006a; Chui et al. 2012; BITKOM 2013). Dabei betrifft diese Entwicklung nicht nur die bloße Informationsübertragung, sondern vielmehr auch die Art und Weise, wie Dokumente, Informationen und Wissen von mehreren Personen generiert werden. Mit der Etablierung von Web 2.0 Anwendungen und dem sogenannten „social web" veränderte sich das Verhalten der Informationsverarbeitung von einer rein konsumorientierten Verwendung hin zur gemeinsamen Erstellung und verteilten Generierung von Inhalten und Wissen (McAfee 2006b; Bughin et al. 2008; Koch und Richter 2009).

Insbesondere im beruflichen Umfeld verspricht dieser Paradigmenwechsel signifikante Produktivitätssteigerungen im Vergleich zur bisherigen Arbeitsweise und der fast ausschließlichen Fokussierung auf Medien wie Telefon und E-Mail. „E-mail use by interaction workers could be reduced by 25 %, freeing up 7–8 % of the workweek for more productive activities" (Chui et al. 2012, S. 12). Auch wenn der Informationsaustausch via E-Mail künftig weiterhin mit sehr hoher Wahrscheinlichkeit zu den zentralen Kommunikationsmedien in Arbeit und Beruf gehören wird, haben einige Studien bereits die Schattenseiten einer überhandnehmenden E-Mail Nutzung beleuchtet (Sprenger et al. 2012; Kammerer 2013). Einige Unternehmen versuchen deshalb der E-Mail Flut im Unternehmen entgegenzuwirken und starten Initiativen zur Reduzierung und einem bewussteren Einsatz des Kommunikationsmediums E-Mail, so beispielsweise Atos' Projekt zur vollständigen Eliminierung von E-Mail zur internen Kommunikation.

Insbesondere jene Enterprise 2.0 Anwendungen sollen dabei helfen, den Informations- und Dokumentenaustausch zwischen Wissensarbeitern und Projektgruppen effizienter zu gestalten. Eine BITKOM Studie zum Einsatz von Enterprise Social Software (ESS) im Unternehmen zeigte, dass bereits etwa 70 % der befragten IT-Unternehmen derartige Anwendungen zur Unterstützung und Verbesserung der internen Kommunikation einsetzen

(BITKOM 2013). Allerdings ist dies nicht gleichbedeutend mit einer allgemeinen Akzeptanz und Befürwortung zur Einführung solcher Anwendungen im beruflichen Umfeld. Da in der genannten Studie der BITKOM lediglich IT-Unternehmen befragt wurden, ist davon auszugehen, dass die Quote von ESS-Nutzern über alle Branchen hinweg wesentlich geringer ist.

Fragt man relevante Entscheider nach den Gründen, warum Enterprise Social Software zum internen Einsatz in Ihrem Unternehmen bisher keine Rolle spielt, wird in erster Linie das Argument des nicht erkennbaren Nutzens genannt (52 %). Weitere Argumente beziehen sich auf die fehlende strategische Relevanz (48 %) und nicht ausreichende finanzielle bzw. personelle Kapazitäten (23 %). Als weitere Gründe werden auch eine konträre Unternehmenskultur, datenschutzrechtliche Aspekte oder fehlendes Wissen zur Einführung und Betreuung solcher Anwendungen genannt (BITKOM 2013). Diese Zahlen belegen, dass alles andere als Einigkeit über den sinnvollen und vielversprechenden Einsatz von Enterprise Social Software im Umfeld von Wissensarbeitern herrscht. Insbesondere unter dem Aspekt, dass sich viele Entscheider in der Praxis nicht sicher sind, ob der Einsatz von sozialer Software im Unternehmen tatsächlichen Mehrwert hat und deren Nutzung zur Produktivitätssteigerung in kooperierenden (Projekt-) Teams führt, adressiert dieser Artikel dieses Thema und leistet einen Beitrag zur Bewertung der Effektivität von sozialer Software und insbesondere Kollaborationsplattformen im Umfeld von Projektteams.

Zur Beantwortung dieser Frage werden Im Folgenden zunächst die wichtigsten Fachbegriffe eingeführt und voneinander abgegrenzt. Als nächstes wird in Kap. 3 das Forschungsdesign der durchgeführten Studie ausführlich beschrieben, ehe die wesentlichen Erkenntnisse der empirischen Datenanalyse dargelegt werden. Zum Schluss gibt der Artikel einen Ausblick für weitere Arbeiten im Umfeld von Enterprise Social Software und deren Effektivität und zeigt die Limitationen der Studie auf.

2.2 Theoretischer Hintergrund

Der Begriff „Enterprise Social Software" wird derzeit geradezu inflationär verwendet und findet sowohl in der wissenschaftlichen als auch in der praxisorientierten Literatur keine klar definierten Grenzen.

Im Jahr 2005, also bereits vor der breiten Wahrnehmung des Web 2.0 Paradigmas, äußersten sich Green und Pearson (2005) zum Thema Social Software und beschrieben derartige Anwendungen vor allem mit der Verknüpfung mehrerer, unabhängiger Softwareanwendungen und der Absicht, eine Kommunikationsplattform zwischen einzelnen Personen zu erstellen. Im Laufe der Jahre erweiterten viele Autoren diese Sicht um Charakteristika wie die Möglichkeit zur zeit- und ortsunabhängigen Konnektivität zwischen den Teilnehmern (Klamma et al. 2007; Parameswaran und Whinston 2007; Minocha 2009; Valtonen et al. 2013).

Andrew McAfee, renommierter Forscher an der MIT Sloan School of Management, hat 2006 damit begonnen, das Thema Web 2.0 im Unternehmenskontext zu untersuchen

Tab. 2.1 Typen von ESS Anwendungen, in Anlehnung an BITKOM (2013) und Crafton (2013)

Dokumentorientierte ESS	Mitarbeiterorientierte ESS
Interne Wikis	Interne Unternehmens-/Mitarbeiterblogs
Content-/Wissensmanagementsysteme	Instant Messenger
Kollaborationsplattformen	Interne, soziale Netzwerke
	Private Gruppen in öfftl. sozialen Netzwerken

und hierfür den Begriff Enterprise 2.0 verwendet. Demnach sind solche Enterprise 2.0 Anwendungen definiert als „the use of emergent social software platforms within companies, or between companies and their partners or customers" (McAfee 2006b). McAfee's Sicht geht dabei bewusst auf zwei unterschiedliche Einsatzfelder von Social Software im Unternehmensumfeld ein: einerseits der unternehmensexterne Einsatz zur Kommunikation mit Geschäftspartnern (z. B. Lieferanten) über B2B Portale oder Kundenkontaktpflege über öffentliche, soziale Netzwerke zur Realisierung von Online-Marketingkampagnen. Andererseits erkennt McAfee auch bereits die Potenziale von Enterprise Social Software für den unternehmensinternen Einsatz, beispielsweise zur Vernetzung von einzelnen Mitarbeitern und Projektteams auf einer organisationsweiten, elektronischen Plattform. Koch und Richter (2009) betrachteten die Möglichkeiten von ESS im unternehmensinternen Kontext genauer und identifizierten drei Kernbereiche für dessen Einsatz: Kommunikation, Projektorganisation und Wissensmanagement.

Der Begriff Enterprise Social Software per se beinhaltet zunächst eine Vielzahl an unterschiedlichen Anwendungen mit den von McAfee und anderen beschriebenen Charakteristika. Crafton (2013) definiert ein zusätzliches Merkmal, in dem er bei ESS Anwendungen zwischen dokumentorientierten – „based on collaboration, content or data sharing, or presenting content" (Crafton 2013, S. 7) – und mitarbeiterorientierten Anwendungen – „focused on human interactions and are designed to make these interactions more productive" (Crafton 2013, S. 8) – unterscheidet. Während für dokumentorientierte ESS Anwendungen, auch Enterprise Collaboration Software (ECS) genannt, MS Sharepoint, IBM Connections oder Open Source Anwendungen wie Teambox prominente Beispiele sind, zählen MS Jammer und Jive zu den bekanntesten Vertretern aus dem Bereich der internen, sozialen Netzwerke und damit mitarbeiterorientierten ESS Anwendungen. Tab. 2.1 zeigt die wichtigsten ESS Anwendungen (BITKOM 2013) im internen Unternehmenseinsatz, kategorisiert nach der Unterscheidung zwischen dokumentorientierten und mitarbeiterorientierten Anwendungen.

Wie bereits im einleitenden Teil beschrieben, fokussiert sich dieser Beitrag vor allem auf die Untersuchung eines messbaren Nutzens von Kollaborationsplattformen und damit im Umfeld von dokumentorientierten Anwendungen. Die Bereitstellung von Kollaborationsplattformen wie MS Sharepoint oder IBM Connections hat insbesondere zum Ziel, bereits bestehende, isolierte Anwendungen auf einer durchgängigen Plattform zu bündeln und so ausgewählten (Projekt-) Mitarbeitern einen durchgängigen Portalzugang zu Wikis, Messenger, Blogs oder gemeinsam erstellten Projektdokumenten bereitzustellen (Koch und Richter 2009).

2.3 Studiendesign

Ein tatsächlicher Mehrwert von Kollaborationsplattformen gegenüber isolierten Anwendungen zur Aufgabenunterstützung von Wissensarbeitern kann beispielsweise durch den Vergleich zweier Anwendergruppen gemessen werden. Deshalb basiert die durchgeführte Studie auf dem Kerngedanken, die beiden unabhängigen Anwendergruppen („ECS Nutzer" und „Nicht-ECS Nutzer") in ihrem individuellen Kontext der Aufgabenbewältigung zu befragen und durch Mittelwertvergleiche in verschiedenen Fragebogenitems Unterschiede zwischen beiden Gruppen zu identifizieren. Sofern signifikante Unterschiede in der wahrgenommenen Aufgabenunterstützung zwischen ECS-Nutzern und Nicht-ECS Nutzern zu Gunsten der Gruppe von ECS-Nutzern festgestellt werden können, kann also davon ausgegangen werden, dass zumindest in der subjektiven Wahrnehmung der befragten Studienteilnehmer Kollaborationsplattformen einen überprüfbaren Mehrwert gegenüber isolierten Anwendungen bieten.

2.3.1 Forschungsmodell

Um die wahrgenommene Effektivität zwischen den beiden Anwendungsarten zu untersuchen, bieten sich verschiedene, theoretische Modelle aus der wissenschaftlichen Literatur als Grundlage für das Studiendesign an. Die Theorie des Task-Technology Fit (TTF) beispielsweise vereinbart sowohl die Berücksichtigung von Aufgaben wie auch die Verwendung unterschiedlicher Technologien und Anwendungen zur Unterstützung der Aufgabenbewältigung (Goodhue und Thompson 1995). Gleichermaßen impliziert die TTF Theorie, dass mit einem höheren Fit die Effektivität der Aufgabenbearbeitung steigt – also überprüfbare Performance-Unterschiede bei der Verwendung unterschiedlicher Anwendungen zur Bewältigung gleicher Aufgaben entstehen (Goodhue und Thompson 1995; Zigurs und Buckland 1998). „A better fit between technology functionalities, task requirements and individual abilities will lead to better performance (i.e., faster or more effective task accomplishment)" (Goodhue 1995, S. 1828).

Um den Erfolg des Zusammenspiels zwischen Aufgabe und verwendeter Technologie zu messen, hat Goodhue (1995) zwölf relevante Dimensionen überprüft und für relevant zur Messung der Wirkung des Task-Technology Fit auf die Aufgabenperformance befunden (siehe Abb. 2.1). Diese zwölf Dimensionen können in die drei Kategorien „Information Identification", „Information Access" und „Information Integration and Interpretation" eingeteilt werden. Die folgende Abbildung zeigt diese Kategorien mit den jeweiligen Dimensionen und deren Auswirkung auf die Performance der Aufgabenerledigung.

Auf Basis dieses Forschungsmodells wird ein Fragebogen erstellt und den beiden unabhängigen Anwendergruppen („ECS Nutzer" und „Nicht-ECS Nutzer") vorgelegt. Im Anschluss werden die Mittelwerte der einzelnen Dimensionen verglichen und versucht, signifikante Unterschiede zwischen den beiden Gruppen zu identifizieren. Der Fragebogen und die Datensammlung werden im folgenden Kapitel ausführlich beschrieben, ehe die Kernergebnisse der Erhebung im vierten Hauptkapitel erläutert werden.

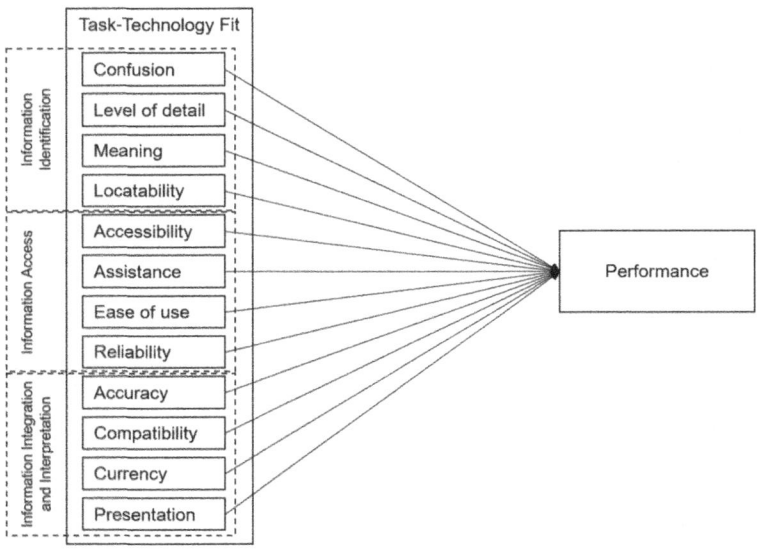

Abb. 2.1 Relevante Dimensionen des TTF-Modells

2.3.2 Fragebogen und Sample

Der dem Forschungsmodell zugrundeliegende Fragebogen wurde bereits von den Ur-
hebern der Task-Technology Fit Theorie entwickelt und in mehreren Studien validiert
(Goodhue und Thompson 1995). Zur Messung der internen Konsistenz der verwendeten
Fragebogenitems wurde als Gütekriterium die Berechnung von Cronbach's Alpha herangezogen. Bei der Konsistenzprüfung mit Hilfe einer Umfrage unter 662 Teilnehmern haben Goodhue und Thompson (1995) belegt, dass die verwendeten Fragebogenitems einen
Wert von Cronbach's Alpha aufweisen, der für alle zwölf Dimensionen im Modell zwischen 0,60 und 0,88 liegt. Auch wenn sich der niedrigste Wert für „Accessibility" mit 0,60
bereits im unteren Grenzbereich der akzeptierten, internen Konsistenz befindet (Cooper
and Schindler 2010), zeigt die Güteprüfung, dass der Fragebogen auch zur Anwendung
des vorliegenden Studiendesigns verwendet werden kann. Zahlreiche Verwendungen des
Modells in der Forschung der Wirtschaftsinformatik zeigen ebenfalls, dass das Modell
anerkannt und dessen Verwendung praktiziert wird. Aus diesem Grund darf angenommen
werden, dass die bereitgestellten Fragebogenitems auch für diese Untersuchung die notwendige Güte aufweisen. Der Fragebogen umfasst die in Abb. 2.1. dargestellten zwölf Dimensionen, wobei hierfür 18 Fragebogenitems verwendet werden. Dies liegt daran, dass
die Dimensionen „Confusion", „Level of detail", „Locatability", „Accessibility", „Ease
of use" und „Reliability" mit jeweils zwei Items abgefragt werden, wohingegen alle anderen Dimensionen nur mit einem Item berücksichtigt werden (Goodhue und Thompson
1995). Weiterhin sind alle Fragen zum Task-Technology Fit auf einer 7-Punkte Likert-
Skala mit gleichen Abständen (1 = Stimme gar nicht zu, 4 = Neutral, 7 = Stimme voll zu) zu

Abb. 2.2 Verhältnis von
Nicht-ECS Nutzern zu ECS
Nutzern

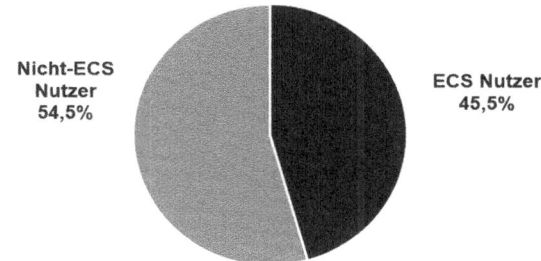

beantworten und wurden den Probanden sowohl in Deutsch als auch in Englisch vorgelegt. Neben den spezifischen Fragebogenitems enthält die Umfrage noch einige allgemeine Fragen zu soziodemographischen Daten und dem Unternehmen, in dem der Befragte angestellt ist.

Insgesamt wurde der Fragebogen an 432 Probanden verteilt, wovon 372 Teilnehmer den Fragebogen ausgefüllt haben. Nach Bereinigung des Datensatzes durch Entfernen von unvollständigen oder nicht plausiblen Datensätzen blieben schlussendlich $N = 209$ vollständig verwertbare Datensätze übrig. Dies entspricht einer Rücklaufquote von etwa 48 %.

Zunächst wurden alle Probanden der Gruppe „ECS-Nutzer" oder „Nicht-ECS Nutzer" zugeteilt. Dies ist notwendig für die Interpretation der weiteren Fragen und den anschließenden Mittelwertvergleich zwischen den beiden Gruppen. Bevor allen 209 Probanden die identischen Fragen im individuellen Kontext ihrer Projektumgebung gestellt werden konnten, musste also zunächst eine definitive Einordnung in die jeweilige Gruppe gelingen. Hierfür wurden die Probanden gebeten, sich an ein kürzlich abgeschlossenes oder derzeit noch laufendes Projekt zu erinnern, welches mit Hilfe einer Kollaborationsplattform operativ abgewickelt wurde. Sofern der Proband diesen Kontext herstellen konnte und die zugehörige Frage mit „Ja" beantwortet hat, wurde er für den weiteren Verlauf des Fragebogens der Gruppe „ECS-Nutzer" zugeordnet. Alle anderen Personen bildeten folglich die Gruppe der „Nicht-ECS Nutzer". Während des Fragebogens wurden die Probanden mehrmals daran erinnert, dass die vorliegenden Fragen ausschließlich im Kontext des Projektes beantwortet werden sollen, an welches sie zu Beginn der Umfrage gedacht hatten. Die Verteilung der 209 Probanden auf die beiden Gruppen war, wie in Abb. 2.2 dargestellt, weitestgehend ausgeglichen mit einer leichten Mehrheit in der Gruppe der „Nicht-ECS Nutzer". Die weiteren Fragen wurden folglich von 95 ECS-Nutzern bzw. 114 Nicht-ECS Nutzern beantwortet.

Zur Vergleichbarkeit und Überprüfbarkeit der Homogenität des Samples wurden die Probanden zudem nach der Unternehmensgröße und der Branche des Unternehmens befragt. Das Institut für Mittelstandsforschung (IfM) schlägt eine Klassifizierung der Unternehmensgröße nach der Anzahl der Mitarbeiter und dem Umsatz des Unternehmens vor (IfM 2014). Da der Umsatz bzw. gewisse Umsatzgrenzen zur Klassifikation insbesondere bei Mitarbeitern aus größeren Unternehmen spontan nicht verfügbar war, beschränkt sich die Einordnung der Unternehmensgröße hier lediglich auf die Anzahl der Mitarbeiter. Das Institut für Mittelstandsforschung definiert Betriebe mit einer Anzahl von maximal 10

Tab. 2.2 Klassifikation der Unternehmensgrößen und Verteilung im Studiensample

Unternehmensgröße nach dem IfM	Anteil der Befragten
Kleinstunternehmen (< 10 Mitarbeiter)	11,5 %
Klein- und Mittelstandsunternehmen (10–500 Mitarbeiter)	24,9 %
Großunternehmen (> 500 Mitarbeiter)	63,6 %

Mitarbeitern als Kleinstbetriebe, während Unternehmen mit 10 bis 500 Mitarbeitern als Klein- und Mittelstandsunternehmen (KMU) gelten (IfM 2014). Folglich sind alle Unternehmen, denen mehr als 500 Mitarbeiter angehören, als Großunternehmen zu bezeichnen. Aus der Befragung zu Unternehmensdaten ging hervor, dass mit 63,6 % die meisten Befragten in Großunternehmen mit mehr als 500 Mitarbeitern angestellt sind. Etwa ein Viertel der Probanden sind in einem Klein- oder Mittelstandsbetrieb beschäftigt (24,9 %) und lediglich 11,5 % arbeiten in Kleinstunternehmen mit weniger als 10 Betriebsangehörigen. Tabelle 2.2 zeigt nochmals die Klassifikation von Unternehmensgrößen nach Definition des Instituts für Mittelstandsforschung und die Verteilung über alle Befragten der vorliegenden Studie.

Ein Blick auf die Branchenzugehörigkeit der Unternehmen, deren Mitarbeiter befragt wurden, zeigt, dass der Großteil im IT-Sektor anzusiedeln ist (23,4 %). Etwa ein Zehntel der Unternehmen gehören jeweils wissenschaftlichen Einrichtungen wie bspw. Universitäten oder Forschungsinstituten (10,5 %), dem produzierenden Gewerbe (8,1 %), Bildungseinrichtungen (8,1 %) oder Marketingunternehmen (7,2 %) an. Weitere Unternehmen mit etwa 5 % Anteil kommen aus den Bereichen der Unternehmensberatung, Banken und Finanzdienstleistern und dem öffentlichen Sektor. Unternehmen aus den Bereichen Telekommunikation, Reisen, Versicherungen oder Non-Profit Organisationen kommen nur zu einem geringen Anteil (< 3 %) vor. Aufgrund der ungleichen Verteilung kann nicht davon ausgegangen werden, dass die befragten Unternehmensangehörigen eine repräsentative Stichprobe bezgl. der deutschen Wirtschaft entsprechen. Trotzdem gelingt es mit Hilfe des vorhandenen Datensatzes einen Querschnitt über verschiedene Bereiche abzubilden und die Daten weitestgehend branchenunabhängig zu interpretieren.

Die Teilnehmer wurden weiterhin nach einigen soziodemografischen Daten befragt, um das Studiensample noch genauer charakterisieren zu können. So handelt es sich bei den Befragten zu 46,6 % um männliche Nutzer. Eine kleine Mehrheit von 53,4 % der Probanden ist weiblich. Bezüglich des Alters kann festgehalten werden, dass zum Zeitpunkt der Befragung etwa die Hälfte der Probanden, nämlich 49,3 %, zwischen 25 und 29 und lediglich 19,1 % älter als 30 Jahre alt waren. Dies zeigt relativ deutlich, dass das vorliegende Studiensample nicht repräsentativ über alle Arbeitnehmer im deutschsprachigen Raum ist. Dennoch ist diese Verteilung insofern interessant, als das sie ein gesteigertes Interesse von jüngeren, IT-affinen Arbeitnehmern an Themen wie Kollaboration und IT-gestützter Aufgabenbewältigung impliziert und daraus wiederum Kenntnisse für die künftige Entwicklung von Arbeitsumgebungen in den kommenden Jahren gezogen werden könnten – Stichwort Arbeitsplatz 2.0.

2.4 Ergebnisse

Die Interpretation und Darstellung der empirischen Ergebnisse erfolgt in zwei Schritten. Zunächst werden die Mittelwerte für die einzelnen Task-Technology Fit Dimensionen von ECS-Nutzern und Nicht-ECS Nutzern berechnet und auf signifikante Unterschiede zwischen den beiden Gruppen untersucht. Diese Ergebnisse liefern einen ersten Hinweis darüber, ob, und wenn ja, in welchen Bereichen des Task-Technology Fit Modells Kollaborationsplattformen möglicherweise einen überprüfbaren Mehrwert gegenüber isolierten Anwendungen zur Aufgabenunterstützung liefern. Im Anschluss daran erfolgt ein Mittelwertvergleich der Variable „Performance", welche neben den Task-Technology Fit Dimensionen zusätzlich abgefragt wurde. Ein Hypothesentest mit Hilfe eines adäquaten Mittelwertvergleichstests gibt Aufschluss darüber, ob sich die wahrgenommene Effektivität im Projektteam je nach Art der verwendeten Kommunikations- und Informationstechnologien tatsächlich signifikant unterscheidet oder nicht.

Tabelle 2.3 zeigt die Erhebung der Mittelwerte aller TTF Dimensionen und die Mittelwertunterschiede zwischen den beiden Vergleichsgruppen. Die Spalte „Sig." gibt weiter-

Tab. 2.3 Mittelwerte und Mittelwertunterschiede zwischen den Vergleichsgruppen

	ECS Nutzer ($N=95$)	Nicht-ECS Nutzer ($N=114$)	Mittelwert-unterschied	Sig.	Rang
Currency	5,15	4,51	0,64	0,001[a]	1
Accessibility_1	4,81	4,18	0,63	0,007[a]	2
Confusion_2	3,32	3,94	0,62	0,020[b]	3
Locatability_2	4,37	3,84	0,53	0,025[b]	4
Compatibility	4,25	4,78	0,53	0,020[b]	5
Assistance	5,14	4,69	0,45	0,028[b]	6
Accuracy	5,11	4,68	0,43	0,025[b]	7
Locatability_1	4,26	3,85	0,41	0,072	8
Levelofdetail_2	4,73	4,33	0,4	0,053	9
Presentation	5,43	5,11	0,32	0,083	10
Confusion_1	3,37	3,67	0,3	0,215	11
Reliability_1	2,53	2,79	0,26	0,235	12
Accessibility_2	4,76	4,51	0,25	0,262	13
Reliability_2	6,13	6,03	0,1	0,597	14
Meaning	4,64	4,58	0,06	0,761	15
Easeofuse_1	5,31	5,25	0,06	0,813	16
Easeofuse_2	5,19	5,18	0,01	0,980	17
Levelofdetail_1	4,47	4,47	0	1,000	18

[a] Mittelwertunterschied signifikant auf dem Fehlertoleranzniveau von 0,01 (2-seitig)
[b] Mittelwertunterschied signifikant auf dem Fehlertoleranzniveau von 0,05 (2-seitig)

hin an, ob es sich um einen signifikanten Mittelwertunterschied in der jeweiligen Dimension handelt oder ob die Unterschiede zwischen ECS-Nutzern und Nicht-ECS Nutzern möglicherweise zufällig entstanden sein könnten. Die Mittelwertunterschiede sind weiterhin sortiert nach dem größten, absoluten Mittelwertunterschied. Der absolute Wert der Differenz zwischen den beiden Mittelwerten berücksichtigt dabei nicht, ob es sich um eine positive oder negative Richtung der Mittelwertdifferenz handelt – dies ist insbesondere deswegen wichtig, weil die den Dimensionen zugehörigen Fragen nach Goodhue und Thompson (1995) sowohl positiv als auch negativ formuliert sind. Beispielsweise wird die Dimension „Currency" mit dem Item „It is possible for me to get data that is current enough to meet my virtual team needs" positiv formuliert und die Dimension „Compatibility" mit dem negativ formulierten Item „When it is necessary to compare or aggregate data from two or more different sources, there may be unexpected or difficult inconsistencies" abgefragt. Dies impliziert, dass ein höherer Mittelwert nicht zwingend positiver bewertet werden darf als ein kleinerer Wert. Vielmehr ist die absolute Mittelwertdifferenz ausschlaggebend dafür, ob die betrachtete Dimension zwischen den beiden Gruppen signifikant unterschiedlich bewertet wird oder eventuelle Unterschiede zufälliger Natur sein könnten – und entsprechend kein signifikanter Unterschied gemessen werden konnte.

Mit Blick auf Tab. 2.3 ist erkennbar, dass sich die Dimensionen der Informationsaktualität (Currency) und die Zugänglichkeit von aufgabenrelevanten Informationen und Dokumenten (Accessibility_1) am stärksten zwischen den beiden Gruppen unterscheiden – aufgrund der positiven Formulierung des Fragebogenitems (siehe Anhang) zu Gunsten der Kollaborationsplattformen. Weitere signifikante Mittelwertunterschiede mit einer positiveren Bewertung der Benutzer von Kollaborationsplattformen können für den Grad der Unklarheit (Confusion), die Auffindbarkeit von Information (Locatability_2) sowie Kompatibilität mit anderen Systemen (Compatibility), administrierte Hilfestellungen (Assistance) und die Tatsache, dass die zuerst aufgefundenen Informationen mit höherer Wahrscheinlichkeit dem entsprechen, was wirklich vom Nutzer gesucht wurde (Accuracy), identifiziert werden.

Die Datenlage zeigt deutlich, dass von den Probanden in den genannten Dimensionen ein Vorteil von Kollaborationsplattformen wahrgenommen wird. Überraschenderweise kann allerdings kein Unterschied bei Dimensionen wie beispielsweise der Präsentation von Daten und Informationen oder der Usability (Ease of use) beobachtet werden. Dies erscheint insbesondere deswegen interessant, weil Anbieter von Kollaborationsplattformen vornehmlich damit argumentieren, dass das Bündeln und Kanalisieren von verteilten Informationen auf einer einzigen Plattform aufgrund einer gesteigerten Benutzerfreundlichkeit und der vorteilhaften Aufbereitung verteilter Dokumente einen Mehrwert bieten soll. Nutzer scheinen dies, gemäß der Datenlage, eher weniger wahrzunehmen bzw. keinen tatsächlichen Nachteil in der Verwendung isolierter Systeme zur Aufgabenbewältigung zu sehen.

Zur Überprüfung der wahrgenommenen Effektivität der aufgabenunterstützenden IT-Anwendungen wurde in einem zweiten Schritt die Performance-Variable überprüft. Die signifikanten Mittelwertunterschiede in den verschiedenen Dimensionen des

Tab. 2.4 Mittelwertvergleich der Performance-Variable durch Levene-Test und T-Test

Performance	N	MW	SD		
ECS Nutzer	95	5,69	1,264		
Nicht-ECS Nutzer	114	5,18	1,497		
	Levene-Test		*T-Test*		
	F	Sig.	T	Sig. (2-seitig)	Mittelwertunter-schied
Gleiche Varianzen	3,794	0,053	2,633	0,009	0,511
Ungleiche Varianzen			2,674	0,008	0,511

Task-Technology Fit zu Gunsten der Nutzer von Kollaborationsplattformen geben Grund zu der Annahme, dass Nutzer einer solchen Plattform, welche innerhalb eines Projekt-teams verwendet wird, eine höhere wahrgenommene Performance erzielen können als jene Projektteams bzw. -Mitglieder, die operative Projektaufgaben in isolierten Einzelan-wendungen bewerkstelligen. Deshalb wird in einem nächsten Schritt die folgende Hypo-these formuliert und anschließend statistisch getestet:

H1: ECS-Nutzer haben eine höhere, wahrgenommene Performance in Ihrer Bewerk-stelligung operativer Projektaufgaben als Nicht-ECS Nutzer.

Da es sich um einen Mittelwertvergleich zweier unabhängiger Gruppen handelt, die beide den gleichen Fragebogen unwissentlich voneinander beantwortet haben, muss zu-nächst mit Hilfe des Levene-Test die Gleichheit der Varianzen geprüft werden, ehe ein T-Test und damit die Signifikanz von Mittelwertunterschieden verlässlich berechnet wer-den kann. Die statistischen Tests wurden mit Hilfe eines SPSS Outputs berechnet, dessen Ergebnisse in Tab. 2.4 dargestellt sind.

Der obere Teil von Tab. 2.4 beschreibt zunächst die verwendeten deskriptiven Werte (N=Anzahl der Probanden pro Vergleichsgruppe, MW=Mittelwert und SD=Standard-abweichung). Wie der Tabelle zu entnehmen ist, unterscheidet sich der Mittelwert für die Performancevariable um 0,51 Skalenpunkte zu Gunsten der ECS-Nutzer deutlich. Die Streuung des Mittelwertes der beiden Vergleichsgruppen ist relativ ähnlich, wobei der Wert für Nicht-ECS Nutzer mit 1,497 um 0,233 Punkte höher liegt als für die Nutzer von Kollaborationsplattformen. Die Datenausgabe des folgenden T-Tests bestätigt den aus den deskriptiven Werten ableitbaren Mittelwertunterschied und zeigt, dass die Mittelwertdif-ferenz auf dem Signifikanzniveau von p=0,01 signifikant ist und dieser Unterschied nicht zufälliger Natur ist. Daraus ergibt sich, dass die vorab formulierte Hypothese verifiziert ist und die dazugehörige Nullhypothese abgelehnt werden darf.

2.5   Schlussbemerkung

Der Beitrag untersucht den wahrgenommenen Nutzen von Kollaborationsplattformen durch Befragung von Projektmitarbeitern, die Teil eines kooperierenden Teams sind. Als Kernergebnis der Arbeit kann festgehalten werden, dass Projektmitarbeiter, die über eine Kollaborationsplattform mit aufgabenrelevanten Dokumenten und Informationen versorgt werden, eine höhere, wahrgenommene Produktivität angeben als Projektmitarbeiter, die über isolierte Anwendungen zur Aufgabenunterstützung verfügen.

Die Art und Weise der Datenerhebung wie auch deren Interpretation muss allerdings auch kritisch bewertet werden. Die Befragung von tatsächlichen Nutzern führt zu dem Ergebnis, dass sämtliche Aussagen unter dem Einfluss der subjektiven Wahrnehmung eines Einzelnen erhoben wurden. Weil dies mögliche Verzerrungen in der Beantwortung der einzelnen Fragen nicht ausschließt, kann bei der Interpretation der Daten lediglich von wahrgenommenen Unterschieden gesprochen werden. Weiterhin muss mit potentiellen Verzerrungen in der Datenbasis zu Gunsten von Kollaborationsplattformen gerechnet werden, da die Umfrage unter dem Aspekt der Nutzenerhebung von Kollaborationsplattformen an die Probanden ausgegeben wurde. Es muss angenommen werden, dass Teilnehmer einer solchen Umfrage eine eher positive Haltung zu derartigen Plattformen haben als das Mittel der Grundgesamtheit. Personen, die vom Nutzen und/oder Mehrwert solcher Plattformen im Arbeitsumfeld weniger überzeugt sind, tendieren daher eher dazu, an derartigen Studien gar nicht teilzunehmen als ihre subjektive Meinung im Fragebogen darzulegen. Berücksichtigt man derartige Faktoren, bleibt dennoch festzuhalten, dass die Arbeit einen Beitrag zum besseren Verständnis von ECS Einführungen im Unternehmens- und Projektumfeld leistet. Künftige Arbeiten in diesem Umfeld könnten die dargelegten Ergebnisse beispielsweise als Startpunkt für ein Feldexperiment nehmen und in einem realen Projektumfeld Performancefaktoren messen. Weiterhin könnte eine eher gruppenorientierte Befragung helfen, ganze Projektteams und den Erfolg der Zusammenarbeit auf ECS Plattformen zu messen. Insbesondere Forschungsfelder der virtuellen Zusammenarbeit und Computer Supported Cooperative Work (CSCW) könnten weitere Faktoren wie das Vertrauen zwischen Teammitgliedern bei elektronischer Zusammenarbeit oder fundamentale Themen des Wissensmanagements im Kontext von ECS Anwendungen aufgreifen.

Fazit

Auch wenn die Vernetzung und der elektronische Informationsaustausch über neue Medien im unternehmerischen Umfeld mittlerweile etabliert sind, zögern viele Organisationen weiterhin bei der flächendeckenden Einführung von Kollaborationsplattformen. Dies liegt nicht zuletzt daran, dass viele IT-Entscheider keinen direkten Mehrwert in der Einführung von Enterprise 2.0 Anwendungen erkennen und aufgrund des fehlenden, wahrgenommenen Nutzens diesen Schritt hinauszögern. Mit der steigenden Erwartung von Wissensarbeitern, Zugang zu aufgabenrelevanten Informationen zeit- und ortsunabhängig zu erlangen, steigt die Nachfrage nach solchen Kollaborationsplattformen.

Der Beitrag zeigt anhand einer empirischen Befragung, dass Projektmitarbeiter bei der Nutzung von Kollaborationsplattformen ihre Aufgaben als effektiver bewältigt sehen als Projektmitarbeiter, die ihre Arbeit durch isolierte Anwendungen unterstützen. Die Umfrageergebnisse geben deshalb einen Hinweis darauf, dass die Aufgabenbewältigung im kooperativen Kontext mit Hilfe von ESS tatsächlich effektiver bewerkstelligt werden kann. Nichtsdestotrotz setzt dies voraus, dass die Nutzenpotenziale solcher Plattformen vorab erkannt und kommuniziert werden müssen und eine entsprechende Nutzerakzeptanz und Unternehmenskultur für derartige Änderungen in gewohnten Arbeitsabläufen nötig ist.

Anhang

Fragebogenitems des Task-Technology Fit Modells	
Confusion	There are so many different systems or files, each with slightly different data, that it is hard to understand which one to use in a given situation
	The data is stored in so many forms, it is hard to know how to use it effectively
Level of detail	Sufficiently detailed data is maintained by the virtual team
	The virtual team maintains data at an appropriate level of detail for my purpose
Meaning	On the reports or systems I deal with, the exact meaning of the data elements is either obvious, or easy to find out
Locatability	It is easy to locate virtual team data on a particular issue, even if I have not used that data before
	It is easy to find out what data the virtual team maintains on a given subject
Accessibility	I can get data quickly and easily when I need it
	It is easy to get access to data that I need
Assistance	I am getting the help I need in accessing and understanding the data
Ease of use	It is easy to learn how to use the computer systems that give me access to data The computer systems that give me access to data are convenient and easy to use
Reliability	The data is subject to frequent system problems and crashes I can count on the system to be „up" and available when I need it
Accuracy	The data that I use or would like to use is accurate enough for my purposes
Compatibility	When it is necessary to compare or aggregate data from two or more different sources, there may be unexpected or difficult inconsistencies
Currency	It is possible for me to get data that is current enough to meet my virtual team needs
Presentation	The data that I need is displayed in a readable and understandable form
Performance	The virtual team computer environment has a large, positive impact on my effectiveness and productivity in my job

Literatur

BITKOM. 2013. Einsatz und Potenziale von Social Business für ITK-Unternehmen. Berlin

Bughin, J., J. Manyika, und A. Miller. 2008. Building the Web 2.0 enterprise.

Chui, M., J. Manyka, und J. Bughin, et al. 2012. The social economy: Unlocking value and productivity through social technologies.

Cooper, D. R., und P. S. Schindler. 2010. *Business research methods*. New York: McGraw-Hill Education.

Crafton, R. 2013. Enterprise collaboration & social software enterprise collaboration & social software.

Goodhue, D. L. 1995. Understanding user evaluations of information systems. *Management Science* 41:1827–1844. doi:10.1287/mnsc.41.12.1827

Goodhue, D. L., und R. L. Thompson. 1995. Task-technology fit and individual performance. *Management Information Systems Quarterly* 19:213–236.

Green, D., und J. Pearson. 2005. Social software and cyber networks: Ties that bind or weak associations within the political organization? Proceedings of the 38th Hawaii International Conference on System Sciences. Big Island, HI, 1–10

Hippner, H. 2006. Bedeutung, Anwendungen und Einsatzpotenziale von Social Software. *HMD – Praxis der Wirtschaftsinformatik* 252:6–16.

IfM. 2014. KMU-Definition. http://www.ifm-bonn.org/mittelstandsdefinition/definition-kmu-des-ifm-bonn/. Zugegriffen: 10. Aug. 2015.

Kammerer, S. 2013. Information Overload durch E-Mails – Herausforderungen und Lösungsansätze. Friedrich-Alexander-Universität Erlangen-Nürnberg

Klamma, R., M. A. Chatti, und E. Duval, et al. 2007. Social software for life-long learning empirical studies on blog uses in online learning networks. *Educational Technology & Society* 10:72–83.

Koch, M., und A. Richter 2009. *Enterprise 2.0 Planung, Einführung und erfolgreicher Einsatz von Social Software in Unternehmen*. Oldenbourg Wissenschaftsverlag GmbH: München

Lee, C. E. 2010. Face-to-face versus computer-mediated communication: Exploring employees' preference of effective employee communication channel.

McAfee, A. P. 2006a. Enterprise 2.0: The dawn of emergent collaboration. *Massachusetts Institute of Technology Sloan Management Review* 47:21–28.

McAfee, A. P. 2006b. Enterprise 2.0, version 2.0. http://andrewmcafee.org/2006/05/enterprise_20_version_20/. Zugegriffen: 20. Aug. 2015.

Minocha, S. 2009. Role of social software tools in education: A literature review. *Education + Training* 51:353–369. doi: 10.1108/00400910910987174

Parameswaran, M., und A. Whinston. 2007. Social computing: An overview. *Communications of the Association for Computing Machinery* 19:762–780.

Sprenger, S., S. Kammerer, M. Wiener, und M. Amberg. 2012. Sind wir (zu) gut informiert? – Auslöser, Auswirkungen und Gegenmaßnahmen von Informationsüberlastung. Proceedings of the Multikonferenz Wirtschaftsinformatik. Braunschweig, 1–11

Valtonen, T., S. Hacklin, und S. Kontkanen, et al. 2013. Pre-service teachers' experiences of using social software applications for collaborative inquiry. *Computers & Education* 69:85–95. doi:10.1016/j.compedu.2013.07.001

Zigurs, I., und B. K. Buckland. 1998. A theory of task/technology fit and group support systems effectiveness. *Management Information Systems Quarterly* 22:313–343.

Dr. Sebastian Sprenger ist als wissenschaftlicher Mitarbeiter am Lehrstuhl für IT-Management der Friedrich-Alexander-Universität Erlangen-Nürnberg tätig und hat dort zum Thema „Information Processing and Enterprises Social Software" promoviert. Herr Sprenger beschäftigt sich heute insbesondere mit den Auswirkungen der Digitalisierung von Informationsprozessen in Unternehmen und der digitalen Transformation von Geschäftsmodellen. Neben seinen Forschungsaktivitäten ist Herr Sprenger als Geschäftsführer des Dr. Theo und Friedl Schöller Forschungszentrums für Wirtschaft und Gesellschaft sowie als Dozent in der universitären Lehre und an der Verwaltungs- und Wirtschaftsakademie Nürnberg tätig. Vor seiner Zeit als Mitarbeiter am Lehrstuhl für IT-Management hat Herr Sprenger Betriebswirtschaftslehre an der Otto-Friedrich-Universität Bamberg sowie Wirtschaftswissenschaften an der Friedrich-Alexander-Universität Erlangen-Nürnberg studiert.

Auf dem Weg zur vernetzten Organisation

3

Ein Plädoyer für professionelles Community Management in der digitalen Transformation

David Wagner, Jan-Mathis Schnurr, Susanne Enke und Ben Ellermann

Inhaltsverzeichnis

Social-Media -und Community-Management – eine Kernkompetenz in der digitalen Transformation.

D. Wagner (✉)
German Graduate School of Management and Law, Heilbronn, Deutschland
E-Mail: david.wagner@ggs.de

J.-M. Schnurr
Universität der Bundeswehr München, Neubiberg, Deutschland
E-Mail: jan-mathis.schnurr@unibw.de

S. Enke
Technische Universität Dortmund, Dortmund, Deutschland
E-Mail: susanne.enke@tu-dortmund.de

B. Ellermann
buw digital, Osnabrück, Deutschland
E-Mail: bellermann@bvcm.org

© Springer Fachmedien Wiesbaden 2016
A. Rossmann et al. (Hrsg.), *Enterprise Social Networks,*
DOI 10.1007/978-3-658-12652-0_3

41

Zusammenfassung

In diesem Beitrag diskutieren wir die Bedeutung von Social-Media- und Community-Management in der digitalen Transformation. Wir argumentieren, dass Social Media und Online Communities wichtige Vehikel sind, um Anspruchsgruppen innerhalb und außerhalb der Organisationsgrenzen miteinander zu vernetzen. Organisationen beschäftigen zunehmend spezialisiertes Personal mit dem Management dieser Communities. Wir stellen Auszüge der Ergebnisse einer Umfrage des Bundesverband Community Management e. V. für digitale Kommunikation & Social Media (BVCM) unter 256 Professionals vor. Im Anschluss vergleichen wir die Ergebnisse der gesamten Stichprobe mit der Gruppe, die sich dem internen Community Management widmet. Die Ergebnisse deuten darauf hin, dass das interne Community Management stärker professionalisiert ist als die gesamte Disziplin. Wir geben mit unserer Studie einen ersten Einblick in die wachsende Profession des Social-Media- und Community-Managements im deutschen Sprachraum und legen den Grundstein für weitere, strukturierte Forschung in diesem zukunftsträchtigen Feld. Implikationen für die Praxis werden auf individueller, Team- und Organisationsebene erörtert.

Schlüsselwörter

Digitale Transformation · digitale Geschäftsstrategie · Social Media Management · Community Management · Job-Analyse · Job-Design · Befragung · Verband · BVCM

3.1   Einleitung

Die digitale Transformation unserer Arbeitswelt schreitet zügig voran (Brynjolfsson und McAfee 2014; Matt et al. 2015; Westerman et al. 2014). Damit einher geht die Vernetzung von Organisationen (Richter 2014) sowie unserer Gesellschaft (Rainie und Wellman 2012). Social Media und Online Communities sind die Herzstücke dieser neuen, vernetzten Welt. Sie sind der Ort, an dem sich Menschen virtuell treffen und sich über die Themen austauschen, die ihnen wichtig sind (Kraut und Resnick 2011). Die Bandbreite existierender Angebote von Social Media und Online Communities ist entsprechend groß: Sie reicht von produkt- oder markenbezogenenen Angeboten über Interessengemeinschaften bis hin zur Organisation von gesellschaftlichen und politischen Kampagnen (Sproull und Arriaga 2007; Wagner et. al. 2016). Auch in Organisationskontexten erfreuen sich Social Media

und Online Communities zunehmender Popularität (Chui et al. 2012; McAfee 2009): Ob
als übergreifendes Enterprise-2.0-Projekt, in der Öffentlichkeitsarbeit, im Marketing, im
Personalwesen oder im Innovationsmanagement. Der Aufbau und die Pflege von Communities sind zentrale Ziele organisatorischen Handelns (Mintzberg 2009).

Betreut werden diese Communities in der Regel von Social-Media- und Community-
Professionals (Kane et al. 2009). Die Berufsfelder des Social-Media- und des Community-Managements sind vergleichsweise neu und unerforscht. Obwohl die Anzahl der Professionals stetig wächst, verfügt nicht jede Organisation über entsprechende Positionen.
Demgegenüber gibt es in manchen Organisationen eine eigene Abteilung mit zahlreichen
Mitarbeitern. Selbst in diesen werden jedoch Social-Media- und Community-Management
sehr unterschiedlich verstanden, gelebt und umgesetzt. Mit dem Ziel, das Arbeits- und Organisationsumfeld dieser neuen Berufsfelder umfassend zu untersuchen (Harvey 1991),
führte der Bundesverband Community Management e. V. für digitale Kommunikation &
Social Media in 2015 eine Online-Befragung unter Social-Media- und Community-Professionals durch. In dem vorliegenden Beitrag stellen wir zunächst ausgewählte Ergebnisse der Gesamtstichprobe vor. Anschließend vergleichen wir diese mit einer Teilstichprobe
derjenigen Befragten, die interne Communities von Organisationen betreuen.

Mit der Studie folgen wir einem Forschungsansatz namens „Engaged Scholarship"
(Van de Ven und Johnson 2006; Van de Ven 2007), dessen Ziel es ist, relevantes Wissen für
Theorie und Praxis zu generieren, indem Forscher und Praktiker kollaborieren und dabei
ihre verschiedenen Perspektiven und Kompetenzen in Bezug auf ein komplexes Problem
oder Phänomen zusammen bringen. Dass es sich bei Social Media und Online Communities um komplexe Phänomene handelt, zeigt die Tatsache, dass diese in der Literatur als
neue Organisationsformen behandelt werden, die sich von traditionellen Arten der Organisation erheblich unterscheiden (Puranam et al. 2014; Lettl und Speckbacher 2014). Gerade
im Innovationskontext, insbesondere im Bereich Open Innovation, spielen Communities
derzeit eine wichtige Rolle (West und Lakhani 2008; Harhoff und Lakhani 2016). Das
Potenzial von verteilter Innovation in einer digital vernetzen Welt gilt als besonders groß,
weshalb Forschung mit einem gewissen Weitblick notwendig ist (Corley und Gioia 2011).
Wir legen mit dieser ersten deskriptiven Analyse des Berufsstandes den Grundstein für
weitere, strukturierte Forschung in diesem Bereich. Auf praktischer Ebene richtet sich
die Studie an eben solche Personen, die Communities in Organisationen täglich betreuen
oder strategisch verantworten. Wir folgen damit einem funktions- oder rollenbezogenen
Forschungsdesign nach Jaworski (2011). Unser Beitrag nimmt eine Aktualisierung bereits
bestehender Studien aus dem Organisationsumfeld vor (Cyphert 2009; Moss et al. 2005),
erlaubt aber darüber hinaus einen Einblick in die wachsende Disziplin des Social- Media-
und Community-Managements im deutschen Sprachraum. Implikationen für die Praxis
werden auf individueller, Team- und Organisationsebene diskutiert.

Der übrige Teil des Buchkapitels ist wie folgt strukturiert: Zunächst beleuchten wir
den theoretischen Hintergrund, in dem wir die digitale Transformation, die Rolle von
Communities in der digitalen Transformation und die Funktion des Community Managements näher betrachten. Darauf folgend stellen wir das methodische Vorgehen bei der

Datenerhebung und -analyse im Rahmen der Studie vor. Im Anschluss präsentieren wir ausgewählte Ergebnisse der Befragung in Bezug auf Social Media und Community Management im Allgemeinen sowie in Bezug auf internes Community Management im Besonderen. Weiterhin diskutieren wir, wie Organisationen ihre Community Management Aktivitäten weiter professionalisieren können. Wir schließen den Beitrag mit einem kurzen Fazit, in dem Erkenntnisse für Theorie und Praxis zusammengefasst werden.

3.2 Theoretischer Hintergrund

3.2.1 Digitale Strategie und Transformation

Traditionell wurde die IT-Strategie eines Unternehmens als Subkomponente der Firmenstrategie angesehen, die idealerweise an dieser ausgerichtet ist. Dieser Zustand wird in der Wissenschaft auch als strategisches Alignment bezeichnet. Da Informationstechnologie zwischenzeitlich in vielen verschiedenen Bereichen des Unternehmens verankert ist, kann diese nicht länger separat von der Geschäftsstrategie entwickelt und umgesetzt werden (Bharadwaj et al. 2013; Matt et al. 2015). Bharadwaj et al. (2013) fordern daher die Zusammenführung der Geschäfts- und IT-Strategie unter dem Namen „digitale Geschäftsstrategie". Darunter verstehen sie eine organisationale Strategie, mit deren Hilfe digitale Ressourcen genutzt werden, um einen Wertbeitrag für das Unternehmen zu generieren. Als digitale Transformation bezeichnet man den organisationalen Wandel, der mit der Einführung und Nutzung neuer Informationstechnologien einhergeht (Westerman et al. 2014). Transformiert werden in diesem Zusammenhang Geschäftsstrategien und -prozesse, organisationale Kompetenzen, Produkte und Dienstleistungen sowie die Beziehungen im erweiterten Netzwerk des Unternehmens. Dabei ist entscheidend, dass es sich bei der digitalen Transformation nicht um eine isolierte Initiative einer Fachabteilung handelt, sondern um den digitalen Wandel der gesamten Organisation, welcher fachübergreifend stattfindet und gestaltet wird (Bharadwaj et al. 2013).

▶ Unter digitale Geschäftsstrategie versteht man eine organisationale Strategie, mit deren Hilfe digitale Ressourcen genutzt werden, um einen Wertbeitrag für das Unternehmen zu generieren.

▶ Als digitale Transformation bezeichnet man den organisationalen Wandel, der mit der Einführung und Nutzung neuer Informationstechnologien einhergeht.

3.2.2   Die Rolle von Social Media und Online Communities in der digitalen Transformation

Zu den Technologien, die für die digitale Transformation eine besondere Rolle spielen, gehören u. a. Social Media und Online Communities (Bharadwaj et al. 2013; Rossmann und Tangemann 2015). Bei Social Media handelt es sich um interaktive Plattformen, die es Individuen und Communities ermöglichen, Inhalte zu erstellen, zu teilen, zu diskutieren und zu modifizieren (Kietzmann et al. 2011). Unter einer Community verstehen wir einen freiwilligen Zusammenschluss von Akteuren, die ein gemeinsames Interesse, eine Erfahrung oder eine Überzeugung teilen. Im Falle von Online Communities vernetzen sich und interagieren die Akteure mit Hilfe des Internets (Sproull und Arriaga 2007). Die Vernetzung kann dabei innerhalb der Grenzen einer Organisation erfolgen, aber zunehmend auch darüber hinaus. Die Öffnung oder Durchlässigkeit der Organisationsgrenzen ist in diesem Zusammenhang ein entscheidender Faktor (Lakhani et al. 2013; Santos und Eisenhardt 2005). Im Innovationsmanagement spricht man bei diesem Trend von „Open Innovation" (Chesbrough 2006), im strategischen Management von „Open Strategy" (Matzler et al. 2014), bei der Vernetzung von Organisation mit verschiedenen Anspruchsgruppen von einem „Enterprise 2.0" (McAfee 2009; Koch und Richter 2007). All diesen Begriffen liegt der Gedanke zu Grunde, dass wichtige Ressourcen, in der Regel in Form von Ideen und Wissen, über traditionell existierende Organisationsgrenzen hinweg zusammengebracht werden (Wagner et al. 2014, 2016). Dabei ist nicht zu bestreiten, dass Social Media und Online Communities hierbei einen zentralen Beitrag leisten, weil sie das Vehikel sind, durch das verschiedene Anspruchsgruppen – ob Mitarbeiter, Kunden, Partner, Zulieferer oder andere – miteinander vernetzt werden und in den Austausch treten (Larson und Watson 2011). Abbildung 3.1 zeigt eine Übersicht verschiedener Anspruchsgruppen, die mit Hilfe von Social Media und Online Communities vernetzt werden können.

► Bei Social Media handelt es sich um interaktive Plattformen, die es Individuen und Communities ermöglichen, Inhalte zu erstellen, zu teilen, zu diskutieren und zu modifizieren.

► Unter einer Community versteht man einen freiwilligen Zusammenschluss von Akteuren, die ein gemeinsames Interesse, eine Erfahrung oder eine Überzeugung teilen. Im Falle von Online Communities vernetzen sich und interagieren die Akteure mit Hilfe des Internets.

Zwischenzeitlich haben Organisationen zwar eine Vielzahl von Möglichkeiten der Nutzung entdeckt, wie die Übersicht der Plattformen im Bereich Social Media sowie die verschiedenen Arten von internen und externen Online Communities in unserer Studie zeigen (Wagner et al. 2015), jedoch sind noch immer nicht alle Anspruchgruppen von Organisationen in diese Art der Vernetzung integriert. Wir sehen derzeit vorwiegend die Einbindung von Mitarbeitern (Beispiel 1) und Kunden (Beispiel 2). Weitere Einsatzszenarien, die derzeit noch weit seltener zu beobachten sind, schließen natürlich auch Partner, Zulieferer und andere Anspruchsgruppen (Beispiel 3) ein. Wir gehen deshalb davon aus,

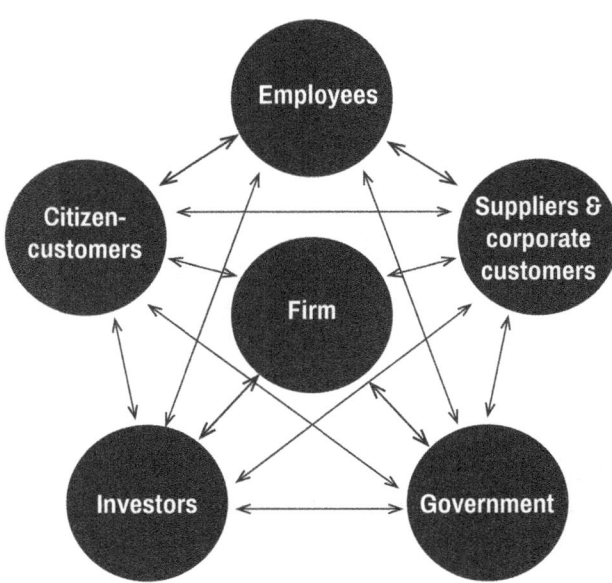

Abb. 3.1 Anspruchsgruppen im Social Media Ökosystem, basierend auf Larson und Watson (2011)

dass es noch immer viel ungenutztes Potenzial gibt und die Bedeutung von Social Media und Online Communities auf Organisationsebene, gerade im Bereich der digitalen Transformation, auch in Zukunft erheblich zunehmen wird.

BEISPIEL 1: Vernetzung der Mitarbeiter (intern)

Innerhalb von Organisationen können sich Individuen mit Hilfe von Online Communities vernetzen, die an ähnlichen Problemstellungen arbeiten, sich aber ansonsten nicht finden würden, da sie möglicherweise an unterschiedlichen Standorten tätig sind. Communities innerhalb von Organisationen werden oft unter den Schlagworten „Enterprise Social Network" oder „Enterprise 2.0" betrieben. In einem Enterprise-2.0-Projekt baut die Robert-Bosch GmbH beispielsweise ein internationales Community Programm für die eigenen Mitarbeiter auf, welches diesen hilft, sich zu vernetzen und auszutauschen. Bei der BMW Group trug eine Online Community namens Redsquare wesentlich zu der Entwicklung eines neuen elektronischen Scooters bei, der seit kurzer Zeit auf dem Markt ist. Bei der Siemens AG gibt es das sogenannte Expertennetzwerk, mit dessen Hilfe Expertise in bestimmten Nischenthemen abgefragt werden kann.

BEISPIEL 2: Vernetzung mit und von Kunden (extern)

Eine klassische Form einer externen Community ist das Kundenforum, in dem Kunden beispielsweise Verbesserungsvorschläge für Produkte oder Dienstleistungen liefern oder über Probleme bei der Nutzung berichten. Die Kunden bekommen dann Hilfestellungen von einem Serviceteam oder können sich gegenseitig helfen. Die notebooksbilliger AG betreibt beispielsweise erfolgreich ein solches Kundenforum. Aufgrund der Breite des Produktsortiments hat das Serviceteam nicht immer das relevante Wissen zur Lösung eines Problems. Oftmals helfen sich deshalb Kunden gegenseitig, die beispielsweise ein neues Gerät gekauft haben und bei der Inbetriebnahme auf ein und dasselbe Problem stoßen. Das Wissen um das Problem hilft wiederum auch der notebooksbilliger AG, weil so technische Mängel und die Qualität der Ware für das Unternehmen transparenter werden. Darüber hinaus haben Rückfragen von Kunden über Social-Media-Kanäle eine große Relevanz. Kunden erwarten über Social-Media-Kanäle eine schnelle Antwort auf ihre Serviceanfragen. Reagiert das Unternehmen ungeschickt auf Kritik, kann sich Unmut der Kunden schnell aufschaukeln. Im schlimmsten Fall entsteht ein sogenannter „Shitstorm".

BEISPIEL 3: Vernetzung mit Problemlösern (extern)

Wie oben angedeutet, spielen bisher Mitarbeiter und Kunden bisher eine übergeordnete Rolle in Social Media und Online Communities. Es gibt allerdings auch Beispiele für die Einbindung weiterer Anspruchsgruppen. Auf der Innovations-Plattform Innocentive können Unternehmen sogenannte Ideenwettbewerbe ausschreiben. Dabei wird eine Problemstellung, an dem eine Organisation gegenwärtig arbeitet, in anonymisierter Form auf der Plattform ausgeschrieben. Gruppen von Problemlösern können sich dann selbständig finden und einen Lösungsvorschlag unterbreiten. Das Unternehmen bewertet die Vorschläge nach einem transparenten Schema und verleiht der Gewinnergruppe ein Preisgeld. Das Gegenstück zu dem Wettbewerbsformat bildet die Plattform OpenIdeo. Wie auch bei Innocentive gibt es hier Herausforderungen, jedoch geht es vorwiegend um gesellschaftliche relevante Fragestellungen, welche in einem kollaborativen Prozess bearbeitet und gelöst werden sollen.

3.2.3   Ein Plädoyer für professionelles Community Management

Jede Organisation, die Social-Media- oder Community-Management betreibt, hofft beim Start auf eine wachsende, lebendige Gemeinschaft, die sich aktiv austauscht. Leider erweist sich diese Hoffnung oftmals als Illusion, denn das Management erfolgreicher Communities ist anspruchsvoll. Bis zu 90 % der Mitglieder, die sich erstmalig registrieren, werden in einer Community nie aktiv (Nonnecke and Preece 2000; Schneider et al. 2013). Des Weiteren gibt es zwischenzeitlich eine solche Vielfalt an Communities, dass Community-Betreiber um die Aufmerksamkeit und Zeit ihrer Mitglieder buhlen müssen (Wang et al. 2013). Seit kurzer Zeit etablieren sich aus diesem Grund in Unternehmen zunehmend Social-Media- und Community-Management-Teams (Kane et al. 2009). Sie setzen sich für die Belange der Community ein und sorgen u. a. für ein aktives Engagement der

Mitglieder (Kraut und Resnick 2011; Wallace 2001). Praktiker dieses neuen Berufsstands versammeln sich im Bundesverband Community Management e. V. (BVCM) für digitale Kommunikation & Social Media, einem Berufsverband. Der BVCM hat es sich zum Ziel gesetzt, die verschiedenen Berufsbilder in diesem Bereich zu schärfen, zu professionalisieren und eine entsprechende Wahrnehmung in der Wirtschaft für sie zu schaffen. Zu diesem Zweck hat sich eine Arbeitsgruppe des Verbandes bereits mit der Erstellung von Stellenprofilen beschäftigt (Pein et al. 2015). Die Studie, über die wir in diesem Buchkapitel berichten (Wagner et al. 2015), wurde ebenfalls vom BVCM in Auftrag gegeben. Wie bereits im Abschn. 3.2.1 skizziert, verstehen wir die Vernetzung von Organisationen mit Hilfe von Communities als einen integralen Teil der digitalen Transformation. Notwendig sind dafür natürlich bestimmte organisatorische Rahmenbedingungen wie Budget, Personal und Bildung. Diese Rahmenbedingungen müssen Organisationen schaffen, denn Communities wachsen und gedeihen nicht von allein. Da mittlerweile alle Fachabteilungen von Social Media und Online Communities durchdrungen sind, ist ein professionelles Community Management unerlässlich.

3.3 Methode

Das Studienteam führte eine standardisierte, webbasierte Befragung (Callegaro et al. 2015; Smyth und Pearson 2011; Groves et al. 2011) durch. Die Entscheidung für diese Methode fiel erstens, weil der avisierte Adressatenkreis aufgrund seiner Berufspraxis zu 100 % über das Internet erreichbar ist und zweitens, weil die Kosten für die Stichprobenbildung nicht proportional zur endgültigen Stichprobengröße sind (siehe Abschn. 5). Zum Einsatz kam das Open-Source-Befragungswerkzeug LimeSurvey (Schmitz 2015) in der Version 2.05 +.

Adressaten der Befragung waren Social-Media-Manager, Collaboration-Manager, Enterprise-2.0-Manager, Community-Manager sowie am Community-Management maßgeblich beteiligte Personen, die Online Communities sowohl intern zur Vernetzung von Mitarbeitern als auch extern zur Zusammenarbeit und Kommunikation mit Partnern, Kunden und der Öffentlichkeit einsetzen. Wie bereits einführend erwähnt, handelt es sich bei dieser Art des Studiendesigns um eine funktions- oder rollenzentrierte Befragung (Jaworski 2011). Wir nutzten für die Befragung folgende Rekrutierungsstrategien: E-Mail-Recruiting, Website-Recruiting, Internet-Advertising und Social Recruiting (Mabanta (2014); Temple und Brown 2012; Lane et al. 2015). Die erste Ankündigung der Befragung erfolgte am 17.05.2015 über einen Blogbeitrag auf bvcm.org. Zeitgleich wurde die Teilnahme-URL per E-Mail an das Verbandsverzeichnis sowie über Social-Media-Kanäle wie facebook.com/bvcm.ev und twitter.com/bvcm gestreut. Adressaten wurden darin gebeten, an der Studie teilzunehmen und den Aufruf in ihren persönlichen Netzwerken weiterzugeben. Im Verlauf der folgenden Wochen bis kurz vor dem Auslaufen der Befragung am 31.07.2015 wiederholte das Studienteam diese Strategie mehrmals in Anlehnung an Dilman (2000). Parallel wurde die Studie per Kampagne auf Facebook und Twitter beworben. Der Zugang zum Fragebogen war für jeden Empfänger der Teilnahme-URL offen und nicht durch Zugangsschlüssel limitiert. Anhand von Paradaten (Zeitstempel, IP-Adressen etc.) können mehrfache Teilnahmen bis zu einem gewissen Grad ausgeschlossen werden. Die Stichprobe ist selbstselektiert, nicht-probabilistisch und nicht-repräsentativ (Groves und Lyberg 2010). Insgesamt öffneten 539 Personen den Studienlink, 256 Befragte füllten den Fragebogen im Anschluss vollständig aus. 283 Befragte beendeten den Fragebogen vorzeitig. Mehr als 80 % dieser vorzeitigen Abbrüche traten auf den ersten beiden im Browser angezeigten Seiten des Fragebogens auf.

Die Items zu konkreten Aktivitäten von Social Media Professionals entwickelten wir mit Hilfe des Rahmenwerks zur Job-Analyse von Harvey (1991) sowie des Community Management Skills Framework (Happe und Storer 2014). Zusätzlich nutzten wir ältere Arbeiten mit Arbeitsanalysen aus dem Kommunikationskontext (Moss et al. 2005; Cyphert 2009). Weitere Items wurden von dem Studienteam zusammen mit Praktikern aus dem deutschsprachigen Raum konstruiert (Van de Ven und Johnson 2006; Van de Ven 2007). Der Fragebogen bestand aus neun Fragegruppen mit insgesamt 68 Einzelfragen. Am Pretest nahmen Mitglieder des Forschungsausschusses des BVCM teil, darunter auch mehrere, die zuvor nicht an der Entwicklung der Fragen beteiligt gewesen waren.

Die Studie wurde durch vier Sponsoren gefördert: Lithium International Inc, mixxt GmbH, Know How! AG, Ketchum Pleon GmbH. Die Sponsoren hatten keinen Einfluss auf das Studiendesign, die Gestaltung von Fragebögen, die Analyse von Antwortdatensätzen oder die Veröffentlichung von Ergebnissen. Sie förderten den BVCM mit Geldmitteln. Als Gegenleistung erhielten sie Erwähnungen in Publikationen und Vorträgen zu der Studie.

3.4   Ergebnisse

3.4.1   Ergebnisse aus dem Social Media und Community Management

Mit einer relativ ausgewogenen Mischung aus weiblichen und männlichen Befragten scheinen beide Geschlechter in dem Berufsfeld gleich stark vertreten zu sein. Es ist durchdrungen von jungen Menschen: Knapp zwei Drittel der Befragten sind zwischen 25 und 35 Jahren alt. Nur ein Prozent der Befragten ist älter als 55. Dementsprechend haben Social-Media- und Community-Professionals noch keine lange Berufshistorie und sind i. d. R. weniger als fünf Jahre in diesem Feld aktiv. Die Mehrheit der Befragten trägt entweder die Berufsbezeichnung Social-Media-Manager (33 %) oder Community-Manager (18 %). Gleichzeitig gibt es einen hohen Anteil von Berufsbezeichnungen, die nicht über die im Fragebogen enthaltenen Antwortoptionen abgedeckt waren (25 %). Darunter sind Berufsbezeichnungen wie Online Marketing Manager, Projektmanager Online & Social Media, Social Media Consultant oder Corporate Community Manager. 76 % der befragten Social-Media- und Community-Professionals arbeiten in Festanstellung in einem privatwirtschaftlichen Unternehmen. Die Mehrheit der Befragten (55 %) verdient im Jahr weniger als 40.000 €. Bei den Freiberuflern sind Tagessätze bis zu 400 € die Norm. Das ist insofern

Tab. 3.1 Demografische Daten aller Befragten

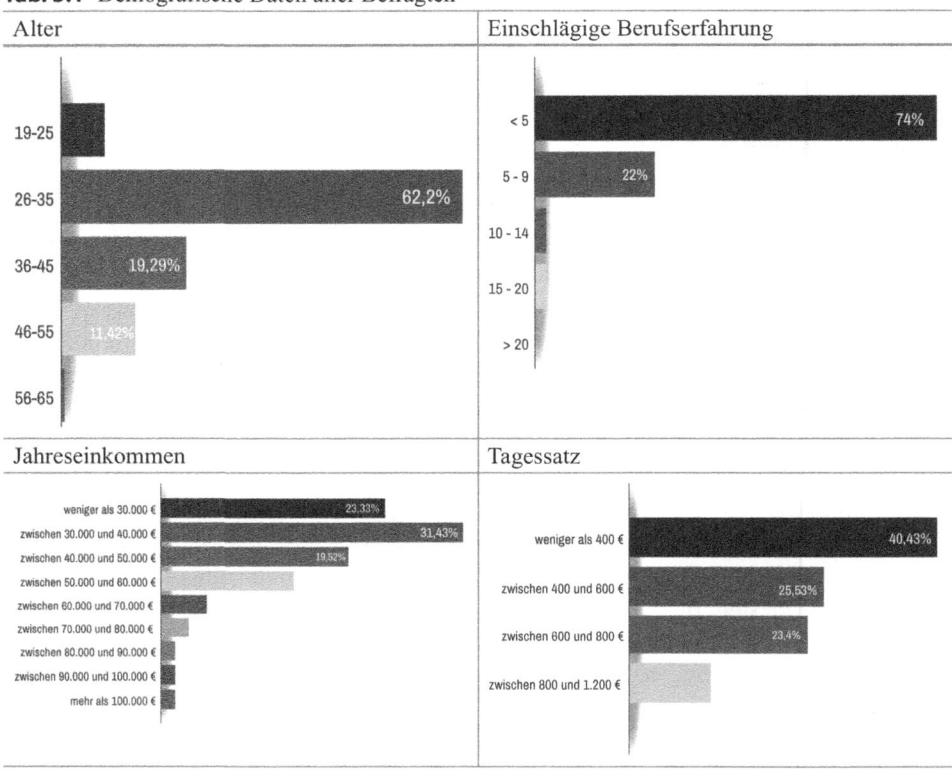

Alter	Einschlägige Berufserfahrung

Jahreseinkommen	Tagessatz

[Angaben in Prozent]

überraschend, als dass die Berufe durchaus höhere Qualifizierungen durch Studium, Weiterbildungen und Zertifikate erfordern. Tabelle 3.1 zeigt eine Übersicht demografischer Daten der Befragten.

Grundsätzlich engagieren sich Organisationen aller Größenklassen im Feld Social-Media- und Community-Management. Dabei arbeiten 40 % der Befragten in Organisationen mit weniger als 50 Mitarbeitern, ein weiteres Viertel ist jedoch in Konzernen mit mehr als 1000 Mitarbeitern beschäftigt. Die drei populärsten Plattformen unter den Social-Media- und Community- Professionals sind Facebook, Twitter und Google+. Knapp 90 % der Professionals geben an, dass sie Facebook-Seiten betreuen. Andere häufig genannte Plattformen sind Xing, LinkedIn und YouTube. Demgegenüber betreuen nur knapp 30 % der Professionals eine eigene Community. Bei denjenigen, die eine eigene Community betreuen, richtet sich diese in etwas mehr als der Hälfte der Fälle an Personen, die nicht der Organisation angehören, also z. B. Kunden. Bei einem knappen Viertel werden Mitarbeiter, also Interne, angesprochen und bei dem Rest eine Mischung aus beiden Gruppen.

Positiv hervorzuheben ist, dass bei den meisten Organisationen eine definierte Social-Media-Strategie existiert. Die Zielsetzungen solch einer Strategie sind durchaus differenziert und hängen stark von der Art der betriebenen Community ab. Sie reichen von der Verbesserung von Produkten und Dienstleistungen, über den Zugriff auf Wissen und Experten bis hin zur Kundenbindung bzw. dem Kundenservice sowie der Verkaufsförderung. Die Befragten geben ebenfalls an, dass sie durch den Betrieb von Communities ihren Markt besser verstehen und durch die Communities neue Geschäftsfelder entdecken. Negativ fallen auf der anderen Seite die Defizite im Bereich der Erfolgsmessung und der Erarbeitung umfassenderer Digital–Strategien auf.

Die Tätigkeiten der Professionals umfassen z. B. das Anwerben neuer sowie die Bindung bestehender Mitglieder. Sie setzen Anreize zur Mitwirkung, fördern das Engagement der Mitglieder und verbringen viel Zeit mit der Erstellung von Inhalten. Sie überwachen und analysieren die Nutzung der Inhalte und weitere Kennzahlen der Community, z. B. die Anzahl und Interaktion von Community-Mitgliedern. Auch die Erarbeitung einer Strategie, eines Plans zur Umsetzung sowie die Erfolgsmessung der Tätigkeiten fallen in das Aufgabengebiet der Professionals. Dabei sind sie vorwiegend Kommunikationsexperten und keine Technik-Experten. Auf Organisationsebene fällt auf, dass das Entwickeln und Produzieren von Inhalten, Monitoring und Analytics sowie das Reporting i. d. R. intern durchgeführt und nur in seltenen Fällen von externen Dienstleistern übernommen werden. Der überwiegende Teil der Befragten gibt an, mit einem Budget von weniger als 50.000 € im Jahr haushalten zu müssen. Interne Trainings sind die häufigste Qualifizierungsmaßnahme. Tabelle 3.2 zeigt eine Übersicht der Organisationsdaten aller Befragten.

3.4.2 Ergebnisse aus dem internen Community Management

Von den Befragten der Studie gaben 131 an, eine eigene Community zu betreuen. Der Großteil (57 %) dieser Communities richtet sich jedoch an Anspruchsgruppen außerhalb der eigenen Organisationsgrenzen, z. B. Kunden. Lediglich 29 Befragte gaben an, für eine interne Community verantwortlich zu sein (vgl. Tab. 3.2). Zu den internen Communities zählen Kollaborations-Communities, Communities zur Ideengenerierung, Communities of Practice sowie Enterprise Social Networks. Diese vier Typen hatten innerhalb der Teilstichprobe etwa gleiche Anteile. Die häufigsten Berufsbezeichnungen in der Teilstichprobe sind „Community Manager" (29 %) und „Berater" (23 %). Vom Alter und der Berufserfahrung unterscheiden sich die internen Community Manager nicht von der Gesamtstichprobe. Betrachtet man die Jahreseinkommen, stehen die internen Community Manager jedoch besser da als ihre Kollegen. Immerhin verdienen 45 % von ihnen mehr als 50.000 € im Jahr. Dafür liegen auch die Arbeitszeiten in dieser Teilstichprobe auffallend hoch: 63 % der Befragten geben an, 50 h und mehr pro Woche zu arbeiten. Eine Übersicht demografischer Daten der Teilstichprobe befindet sich in Tab. 3.3.

Organisationen mit einem internen Community Management sind im Vergleich zum gesamten Feld des Social-Media- und Community-Managements in der digitalen Transformation etwas fortschrittlicher. Hatten bei der Betrachtung aller Organisationen nur 46 % der Befragten angegeben, ihre Organisationen hätten eine digitale Geschäftsstrategie, so melden dies von den internen Community Managern immerhin 61 %. Des Weiteren sind Social-Media-Strategien (70 %) und Social-Media-Guidelines (78 %) bereits häufiger

Tab. 3.2 Organisationsdetails aller Befragten

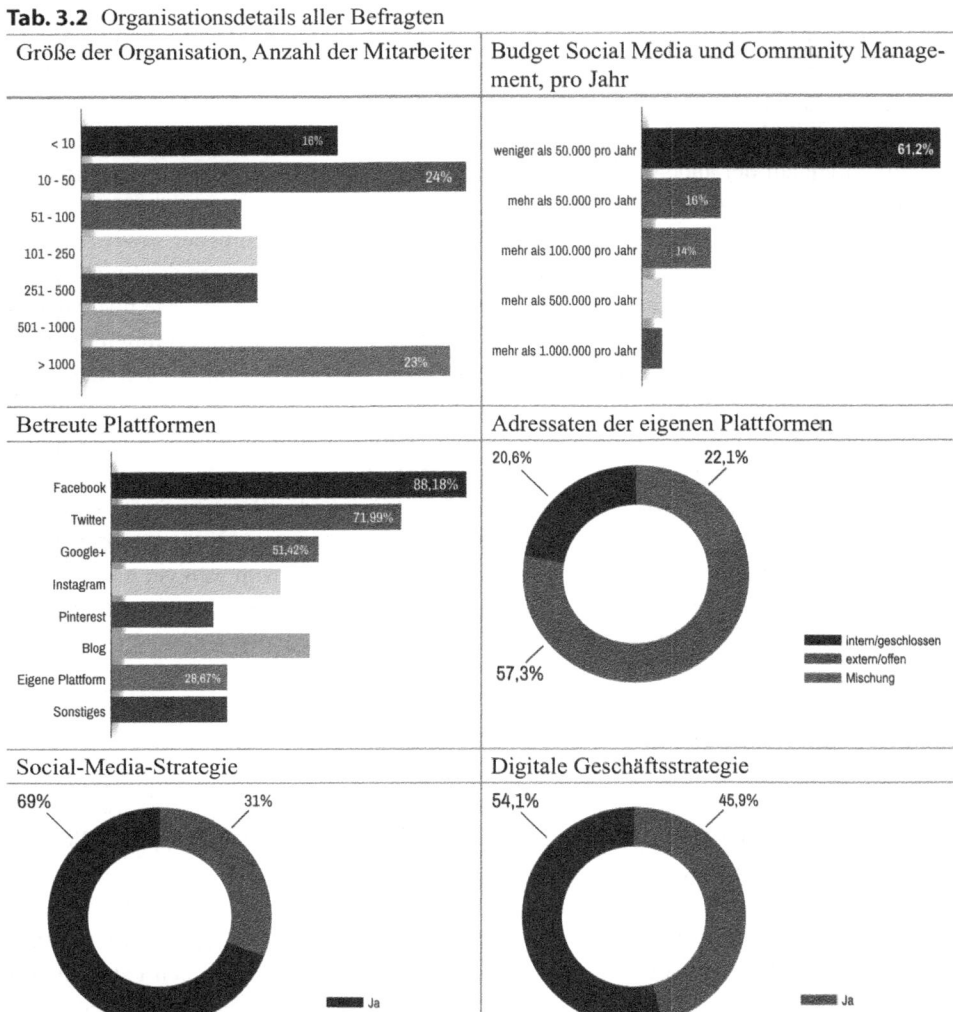

Größe der Organisation, Anzahl der Mitarbeiter	Budget Social Media und Community Management, pro Jahr

vorhanden und die internen Community Manager verbringen ebenfalls deutlich mehr Zeit bei der Entwicklung und Umsetzung als ihre Kollegen. Auch scheinen sich die Organisationen der Befragten bereits länger mit dem Thema Strategie auseinandergesetzt zu haben: 64 % der Befragten geben an, dass ihre Social-Media-Strategien bereits drei Jahre alt oder älter sind. Bei der Gesamtstichprobe waren das im Vergleich lediglich 41 %. Ein Grund für diese fortgeschrittene Professionalisierung ist wahrscheinlich die Größe der involvierten Organisationen: 70 % der Befragten im internen Community Management arbeiten in Organisationen mit mehr als 200 Mitarbeitern. In der Gesamtstichprobe sind es nur 41 %. Damit einher gehen auch größere Budgets: Ein Drittel der Befragten hat mehr als

Tab. 3.3 Demografische Daten der internen Community Manager

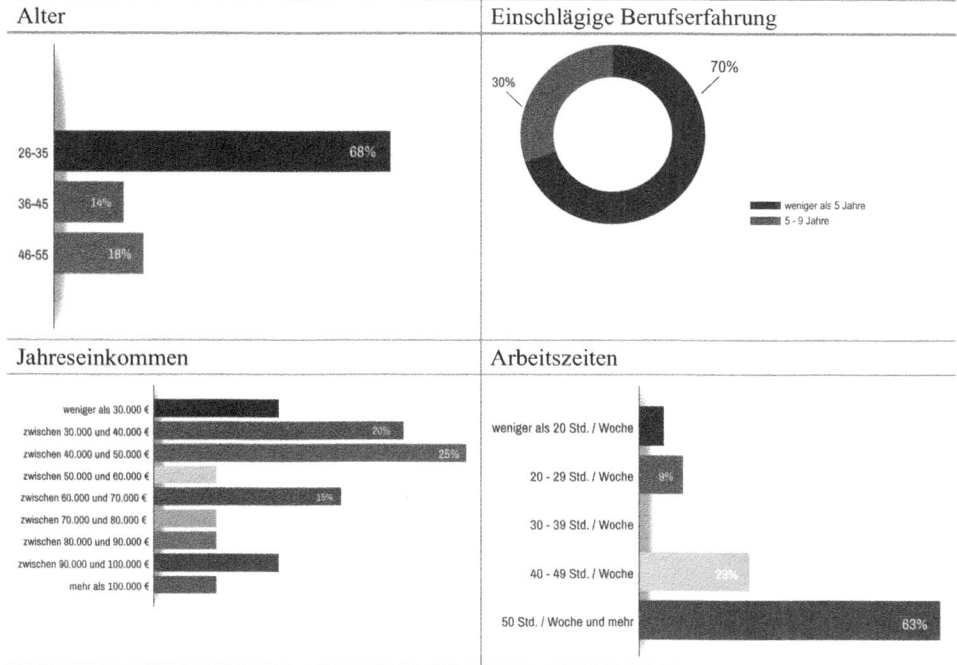

[Angaben in Prozent]

100.000 € Budget für das Community Management zur Verfügung. Bei der Gesamtstichprobe müssen fast zwei Drittel der Befragten mit weniger als 50.000 € haushalten (vgl.
Tab. 3.2). Eine Übersicht der Daten für das interne Community Management befindet sich
in Tab. 3.4.

3.5   Diskussion

Das Buch, in dem dieser Beitrag erscheint, trägt den Titel „Enterprise Social Networks"
und möchte damit bewusst einen Fokus auf die Nutzung von sozialen Netzwerken und
Communities innerhalb von Organisationen setzen. In unserem Beitrag sprechen wir jedoch von Social Media und Online Communities, die ganz verschiedene Akteure – innerhalb und außerhalb der Organisationsgrenzen – miteinander vernetzen (siehe Abb. 3.1
und Beispiele im Abschn. 3.2.2). Für uns ist diese allumfassende Vernetzung ein Teil der
digitalen Transformation, bei dem die interne Vernetzung eben nur eine Teilmenge des
großen Ganzen ist. Mit dieser Sicht auf das Thema orientieren wir uns an den Arbeiten
von McAfee (2009), Bharadwaj et al. (2013) und Chesbrough et al. (2014). Es geht also
um die *erweiterten* Netzwerke von Organisationen ganz im Sinne von Open Innovation.

Tab. 3.4 Organisationsdetails für internes Community-Management

Größe der Organisation, Anzahl der Mitarbeiter	Budget Social Media und Community Management, pro Jahr

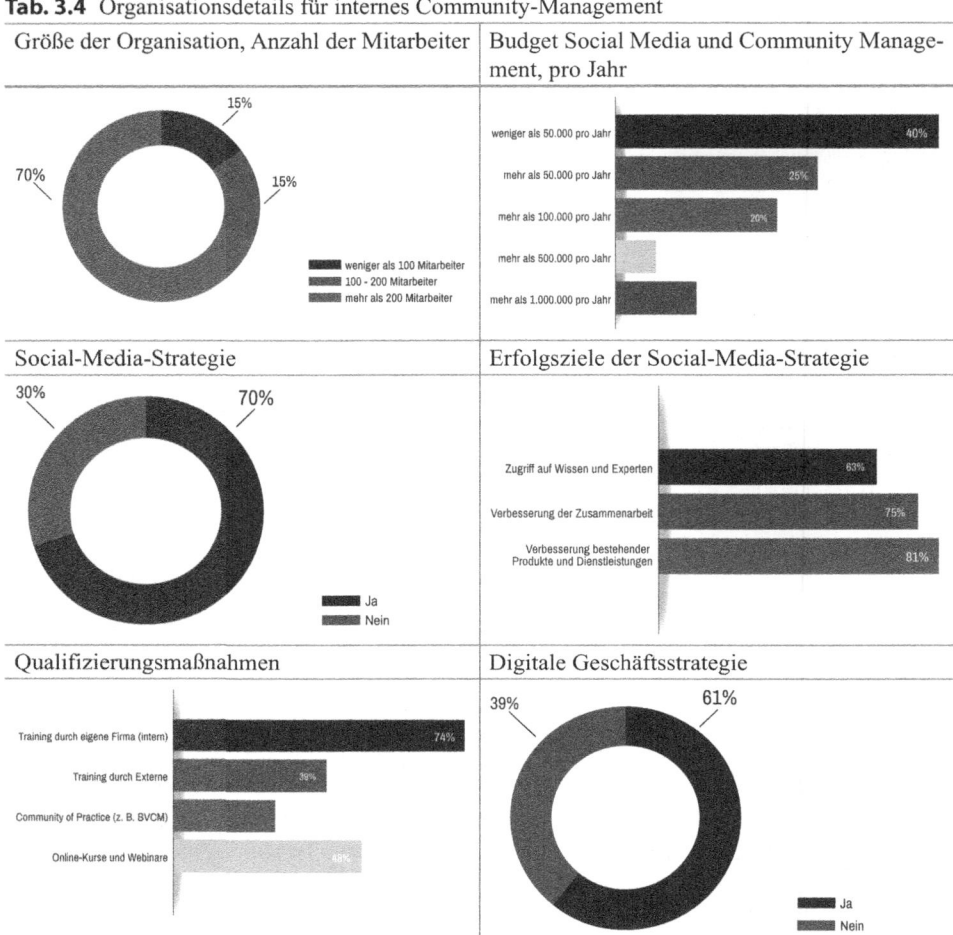

Die BVCM-Studie zeigt, dass die durch den Verband entwickelten Berufsbilder des Social-Media-Managers und des Community-Managers (Pein et al. 2015) in der Praxis noch keine Trennschärfe aufweisen und gegenwärtig eher einen Zielzustand beschreiben. Bei der Betrachtung der Aktivitäten der Professionals lassen sich kaum Unterschiede erkennen. Spannend ist der Vergleich der Teilstichprobe aller Professionals, die in der Studie angegeben haben, eine eigene Community zu betreuen, mit der Gesamtstichprobe. Dabei fällt auf, dass ein wesentlich größerer Anteil der Befragten in der Teilstichprobe angegeben hat, als „Community-Manager" tätig zu sein. Da nicht-eigene Communities, die auf Facebook, Twitter und anderen Social-Media-Plattformen betrieben werden, häufig im deutschen Sprachgebrauch gar nicht als Community betrachtet werden, ist das ein Indiz dafür, dass die Berufsbezeichnungen eher auf Grund der Bezeichnung „Community", denn auf Grund des definierten Berufsbilds gewählt werden.

Die Limitationen unserer Studie betreffend, gibt es derzeit noch keine Erhebungen, wie viele Social-Media-Professionals es in Deutschland, Österreich und der Schweiz gibt. Durchsucht man berufliche Netzwerke wie XING oder LinkedIn nach den Schlagworten „Social Media" und „Community Management", so könnte die Zahl bei mehreren zehntausend Beschäftigten liegen. Die Anzahl von 256 Teilnehmern in der vorliegenden Befragung ist im Verhältnis zu dieser Grundgesamtheit zu sehen und in zukünftigen Befragungen entsprechend zu erweitern. Des Weiteren ergab sich während der Konzeption des Fragebogens die Herausforderung, die Formulierung und die Abfolge von Fragen für alle potenziellen Adressaten passend zu gestalten: Vom freiberuflichen Social-Media-Manager für kleine und mittlere Unternehmen, über den internen Community-Manager in einem Konzern, bis hin zum Angestellten mit Projektvertrag in einer öffentlichen Behörde oder Nicht-Regierungsorganisation. Zukünftige Studien sollten die Zielgruppe während der Stichprobenbildung so weit wie möglich präzisieren.

Wie eingangs erwähnt, folgen wir mit dieser Studie einem Forschungsansatz namens „Engaged Scholarship" (Van de Ven und Johnson 2006; Van de Ven 2007), dessen Ziel es ist, relevantes Wissen für Theorie und Praxis zu generieren, indem Forscher und Praktiker kollaborieren und dabei ihre verschiedenen Perspektiven und Kompetenzen in Bezug auf ein komplexes Problem oder Phänomen zusammen bringen. Wir zeigen insbesondere die Bedeutung von Communities in der digitalen Transformation auf (Westerman et al. 2014). Wir folgen mit dem vorliegenden Beitrag der Aufforderung von Corley und Gioia (2011), dass Forscher mit einer gewissen Weitsicht agieren sollten und in ihren Arbeiten Phänomene betrachten, die für Organisationen und die Gesellschaft zukünftig von Bedeutung sein werden. Wir sind sicher, dass es sich bei der Vernetzung durch Communities um eben solch ein Zukunftsthema handelt. Unser Beitrag nimmt eine Aktualisierung bereits bestehender Studien aus dem Organisationsumfeld vor (Cyphert 2009; Moss et al. 2005), erlaubt aber darüber hinaus einen Einblick in die wachsende Disziplin des Social-Media- und Community-Managements im deutschen Sprachraum. Unsere deskriptive Studie legt damit den Grundstein für weitere, strukturierte Forschung in diesem Bereich.

Auf praktischer Ebene richtet sich die Studie an eben die Personen, die Communities in Organisationen täglich betreuen oder deren Einsatz strategisch verantworten (Jaworski 2011; Kane et al. 2009). Die Ergebnisse können von Praktikern auf individueller, Team- und Organisationsebene genutzt werden. Wir versetzen mit der Studie Individuen in die Lage, ihre eigene Vergütung sowie ihre Aufgaben und Arbeitsbedingungen gegenüber anderen Professionals und Organisationen zu vergleichen. Die Professionals erhalten ebenfalls einen Überblick über verschiedene Karriere- und Entwicklungsmöglichkeiten in diesem Berufsumfeld. Auf Teamebene ermöglicht die Studie die Identifikation von Schwachstellen und Möglichkeiten zur Verbesserung der Teamaktivitäten, die Priorisierung von Zeit und Ressourcen im Hinblick auf bestimmte Tätigkeiten sowie die Identifikation von Weiterbildungsmaßnahmen für Teammitglieder. Auf Organisationsebene illustriert die Studie typische Anwendungsszenarien für Social Media und Online Communities, unterstützt bei der strategischen Planung von Programmen, bei der Entwicklung von Stellenprofilen oder Karrierepfaden und bietet eine Orientierungshilfe bei der Planung des Budgets.

Social-Media- und Community-Manager werden häufig als bloße Produzenten von Inhalten und operative Kommunikatoren im direkten Dialog mit unterschiedlichen Zielgruppen wahrgenommen. Der Überblick der häufigsten Tätigkeiten (Wagner et al. 2015) gibt Organisationen Aufschluss darüber, wie ausgeprägt die strategischen Komponenten im Berufsalltag dieser Mitarbeiter tatsächlich heute schon sind. Social-Media- und Community-Manager betreuen eben nicht nur Social Media und Online Communities, sondern sind wichtige Akteure für die digitale Geschäftsstrategie. Ein Blick auf die Gehälter zeigt, dass diese Erkenntnis noch nicht weit verbreitet zu sein scheint und weder die Professionals, noch die Organisationen den Wert ihrer Funktion erkannt haben. Um diesen Zustand zu ändern, müssen auf der einen Seite die Social-Media- und Community-Manager stärker als bisher die Zusammenhänge zwischen ihrem Wirken und der Wertschöpfung für die Organisation herstellen. Die Tatsache, dass 39 % der Professionals nicht über ein Konzept zur Erfolgsmessung ihrer Tätigkeiten verfügen (Wagner et al. 2015), darf hier als Indikator für entsprechenden Handlungsbedarf gesehen werden. Auf der anderen Seite müssen Organisationen Social-Media- und Community-Manager als treibende Kräfte für ihre digitalen Geschäftsstrategien zulassen.

3.5.1   Fazit

- Als digitale Transformation bezeichnet man den organisationalen Wandel, der mit der Einführung und Nutzung neuer Informationstechnologien einhergeht.
- Social-Media- und Community-Management sind ein wichtiger Bestandteil der digitalen Transformation, weil Communities Vehikel sind, um Anspruchsgruppen innerhalb und außerhalb der Organisationsgrenzen miteinander zu vernetzen.
- Professionell betreut werden Communities von Social-Media- und Community-Managern.
- Die Berufsbilder des Social-Media-Managers und des Community-Managers weisen in der Praxis noch keine Trennschärfe auf.
- Das interne Community Management scheint derzeit stärker professionalisiert als die Disziplin insgesamt.
- Zu den internen Communities zählen Kollaborations-Communities, Communities zur Ideengenerierung, Communities of Practice sowie Enterprise Social Networks.
- Social-Media- und Community-Manager werden häufig als bloße Produzenten von Inhalten und operative Kommunikatoren wahrgenommen. Um diesen Zustand zu ändern, müssen diese stärker als bisher die Zusammenhänge zwischen ihrem Wirken und der Wertschöpfung für die Organisation herstellen. Auf der anderen Seite müssen Organisationen sie als treibende Kräfte für ihre digitalen Geschäftsstrategien zulassen.

Literatur

Bharadwaj A., O. A. El Sawy, P. A. Pavlou, und N. Venkatraman. 2013. Digital business strategy: Toward a next generation of insights. *MIS Quarterly* 37:471–482.

Brynjolfsson E., und A. McAfee. 2014. *The second machine age: Work, progress, and prosperity in a time of brilliant technologies*. New York: W. W. Norton & Company. https://books.google.de/books?id=PMBUAgAAQBAJ&lpg=PP1&dq=The%20second%20machine%20age%3A%20Work%2C%20progress%2C%20and%20prosperity%20in%20a%20time%20of%20brilliant%20technologies&hl=de&pg=PP8#v=onepage&q&f=false.

Callegaro M., K. L. Manfreda, und V. Vehovar. 2015. *Web survey methodology*. Thousand Oaks: SAGE.

Chesbrough, H. W. 2006. *Open innovation: The new imperative for creating and profiting from technology*. Boston: Harvard Business Press.

Chesbrough, H., W. Vanhaverbeke, und J. West. 2014. *New frontiers in open innovation*. Oxford: Oxford University Press.

Chui, M., J. Manyika, J. Bughin, et al. 2012. *The social economy: Unlocking value and productivity through social technologies*. Washington, DC: McKinsey Global Institute,

Corley, K. G., und D. A. Gioia. 2011. Building theory about theory building: What constitutes a theoretical contribution? *Academy of Management Review* 36:12–32.

Cyphert, D. 2009. Who we are and what we do, 2008. *Journal of Business Communication* 46:262–274.

Dillman, D. A. 2000. *Mail and internet surveys: The tailored design method*. New York: Wiley

Groves, R. M., und L. Lyberg. 2010. Total survey error: Past, present, and future. *Public Opinion Quarterly* 74:849–879.

Groves R. M., F. J. Fowler Jr., M. P. Couper, et al. 2011. *Survey methodology*. Hoboken: Wiley.

Happe, R., und J. Storer. 2014. Community manager salary survey 2014. Boston: The Community Roundtable. http://www.communityroundtable.com/research/community-careers-and-compensation/cmss-2014/. Zugegriffen: 8. Nov. 2015.

Harhoff, D., und K. R. Lakhani. 2016. *Revolutionizing innovation: Users, communities, and open innovation*. Cambridge: The MIT Press.

Harvey, R. J. 1991. Job analysis. In *Handbook of industrial and organizational psychology,* Hrsg. M. D. Dunnette und L. M. Hough, 71–163, vol. 2, 2nd ed. Palo Alto: Consulting Psychologists Press.

Jaworski, B. J. 2011. On managerial relevance. *Journal of Marketing* 75:211–224.

Kane, G. C., R. G. Fichman, J. Gallaugher, und J. Glaser. 2009. Community relations 2.0. *Harvard Business Review* 87:45–50.

Kietzmann, J. H., K. Hermkens, I. P. McCarthy, und B. S. Silvestre. 2011. Social media? Get serious! Understanding the functional building blocks of social media. *Business Horizons* 54:241–251.

Koch, M., und A. Richter. 2007. *Enterprise 2.0: Planung, Einführung und erfolgreicher Einsatz von Social Software in Unternehmen*. München: Oldenbourg Verlag.

Kraut, R. E., und P. Resnick. 2011. *Building successful online communities: Evidence-based social design*. Cambridge: MIT Press.

Lakhani, K., H. Lifschitz-Assaf, und M. L. Tushman 2013. Open innovation and organizational boundaries: The impact of task decomposition and knowledge distribution on the locus of innovation. Handbook of economic organization: Integrating economic and organization theory. Cheltenham: Edward Elgar Publishing. https://books.google.de/books?id=5qcPK0MuCXQC&lpg=PP1&dq=handbook%20of%20economic%20organization&hl=de&pg=PR4#v=onepage&q=handbook%20of%20economic%20organization&f=false.

Lane, T. S., J. Armin, und J. S. Gordon. 2015. Online recruitment methods for web-based and mobile health studies: A review of the literature. *Journal of Medical Internet Research* 17 (7): e183. http://www.ncbi.nlm.nih.gov/pmc/articles/PMC4527014/.

Larson, K., und R. Watson. 2011. Tying social media strategy to firm performance: A social media analytics framework. ICIS2011 Proceedings. http://aisel.aisnet.org/icis2011/proceedings/online-community/10/.

Lettl, P. D. C., und P. D. G. Speckbacher. 2014. Collaborative Communities als Organisationsform für Innovation. In *Motoren der Innovation,* Hrsg. C. Schultz und K. Hölzle, 331–341. Wiesbaden: Springer Fachmedien.

Mabanta, M. 2014. Getting real survey answers out of smart, busy people. https://medium.com/@mia/getting-real-survey-answers-out-of-smart-busy-people-778f5a98e4c6. Zugegriffen: 8. Nov. 2015.

Matt, C., T. Hess, und A. Benlian. 2015. Digital transformation strategies. *Business & Information Systems Engineering* 57:339–343.

Matzler, K., J. Füller, B. Koch, et al. 2014. Open strategy – A new strategy paradigm? In *Strategie und Leadership,* Hrsg. K. Matzler, H. Pechlaner, und B. Renzl, 37–55. Wiesbaden: Springer Fachmedien.

McAfee, A. 2009. *Enterprise 2.0: New collaborative tools for your organization's toughest challenges.* Boston: Harvard Business School Press.

Mintzberg, H. 2009. Rebuilding companies as communities. *Harvard Business Review* 87:140–143.

Moss, D., A. Newman, und B. DeSanto. 2005. What do communication managers do? Defining and refining the core elements of management in a public relations/corporate communications context. *Journalism & Mass Communication Quarterly* 82:873–890.

Nonnecke, B., und J. Preece 2000. Lurker demographics: Counting the silent. Proceedings of the SIGCHI 2000 Conference on human factors in computing systems. ACM, New York, NY, 73–80.

Pein, V., S. Dückert, S. Goebel, B. Gutmann, L. Konter, S. Michel, B. Oertel, O. Rührig, M. Unterberger, P. Unterberger, S. Evertz, und K. Evertz. 2015. Stellenprofil Social Media Manager. Nordkirchen: Bundesverband Community Management e. V. https://www.bvcm.org/2015/06/social-media-manager-stellenprofil-fuer-arbeitnehmer-und-arbeitgeber/. Zugegriffen: 8. Nov. 2015.

Puranam, P., O. Alexy, und M. Reitzig 2014. What's „new" about new forms of organizing? *Academy of Management Review* 39:162–180.

Rainie, L., und B. Wellman. 2012. *Networked: The new social operating system.* Cambridge: MIT Press.

Richter, A. 2014. Vernetzte Organisation. München: de Gruyter Oldenbourg. https://books.google.de/books?id=wk3pBQAAQBAJ&lpg=PP7&dq=vernetzte%20organisation&hl=de&pg=PP4#v=onepage&q=vernetzte%20organisation&f=false.

Rossmann, A., und M. Tangemann. 2015. Kundenservice 2.0: Kundenverhalten und Serviceleistungen in der digitalen Transformation. In *Marktplätze im Umbruch,* Hrsg. C. Linnhoff-Popien, M. Zaddach, und A. Grahl, 161–172. Springer.

Santos F.M., und K. M. Eisenhardt. 2005. Organizational boundaries and theories of organization. *Organization Science* 16:491–508.

Schmitz, C. 2015. LimeSurvey: An open source survey tool. https://manual.limesurvey.org/LimeSurvey_Manual. Zugegriffen: 8. Nov. 2015.

Schneider, A., von Krogh, G., Jäger, P. 2013. „What's coming next?" Epistemic curiosity and lurking behavior in online communities. *Computers in Human Behavior* 29:293–303.

Smyth, J. D., und J. E. Pearson. 2011. Internet survey methods: A review of strengths, weaknesses, and innovations. In *Social and behavioral research and the Internet. Advances in applied methods and research strategies,* Hrsg. Das, Ester, Kaczmirek, 11–43. New York: Taylor and Francis Group.

Sproull, L., und M. Arriaga. 2007. Online communities. In *Handbook of computer networks,* Hrsg. H. Bidgoli, 898–914. New York: John Wiley & Sons, Inc.

Temple, E. C., und R. F. Brown. 2012. A comparison of internet-based participant recruitment methods: Engaging the hidden population of cannabis users in research. *Journal of Research Practice* 7:2.

Van de Ven, A. H. 2007. *Engaged scholarship: A guide for organizational and social research.* Oxford: Oxford University Press.

Van de Ven, A. H., und P. E. Johnson. 2006. Knowledge for theory and practice. *Academy of Management Review* 31:802–821.

Wagner, D., G. Vollmar, und H.T. Wagner. 2014. The impact of information technology on knowledge creation: An affordance approach to social media. *Journal of Enterprise Information Management* 27 (1):31–44.

Wagner, D., J.M. Schnurr, B. Ellermann, T. Laub, S. Enke, und S. Lämmer. 2015. Zum Status von Social-Media- und Community-Management in D-A-CH. Nordkirchen: Bundesverband Community Management e. V. für digitale Kommunikation und Social-Media. https://www.bvcm. org/studie-zum-status-von-social-media-und-community-management-download-des-reports/. Zugegriffen: 8. Nov. 2015.

Wagner, D., H.T. Wagner, und B. Ellermann. 2016. Online Communities als quelle von ideen und innovationen. *Ideen- und Innovationsmanagement* 1:7–11.

Wallace, P. M. 2001. *The psychology of the Internet.* Cambridge: Cambridge University Press.

Wang, X., B.S. Butler, und Y. Ren. 2013. The impact of membership overlap on growth: An ecological competition view of online groups. *Organization Science* 24:414–431.

Westerman, G., D. Bonnet, und A. McAfee. 2014. *Leading digital: Turning technology into business transformation.* Harvard Business Press.

West. J., und K.R. Lakhani. 2008. Getting clear about communities in open innovation. *Industry & Innovation* 15:223–231.

Dr. David Wagner   ist Post Doc/Assistant Professor, Digital Strategy & Innovation, an der German Graduate School of Management and Law in Heilbronn und Leiter des Forschungsausschusses des Bundesverbands Community Management e. V. für digitale Kommunikation und Social Media (BVCM).

In seinen Forschungsarbeiten befasst er sich mit neuen, technologiegestützten Formen der Kollaboration und Organisation, insbesondere Social Media und Online Communities.

Jan-Mathis Schnurr arbeitet als wissenschaftlicher Mitarbeiter in der Forschungsgruppe Kooperationssysteme an der Universität der Bundeswehr München. Seine Arbeitsschwerpunkte sind Corporate Community Management, digitale Transformation von Unternehmen sowie Wissensmanagement.

Dr. Susanne Enke ist Habilitandin am Lehrstuhl für Unternehmensführung an der Technischen Universität Dortmund und forscht im Bereich des Internationalen Managements.

Insbesondere untersucht sie den Einfluss von Kultur auf verschiedene Management-Phänomene im Bereich Corporate Entrepreneurship, Strategie und Organisation.

Ben Ellermann ist seit dem Jahr 2008 im Bereich Digitale Kommunikation und Community Management tätig; zunächst in leitender Funktion bei dem früheren Sozialen Netzwerk stayblue.de, seit 2012 in der buw Unternehmensgruppe. Ellermann ist Vorstandsvorsitzender des Bundesverbands Community Management e. V. für digitale Kommunikation und Social Media (BVCM), Dozent für Social Media Management an der Leipzig School of Media, Prüfer für Social Media Management bei der PZOK, sowie Speaker für Digitale Kommunikation und Social Media.

Governancemodelle für Enterprise Social Networks

4

Alexander Rossmann, Gerald Stei und Winfried Ebner

Inhaltsverzeichnis

A. Rossmann (✉) · G. Stei
Hochschule Reutlingen, Reutlingen, Deutschland
e-Mail: alexander.rossmann@reutlingen-university.de

W. Ebner
Telekom Deutschland GmbH, Bonn, Deutschland

© Springer Fachmedien Wiesbaden 2016
A. Rossmann et al. (Hrsg.), *Enterprise Social Networks*,
DOI 10.1007/978-3-658-12652-0_4

Zusammenfassung

Unternehmen befassen sich in jüngster Zeit verstärkt mit der Nutzung von Social Media in der internen Kommunikation und Zusammenarbeit. So genannte Enterprise Social Networks (ESN) bieten integrierte Plattformen mit Profilen, Blogs, gemeinsamer Dokumentenverwaltung, Wikis, Chats, Gruppen- und Kommentarfunktionen für die unternehmensinterne Anwendung. Sehr häufig sind damit umfangreiche Investitionen verbunden. Die Budgets werden im Kern für die IT verwendet – „weiche Faktoren" bleiben häufig außen vor. Dies kann zu erheblichen Problemen bei der Akzeptanz entsprechender Plattformen führen. Daher sind weitere Maßnahmen im Bereich der Steuerung der Einführung und des Betriebs von ESN erforderlich, die sich unter dem Begriff der Governance zusammenfassen lassen. Das Konstrukt Governance bezieht sich auf Art und Umfang der Rollen und Aufgaben zur Steuerung der Nutzung von ESN. Der vorliegende Beitrag beleuchtet mögliche Governancemodelle für die Einführung und Weiterentwicklung von ESN. Die Resultate der vorliegenden Forschung wurden auf der Grundlage einer fundierten Literaturanalyse sowie der explorativen Befragung verantwortlicher Executives für die Nutzung von ESN in deutschen Großunternehmen erzielt. Dabei weisen die Implikationen der qualitativen Datenanalyse auf Zusammenhänge hin, die sich als Ausgangshypothesen für weitere Forschungsarbeiten nutzen lassen.

4.1 Einführung

Die Kommunikation und Zusammenarbeit in Unternehmen befindet sich im Wandel. Dies ist nicht unbedingt eine neue Erkenntnis. Durch die Nutzung von Informationstechnologien hat sich die Art und Weise der Zusammenarbeit in Unternehmen bereits grundlegend verändert. Ein weiterer Schritt in dieser Entwicklung liegt im Einsatz so genannter Enterprise Social Networks (ESN), die häufig auch unter Schlagworten wie „Enterprise 2.0", „Enterprise Social Software" oder „Social Business" zusammengefasst werden. Es handelt sich dabei um webbasierte Intranet-Plattformen, die es Mitarbeitenden in Unternehmen erlauben, dauerhafte Objekte zu einem gemeinsamen Pool beizusteuern, öffentliche Antworten zu diesen Objekten ermöglichen und die Vernetzung der Nutzer untereinander fördern (Behrendt et al. 2014). Typische Ansätze für ESN werden aktuell beispielsweise auf der Basis von Softwarelösungen wie IBM Connections, Jive oder Sharepoint umgesetzt.

Unternehmen sehen in der Einführung von ESN einen relevanten Wettbewerbsfaktor. Dies gilt besonders in Märkten, die durch einen intensiven Wettbewerb gekennzeichnet sind. Aus dieser Sicht liegt in der Qualität der internen Zusammenarbeit ein wesentlicher Differenzierungsaspekt. Seit rund zwei Jahren führen Unternehmen in Deutschland ESN ein. Der Bedarf wird voraussichtlich auch in den nächsten Jahren steigen. Dabei lässt sich für 2017 ein weltweites Marktvolumen von 2,7 Mrd. US-Dollar für Investitionen in ESN prognostizieren (Thompson 2013). Entsprechend sehen die Analysten von Gartner in ESN zukünftig einen primären Kommunikationskanal für das Auffinden von Informationen und das Treffen von Entscheidungen (Van der Meulen und Rivera 2013).

Angesichts dieser Investitionen stellt sich die Frage, ob sich die mit ESN verbundenen Erwartungen realisieren lassen. Im Kern geht es um die interne Akzeptanz entsprechender Lösungen und die Qualität der Kommunikation und Zusammenarbeit. Autonome Einheiten, geographisch verteilte Gruppen und die Wissensarbeiter der Zukunft sollen von ESN profitieren. Dies hat im Idealfall einen positiven Einfluss auf individuelle und organisationale Zielsetzungen. Dabei kann es sich um die Lösung unternehmerischer Herausforderungen, die Produkt- und Serviceentwicklung oder die Stimulierung von Innovationen handeln. Darüber hinaus können sich ESN positiv auf die Mitarbeiterzufriedenheit und auf Verständnis und Akzeptanz der Unternehmensstrategie bei den Mitarbeiter/innen auswirken (Picard und Rabelo 2010).

Ob diese Ziele nachhaltig erreicht werden, ist jedoch nicht nur eine technologische Frage. So weisen Untersuchungen zur unternehmerischen Umsetzung neuer Technologien (Davis et al. 1989) darauf hin, dass die Einschätzung der Anwender in Bezug auf den Nutzen für den Erfolg wesentlich ist. Die Wahrnehmungen und Erfahrungen der Anwender werden jedoch nicht nur durch die Technologie an sich, sondern auch durch unterschiedliche „weiche Faktoren" bestimmt. Es stellt sich die Frage, welche Faktoren für den Akzeptanz und Anwendung von ESN wesentlich sind.

In Frage kommt hier beispielsweise die Vorgehensweise bei der Einführung von ESN. Diese stellt in der Regel hohe Anforderungen an die betroffenen Unternehmen. Dies gilt zunächst für das erforderliche Budget. Der Fokus liegt in den meisten Einführungsprojekten auf den IT-bezogenen Kosten. Diese lassen sich in der Regel „hart" kalkulieren. Jedoch liegt darin in Bezug auf Einführung und Anwendung einer benutzerfreundlichen Software nur die halbe Wahrheit. Daher verläuft die Einführung von ESN in der Praxis häufig unruhig. Nach einer ersten Sondierung der Software durch die Mitarbeiter/innen stellt sich ein unbefriedigender Nutzungsgrad ein.

Offensichtlich ist es für den erhofften Wandel der internen Zusammenarbeit nicht ausreichend, nur eine gute IT zur Verfügung zu stellen. Entsprechend besteht das Risiko, dass sich die Investitionen in das ESN nicht amortisieren und die erhofften Vorteile ausbleiben (Van der Meulen und Rivera 2013). Der Grund für diese Probleme liegt in der systematischen Überbetonung von „harten Faktoren", wie beispielsweise der Entwicklung und Inbetriebnahme der Software oder der Ressourcenzuteilung für den Betrieb. Konsequent vernachlässigt werden hingegen „weiche Faktoren", die jedoch letztlich ausschlaggebend für den dauerhaften Erfolg von ESN sind. Unter „weichen Faktoren" verstehen wir in diesem Kontext beispielsweise die Unternehmenskultur, die Expertise der Mitarbeiter/innen, Aspekte wie Führung, Zusammenarbeit sowie das entsprechende Einführungs- und Steuerungsmodell für eine interne Social Media Anwendung.

Ein wesentlicher Aspekt liegt darüber hinaus in der Governance der Kommunikation und Zusammenarbeit. Neue Arbeitsprozesse benötigen Steuerung. Soweit sich die Einführungsphase nach dem Prinzip „fire and forget" nur auf die neue Software konzentriert, ist ein nachhaltiger Erfolg unwahrscheinlich. Die Governance bezieht sich v. a. auf ein funktionales Modell für das Management von Communities. Neues Arbeits- und Kommunikationsprozesse drücken sich im Kern in Gruppen- und Communityfunktionen aus. Dabei benötigt jede Community einen dezentralen Steuerungs- und Moderationsprozess. Dieser ist im Idealfall an die Rolle eines Community Managers gebunden. Neben der dezentralen Rolle in einzelnen Communities ist darüber hinaus ein übergeordnetes und zentrales Governancemodell für das ESN als Ganzes aufzubauen. Community Management wird in dieser Hinsicht zur Kernaufgabe, die nicht mehr als Nebenjob erledigt werden kann. Zu diesem Zweck sind dezidierte Stellen für die Steuerung der Kommunikation und Zusammenarbeit im ESN aufzubauen. Erfolge mit entsprechenden Plattformen ist daher kein Selbstläufer. Der Personalaufwand für die Steuerung des ESN ist nicht zu unterschätzen.

Auf dieser Grundlage stellt sich die Frage, wie Governancemodelle für die Steuerung von ESN theoretisch zu konzeptualisieren sind. Dies umfasst eine Beschreibung und Kategorisierung der mit dem Begriff Governance verbundenen Aufgaben. Darüber hinaus ist zu evaluieren, wie stark Governancefunktionen bei bereits etablierten ESN in der Unternehmenspraxis ausgebaut sind und wie sich dies auf den wahrgenommenen Erfolg der Plattform auswirkt. Die skizzierten Fragestellungen bilden den Orientierungsrahmen für den vorliegenden Beitrag. Dabei werden im Sinne einer theoretischen Fundierung zunächst die Grundlagen des Technology Acceptance Models (TAM) vorgestellt. Dies bildet die Basis für die Umsetzung einer qualitativen Untersuchung der Governancemodelle von Unternehmen in Deutschland mit bedeutenden ESN Anwendungen. Der Untersuchungsansatz bezieht sich auf die Exploration relevanter Aufgabenfelder und die Verdichtung der Ergebnisse in Richtung eines generalisierbaren Governancemodells. Abschließend werden die Implikationen des Modells für die Governance von ESN in Unternehmen aus theoretischer und praktischer Perspektive diskutiert und mit Hinblick auf den weiteren Forschungsbedarf bewertet.

4.2   Theoretische Grundlagen

Den theoretischen Grundrahmen für die vorliegende Forschung bietet das Technology Acceptance Model (TAM) nach Davis et al. (1989). Dabei handelt es sich um ein Kausalmodell zur Beschreibung der Prädiktoren und Wirkungszusammenhänge für den Nutzungsgrad technologischer Systeme. Die Grundlage des TAM bildet die sozialpsychologisch fundierte Theory of Reasoned Action (TRA) nach Ajzen und Fishbein (1980). Danach wird die Einstellung der Anwender in Bezug auf die Nutzung technologischer Systeme (Attitude toward using) durch zwei Konstrukte bestimmt. Wesentlich für die Einstellung der Anwender sind zum einen die wahrgenommene Nützlichkeit (Perceived Usefulness) und zum anderen die wahrgenommene Benutzerfreundlichkeit (Perceived Ease of Use) der Systeme. Die beiden Prädiktoren haben einen kausalen Einfluss auf die Einstellung und die daraus resultierenden Verhaltensintentionen der Anwender. Aus dieser Kausalkette lässt sich die tatsächliche Systemnutzung (Actual System Use) ableiten.

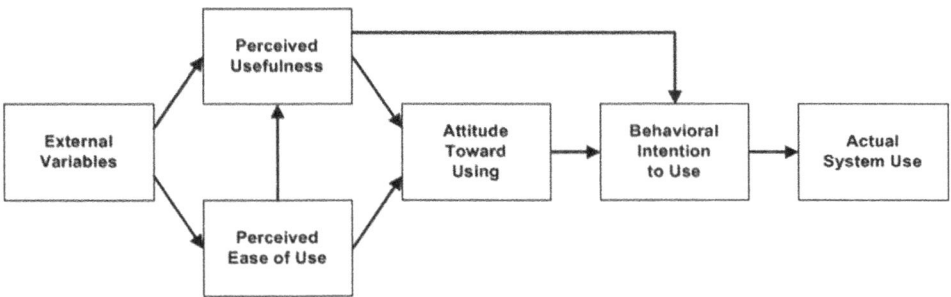

Abb. 4.1 Technology Acceptance Model. (Davis 1989)

Das TAM (Abb. 4.1) ist ein weit verbreitetes Modell zur Untersuchung der Technologienutzung im Bereich der Informationssysteme. Die Gründe für den Erfolg des Modells liegen in seiner Verständlichkeit und in der einfachen Anwendung, aber auch in der hohen Reliabilität der Eingangsvariablen. Diese wurde in einer Metaanalyse von King und He (2006) belegt. Darüber hinaus ist das Modell für das Verständnis der Anwendung von ESN in der Unternehmenspraxis zentral. Hier zeigt sich nach einer Erprobungsphase bei der Einführung neuer Systeme häufig ein schwacher Nutzungsgrad. Die Problemstellung der vitalen Nutzung der Möglichkeiten neuer Systeme ist daher auch bei ESN evident.

Daher ist eine tiefere Evaluation der Eingangsvariablen des TAM in Bezug auf ESN nützlich. Hier zeigen sich in der aktuell vorliegenden Forschung noch erhebliche Lücken. Die wahrgenommene Nützlichkeit (Perceived Usefulness) umfasst die subjektive Einschätzung einer Person in Bezug auf die Frage, ob die Anwendung einer bestimmten Technologie die Arbeitsleistung verbessert. Die wahrgenommene Benutzerfreundlichkeit (Perceived Ease of Use) misst die Wahrnehmung einer Person in Bezug auf den Aufwand für das das Erlernen der Nutzung der neuen Technologie. Beide Eingangskonstrukte werden durch so genannte externe Variablen beeinflusst. Typische externe Einflussgrößen liegen in der Beschaffenheit der technologischen Systeme selbst sowie beispielsweise in der Verfügbarkeit und Umsetzung von Trainingsmaßnahmen für die Nutzung der Systeme. Der Gegenstand der vorliegenden Forschung bzw. die Governance von ESN lässt sich in Bezug auf das TAM den externen Variablen zuordnen.

Eine systematische Analyse der verfügbaren Literatur zum TAM zeigt den weiten Verbreitungsgrad des Ansatzes. Die wesentlichen Ergebnisse der Literaturanalyse sind in Abbildung 4.2 dargestellt. Dabei wurden wissenschaftliche Publikationen in den Datenbanken EBSCO Business Source Complete, Emerald, ACM und IEEE im Zeitraum 1995 bis 2015 untersucht. Gegenstand der Analyse sind wissenschaftliche Publikationen, die im Rahmen der verwendeten „Keywords" genau den Term „Technology Acceptance Model" verwenden. Eine spezifisch auf diesen Begriff ausgerichtete Suche wurde darüber hinaus auf Google Scholar durchgeführt. Die Ergebnisse der Suche weisen darauf hin, dass das TAM seit 1989 bereits in 701 wissenschaftlichen Publikationen in Form eines „Keywords" verwendet wurde. Darüber hinaus lassen sich auf Google Scholar im Untersuchungszeit-

EBSCO	Emerald	ACM	IEEE	Google Scholar
426	47	58	170	21,700

Abb. 4.2 Quantitative Ergebnisse der Literaturanalyse, TAM zwischen 1989 und 2014

raum 27.700 Dokumente mit der Verwendung der Wörterkombination „Technology Acceptance Model" finden.

Die weitere Analyse der verfügbaren Literatur konzentriert sich auf die skizzierten 701 wissenschaftlichen Beiträge. Dabei ist in Bezug auf den Gegenstand der vorliegenden Ausarbeitung v. a. eine systematische Darstellung der bislang untersuchten „externen Variablen" erforderlich. Die Beiträge wurden daher zunächst auf Basis der Abstracts mit Hinblick auf die untersuchten externen Variablen evaluiert.

Die Darstellung der Ergebnisse dieser Evaluationsstufe übersteigt den verfügbaren Umfang des vorliegenden Beitrags. Wesentliche externe Variablen für die wahrgenommene Nützlichkeit und Benutzerfreundlichkeit liegen beispielsweise in personalen bzw. individuellen Eigenschaften (Szajna 1993; Taylor und Todd 1995), organisationalen Faktoren (Lee et al. 2006; Ralph 1991) und technologischen Aspekten (Aiman-Smith und Green 2002; Chang et al. 2008). Das Konstrukt der Governance wird in der bislang vorliegenden Literatur nur als ein Teilaspekt bzw. in Einzelfaktoren thematisiert (Rajan und Baral 2015). Diese bieten keinen integrierten Überblick zu relevanten Governancemodellen bei der Einführung von IT-Systemen. Darüber hinaus liegen in der aktuellen Forschung keine Untersuchungen mit Bezug auf das Forschungsobjekt ESN selbst vor. Daher lassen sich aus Subjekt- und Objektperspektive Lücken in der vorliegenden Forschung ausmachen, die einen Bedarf nach weiteren Untersuchungen im skizzierten Themenbereich begründen.

4.3 Qualitative Evaluation

Neben der Analyse der bereits vorliegenden Literatur soll das Konstrukt der Governance in ESN aus Perspektive der Praxis reflektiert werden. Nach Gerbing und Anderson (1988) sind bei der Entwicklung theoretischer Konstrukte unterschiedliche methodische Ansätze heranzuziehen. Der erste Schritt bei der Entwicklung, Evaluation und Messung von Konstrukten liegt in der Definition der inhaltlichen Bedeutung und der Exploration möglicher Ausprägungen des Konstrukts aus theoretischer und empirischer Sicht (Gerbing und Anderson 1988). Dabei wird das Konstrukt *Governance* wie oben skizziert als *Art und Umfang der Rollen und Aufgaben zur Steuerung der Nutzung von ESN* definiert.

Für die explorative Untersuchung von Governancemodellen in der Unternehmenspraxis wurde ein methodischer Untersuchungsansatz auf Basis der qualitativen Evaluation nach Kuckartz et al. (2008) umgesetzt. Die Stichprobe für die qualitative Evaluation
umfasst Unternehmen mit ausgewiesenen Erfahrungen bei der Nutzung von ESN. Daher
wurde v. a. Unternehmen zur Teilnahme an der Untersuchung eingeladen, die ESN bereits
eingeführt haben oder sich in der Einführungsphase befinden. In Summe konnten zehn
Unternehmen für die Teilnahme an der Untersuchung gewonnen werden. Die Datenerhebung erfolgte anschließend auf der Grundlage telefonischer Interviews. Für die Interviews
wurde ein halbstrukturierter Fragebogen entwickelt. Als Kontrollvariablen wurden u. a.
die spezifische technologische Lösung für das ESN in den beteiligten Unternehmen, die
aktuelle Anzahl der User sowie der Zeitpunkt der Einführung des ESN erfasst. Darüber
hinaus bezieht sich der Fragebogen auf die folgenden Aspekte der Governance in ESN:

- Ziele der Governance.
- Strategien für die Governance von ESN.
- Grad der internen Kommunikation und Umsetzung des Governancemodells.
- Organisatorischer Einbettung der Governanceaufgaben.
- Ressourcen für die Governance von ESN.
- Einfluss der Governance auf die Vitalität von ESN.

Um eine intersubjektive Nachvollziehbarkeit zu erlauben wurden alle telefonischen Interviews digital aufgezeichnet und anschließend transkribiert (O'Connell und Kowal 2009;
Kuckartz et al. 2008). Um den Aufwand der Datenauswertung zu reduzieren wurde auf die
Erstellung wörtlicher Transkripte verzichtet. Das Transkriptionsergebnis wurde zunächst
fallweise analysiert. Auf dieser Grundlage erfolgte die Entwicklung eines Kategorien-
systems zur strukturierten Auswertung des Textmaterials (Kuckartz et al. 2008, S 40).
Die Daten ließen sich anschließend kategorienbasiert auswerten und interpretieren. Dabei
wurden die Daten je Kategorie qualitativ interpretiert. Die entsprechenden Auswertungen
geben einen Überblick über die Bedeutung eines spezifischen Themas aus empirischer
Sicht. Zudem lassen sich die einzelnen Kategorien mit Hinblick auf die formulierten Ziele
der qualitativen Untersuchung interpretieren.

4.4 Ergebnisse der qualitativen Befragung

Die Ergebnisse der qualitativen Befragung werden nachfolgend zunächst entlang der Kontrollvariablen sowie in Bezug auf die formulierten Leitfragen der Untersuchung dargestellt. Als Kontrollvariablen wurden der Zeitpunkt der Einführung des ESN, die eingesetzten technologischen Lösungen sowie die Anzahl der User auf der Plattform herangezogen.
Bei den zehn befragten Unternehmen erfolgte die Einführung des ESN im Zeitraum zwischen April 2012 und Oktober 2014. Der Median der unterschiedlichen Einführungszeit-
punkte liegt im Februar 2014. Damit verfügen die meisten befragten Unternehmen zum

Zeitpunkt der Datenerhebung Ende 2014 über eine geringe Erfahrung bei der Nutzung von ESN. Bei den eingesetzten technologischen Lösungen liegt der Schwerpunkt bei Jive ($n=5$), gefolgt von IBM Connections ($n=2$), Microsoft Sharepoint ($n=2$) und Yammer ($n=1$). Die Anzahl der auf der Plattform registrierten Nutzer bewegt sich in einer Bandbreite zwischen 150 Usern und 164.000 Usern. Der Median liegt in dieser Kontrollvariable bei registrierten 8000 Usern. Der Einfluss der skizzierten Kontrollvariablen auf einzelne Teilfragen der Untersuchung wird in Absatz 4.4.6. bewertet.

4.4.1   Governance als Konstrukt: Begriff und Inhalte

Eine erste Teilfrage der qualitativen Evaluation bezieht sich auf den Begriff der Governance und die damit verbundenen Inhalte. Aus Sicht der befragten Unternehmen umfasst das Konstrukt Governance v. a. die Unterstützung der Mitglieder der Organisation bei der Nutzung der Möglichkeiten eines ESN. Im Sinne des TAM wird damit eine klassische externe Variable adressiert. Das Ziel der Governance liegt zunächst in der Verbesserung der wahrgenommene Nützlichkeit (Perceived Usefulness). Darüber hinaus bietet die Governance konkrete Unterstützung bei der Nutzung des ESN. Dies adressiert eine Förderung der wahrgenommene Benutzerfreundlichkeit (Perceived Ease of Use). Im Ergebnis sollen diese Maßnahmen zu einer stärkeren Systemnutzung durch die Mitarbeiter/innen führen. Der empirische Befund zur inhaltlichen Bedeutung des Konstrukts integriert sich damit vollständig in die vorliegende Forschung zum TAM.

In Bezug auf die Objekte der Governance lassen sich aus Sicht der befragten Unternehmen unterschiedliche Ebenen unterscheiden. Diese beziehen sich zunächst auf die einzelnen Unternehmensmitglieder (Individualebene). In ESN werden darüber hinaus Gruppen zu gemeinsamen Interessen und/oder Aufgaben gebildet. Daher bezieht sich die Governance zusätzlich auf gruppenbezogene Inhalte. Gruppen werden häufig als Community bezeichnet, um den Bezug der Mitglieder auf gemeinsame Interessen (Communities of Interest) oder gemeinsame Aufgaben (Communities of Practice) zu betonen. Dabei kann nicht jede innerhalb eines ESN gebildete Gruppe automatisch als Community bezeichnet werden. Wesentlich für den Begriff der Community ist die Stärke des skizzierten gemeinsamen Bezugs. Der Begriff der Community bezieht sich daher auf eine spezifische Qualität der Kommunikation und Zusammenarbeit in Gruppen. Grundsätzlich lassen sich auf Basis der qualitativen Befragung typische individual- und gruppenbezogene Inhalte der Governance unterscheiden.

Typische Inhalte der Governance auf Individualebene

- Qualifikation der User für die Nutzung des ESN.
- Erzeugung von Aufmerksamkeit für das ESN.
- Unterstützung der User bei der Nutzung des ESN.

Typische Inhalte der Governance auf Gruppenebene

- Entwicklung von geeigneten Anwendungsfällen (Use Cases).
- für die Nutzung des ESN in Gruppen.
- Initialer Aufbau von Gruppen bzw. Unterstützung für den Aufbau von Gruppen.
- Bereitstellung von Inhalten für Gruppen, Verfassen von Beiträgen.
- Kuration zentraler Inhalte für Gruppen.
- Moderation der Kommunikation in Gruppen.
- Vitalisierung der Kommunikation in Gruppen, z. B. durch eigene Beiträge, Kommentare und/oder konkrete Fragen an einzelne User.
- Aktivierung potentieller Mitglieder für Gruppen.
- Definition von Leitlinien für die Kommunikation in Gruppen.

Neben den skizzierten individual- und gruppenspezifischen Inhalten der Governance lassen sich darüber hinaus aus der qualitativen Befragung übergreifende Konzepte ableiten, die sich eher auf das ESN als Ganzes beziehen. Diese werden nachfolgend als typische Inhalte der Governance auf Organisationsebene bezeichnet.

Typische Inhalte der Governance auf Organisationsebene

- Strategische Entwicklung von geeigneten Anwendungsfällen (Use Cases) für das ESN als Ganzes.
- Unternehmensweite Information über das ESN, aktive Ansprache der Unternehmensmitglieder, Ansprechpartner für Fragen.
- Internes Marketing für das ESN, Ansprache, Aufbau und Nutzung von Multiplikatoren, Storytelling zu erfolgreichen Use Cases.
- Entwicklung und Umsetzung von Einführungskonzepten für das ESN, Aufbau der ersten Nutzergruppe, Reflektion von Erfahrungen.
- Politische Absicherung der Nutzung des ESN, Einbindung der internen Entscheidungsträger, Entwicklung zentraler Regeln zur Nutzung des ESN.
- Kontakte zum Betriebsrat, Einbindung der Arbeitnehmervertretung.
- Technische Unterstützung für das ESN.
- Reporting über die Nutzung des ESN, Monitoring und Controlling, Bereitstellung von Informationen zur strategischen Weiterentwicklung.
- Konfliktmanagement, zentrale Anlaufstelle für die Moderation bei Konflikten.
- Entwicklung und Umsetzung zentraler Qualifikationsmaßnahmen für die User.
- Zentraler Austausch zur Nutzung des ESN, Lernen aus Erfahrungen, Weiterentwicklung des ESN, kontinuierlicher Verbesserungsprozess.

In Summe lassen sich damit aus der qualitativen Befragung vielfältige Inhalte der Governance rund um die Einführung und Nutzung eines ESN ableiten. Darüber hinaus bieten die Ergebnisse eine erste Ordnungsstruktur entlang der Ausrichtung auf verschiedene

Governanceobjekte (User, Gruppe, Organisation). Dabei werden die genannten Aufgaben nicht in allen befragten Unternehmen umfänglich genutzt. Die Intensität der Governance und die konkrete Ausprägung im Kontext eines einzelnen Unternehmens sind vielmehr anhand der Governancestrategie und der intendierten Ziele bei der Einführung eines ESN zu bestimmen. Hier zeigen sich bei den einzelnen befragten Unternehmen zum Teil deutliche Unterschiede.

4.4.2 Strategien für die Governance von ESN

Bei der Evaluation der Strategien für die Governance von ESN zeigt sich in der Stichprobe ein heterogenes Bild. Dabei lässt sich allgemein bewerten, 1) ob eine Governancestrategie explizit oder implizit etabliert ist, 2) welche Objekte (Einzelperson, Gruppe, Organisation) durch die Governance adressiert werden und 3) welchen Reifegrad die Governance allgemein erreicht hat.

Mit Hinblick auf die erste Teilfrage bleibt festzuhalten, dass die meisten der befragten Unternehmen noch keine explizite Strategie für die Governance von ESN etabliert haben. Dies gilt besonders für Unternehmen in der frühen Phase der Einführung von ESN. Somit werden Fragen der Governance in der Unternehmenspraxis im Vorfeld der Systemeinführung nur unterproportional betrachtet. Die oben genannten Aufgabenbereiche für die Governance von ESN sind in vielen Unternehmen nur schwach beschrieben. Eine ausgearbeitete Strategie für die Governance liegt daher nur in zwei von zehn befragten Unternehmen vor. In den weiteren Unternehmen werden jeweils Teilbereiche der Governance in einzelnen Dokumenten und Aufgabenbeschreibungen skizziert. Daher liegt in den meisten Unternehmen keine integrierte Governancestrategie vor.

Auf der Objektebene bezieht sich die Governance bei den befragten Unternehmen v. a. auf die Individual- und Organisationsebene. Für die Unternehmensmitglieder wird ein zentraler Ansprechpartner bei Fragen zum ESN zur Verfügung gestellt. Dies korrespondiert mit der Einführung einer zentralen Instanz für die Koordination des ESN. Derartige Einheiten sind vorwiegend in der IT-Abteilung, in einigen Unternehmen jedoch auch in der Kommunikationsabteilung angesiedelt.

Der Reifegrad der Governancestrategie ist dabei durchaus unterschiedlich zu bewerten. Die meisten Unternehmen setzen zunächst ein einfaches Governancemodell um. Dies ist auf Individualebene durch Qualifikationsmodule für die Mitarbeiter/innen in Form von eLearnings und einer zentralen Leitstelle für Fragen zur Anwendung des ESN verbunden. Darüber hinaus wird auf Organisationsebene die technische Funktionalität sichergestellt. Derartige Minimalmodelle für die Governance finden sich bei etwa einem Drittel der befragten Unternehmen.

Die Mehrzahl der Unternehmen setzt jedoch bereits erweiterte Governancemodelle ein, die eine stärkere Unterstützung der einzelnen Nutzer und insbesondere gruppenbezogener Aspekte betonen. Dies korrespondiert meist mit erweiterten Schulungsmaßnahmen für das ESN, der Definition von Use Cases sowie der Einführung der Rolle eines so genann-

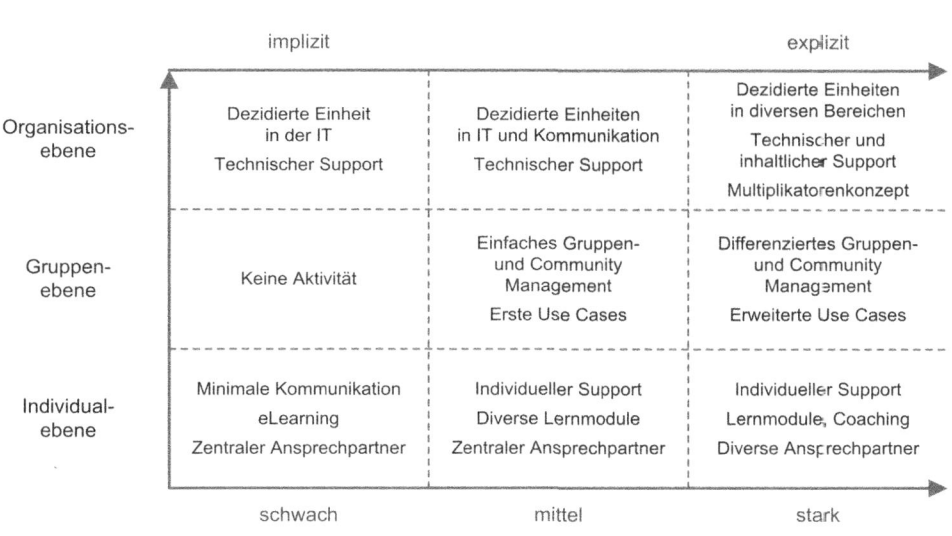

Dokumentation der Governancestrategie

Abb. 4.3 Strategien für die Governance von ESN

ten Community Managers. In der Rolle des Community Managers werden vor allem die kommunikativen Aufgaben der Governance gebündelt, z. B. die Motivation und direkte Unterstützung der Nutzer sowie die Initiierung und Moderation von Gruppen. Derartige Rollenmodelle sind explizit bei etwas weniger als zwei Drittel der befragten Unternehmen etabliert. Parallel werden in dieser Ausbaustufe der Governance weitere Aufgaben auf Organisationsebene angesiedelt, z. B. die politische Absicherung der Nutzung des ESN, das interne Marketing oder die Suche nach Multiplikatoren.

Das daraus entstehende Gesamtbild für die Governancestrategie ist in Abb. 4.3 skizziert. Die Abbildung macht deutlich, dass der Grad der Governance in Unternehmen in Bezug auf ESN unterschiedlich stark ausgeprägt ist (schwach, mittel, stark). Entsprechend lässt sich in weiteren Forschungsarbeiten untersuchen, wie sich ein stärkerer Grad der Governance auf die Vitalität des ESN und damit verbundene Erfolgsindikatoren auswirkt. Die vorliegende Forschung bietet eine geeignete Grundlage für die Entwicklung entsprechender Messmodelle und die Anbindung auf ESN in der Unternehmenspraxis. So lassen sich unterschiedliche Intensitätsstufen der Governance mit differenzierten Aktivitäten auf Individual-, Gruppen- und Organisationsebene verbinden. Darüber hinaus ist auf Basis der Befunde der qualitativen Evaluation davon auszugehen, dass der Grad der expliziten Beschreibung einer Governancestrategie analog zur Intensität zunimmt.

4.4.3   Organisatorischer Einbettung der Governance

Die bislang skizzierten Ergebnisse der qualitativen Evaluation geben differenzierte Einblicke in die Inhalte der Governance auf verschiedenen Ebenen und in unterschiedliche Governancestrategien bzw. -konzepte. Dabei werden auch einige Kernaufgaben für die Governance von ESN skizziert. Darüber hinaus stellt sich jedoch die Frage, wie die skizzierten Aufgaben bereits heute zu Rollen verdichtet und organisatorisch verankert werden.

Dabei zeigen sich in der befragten Stichprobe erneut heterogene Anwendungsmodelle. Bei geringer Intensität der Governance ist die organisatorische Einbettung der Governanceaufgaben in der Regel ebenfalls nur schwach ausgeprägt. In den meisten Fällen werden zentrale Stellen im IT Bereich aufgebaut, die für den technischen Support des ESN verantwortlich sind. Häufig sind die Stellen in die allgemeine Supportorganisation integriert. Entsprechend steht für die User ein dezidierter Ansprechpartner für technische Fragestellungen zur Verfügung. Die Kommunikation rund um das ESN ist minimal und wird ebenfalls aus den Supportbereichen getrieben. Erweiterte Rollen mit einer stärkeren Governancefunktion entwickeln sich auf dieser Basis nur informell und ohne tiefe organisatorische Verankerung. Gruppenbezogene Aufgaben der Governance werden in solchen Fällen häufig durch die Betreiber bzw. Initiatoren der Gruppe wahrgenommen. Daher entwickelt sich in einzelnen Fällen ein implizites Rollenbild des Community Managers. Auf Basis der Ergebnisse der qualitativen Evaluation kann davon ausgegangen werden, dass derartige dezentrale Entwicklungsprozesse stark von der Unternehmenskultur getrieben werden. Bei günstigen kulturellen Voraussetzungen kann sich entsprechend eine implizite Governance ohne strukturelle Anbindung an die Unternehmensorganisation entfalten. Dies ist auf einen ausgeprägten Fit zwischen den kulturellen Voraussetzungen eines Unternehmens und den Funktionen und Möglichkeiten eines ESN zurückzuführen. Eine ausgeprägt kooperative Unternehmenskultur reflektiert sich in diesem Fall in der autonomen Ausbildung impliziter Governancekonzepte für das ESN.

Darüber hinaus lassen sich in der Stichprobe jedoch auch Beispiele für eine deutlich stärkere Integration der Governance in die Unternehmensorganisation finden. Dies gilt entsprechend v. a. für Unternehmen mit einer mittleren oder starken Intensität der Governance. Hier wird meist bereits vor oder während der Einführung eines ESN ein zentrales Projektteam gebildet. Dieses bietet nicht nur einen technischen Support, sondern leistet auch inhaltliche Unterstützung bei der Umsetzung der Governanceaufgaben. Auf Gruppenebene wird in dieser Hinsicht häufig die explizite Rolle eines Community Managers gebildet. Diese nimmt wie oben skizziert unterschiedliche Aufgaben in einzelnen Gruppen wahr. Auf zentraler Ebene werden häufig dezidierte Stellen für das Coaching und für die Beratung der Community Manager gebildet. In dieser Ausprägung ist die für das ESN verantwortliche Einheit nicht mehr ausschließlich im IT-Bereich verankert. In den meisten befragten Unternehmen werden zusätzliche Einheiten in der Unternehmenskommunikation aufgebaut. Daher ist die Verantwortung für das ESN und für die Governance mindestens in zwei Organisationsbereichen verankert. Bei weiterer Ausprägung der Governance finden sich verantwortliche Stellen in zusätzlichen Organisationseinheiten, z. B. in der

Regional- und Landesorganisation sowie in einzelnen Fachbereichen. Bei starker Intensität der Governance kann darüber hinaus ein Competence Center für das ESN gebildet werden. Dies bietet eine Plattform für die Entwicklung wesentlicher Kompetenzen rund um die Nutzung und Weiterentwicklung des ESN. In solchen Einheiten werden u. a. auch differenzierte Qualifizierungs- und Coachingangebote für die Community Manager umgesetzt. Darüber hinaus bietet das Competence Center Formate für den internen Austausch der dezentral agierenden Community Manager und einen entsprechenden gemeinsamen Lernprozess. Zusätzlich werden aus solchen Einheiten differenzierte Konzepte für das „Onboarding" neuer User und die Entwicklung weiterer Community Manager abgeleitet. Unter „Onboarding" ist dabei die erstmalige Nutzung des ESN durch einen neuen User zu verstehen. Zum Teil liegen differenzierte Konzepte vor, wie diese initiale Nutzung durch eine starke Governance unterstützt werden. Schließlich ist in derartigen Einheiten auch häufig die Steuerung des Multiplikatorennetzwerks für die Kommunikation und interne Vermarktung des ESN angesiedelt.

Die skizzierten Ergebnisse der qualitativen Befragung weisen darauf hin, dass sich in der Breite und Tiefe durchaus unterschiedliche Möglichkeiten zur organisatorischen Verankerung der Governance in ESN bieten. Bei steigender Intensität der Governance ist eine zunehmende Ausdehnung der organisatorischen Verantwortung zu beobachten. Dies führt zu dezidierten Verantwortlichkeiten für das ESN in definierten Bereichen der Organisationsstruktur. Gleichzeitig werden spezifische Kompetenzen in Form eines Competence Centers gebildet, in denen Konzepte für die Governance prototypisch entwickelt und dann auf die gesamte Organisation übertragen werden. Im Gegensatz dazu finden sich jedoch auch Fallbeispiele mit schwacher organisatorischer Verankerung. Hier wird vorwiegend auf eine kulturelle Adoption des ESN und die dezentrale bzw. informelle Ausbildung von Governancekonzepten gesetzt. Entsprechend werden in solchen Modellen auch kaum dezidierte Stellen in der Gesamtorganisation gebildet.

4.4.4 Ressourcen für die Governance von ESN

Der Ressourcenaufwand für die Governance und damit für das ESN insgesamt steigt mit zunehmender Intensität und organisatorischer Verankerung. Bei schwacher Intensität werden wie oben skizziert nur geringe Ressourcen auf zentraler Ebene geplant, z. B. in Form einer Projektorganisation oder durch zentrale Stellen im IT- und/oder Kommunikationsbereich. Diese Ressourcen konzentrieren sich auf den technischen Support und eine minimale Unterstützung der Nutzer auf Individualebene. In derartigen Fällen werden keine dezidierten Stellen für die Governance des ESN eingeplant. Die Governanceaufgaben lassen sich in diesem Sinne aus der bestehenden Organisation bedienen. Der zusätzliche Ressourcenaufwand für das ESN ist entsprechend gering.

Bei den befragten Unternehmen mit mittlerer Intensität der Governance (siehe Abb. 4.3) werden in der Regel auf zentraler Ebene dezidierte Stellen für die Unterstützung des ESN aufgebaut. Über den technischen Support hinaus werden dabei z. B. Use Cases für die

Anwendung in der Organisation entwickelt und inhaltliche Angebote für die Community Manager bereitgestellt. Die Rolle des Community Managers selbst ist jedoch noch eher schwach ausgebaut bzw. wenig differenziert als Rollen- und Stellenmodell aufgebaut. Daher werden bei diesen Modellen lediglich zusätzliche Ressourcen für die Governance des ESN auf zentraler Ebene bereitgestellt. Das Management einer Community wird dabei als Aufgabenbestandteil in die bestehende Organisation integriert. Der damit verbundene Zusatzaufwand wird in einigen Unternehmen zum Gegenstand der Diskussion zwischen den einzelnen Mitarbeiter/innen und den direkten Vorgesetzten gemacht. Die Erfahrungen mit derartigen impliziten Modellen sind in der Praxis unterschiedlich ausgeprägt und hängen offensichtlich stark von der jeweiligen Unternehmenskultur ab.

Schließlich lassen sich in der Stichprobe auch Unternehmen mit einer hohen Intensität der Governance und einer starken organisatorischen Verankerung finden. Hier wird die Rolle des Community Managers zum Teil als Berufsbild in Vollzeit ausgeprägt. Darüber hinaus ist das Management einer dezentralen Community zum Teil als dezidierter Aufgabenbestandteil in der Aufbauorganisation erfasst, d. h. ein definierter Anteil der Arbeitszeit wird für das Management einer Community innerhalb des ESN angerechnet. Häufig sind in diesen Modellen auch deutlich erweiterte Ressourcen auf zentraler Ebene vorhanden. Sie werden beispielsweise für die Qualifikation der Mitarbeiter/innen, die Pflege eines Multiplikatorennetzwerks oder für individuelles Coaching eingesetzt.

4.4.5 Einfluss der Governance auf die Vitalität von ESN

Der Einfluss der Governance auf die Vitalität des ESN lässt sich auf Grundlage der vorliegenden qualitativen Befragung nur subjektiv beschreiben. Grundsätzlich kann Governance wie oben skizziert als externe Variable im Kontext des TAM interpretiert werden. Damit wirkt sich bei einer kausalen Beziehung eine höhere Intensität der Governance auf die Akzeptanz des ESN und die entsprechende Nutzung aus. Dabei liegen aktuell jedoch keine Messungen zur Kausalität der Beziehungen zwischen Governance und Systemnutzung mit hinreichender Validität und Reliabilität vor. Die Ergebnisse der qualitativen Forschung lassen sich jedoch als Grundlage für Aufbau und Bewertung entsprechender Kausalmodelle in zukünftiger Forschung nutzen.

Bei den befragten Unternehmen der vorliegenden Stichprobe liegt kein einheitliches Modell zur Messung der Vitalität des ESN vor. Häufig werden derartige Fragen rein subjektiv oder auf Basis interner Befragungen bewertet. Mit fortschreitender Reife der Nutzung des ESN werden differenzierte Messungen zur Vitalität durchgeführt. Dabei kann die Einführung und Nutzung entsprechender Controllingmodelle durchaus ebenfalls als Teilaufgabe der Governance konzeptualisiert werden. In der Praxis werden dann häufig die folgenden Indikatoren zur Messung der Vitalität des ESN herangezogen: Anzahl der registrierten Nutzer, Anzahl der aktiven Nutzer, Anzahl der Gruppen/Communities, Anzahl der neu gegründeten Gruppen/Communities, Anzahl der Beiträge, Kommentare und Likes, Anzahl der geteilten Inhalte, Anzahl der Aufrufe von Inhalten sowie die allgemeine Aktivität der Nutzer.

Auf Grund von datenschutzrechtlichen Bestimmungen werden diese Metriken häufig aggregiert erhoben. Dabei lassen sich jedoch durchaus Teilgruppen aus Unternehmensbereichen mit unterschiedlicher starker Governance erheben. Die Aussagen zur Varianz der Ausprägungen von Governance und Vitalität sind in dieser Hinsicht bei der vorliegenden Datenerhebung jedoch rein subjektiv zu bewerten. Grundsätzlich weisen hier jedoch alle befragten Unternehmen auf einen positiven Zusammenhang zwischen Governance und Vitalität des ESN hin. Dabei wirkt sich eine stärkere Governance positiv auf die Nutzung des ESN durch die Mitarbeiter/innen der befragten Unternehmen aus. Dies gilt besonders für die Frühphasen bei der Einführung eines ESN. Im weiteren Verlauf der Nutzung des ESN bilden sich dann spezifische Anwendungsfälle heraus, d. h. es entwickelt sich eine Kultur für die Nutzung des ESN. Diese ist häufig durch die Führungskräfte und die allgemeine Unternehmenskultur geprägt. Der kausale Effekt der Governance auf die Nutzung eines ESN fokussiert sich daher v. a. auf die initiale Phase der Systemeinführung. Im Kontext der weiteren Systemnutzung gewinnen implizite Steuerungsmodelle an Bedeutung.

Die qualitative Befragung unterstützt die theoretischen Annahmen des TAM und bietet Raum für die Konzeptualisierung des Konstrukts Governance als externe Variable und Prädiktor für die wahrgenommene Nützlichkeit und Nutzerfreundlichkeit entsprechender Systeme. Für eine empirische Untersuchung dieser Wirkungsbeziehungen mit hinreichender Validität und Reliabilität sind weitere Forschungsansätze mit größeren Stichproben und quantitativen Methoden anzustreben.

4.4.6   Einfluss der Kontrollvariablen

Die weiter oben skizzierten Kontrollvariablen der qualitativen Untersuchung haben unterschiedlich starken Einfluss auf die skizzierten Ergebnisse. Dabei lässt sich zunächst kein Einfluss der gewählten technischen Lösung (IBM, Jive, Microsoft Sharepoint, Yammer) für Inhalt und Intensität des Konstrukts Governance ausmachen. Damit ist die Governance nicht an eine spezifische technische Lösung für ESN gebunden. Dies lässt sich analog für den Zeitpunkt der Systemeinführung bzw. die damit verbundene Erfahrung mit ESN berichten. Auf der Grundlage der Varianz in der Stichprobe kann kein Zusammenhang zwischen der Dauer der Erfahrung mit ESN und der Intensität und Ausprägung der Governance abgeleitet werden. Dies ist möglicherweise damit verbunden, dass alle Unternehmen der definierten Stichprobe aktuell über eine vergleichsweise geringe Erfahrung mit ESN verfügen. Die geringfügigen Unterschiede in der Einführung des ESN zwischen April 2012 und Oktober 2014 haben entsprechend keinen Einfluss auf die Governance.

Ein deutlicher Zusammenhang zwischen Governance und Kontrollvariablen zeigt sich jedoch bei der Anzahl der Nutzer des ESN. Dabei zeigt sich durchgehend, dass eine Ausweitung der Intensität der Governance mit höheren Nutzerzahlen verbunden ist. Eine erweiterte Governance ist daher v. a. bei ESN mit einem hohen Nutzungsgrad zu beobachten. Dies lässt sich grundsätzlich auf die weiter oben skizzierten Zusammenhänge zwischen der Governance und der Vitalität von ESN zurückführen. Daher ist davon auszugehen,

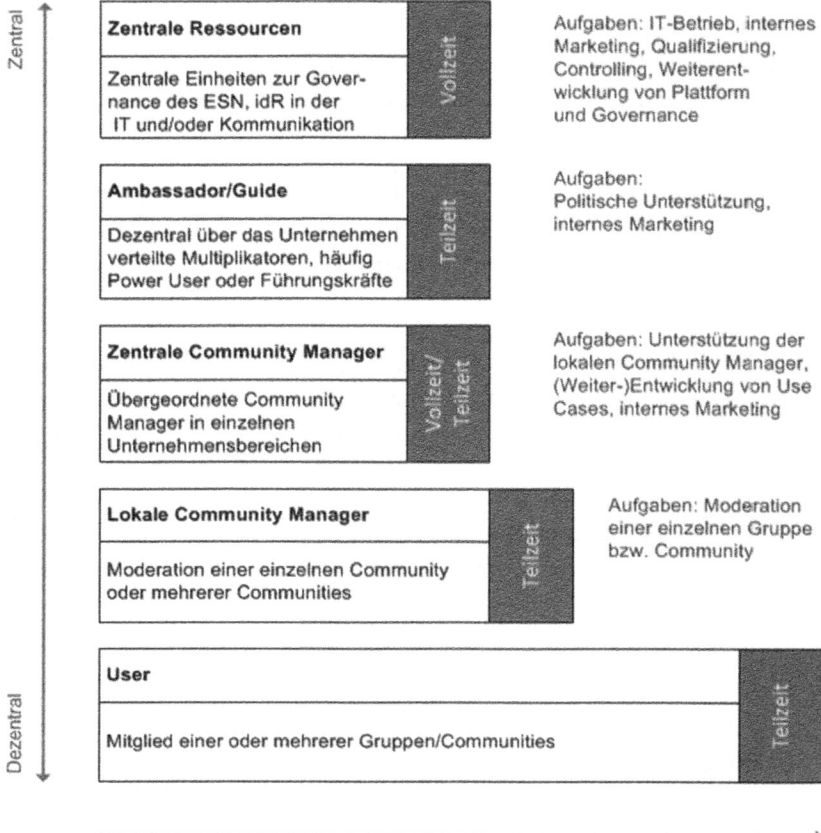

Abb. 4.4 Konzeptionelles Modell für die Governance von ESN

dass die Anzahl der ESN Nutzer keine unabhängige Kontrollvariable, sondern vielmehr eine Zielvariable im Kontext entsprechender Kausalmodelle darstellt.

4.5   Konzeptionelles Modell für die Governance von Enterprise Social Networks

Aus den vorliegenden Ergebnissen der qualitativen Befragung lässt sich ein konzeptionelles Modell für die Governance von ESN ableiten. Dies bildet einerseits einen Orientierungsrahmen für die Umsetzung von Governancemodellen in der Unternehmenspraxis. Zum anderen bieten derartige Modelle auch Implikationen für die weitere Analyse der theoretischen Zusammenhänge zwischen Aspekten der Governance und der Systemnutzung. Das entsprechende Modell ist in Abbildung 4.4 visualisiert.

Danach kann davon ausgegangen werden, dass unabhängig von der Intensität der Steuerungsaufgaben zentrale Ressourcen für die Governance von ESN aufgebaut werden müssen. Diese beziehen sich auf den IT-Betrieb und bei Ausbau der Intensität der Governance auch auf andere Aufgaben wie das interne Marketing, Qualifizierung, Controlling zur Nutzung der Plattform sowie allgemein alle Maßnahmen zur Verbesserung der Systemnutzung. In der Regel handelt es sich dabei um eine oder mehrere Vollzeitstellen, d. h. die entsprechenden Aufgaben werden innerhalb der Organisationsstruktur gebündelt. Damit entsteht auch ein zentraler Ansprechpartner für alle Fragen rund um das ESN im Gesamtunternehmen.

Auf der zweiten Stufe sind besonders Aufgaben zur Kommunikation und politischen Unterstützung des ESN in Form von weiteren Rollenmodellen enthalten. Diese werden in der Unternehmenspraxis häufig als Guide oder Ambassador bezeichnet. Aus Organisationsperspektive handelt es sich dabei um eine Gruppe aus einflussreichen Führungskräften und/oder Experten, die als Rollenvorbilder für die Nutzung des ESN eingesetzt werden. Die Aufgaben rund um das ESN bilden daher in der Regel nur einen kleinen Teilbereich des gesamten Verantwortungsbereichs der Guides ab. Meist liegt die Hauptaufgabe dieser Personen in anderen Themenbereichen. Daher werden entsprechende Aufgaben in Teilzeit und zusätzlich zur eigentlichen Funktion innerhalb der Organisation wahrgenommen.

Bei erhöhter Intensität der Governance bilden sich weitere Profile innerhalb der Gesamtorganisation rund um konkrete Fragen des Gruppen- und Community Managements. Diese beziehen sich auf die Unterstützung der lokalen Community Manager und Mitarbeiter/innen, auf die Weiterentwicklung von Use Cases und das interne Marketing. Grundsätzlich handelt es sich bei dieser Personengruppe häufig um Experten oder um Mitglieder der Organisation mit besonders hoher Erfahrung bei ESN. In wenigen der befragten Unternehmen werden diese Rollenprofile inzwischen mit entsprechender Qualifikation als Vollzeit-Stelle umgesetzt. Damit entsteht im Ergebnis das Berufsbild eines Community Managers mit vollständiger Integration in die Gesamtorganisation. In den meisten Unternehmen der untersuchten Stichprobe ist die Governancefunktion jedoch nicht so stark ausgebaut. Die entsprechenden zentralen Community Managers sind dann vergleichbar zur Guide-Funktion über die gesamte Organisation verteilt und es werden keine expliziten Vollzeit-Stellen gebildet.

Auf der Basis-Ebene fokussiert sich die Governance schließlich auf die Gestaltung der Funktion des dezentralen Gruppen- und Community Managers sowie auf den einzelnen Nutzer des ESN. Die wesentlichen Aufgaben der dezentralen Gruppen- und Community Manager liegen in der Moderation einer einzelnen Community. Dabei wird die Rolle des Community Managers in den meisten Unternehmen nicht explizit übertragen, d. h. die Rolle entsteht häufig aus dem Kommunikationskontext rund um die Gründung einer Gruppe. In vielen Fällen übernimmt der Initiator und Gründer einer Gruppe auch die Rolle des Community Managements. Zum Teil werden Gruppen auch auf Initiative der zentralen Governancefunktionen gebildet. In solchen Fällen kann die Rolle des Community Managers auch explizit geplant werden. Die Kernaufgaben des Community Managers liegen in der Moderation der Kommunikation innerhalb einer einzelnen Community, der

Gewinnung von Mitgliedern für die Community sowie in der allgemeinen Unterstützung der Mitglieder der Community bei der Systemnutzung. Dabei sind die dezentralen Community Manager häufig nur lose an die übergeordneten Governancefunktionen angebunden. In einigen untersuchten Fällen müssen die Community Manager innerhalb des ESN explizit benannt werden. Dies eröffnet zusätzlich einen Kommunikationskanal für die direkte Ansprache lokaler Community Manager durch zentrale Governancefunktionen. Grundsätzlich vertreten jedoch alle befragten Unternehmen die Meinung, dass die Governance nicht im Sinne der klassischen Linienorganisation top down vollzogen werden kann. Vielmehr muss sich eine gemeinsame Kultur der Nutzung des ESN entwickeln. Die Bildung entsprechender kultureller Muster wird durch das Governancemodell unterstützt. Die skizzierte Governancestruktur bietet daher eine Ressource für Mitarbeiter/innen und Gruppen bei Interesse an der Nutzung des ESN. Die Nutzung dieser Ressourcen ist jedoch nicht verbindlich bzw. wird nicht über hierarchische Modelle eingefordert.

Insgesamt bietet das vorliegende Modell einen Orientierungsrahmen für die Gestaltung differenzierter Governancemodelle auf verschiedenen Organisationsebenen. Dabei lässt sich eine unterschiedliche hohe Intensität der Steuerung bei der Einführung eines ESN festlegen. Die Auswahl und Anpassung des Modells muss stets auf Basis der individuellen Vorbedingungen des Unternehmens erfolgen. Dabei ist eine erhöhte Intensität der Governance nicht automatisch als präferierte Strategie für die Einführung von ESN anzusehen. Die Frage ist vielmehr, wie sich unterschiedliche Formen der Governance auf die Nutzung des ESN und die damit verbundenen Wertschöpfungseffekte auswirken. Andererseits kann jedoch davon ausgegangen werden, dass die Einführung von ESN ohne fundierte Governancekonzepte kaum zu den erwünschten Effekten der Systemnutzung führt. Daher bietet das vorliegende Modell lediglich eine Grundlage zur Modellierung unterschiedlicher Formen der Governance und zur Ableitung von Messmodellen zur Evaluation der Intensität der Governance sowie der damit verbundenen Auswirkungen auf Systemnutzung und Wertschöpfungseffekte.

4.6 Implikationen für Theorie und Praxis

Aus der vorliegenden qualitativen Forschung lassen sich vielfältige Implikationen für die Theorie und Praxis von ESN ableiten. Für die Theorie bietet die Einführung eines Konstrukts für die Governance von ESN furchtbare Impulse zur Erweiterung des TAM. Dabei bietet die qualitative Befragung differenzierte Einblicke in die Konzeptualisierung des Konstrukts. Governance ist in dieser Hinsicht als multidimensionales Konstrukt für die Steuerung der Nutzung von ESN zu verstehen. Die damit verbundenen Teilaufgaben lassen sich auf unterschiedliche Rollen in der Gesamtorganisation verteilen. Dabei zieht sich die Governance ja nach angestrebter Intensität durch das gesamte Unternehmen. Auf dieser Grundlage lassen sich Messmodelle zur Evaluation der Intensität der Governance ableiten. Damit kann in weiteren Forschungsarbeiten bestimmt werden, wie die Governance auf die wahrgenommene Nützlichkeit (Perceived Usefulness) und die wahrgenommene Benutzerfreundlichkeit (Perceived Ease of Use) aus Nutzerperspektive wirkt. Der vorliegende Beitrag kann daher als Bezugspunkt für zukünftige Forschungsarbeiten genutzt werden, die sich explizit auf Kausalmodelle zur Darstellung des Zusammenhangs von Governance, Systemnutzung und Unternehmensperformance beziehen.

Für die Unternehmenspraxis sind die damit verbundenen Erkenntnisse ebenfalls von Bedeutung. Das dargestellte Governancemodell bietet einen fundierten Orientierungsrahmen für die Einführung entsprechender Steuerungsmodelle in Unternehmen. Dabei lassen sich unterschiedliche Stufen der Governance mit dezidierten Aufgaben- und Rollenmodellen in einzelnen Organisationsbereichen bestimmen. Die Zuordnung von Aufgaben zu Rollen und die Konsolidierung von Rollen auf prototypische Struktureinheiten lassen sich darüber hinaus für die Gestaltung von Trainings- und Qualifizierungsmaßnahmen zu ESN nutzen. Darüber hinaus können die Referenzmodelle für die Einführung von ESN in denjenigen Unternehmen herangezogen werden, die sich bisher nicht mit neuen Formen der Kommunikation und Zusammenarbeit befasst haben.

4.7   Limitationen und Ausblick auf die weitere Forschung

In jeder Forschung lassen sich Limitationen bestimmen, die den Geltungsbereich der Ergebnisse einschränken und gleichzeitig Potential für weitere Untersuchungen eröffnen. Bei der vorliegenden qualitativen Befragung ist v. a. auf die kleine Stichprobe der Untersuchung hinzuweisen. Entsprechend sind die Ergebnisse der qualitativen Evaluation durch weitere Forschungsarbeiten und eine damit verbundene Erweiterung der Stichprobe abzusichern. Weitere Limitationen lassen sich aus den Merkmalen der qualitativen Forschung selbst ableiten. Die erzielten Erkenntnisse basieren im Kern auf den subjektiven Erfahrungen von Einzelpersonen. Daher ist Validität und Reliabilität der Resultate durch weitere Forschungsarbeiten zu prüfen. Dabei sind besondere quantitative Forschungsansätze relevant, die Prozess- und Verhaltensdaten aus der Plattform selbst nutzen. Dies kann die vorliegenden reflektiven und qualitativen Eindrücke durch statistisch abgesicherte Modelle mit Echtdaten erweitern.

Schließlich befinden sich ESN in der Unternehmenspraxis nach wie vor in der frühen Phase der Systemeinführung. Dabei unterliegt die Software selbst noch fundamentalen Veränderungen. In dieser Hinsicht bleibt offen, ob der aktuelle Entwicklungsstand für ESN als Referenz für die Kommunikations- und Kollaborationsumgebung der Zukunft geeignet ist. Zu nennen ist hier beispielsweise die Integration von ESN und eMail. Daher wird sich das Konzept ESN selbst in den kommenden Jahren noch deutlich weiter entwickeln. Möglicherweise sind dann auch neue Governancemodelle für die entsprechenden Systeme gefragt.

Aus diesen Überlegungen lassen sich unterschiedliche Potentiale für die weitere Forschung ableiten. Diese beziehen sich zunächst auf eine tiefere Konzeptualisierung der einzelnen Teilaufgaben im Bereich der Governance von ESN. Dabei ist spezifisch zu untersuchen, wie sich das Konstrukt Governance in seinen Teilaspekten messen lässt. Dies bietet die theoretische Grundlage für die Gestaltung von Messmodellen zur Intensität der Governance in Unternehmen. Damit ist in erster Linie die Gestaltung von Items für das Konstrukt und die Messung in entsprechenden Testverfahren gefragt. Dies bietet die Grundlage für den Aufbau von Kausalmodellen und die Untersuchung von unterschiedlichen Prädiktoren und Auswirkungen der Governance in Unternehmen. So ist beispielsweise interessant, wie sich Governance als Konstrukt in das TAM integriert bzw. in welchen Bereichen die stärksten Effekte auf andere Konstrukte gegeben sind. Dabei steht besonders zur Diskussion, ob und ggf. wie stark die Governance die Vitalität der Plattform bzw. die Systemnutzung beeinflusst. Derartige methodische Modelle lassen sich weiterführen und in Bezug auf die Wirkung der Systemnutzung um relevante wertschöpfende Zielgrößen erweitern. Dabei bieten Kausalmodelle auch gute Möglichkeiten zur Integration moderierender Effekte. Beispielsweise ist relevant, wie die Unternehmenskultur den Zusammenhang zwischen Governance und Systemnutzung bei ESN moderiert. Weitere moderierende Effekte sind z. B. hinsichtlich der Qualität der Führung oder der Expertise der Mitarbeiter/innen in Bezug auf ESN zu erwarten.

Insgesamt liegen daher im Bereich der Governance noch vielfältige Fragestellungen zur Untersuchung in weiteren Forschungsarbeiten vor. Die dargestellten Erkenntnisse bieten in dieser Hinsicht nur einen Eindruck zu möglichen Gestaltungsansätzen in Bezug auf die Steuerung der Systemnutzung bei ESN. Derartige Überlegungen sind v. a. für Unternehmen relevant, die ESN nicht einfach nur als optionale Möglichkeit für neue Arbeitsformen bereitstellen, sondern diese Ansätze aktiv als Chance für innovative Formen der Kommunikation und Kooperation fördern. Dies lässt sich mit der Erwartungen verbinden, dass in den kommenden Jahren noch weitere Forschungsarbeiten und Praxisberichte im Themenbereich entstehen.

Literatur

Aiman-Smith, L., und S. G. Green. 2002. Implementing new manufacturing technology: The related effects of technology characteristics and user learning activities. *Academy of Management Journal* 45 (2): 421–430.

Ajzen, I., und M. Fishbein. 1980. *Understanding attitudes and predicting social behaviour.* New Jersey: Prentice Hall.

Behrendt, S., A. Richter, und M. Trier. 2014. Mixed methods analysis of enterprise social networks. *Computer Networks* 75: 560–577.

Chang, M. K., W. Cheung, C. H. Cheng, und J. H. Yeung. 2008. Understanding ERP system adoption from the user's perspective. *International Journal of Production Economics* 113 (2): 928–942.

Davis, F. D., R. P. Bagozzi, und P. R. Warshaw. 1989. User acceptance of computer technology: A comparison of two theoretical models. *Management Science* 35 (8): 982–1003.

Gerbing, D. W., und J. C. Anderson. 1988. An updated paradigm for scale development incorporating unidimensionality and its assessment. *Journal of Marketing Research* 25 (2): 186–192.

King, W. R., und J. He. 2006. A meta-analysis of the technology acceptance model. *Information & Management* 43 (6): 740–755.

Kuckartz, U., T. Dresing, S. Rädiker, und K. Stefer. 2008. Qualitative Evaluation. Der Einstieg in die Praxis. Wiesbaden: *VS Verlag für Sozialwissenschaften.*

Lee, S. M., I. Kim, S. Rhee, und S. Trimi. 2006. The role of exogenous factors in technology acceptance: The case of object-oriented technology. *Information & Management* 43 (4): 469–480.

Loonam, J., und J. McDonagh. 2005. Principles, foundations & issues in enterprise systems, managing business with SAP: Planning, implementation, and evaluation. Hershey: Idea Group Publishing.

O'Connell, D. C., und S. Kowal. 2009. Transcription systems for spoken discourse. *The Pragmatics of Interaction* 240–254.

Picard, W., und R. J. Rabelo. 2010. Engagement in Collaborative Networks. *Production Planning & Control* 21 (2): 101–102.

Ralph, W. 1991. Help! The art of computer technical support. Addison Wesley Longman Publishing.

Rajan, C. A., und R. Baral. 2015. Adoption of ERP system: An empirical study of factors influencing the usage of ERP and its impact on end user. *IIMB Management Review* 27 (2): 105–117.

Szajna, B. 1993. Determining information system usage: Some issues and examples. *Information & Management* 25 (3): 147–154.

Taylor, S., und P. Todd. 1995. Assessing IT usage: The role of prior experience. *MIS Quarterly* 19 (4): 561–570.

Thompson, V. 2013. Enterprise social networks and collaborative technologies: Market analysis. https://www.idc.com/getdoc.jsp?containerId=249846. Zugegriffen: 16. Nov. 2015.

Van der Meulen, R., und J. Rivera. 2013. Gartner says 80 percent of social business efforts will not achieve intended benefits through 2015. http://www.gartner.com/newsroom/id/2319215. Zugegriffen: 16. Nov. 2015.

Dr. Alexander Rossmann ist Professor für Digital Business an der Hochschule Reutlingen sowie Research Associate am Institut für Marketing der Universität St. Gallen. Vor dieser Tätigkeit war er über 10 Jahre Mitglied der Geschäftsleitung einer renommierten Unternehmensberatungsgesellschaft. Seine Forschungsschwerpunkte liegen in den Bereichen Relationship Marketing, Digital Business und Social Media. Er hat sein MBA-Studium an der Universität Tübingen und der State University of New York absolviert. Darüber hinaus verfügt er über eine fundierte Ausbildung in systemischer Beratung und Familientherapie. Alexander Rossmann ist verheiratet und hat drei Kinder. Er verbringt seine Freizeit neben der Familie gerne mit sportlichen Aktivitäten und Musik

Gerald Stei forscht als Wissenschaftlicher Mitarbeiter an der Hochschule Reutlingen und am Herman Hollerith Zentrum in Böblingen. Als Projektleiter im Research Lab for Digital Business untersucht er die Erfolgsfaktoren der Digitalen Transformation. Seine Forschungsschwerpunkte liegen in den Bereichen Digital Business und Enterprise Social Networks. Vor dieser Tätigkeit war er bei einer renommierten schweizerischen Unternehmensberatung angestellt. Sein Betriebswirtschaftsstudium an der Friedrich-Alexander-Universität Erlangen-Nürnberg und der Technischen Universität Freiberg absolviert. Er verbringt seine Freizeit gerne mit Sport, Lesen und Reisen.

Dr. Winfried Ebner leitet das Programm „Social Media Business"
der Telekom Deutschland. Der diplomierte Kommunikationswissenschaftler (Schwerpunkte Wirtschaftsinformatik, Medienmanagement
und Öffentlichkeitsarbeit) der Universität Hohenheim promovierte
2008 an der TU München zum Dr. rer. pol. mit „Community Building
for Innovations", der Untersuchung eines Ideenwettbewerbs als
Methode für die Entwicklung und Einführung einer virtuellen Innovations-Gemeinschaft. Seit 2008 ist er bei der Deutschen Telekom
AG tätig, erst als Assistent des Sprechers der Geschäftsführung
T-Mobile und später als Executive Assistant des Vorstands Deutschland; seit 2013 ist er Leiter des Social Media Business Programms,
das alle Social Media Aktivitäten der Telekom Deutschland bündelt
und diese weiter ausbaut.

Augmented Reality Smart Glasses and Knowledge Management: A Conceptual Framework for Enterprise Social Networks

Daniel W. E. Hein und Philipp A. Rauschnabel

Inhaltsverzeichnis

D. W. E. Hein (✉)
Universität Bamberg, Bamberg, Deutschland
E-Mail: daniel.hein@uni-bamberg.de

P. A. Rauschnabel
University of Michigan-Dearborn, Dearborn, USA

© Springer Fachmedien Wiesbaden 2016
A. Rossmann et al. (Hrsg.), *Enterprise Social Networks*,
DOI 10.1007/978-3-658-12652-0_5

Abstract

Augmented Reality Smart Glasses are an emerging new wearable technology that integrates virtual information in a user's view-field. In this article, the authors discuss the opportunities of smart glasses in the context of Enterprise Social Networks (ESN). A proposed conceptual model is developed that demonstrates the underlying mechanisms that drive smart glasses ESN adoption on a firm level. Furthermore, on the individual employee level, the authors propose the antecedents to active and passive use. The theoretical contribution is a comprehensive hierarchical model that extends prior technology acceptance and ESN research. On the managerial front, the article provides guidance to managers who aim at achieving competitive advantages by improving knowledge management through the use of new wearable Augmented Reality technologies.

Keywords

Web 2.0 · Enterprise social networks · Augmented reality · Virtual reality · Adoption · Technology acceptance model · Expected cost-benefit ratio

5.1 The Complementarity of Enterprise Social Networks and Smart Glasses

Competitive advantage in a globalized economy is the result of many integrated processes working smoothly and efficient knowledge management is one of them. The acquisition and dissemination of information and the subsequent generation and use of knowledge was greatly affected by the "Web 2.0"-trend. This online-trend is fundamentally about the democratization of content creation capability, as it enabled users of social networks to create their own content, coining the term "user-generated content" (Hennig-Thurau et al. 2010). Starting on the consumer side, the "Web 2.0"-trend brought about platforms like YouTube, Facebook and Twitter, turning users into prosumers—producers and consumers of content.

Online social networks and other Web 2.0-technologies were recognized to offer tremendous potential in terms of internal collaboration and knowledge management. This idea led to the widespread installation and use of so-called Enterprise Social Networks (ESNs), which are, broadly speaking, internal Web 2.0 tools. Typically, these internal networks are accessed through the most common end devices in business settings: browsers on laptop and desktop computers, or other handhelds like iPads or smartphones.

However, technological progress is pushing the boundaries of IT availability even further. Wearables, in particular Augmented Reality Smart Glasses, are the most recent advances in information and communication technology. Augmented Reality Smart Glasses, for example, are worn like regular glasses and include virtual information in a user's view field. The advantages of this new smart glasses technology are tremendous. For instance, because of their augmented reality technology, these devices are able to understand everything in their line of sight and connect it to knowledge retrieved online. Additional information can then be displayed in a user's view field and integrated on the right place, offering situationally relevant information in the most comprehensible manner reducing risk of misunderstandings and fostering use of databases through maximum availability. Furthermore, users can operate them handsfree as they are controlled via voice or maybe even gaze. Studies have shown that these devices possess great relevance for both consumer and business contexts (Rauschnabel et al. 2015a; Krulikowski et al. 2015). However, fundamental research on the extent to how they can assist companies and in what way they can contribute to the functionality of ESNs is scarce.

We suggest that the new technology of Augmented Reality Smart Glasses and the established and accepted IT-infrastructure of ESNs form natural complements, as they fulfill different roles in knowledge management. We think that by their nature, these technologies are designed to serve each other because ESNs may serve as the source and storage of information that the technology feeds upon and that their users gather. In this article, we develop this notion further by elaborating on use cases and suggesting a framework of antecedents to successful adoption derived from a literature review of established models. We close by discussing how managers should progress in order to achieve successful implementation. Thus, we provide answers to the following research questions:

1. How can Augmented Reality Smart Glasses increase process efficiency?
2. How can Augmented Reality Smart Glasses increase knowledge sharing efficiency in ESN?
3. What drives the acceptance and use of Augmented Reality Smart Glasses on a corporate and on an individual level?

5.2 Definition of Augmented Reality Smart Glasses

Augmented Reality Smart Glasses are defined as wearable Augmented Reality (AR) devices that are worn like regular glasses[1]. Augmented Reality Smart Glasses merge the real world with virtual information that is overlaid/integrated in a user's view field. Prominent examples are Google Glass, Elbit/Everysight Raptor, Microsoft HoloLens, or Epson Moverio. Using various sensors, including GPS, microphones, and cameras, smart glasses can analyze and 'understand' a user's physical environment. Mobile internet technologies can then provide additional virtual information and integrate them into a user's perception of the real world. For example, Google Glass provides a prism located in the front of a

---

[1] In this article, we use the term 'smart glasses' as a synonym for Augmented Reality Smart Glasses. However, it is important to note that some manufacturers (e.g., K2) offer products that are branded as 'smart glasses' that are basically sunglasses with integrated mp3-payers (i.e., headsets). The definition of smart glasses in the current research excludes these and similar devices without Augmented Reality components.

user's eye. Depending on the model, smart glasses can be controlled by one or several of the following ways: speech, touchpad on the device, motion of the user's head, or virtual displays (e.g., holographic buttons) that a user can touch via external devices (such as a smartphone).

However, Augmented Reality Smart Glasses are not the only type of wearables, especially not the only type of wearable glasses. Unlike Augmented Reality Smart Glasses, where digital content is overlaid onto the real world, Virtual Reality Glasses (VR Glasses, e.g., Ocolus Rift) are completely closed off from the physical world, and instead present only a virtual world. Likewise, the Apple Watch and Samsung Gear are examples of smart watches, another type of wearable devices. Smart watches, and other wearables such as smart textiles or smart wristbands, do not cover any AR or VR technologies.

5.2.1 Prior Research on Augmented Reality Smart Glasses

Both manufacturers and scholars highlight the potentials of smart glasses for value creation. So far, three streams of research have emerged, with all of them investigating smart glasses from their own perspective. We term these streams' perspectives as 'technical', 'application', and 'behavioral'.

The first research stream includes studies with a **technical focus**. These studies have discussed various ways of how to realize AR technologies in glasses (e.g., Azuma et al. 2001) and how to visualize content best. Those articles usually have an IT or engineering background and thus provide the technological groundwork that is necessary to realize and apply the technology in different domains.

Studies with an **application focus** have assessed how smart glasses can be used in various contexts. For example, a recent study by Muensterer et al. (2014) revealed the potential of using smart glasses for collaborations among doctors. Likewise, other researchers have discovered the potential of smart glasses to guide visitors in museums (Tomiuc 2014; Wojciechowski et al. 2004) or as a means of safely producing video footage on industrial maintenance procedures (Quint and Loch 2015; Yang and Choi 2015). In a recent Harvard Business case study, Eisenmann et al. (2014) discuss the opportunities of smart glasses for value creation and summarize the managerial importance of this generation of wearable devices. Wall et al. (2014) present an application that can be used to manage diets in diabetes management, thus supporting diabetics. For agricultural firms, smart glasses can be used to monitor the plant health by assessing chlorophyll concentration (Cortazar et al. 2015), and doctors (as well as other professionals) can use the built-in camera to document their environment in their view field (Albrecht et al. 2014; Armstrong et al. 2014). With regards to the purpose of this article, studies addressing issues in this research stream provide a basis to theorize potential outcomes of smart glasses as a collaboration tool.

Finally, those studies with a **behavioral perspective** addressed issues with regards to user acceptance and are grounded in the marketing and/or information systems literature. For example, studies have shown that consumers with high levels of adoption intention are usually innovative people, who see several function benefits in smart glasses and perceive certain levels of social pressure and social conformity in smart glasses, and expect them to be used quite easily (Rauschnabel et al. 2015a, b). Likewise, Hong (2013) discusses potential adoption challenges, such as negative reactions of other people who insult Google Glass users as 'glassholes', a bad design, violations of privacy concerns, technical limitations, or uncomfortable use. Finally, in a study conducted by Morpace Inc and the University of Michigan-Dearborn, 1000 US consumers were surveyed about their perceptions and feelings towards smart glasses (Krulikowski et al. 2015). The study shows that around one third of the respondents think that wearing smart glasses makes people look 'strange' (25.3%), and that using smart glasses threatens other people's privacy (29.7%). Surprisingly, one 15.9% valued the benefits of smart glasses to make one's life more efficient and only 12.4% thought that using smart glasses is easy. These studies were exclusively conducted among consumers rather than employees. However, to the best of the authors' knowledge, no prior research has investigated behavioral aspects of users in a work-related context. This gap is somehow surprising, as smart glasses are one of the most intensely and promisingly discussed technologies in professional settings (Murley 2015). In the following section, we will briefly discuss the potentials of smart glasses for companies.

5.2.2   Value Potentials and Use Cases

The discussed differences of smart glasses compared to other existing technology offer various potentials for existing and new businesses to create value (Rauschnabel et al. 2015b). Figure 5.1 classifies the opportunities smart glasses offer to businesses in three groups: New Business Models, Research & Development, and Process Efficiency.

As any smart device, smart glasses are also based on applications (apps). Offering new applications can offer new potentials for businesses to monetize them, for example by

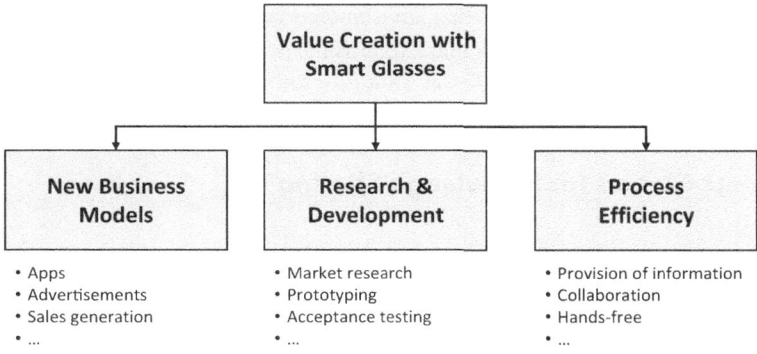

Fig. 5.1 Value creation with smart glasses.(Rauschnabel et al. 2015b)

charging money for the apps, by integrating advertisements, or by stimulating additional purchases. Companies, such as 'RE'FLEKT', focus on the development on AR applications for smart glasses and other mobile devices.

In **Research & Development**, smart glasses can offer new ways of **market research**, such as identifying brand logos, qualitative observations, and possibly even eye-tracking in the future. SenseGlass is an example of an application that can track and 'understand' human emotions (Hernandez and Picard 2014). This and other similar apps offer enormous potentials for products, advertising, and usability tests. Moreover, as intensely promoted by Microsoft's HoloLens smart glasses, three dimensional holographic representations of new products can be presented. These holograms can be modified by product developers and also be shown to potential consumers in market research studies.

Finally, smart glasses can offer tremendous potential for manufacturers to **increase efficiency** in many ways, which is also the focus of this article. For example, what has been termed as 'pick-by-vision' represents the idea of providing warehouse workers with smart glasses who then get an optimized navigated route through warehouses. Handsfree use of smart glasses allows higher speeds of information processing. For instance, a worker can be guided to a particular product, pick it up and the integrated camera automatically scans the QR-code/barcode and processes this information in the ERP system. Microsoft promotes the application of HoloLens in improving collaborations between employees. Likewise, examinations from medical settings (Armstrong et al. 2014; Hashimoto et al. 2015) show a similar potential of Google Glass in allowing collaborations between doctors in surgeries. This application of sharing knowledge can be transferred to other professional contexts and may culminate in an ESN that is both filled and consulted by employees using smart glasses.

Whereas the extant literature provides a good understanding how smart glasses can contribute to an organization's process efficiency, the knowledge about the underlying mechanisms remains limited. Furthermore, whereas prior research on internal collaborations has shown that ESNs are an effective tool for collaborations, and smart glasses are too, the role of smart glasses in ESNs has not been investigated yet. After providing a brief overview of extant research streams that have emerged on smart glasses technology so far, we propose a conceptual framework that explains the adoption drivers and barriers as well as expected outcomes of smart glasses as a tool for knowledge sharing.

5.3   Smart Glasses for Knowledge Sharing

In the previous section, we provided several examples of how smart glasses can increase process efficiency, because relevant information can automatically be displayed in one's field of view in real-time. That is, information that is not relevant at a time can be filtered out, and by doing so, reduce the risk of information overload. Furthermore, the automatic augmentation of a user's reality reduces cognitive efforts in searching the right information. Finally, information in one's view-field can be more accurate than existing alternatives, such as a tablet or a paper-manual. For example, the AR technology could guide a mechanic plugging in the right cables in the right slots in real-time. This means that this information is automatically updated—for example, once a worker plugged in a cable, the next step of the process is automatically integrated in his or her view field. This is likely to reduce time, distraction, and information overload.

But where does this relevant information come from? There is not just one answer on that question, as this is dependent on the apps that are used in a particular context. However, one future potential can arise from ESNs. Following Turban et al. (2011), ESNs—sometimes called enterprise networks or corporate networks—are online social networks. Those are very similar to their public equivalents, created by a specific company that regulates its terms of use, that is, who may use the network and what for. Their basic functionalities are often similar to traditional 'Intranets'. However, a core difference to Intranets is that ESN users can serve as content-prosumers—that is producing and consuming content. Typical applications involve information dissemination and sharing, collaboration, knowledge management and others (Turban et al. 2011). Northrop-Grumman, for instance, uses an ESN to connect more than 120,000 employees who organize themselves in "communities of practice" that focus on specific topics, sharing knowledge, solving problems and constantly improving the firm's knowledge base (Terdiman 2008). It is such institutions that we suggest to profit from the introduction of smart glasses.

Broadly speaking, ESNs provide users access to relevant information—for example, documentation of processes, operating instructions, best practices, FAQs, error analyses, contact information, and others. Two core challenges in extant ESNs are (1) consistent access to the Internet, and (2) the existence and accessibility of relevant information. Only when consumers have access to the internet while they need the relevant information, can ESNs provide this information to users. Mobile devices and Internet technologies (such as 4G/LTE or Wi-Fi) could mostly solve these challenges. However, in many cases, users need relevant information 'at hand' while working.

We propose that smart glasses as a new device technology in ESNs can overcome, or at least reduce, many of these issues and limitations of 'traditional' ESNs. These include, but are not limited to:

- In some situations, having access to handhelds is risky, too distracting or time-consuming, or even impossible, for instance in surgery (e.g. Armstrong et al. 2014). In such time-crucial situations, there is no time to search for existing information. Then AR technologies that automatically 'understand' the issue can identify the required information automatically and present it bit by bit in one's view-field.
- In time-crucial situations where people have to solve yet unknown problems, they might also not be aware of how and where to find these information in ESNs—for example, how a problem can be described in terms of particular search-terms. Smart glasses can use all the available information (e.g. a worker's physical location, visible information, previous requests etc.) to narrow the potential problems down. This enables users to find relevant information faster and easier.

- Information is also particularly useful to a user if it is context specific and provided in a way that is understood by a user. One of the core advantages of ESNs (and employee-generated content) is the access to information provided by people 'like them' (e.g., using familiar expressions, company specific terminologies etc.) that has a very specific focus (e.g., a specific machine, rather than just a common manual). Likewise, many ESNs include communication technologies, such as chats. Smart glasses could include video chats and 'integrate' a colleague in one's view-field. Consider, for instance, the example where a worker has yet unknown problems with a forklift. A service technician can then be integrated into the worker's view-field and provide him/her with the necessary information to solve the issue. Once solved, any idiosyncrasies of the particular disturbance case can be uploaded in form of a video protocol to the ESN, already catering for future circumstances.

In sum, the opportunities of smart glasses in the context of ESNs are immense. But at the same time, many of the challenges of existing ESNs, and context specific ones, arise: There has been a huge challenge in many companies to motivate people to use ESNs (Li 2015). While we discussed that smart glasses make it easier to access relevant information from ESNs, it might also increase the challenge for users to upload own content on the network. For example, while textual content in traditional ESNs is relatively 'impersonal', recording and posting a commented video documentation calls for more courage and spontaneity. Furthermore, implementing and combining smart glasses in a company and in an ESN is associated with several other issues on a firm-level, such as the costs. In the following section, we propose a framework that theorizes the underlying mechanisms that drive the adoption of smart glasses in an ESN context on a firm-level, and the use on an employee-level.

5.4   A Conceptual Model

5.4.1   Groundwork

We propose a hierarchical two-step model, as shown in Fig. 5.2: First, on a firm level, the decision of whether smart glasses in an ESN context should be integrated needs to be modelled. This part of the model is grounded in the literature of firm-level technology adoption (see Chap. 4.1.1) and describes factors that are proposed to drive this investment decision (see Chap. 4.4). The bottom part of the model explains mechanisms that are proposed to influence whether, and how, employees use existing ESN smart glasses technologies (see Chap. 4.5). These propositions are based on the individual level technology acceptance literature (see Chap. 4.2.1).

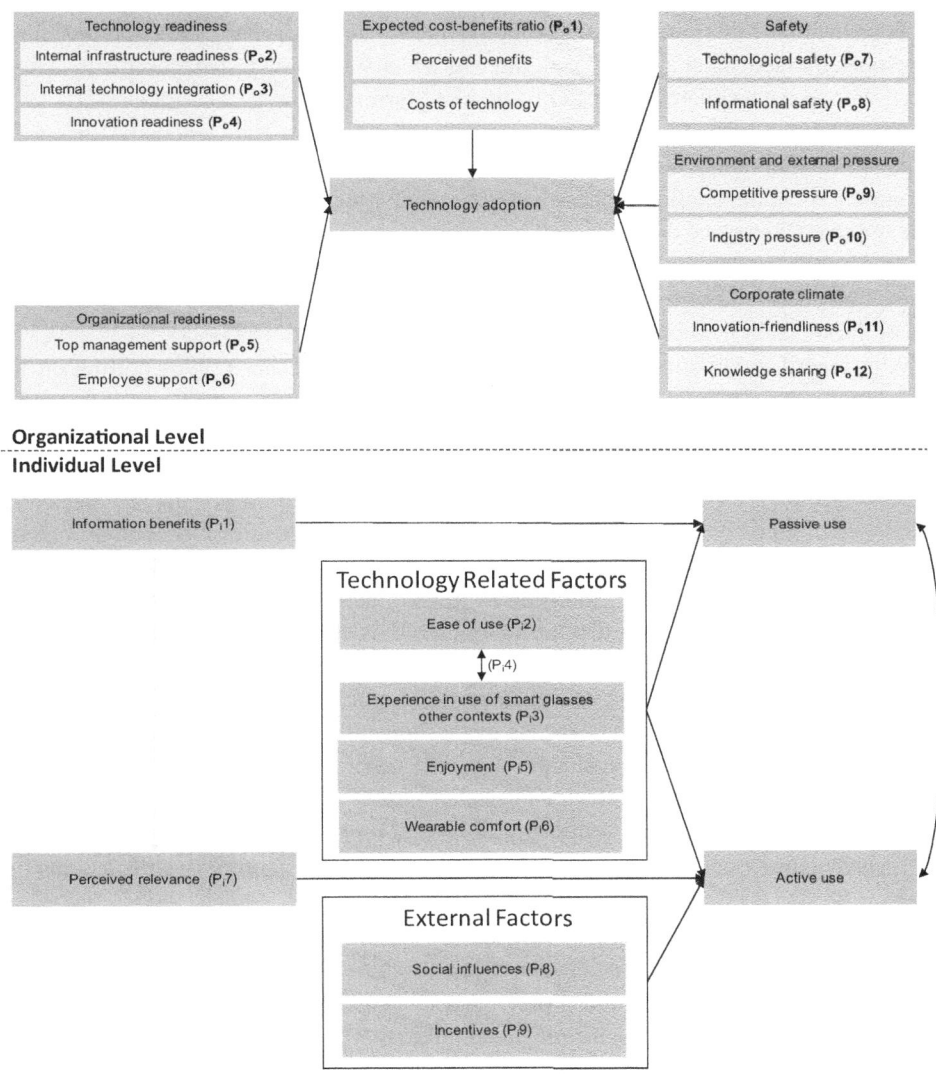

Fig. 5.2 Hierarchical model of smart glasses adoption

5.4.1.1   Prior Technology Adoption Research (Firm Level)

Several theories have been developed that explain the usage of information technology at the firm level which have been developed over time, with the model by Oliveira and Martins (2010) (here: the OM-model) being one the most recent ones. The overall objective is to understand why and when firms adopt particular technologies. This carries special importance, as adoption at the individual level is impossible without previous adoption at the firm level. Theories applied with regard to information system adoption include, for instance, the theory regarding the diffusion of innovations (Rogers 1995), the Technology-Organization-Environment framework (Tornatzky and Fleischer 1990), and the model developed by Iacovou et al. (1995), all three of which have been tested empirically extensively (for an extensive review see Oliveira and Martins 2011).

The Diffusion of Innovations Theory widely relies on firm-endogenous factors as antecedents to adoption (Rogers 1995). According to this theory, underlying the adoption is a complex social interaction process within a social system of which the firm is the focal unit and that takes place over time and between different firms with varying properties. It is assumed that each population can be divided into groups of different size and different innovation adoption proneness. Next to system member characteristics, structural properties of the social system play a vital role in this model (Rogers 1995).

With regard to structural properties, Tornatzky and Fleischer (1990) borrow on the model by Rogers for their TOE framework, that sees the organization as one of three mutually interdependent antecedents for the dependent variable of "technological innovation decision making". This is enriched with perspectives on availability and characteristics of the new technology and properties of the external task environment. This last element is comprised of industry characteristics as well as the market structure, a technology support infrastructure and governmental regulation (Tornatzky and Fleischer 1990). This model's contribution thereby lies in the extension of Roger's model with a contextual component that considers the environment that the adopting unit is embedded within.

The model by Iacovou, Benbasat and Dexter (1995) focuses on the adoption of enterprise data interchange adoption and integration. In contrast to the two models before, it defines the factors of perceived benefits of the innovation, the organizational readiness in terms of financial and IT resources, and external pressure consistent of competitive pressure and trading partner power as antecedents to the outcome. Apparently, this model excludes the notion of a social adoption process and replaces it with a highly rationalized one, which in our view covers important aspects of the adoption process while leaving out others.

The OM-model (2010), in turn, purposefully combines elements from the TOE framework and the model by Iacovou, Benbasat and Dexter (1995), as this approach acknowledges the internal rationalization process that takes place prior to adoption, as well as environmental and internal organizational complexity. Oliveira and Martins (2010) developed their model building on the previously introduced ones in the context of explaining e-business adoption across industries. They integrated an external component, which they named "environment and external pressure", an internal, ratio-directed component named "perceived benefits" consistent of benefits and obstacles, and a factor named "technological and organizational readiness", comprising technology readiness, technology integration and firm size (Oliveira and Martins 2010). We acknowledge the consideration of various perspectives this model is injected with and build on this foundation to develop our own model for the adoption of smart glasses at a firm level. We see this to be necessary, as the focal subjects of adoption differ in certain aspects that call for explanation through different antecedents that we explore in a later section.

5.4.1.2   Prior Technology Acceptance Research (Personal Level)

The acceptance of newly developed technology on a personal level has been subject to re-search since the advent of the personal computer, achieving its breakthrough in 1989 with a highly cited article on the determinants that drive the adoption of technological systems, the classical "Technology Acceptance Model" (TAM) by Fred Davis (1989).

It represents one of the most widely accepted extensions of the theory of reasoned action (TRA) (Ajzen and Fishbein 1980; Bagozzi et al. 1992). The initial TAM suggests that the perceived usefulness and perceived ease of use of any new technology influence potential users' attitudes towards the acceptance of the technology, which ultimately influences the intention to adopt it (Davis 1989; Bagozzi et al. 1992). Also, TAM hypothesizes that the perceived usefulness also directly drives a user's level of adoption intention. Furthermore, TAM hypothesizes that when consumers perceive a technology as easier to use, they also tend to perceive it as being more useful. Finally, the intention to use a product is hypothesized to predict the actual use of a system. As TAM is rather robust and flexible, it has been adopted into several new contexts and experienced several extensions (a review can be found with Turner et al. 2010 and King and He 2006).

The original TAM is a rather easy to comprehend model—in a nutshell, it implies that how a technology is perceived in terms of its ease of use and its perceived usefulness drives its adoption. Whereas this simplicity represents a common criticism of TAM (Bagozzi 2007), TAM is also associated with high levels of robustness (King and He 2006). Thus, various scholars have refined the original TAM and related theories (e.g., Venkatesh and Davis 2000; Venkatesh et al. 2007; Venkatesh and Bala 2008), or adopted it to specific contexts (e.g., Giannopoulos 2004; Lee and Lehto 2013; Osswald et al. 2012). With regards to Augmented Reality Smart Glasses, Rauschnabel and Ro (2016) used a TAM approach in their consumer research and added specific factors such as privacy factors in the model.

5.4.2   General Characteristics of the Proposed Model

Whereas most traditional TAM literature focuses on the personal level of antecedents and a user's personal environment, in corporate settings, external factors play an important role in personal use of technology. Therefore, similarly to Homburg et al. (2010), we propose a hierarchical model. Moreover, we argue a hierarchical two-step model: First, a corporate decision needs to be made to adopt smart glasses in the corporate environment. We argue that technology- and corporate-specific determinants are important in driving this decision. Once smart glasses are introduced, factors on an individual employee level become important. Here, the established TAM variables and smart glasses specific factors play an important role. Additionally, in the context of ESN, we distinguish between the active and passive use of ESN via smart glasses.

5.4.3 Active and Passive Use as Target Variables

Prior research on ESN has applied various conceptualizations of the use of variables. For example, Kügler and Smolnik (2014) identified a nuanced dimensional structure of ESN use: Consumptive use, contributive use, hedonic use, and social use. Richter et al. (2013) used behavioral activities to measure ESN use—Search, Edit, Rate, Label, Clarify, Notify, and Share. Because of the novelty of the application focus in this research, we use a more general approach, inspired by Pagani et al. (2011): the distinction between the active and passive use, conceptualized as continuums ranging from very low to very high levels or active or passive use, respectively.

Passive use includes consuming content that the company, colleagues, or other users have published in the ESN. This includes, but is not limited to pictures, comments, videos, texts, documentations, and links. Active users also post own content on ESN, which also includes editing or rating content posted by others. Content, in this context, covers all relevant information, such as tips of how to fix a problem, comments and clarification in manuals, or interpretations of error messages. However, provision of content is one way of actively using ESNs. Another one may be its use to get in touch with like-minded colleagues or ones who own information needed, but that are hard to reach otherwise. As visualized by the double-headed arrow, active and passive uses are not independent from each other. That is, for example, people who post a lot of information (i.e., high levels of active use) will also spend more time online in reading other peoples' content in order to identify the need for newer or better information (i.e., also high levels of passive use).

5.4.4 Organizational Level Model

For the adoption of smart glasses at the organizational level, we propose different drivers to be relevant than for individuals, as this level of adoption differs in various ways. For instance, decision processes at a corporate level call for rationalization of investments, a constraint that the individual is free to adapt, yet is not forced to. Likewise, organizational decisions are often influenced by several individuals, departments, and organizations (such as works councils). The explanation of adoption at corporate level is inspired by the O&M-model of e-business adoption that we have outlined in detail in chapter 5.4.1.1.

5.4.4.1 Expected Cost-Benefit Ratio

Investments in new technologies are usually based on a consideration of the expected benefits and costs for the implementation and maintenance of a new technology (Brynjolfsson and Hitt 2000; Premkumar and Roberts 1999; Richter et al. 2013; Tornatzky and Klein 1982). We introduce the term of expected cost-benefit ratio as an overall concept that covers the ratio of all (expected) associated current and future benefits as well as monetary and non-monetary costs of smart glasses for an organization.

Similar to other IT contexts, **perceived benefits** of smart glasses can be subdivided into two categories depending on whether they increase firm performance directly or indirectly through secondary effects (Pfeiffer 1992). Direct benefits of smart glasses include operational savings that come about through improved internal process efficiency or because they could substitute more expensive alternative technologies. Indirect benefits refer to the effects on other business processes and business relationships (Iacovou et al. 1995).

Costs of technology adoption typically stem from external consulting services for planning, hardware and software technology purchase, training of personnel, or communication efforts. Next to these foreseeable costs of implementation, non-monetary costs can arise from drawbacks that the technology brings along. For instance, if vital information leaks through or is shared with unauthorized personnel, this can cause a deterioration of the overall competitive position. Showing of employees' personal information to unauthorized personnel can undermine trust and slow down processes that call for a solid foundation thereof (Hong 2013). These examples illustrate that the adoption of smart glasses comes with benefits, costs, and risks to be accounted for.

Data security issues are a major concern, as smart glasses call for a clear access policy. With regard to the ESN, questions arise through the simultaneous usage by both co-workers and exteriors of the firm. Thereby, it has to be assured that no critical information—neither with regard to persons nor to sensitive business information—will be viewed by the wrong user. This is one example of how data security manifests itself as a complex problem and not surprisingly, a recent survey among managers revealed that managers' fear of low security of data is a core barrier in the adoption of smart glasses in companies (Ballard 2015).

Further criticism that often arise in various public discussion and media is that users might get distracted, exposed to electro smog, or be affected by high operating temperatures of the smart glasses devices—other forms of potential 'costs' that need to be taken into account. However, no prior research has revealed the existence of these negative effects on the user's health so far, which could be explained by the novelty of the technology (Rauschnabel et al. 2015b). However, these potential fears are likely to be claimed by workforce interest, and thus could serve as a barrier to adoption.

P_o1: A positive cost-benefit-ratio positively influences firm level smart glasses adoption.

5.4.4.2 Technology Readiness

Technology Readiness is defined as the simultaneous presence of internal infrastructure readiness, internal technology integration (Zhu et al. 2006) and the innovation readiness of the innovative technology itself, here smart glasses. **Internal infrastructure readiness** can be any internal auxiliary information technology system that possesses the possibility of providing information to smart glasses, either by provision of data or through connectivity (such as 4G/LTE or Wi-Fi). Given the example that warehouse workers shall be equipped with a "pick-per-view"-application, the gap between the information stored in the ERP program, (e.g. "place of storage is in warehouse 2, aisle 4, shelf 17, second board from the top") and the routing information to get there will have to be closed first. This means that the ERP system will have to be complemented with a so-called Geographic Information System (GIS), which enables smart glasses to connect objects and coordinates derived from a GIS into visual routing information within a company. Note that the area-wide provision of connectivity is part of the organizational technology infrastructure. **Internal technology integration** refers to the linkages and migration possibilities of information across system borders of systems in place that use the internet. Given the advantage of smart glasses to be able to integrate information from various sources through the internet, the total absence thereof may represent a serious barrier to the implementation of smart glasses. Insufficient integration may also have an effect on costs to be expected for implementation. Third, the **innovation readiness** is defined as the degree to that the technology in focus, i.e. smart glasses, is able to holistically fulfill potential users' various needs as conveyed through the purchasing department. We expect the purchasing department to bundle the needs that are related to how good the technology is able to support professional processes as well as have an eye out for the users' physical integrity. In case of smart glasses, typical constraints that impede the technology's usefulness regarding professional processes would be, for instance, short battery life or limited quality of graphical representations and camera images (Moshtaghi et al. 2015). A specific assurance of the absence of these potential negative consequences could foster the innovation readiness.

$P_0 2$:   **Internal infrastructure readiness is positively related to firm level smart glasses adoption.**

$P_0 3$:   **Internal technology integration is positively related to firm level smart glasses adoption.**

$P_0 4$:   **Innovation readiness is positively related to firm level smart glasses adoption.**

5.4.4.3   Organizational Readiness

The organizational readiness is defined as the staff's readiness to embrace the technological innovation. We divide the staff into the top management team and the subordinate employees. Support by top management has been shown to influence innovation adoption positively several times, for various reasons. Commonly mentioned reasons include motivational factors for the rest of the staff as well as the capacity to set up a favorable resource allocation for innovation adoption (Kotter 1995; Li 2015). Other employees are also very important, as the work council by rule of governance also plays a vital role in any technology adoption. It is noteworthy that all employees' readiness is of concern, as peers share their opinions and norms amongst each other. Thereby non-users still can affect the users of smart glasses. For instance, if non-users perceive a loss of privacy when others are wearing smart glasses, they might react negatively towards users. Thus, we suggest support from subordinate hierarchical ranks to be a critical factor as well. Early integration of leading work force personnel into the implementation project team may help reduce resistances against new technology adoption, as they may lose the perception of being driven, once made shareholder of the change process (Kotter 1995).

P_o5:   Top management readiness is positively related to firm level smart glasses adoption.

P_o6:   Workforce readiness positively related to firm level smart glasses adoption.

5.4.4.4   Safety

From both an ethical as well as a business-political viewpoint, any innovation needs to fulfill the safety criterion before being allowed into the corporation. Smart glasses need to be safe in a twofold way: primarily, it needs to be assured that the device is **technologically safe** regarding any injury potential (e.g., broken bits of glass). This may also be interpreted as a sign of innovation readiness as described above. With the development of smart glasses at the current point in time, potential issues yet unsolved include potential eye damage once glasses get shattered, electro smog, and others, as discussed above. With regard to **informational safety**, smart glasses cause the same concerns as social networks in general do. These concerns mainly focus on users losing their autonomy with regard to information concerning them and system administrators exploiting participants (Dwyer et al. 2007). These concerns become amplified by the smart glasses specific features, such as cameras. They may be eliminated by having clear policies and guidelines on how to behave when wearing smart glasses and by introducing clear access permissions to any device.

Both of these issues are not just relevant form an ethical viewpoint, but also are on top of the work council's agenda, as discussed above. In case there is a perception that employee data remains unsafe in any ESN accessible through smart glasses, this will add to efforts against their adoption. However, this notion of low security in many aspects stretches to other groups in the enterprise as well, with the work council being just one, yet rather powerful group. Rather than focusing on the opposing group, we propose that low levels of perceived security (i.e., data, privacy, health) lead to barriers in the adoption on an overall organizational level that is not restricted to the group of the work council alone.

P_o7:   Technological Safety positively influences the firm level smart glasses adoption.

P_o8:   Informational Safety positively influences the firm level smart glasses adoption.

5.4.4.5   Environment and External Pressure

We include the environment and external pressure into our model as external pressure forces companies to adapt specific technologies, even against organizational inertia. Previous research has identified several of those external factors, such as competitive pressure, industry pressure, and other factors that do not apply in this adoption context (Chwelos et al. 2001; Gatignon and Robertson 1989; Premkumar and Roberts 1999). However, competitive pressure can be interpreted as the ability of smart glasses to maintain or increase competitiveness in the industry. Similarly, industry pressure can be interpreted as the efforts of associations to introduce new standards and encourage technology adoption amongst industry members. These two factors may well play a role in the context of smart glasses, as the technology already shows impact on several industries and redefines some processes' regarded-as-normal performance (Chwelos et al. 2001). With regard to the use of ESNs, it is undisputed that firms of the twenty-first century are in need of effective knowledge sharing systems to achieve competitive advantage (Fulk and Yuan 2013). As these systems have found widespread proliferation, ESNs by themselves have lost their property of being able to constitute such an advantage. The effective introduction of smart glasses into ESNs may, at least temporarily, reinject the system with such a constituting element, providing a firm with the competitive advantage. However, the prerequisites and complexity of the introduction of smart glasses may deter many firms which implies that the advantage from their adoption is a sustainable one.

P_o9:   **Competitive pressure is positively related to firm level smart glasses adoption.**
P_o10:   **Industry pressure is positively related to firm level smart glasses adoption.**

5.4.4.6   Corporate Climate

Being the last hypothesized influencer of the corporate adoption of smart glasses, we suggest the corporation's climate, namely its innovativeness and its knowledge, to be an important antecedent. Following Bock et al. (2005), the term "climate" refers to specific, timely-determined contextual situations with regard to behavior, thoughts and feelings of an organizations' members. These are more prone to shift in the short term than the corporate culture, which consists of beliefs, norms, values shared by members of an organization and that is more stable (Needle 2004). Both, an innovation-friendly climate as well as a climate that emphasizes knowledge-sharing, are relevant to the adoption of smart glasses, especially with regard to their use in ESNs. This is because both impinge upon decision makers to acknowledge the value of committing to risky investments in order to move the organization forward and the potential that is inherent to knowledge sharing (Bock et al. 2005; Kügler et al. 2013). Thus:

P_o11:   **An innovation-friendly corporate climate positively affects firm level smart glasses adoption.**
P_o12:   **A corporate climate of knowledge-sharing positively affects firm level smart glasses adoption.**

5.4.5   Personal Level Model

5.4.5.1   Information Benefits, Ease of Use, and Experience

First, Technology-Acceptance researchers have widely replicated the influence of perceived usefulness (PU) on the adoption intention of new technologies. If users perceive a technology as being useful, they have a more favorable attitude towards using it, whereas PU describes the degree to which a user expects that a technology helps him or her doing his tasks more efficient (Davis 1989; Bagozzi et al. 1992; Venkatesh and Davis 2000; Venkatesh et al. 2007; Venkatesh and Bala 2008).

With regards to smart glasses in a professional setting, we use the term information benefits, defined as the expected value a user receives by getting relevant information in one's view-field. Thus, in situations where the correct content is displayed in a correct way in a user's view field, users are proposed to perceive higher levels of information benefits, which then lead to higher levels of passive use (P_I 1). According to prior TAM-research, this information benefits increases in situations where getting these information is associated with low levels of cognitive effort—that is, with high levels of ease of use (P_I 2). In line with prior TAM research, we also propose that ease of use should be both directly related to the active and passive use of ESN. Furthermore, the more often a user has used smart glasses in any context, the easier he or she perceives the usage of smart glasses to be (P_I 3). This is because a higher familiarity of a technology goes in line with higher levels of self-efficacy. In the context of smart glasses, self-efficacy reflects a user's judgement of the extent to which he or she is capable to operate smart glasses (c.f., Bandura 1977; Venkatesh 2000). Likewise, consumers who perceive smart glasses as being easily to use are more likely to use it more often in various contexts. Thus, similar to smart glasses studies from the consumer context (e.g., Rauschnabel et al. 2015b; Rauschnabel and Ro 2016; Krulikowski et al. 2015), we propose:

P_I 1:   **Information benefits are positively related to passive use of smart glasses in ESN.**

P_I 2:   **Ease of use is positively related to active and passive use of smart glasses in ESN.**

P_I 3:   **Experience in use is positively related to active and passive use of smart glasses in ESN.**

P_I 4:   **Experience in use is positively correlated with ease of use.**

5.4.5.2   Enjoyment

Enjoyment reflects an accepted antecedent of revised technology acceptance models. In the professional context of smart glasses, it describes the extent to which an employee perceives the activity of using smart glasses to be personally enjoyable in its own right aside from the instrumental value (e.g., information benefits) (Davis et al. 1992; Yi and Hwang 2003). Thus, the model proposes that employees who perceive that contributing to smart glasses ESNs is 'fun' are more intrinsically motivated to use the network are more motivated to contribute more actively.

P$_I$ 5:   **Enjoyment is positively related to active use of smart glasses in ESN.**

5.4.5.3   Wearable Comfort

It is important to note that smart glasses, as any wearable devices, also include a fashion component (Kim and Shin 2015; Rauschnabel et al. 2015b). Thus, factors that are known from clothing should also be relevant to the use of smart glasses and in work-related contexts. We use the term wearable comfort to describe the physical comfort (i.e., that wearing them is not associated with physical pressure or even pain) and emotional comfort (i.e., a user does not feel ashamed when wearing them because they make him or her look strange). However, smart glasses next to aesthetic requirements also need to fulfill functional ones, as they are tools worn for work purposes. Drawing on research from commercial tool use context, items that focus on how design elements and tool characteristics match ergonomic principles and allow for a fatigue-proof working experience in the past have been successfully grouped by the general term "design and comfort" (Hein et al. 2015).

P$_I$ 6:   **Wearable comfort is related to active and passive use of smart glasses in ESN.**

5.4.5.4   Perceived Relevance

Empirical findings as well as theory suggest that people who value user-generated content (e.g., find this content useful) and thus use it more, are also more likely to contribute to websites by adding own content (Daugherty et al. 2008; Di Gangi and Wasko 2010). Similar findings have been identified in the literature on open source knowledge platforms, where interestingly the hope to change things is a motivation for participation, but also people's will to foster the visibility of their own potential to improve their own career perspectives or simply the value of being a helpful person (Nov 2007). However, these findings emerged in non-AR-contexts. Our model proposes that employees are more likely to be motivated to contribute to ESNs via smart glasses if they perceive that their input provides value for other users. For example, if they assume that their colleagues use their information in situations of higher urgency, they may predict their peers to perceive a higher value of the provided information, thus being more helpful. Superiors may notice especially helpful contributions and acknowledge their value to the firm, resulting in improved career potentials. These findings imply a connection between perceived relevance and smart glasses adoption.

P$_I$ 7:   **Perceived relevance of the information provided in ENSs are positively related to active use of smart glasses in ESN.**

5.4.5.5   Social Influences

Social influences are especially important in situations where people use a technology visibly around other people. This is where the concept of social norms comes into play, a construct that describes to what extent it is 'common' to use smart glasses (descriptive norms, expected social conformity) or to what extent other people expect a user to use them (injunctive norms). Prior research on media (e.g., Knoll and Schramm 2015) and technology acceptance (e.g., Venkatesh et al. 2003; Venkatesh and Bala 2008; Venkatesh and Davis 2000), ESNs in general and smart glasses (Rauschnabel et al. 2015a; Rauschnabel and Ro 2016) have widely replicated these findings. Likewise, prior research shows that the perception of the value of the technology by the (top) management is a relevant determinant of technology adoption (DeLone 1988; Karahanna et al. 1999). Likewise, Paroutis and Al Saleh (2009, p. 59) conclude that "top management can send strong messages to the organization as to how important sharing knowledge is and people will be more inclined to perform a certain behaviour if they feel that important referent individuals endorse this behaviour and are likely to approve and even applaud it." Thus, in line with prior TAM research (Venkatesh et al. 2003; Venkatesh and Bala 2008; Venkatesh and Davis 2000; Rauschnabel and Ro 2016), we propose social influences to be antecedents. As the passive use is less visible to other people as the proactive use (e.g. the author of content can be identified by names, voice, pictures etc.), these social influences tend to be particularly important for the passive use.

P_I 8: Social Influences are positively related to active use of smart glasses in ESN.

5.4.5.6 Incentives

Potential motives to publish information in ESNs via smart glasses might include intrinsic motivations like perceived relevance (P_i7). Further intrinsic motives that were reported in the literature consist of the will to gain social capital in terms of reputation and the will to set a norm that does not allow social loafing amongst colleagues (Fulk and Yuan 2013). However, managers can also try to motivate peoples' participation more extrinsically. For example, workers might get financial benefits or other visible benefits for the quality and quantity of the content they posted (Farzan et al. 2008).

P_I 9: Incentives are positively related to active use of smart glasses in ESN.

5.4.5.7 The Role of User and Organizational Characteristics

Technology Acceptance literature has shown that personal variables that describe a user—such as his/her personality, demographics, or innovativeness—strongly influence adoption behavior. There have been complex interplays, ranging from direct to moderating effects (Venkatesh et al. 2003; Rauschnabel and Ro 2016). It is very likely that these variables will also play an important role in our proposed model. In other words, it is likely that several personal user characteristics drive the usage intention, and/or influence the strengths of the other proposed effects on the individual level. However, for reasons of clarity, those factors were explicitly not included in the individual model. The same might be true for organizational characteristics. Both, the average level of the individual level constructs as well as the effects proposed in P_i1-P_i9, might be influenced by the magnitude of organizational level variables. These possible extensions of the model will be further discussed later.

5.5   Discussion

Prior research and practical experiences in industry generally agree that ESNs are a useful technology. However, traditional ESN applications and technologies are associated with some limitations—for example, how consumers can access information. After discussing these limitations, we suggest that smart glasses, a generation of wearable augmented reality devices, could overcome these limitations. To better understand this approach, we developed a conceptual model based on prior research and established models in technology acceptance, ESN, and smart glasses.

5.5.1   Theoretical Contribution

First, this model contributes to the large stream of technology acceptance research by proposing a dynamic and hierarchical model that takes into account both firm- and individual level factors. By doing so, it extends prior TAM models (Davis 1989; Bagozzi et al. 1992; Venkatesh and Davis 2000; Venkatesh et al. 2007; Venkatesh and Bala 2008; King and He 2006; Rauschnabel and Ro 2016).

Second, several studies have discussed the potentials of smart glasses for professional uses from an applied perspective (e.g. Armstrong et al. 2014; Moshtaghi et al. 2015; Muensterer et al. 2014; Tomiuc 2014). Other studies have applied technology acceptance (Rauschnabel and Ro 2016) and other established theories (Rauschnabel et al. 2015a) on smart glasses, academic research for an internal application remained scarce. Now, with this article, the literature is extended by a conceptual model that includes both an individual and an organizational level to better understand the adoption and use of smart glasses in a professional context.

Third, by discussing smart glasses from a new perspective, antecedents that have not yet been studied intensely in prior TAM and smart glasses research were discussed (e.g. wearable comfort). For example, wearable comfort.

5.5.2   Managerial Contribution

For each phase of the implementation process, our framework allows deduction of managerial implications and steps to take. Beginning with the pre-assessment phase at the organizational level, identification of value potentials suited best for respective purposes is called for. As this is a strategic decision, it should lie at the top management level. This stage is about the determination of which focus to put on the implementation: Should it lie on the creation of new revenue streams by offer extension, improvement of R&D and market research capabilities or on the strengthening of other internal process efficiency? Once this question is answered, responsibilities shift to a lower level and concrete plans and roadmaps should be developed. This calls for the installation of a project team at middle-management level, which directly reports back to the top any finding of interest. This team needs to consist of tech-savvy managers with a strong social network within the organization and enough resources to not get stuck in daily business. Tasks this team will face need to be checks for compatibility with processes, culture, people and technology in place, as well as a profitability check for the overall project. The aspect of IT compatibility plays a big role in the expected cost-benefit-ratio, as the implementation of smart glasses calls for an open IT architecture in place. This is mandatory, because the setup of such can be a costly factor in implementation, deteriorating the expected cost-benefit-ratio. With regard to organizational readiness, the work force's representatives should be integrated into the decision making process at this stage already. Privacy issues should be addressed and solutions should be developed. Overall, the security of the system with regard to information and physical integrity needs to be communicated. The adoption can be facilitated if the corporation develops an awareness of its openness to innovation and the value of shared knowledge. Support from industry associations and the knowledge of competitors' efforts who try to go new ways on their own may further motivate to adopt smart glasses at the organizational level. For the individual level, benchmarks need to be put in place in order to able to track performance improvements. Furthermore, a communicational roll-out campaign needs to be established in order to set the required social norms we introduced as part of framework throughout the entire staff. It is mandatory to include all employees, as not only the operators of smart glasses are affected. Contents for the campaign to be included are (1) ease of use and enjoyment, (2) incentives for use as well as (3) productivity gains to be expected.

In the implementation phase, focus shifts to the factors concerning the individual level. We suggest for the organizational level to support individual level adoption through the provision of trainings to personnel in order to familiarize staff with the technology and overcome other hurdles to technology use. Furthermore, lead users need to be identified and innovators within the population need to be equipped with internal media reach. These lead users may serve as experts to help fellow colleagues overcome initial difficulties and clear out open questions. In order to help individuals develop the motivation to adopt, a system of incentives can be put in place. As the familiarity of the system pays into the accounts of both active and passive use, smart glasses application does not need to stay limited to its use in the ESN-context. Possibly, other uses can be found that familiarize staff with them while at the same time developing positive associations. For instance, smart glasses can introduce aspects of gamification into the workplace, to some extent causing enjoyment and thereby supporting the individual adoption, once employees realize the full potential for both work and entertainment purposes.

In the post implementation phase, we suggest permanent updates of interfaces and data security programs for maintenance. In order to keep security high in the ESN, constant work on permissions needs to be administered. Access rights to files and information need to be permanently updated, as the employee base constantly changes. This is apparent as occupations may change through job rotation, people going on parental leave or changing departments. To further consolidate use, the incentive for smart glasses application can be institutionalized with regard to norms and values in the corporation. For example, prizes can be awarded to the most active users on the ESNs, the best contribution, postings with the highest number of consultations, thereby signaling appreciation and actively shaping the internal climate.

5.5.3   Limitations and Future Research

Smart glasses are a relatively new technology, and the idea of using them as a device for ESNs has just been developed in this research. For these reasons, we could not validate the proposed model empirically which, as a consequence, provides an opportunity for further research. Therefore, researchers should start with the development of appropriate measurement scales. There is a long tradition in technology acceptance research that scales need to be adjusted to the context (e.g., Homburg et al. 2010). Especially with smart glasses as a substantially new technology, qualitative research might be necessary to identify appropriate items.

Moreover, to keep the model clear, we did not include detailed propositions of specific constructs, such as personality or innovativeness, constructs that have been shown to be important in predicting smart glasses usage (Rauschnabel et al. 2015a; Rauschnabel and Ro 2016). Future research should address this. Furthermore, in hierarchical models, cross-level effects could be existent. For example, one could questions whether the degree of technology readiness influences the average perception of information benefits. Likewise, organizational factors could have an influence on the strength of the proposed relationship on an individual level (cross-level interactions). This should be specified and validated in future research.

More avenues of future research emerge by the applications of smart glasses in other fields. As we discussed in Fig. 5.1, three ways of how smart glasses can create value exist. This study contributes to 'process efficiency', and more research in this area is necessary to better understand these potentials. With regards to the high expectations companies have on smart glasses applications in warehouses and operations management, this research is imperatively necessary. Besides this, future research could assess the conditions in which smart glasses can be used for R&D, and how successful applications and business models are characterized.

5.6   Conclusion

With this article we have shown how smart glasses possess relevance in terms of increasing process efficiency through an improved knowledge management. The use cases we have presented only cover few applications; potential uses of the technology seem to be more diverse and some not even discovered yet. However, any use can only be the consequence of previous adoption. Organizational and individual adoption comes with various obstacles that need to be overcome. In this article, we have shown difficulties, what to consider and made suggestions on how these obstacles can be overcome by management. Our framework may serve as foundation to further research on this important topic or as an illustration of how framework development in an entirely new technological context may be carried out.

Acknowledgements We gratefully thank Prof. Dr. Young Ro (The University of Michigan-Dearborn) for his valuable feedback on that manuscript and Flavia Munta (The University of Michigan-Dearborn) for research assistance.

Literatur

Albrecht, U. V., U. V. Jan, J. Kuebler, C. Zoeller, M. Lacher, O. J. Muensterer, M. Ettinger, M. Klintschar, and L. Hagemeier. 2014. Google Glass for documentation of medical findings: Evaluation in forensic medicine. *Journal of medical Internet research* 16 (2): 53.

Ajzen, I., und M. Fishbein. 1980. *Understanding attitudes and predicting social behavior*. Englewood Cliffs: Prentice-Hall.

Armstrong, DG, T. M. Rankin, N. A. Giovinco, J. L. Mills, and Y. Matsuoka. 2014. A heads-up display for diabetic limb salvage surgery: A view through the google looking glass. *Journal of diabetes science and technology* 8 (5): 951–956.

Azuma, R., Y. Baillot, R. Behringer, S. Feiner, S. Julier, and B. MacIntyre. 2001. Recent advances in augmented reality. *IEEE Computer Graphics and Applications* 21 (6): 34–47.

Bagozzi, R. P., F. D. Davis, und P. R. Warshaw. 1992. Development and test of a theory of technological learning and usage. *Human Relations* 45 (7): 660–686.

Bagozzi, R. P. 2007. The legacy of the technology acceptance model and a proposal for a paradigm shift. *Journal of the Association for Information Systems* 8 (4): 244–254.

Ballard, B. 2015. Wearables ready for biz, says survey. http://www.eetimes.com/author.asp?section_id=36&doc_id=1327715.

Bandura, A. 1977. Self-efficacy: Toward a unifying theory of behavioral change. *Psychological Review* 84 (2): 191–215.

Bock, G-W., R. W. Zmud, Y-G. Kim, and J-N. Lee. 2005. Behavioral intention formation in knowledge sharing: Examining the roles of extrinsic motivators, social-psychological factors, and organizational climate. *MIS Quarterly* 29 (1): 87–111.

Brynjolfsson, E., and L. M. Hitt. 2000. Beyond computation: Information technology, organizational transformation and business performance. *Journal of Economic Perspectives* 14 (4): 23–48.

Chwelos, P., I. Benbasat, and A. S. Dexter. 2001. Research report: Empirical test of an EDI adoption model. *Information Systems Research* 12 (3): 304–321.

Cortazar, B., H. C. Koydemir, D. Tseng, S. Feng, and A. Ozcan. 2015. Quantification of plant chlorophyll content using Google Glass. *Lab on a Chip* 15 (7): 1708–1716.

Daugherty, T., M. S. Eastin, and L. Bright. 2008. Exploring consumer motivations for creating user-generated content. *Journal of Interactive Advertising* 8 (2): 16–25.

Davis, F. D. 1989. Perceived usefulness, perceived ease of use, and user acceptance of information technology. *MIS Quarterly* 13 (3): 319–340.

Davis, F. D., R. P. Bagozzi, and P. R. Warshaw. 1992. Extrinsic and intrinsic motivation to use computers in the workplace. *Journal of Applied Social Psychology* 22 (14): 1111–1132.

DeLone, W. H. 1988. Determinants of success for computer usage in small business. *MIS Quarterly* 12 (1): 51–61.

Di Gangi, P. M., and M. Wasko. 2010. *The co-creation of value. Exploring engagement behaviors in user-generated content websites*. Tallahassee: Florida State University.

Dwyer, C., S. R. Hiltz, and K. Passerini. 2007. Trust and privacy concern within social networking sites: A comparison of Facebook and MySpace. AMCIS 2007 Proceedings (Paper 339).

Eisenmann, T., L. Barley, und L. Kind. 2014. Google Glass, HBS Case 814–102.

Farzan, R., J. M. DiMicco, D. R. Millen, C. Dugan, W. Geyer, and E. A. Brownholtz. 2008. Results from deploying a participation incentive mechanism within the enterprise. Proceeding of the twenty-sixth annual CHI conference, 26, pp. 563–572.

Fulk, J., and Y. C. Yuan. 2013. Location, motivation, and social capitalization via enterprise social networking. *Journal of Computer-Mediated Communication* 19 (1): 20–37.

Gatignon, H., and T. S. Robertson. 1989. Technology diffusion: An empirical test of competitive effects. *Journal of Marketing* 53 (1): 35–49.

Giannopoulos, G. A. 2004. The application of information and communication technologies in transport. *European Journal of Operational Research* 152 (2): 302–320.

Hashimoto, D. A., P. Phitayakorn, C. Fernandez-Del Castillo, and O. Meireles. 2015. A blinded assessment of video quality in wearable technology for telementoring in open surgery: the Google Glass experience. Surgical endoscopy April.

Hein, D. W. E., B. S. Ivens, and S. Müller. 2015. Customer acceptance and new product success— An application of QCA in innovation research. 44th EMAC conference, Leuven/Belgium.

Hernandez, J., and R. W. Picard. 2014. SenseGlass: Using google glass to sense daily emotions. In Proceedings of the adjunct publication of the 27th annual ACM symposium on User interface software and technology (pp. 77–78). ACM.

Hennig-Thurau, T., E. C. Malthouse, C. Friege, S. Gensler, L. Lobschat, A. Rangaswamy, and B. Skiera. 2010. The impact of new media on customer relationships. *Journal of Service Research* 13 (3): 311–330.

Homburg, C., M. Wieseke, and C. Kuehnl. 2010. Social influence on salespeople's adoption of sales technology. A multilevel analysis. *Journal of the Academy of Marketing Science* 38: 159–168.

Hong, J. 2013. Considering privacy issues in the context of Google glass. *Communications of the ACM* 56 (11): 10–11.

Iacovou, C. L., I. Benbasat, and A. S. Dexter. 1995. Electronic data interchange and small organizations. Adoption and impact of technology. *MIS Quarterly* 19 (4): 465–485.

Karahanna, E., D. W. Straub, and N. L. Chervany. 1999. Information technology adoption across time: A cross-sectional comparison of pre-adoption and post-adoption beliefs. *MIS Quarterly* 23 (2): 183–213.

Kim, K. J., and D-H. Shin. 2015. An acceptance model for smart watches. *Internet Research* 25 (4): 527–541.

King, W. R., and J. He. 2006. A meta-analysis of the technology acceptance model. *Information & Management* 43 (6): 740–755.

Knoll, J., und H. Schramm. 2015. Advertising in social network sites–Investigating the social influence of user-generated content on online advertising effects. *Communications* 40 (3): 341–360.

Kotter, J. P. 1995. Leading change: Why transformation efforts fail. *Harvard Business Review* 85 (1): 96–103.

Krulikowski, B., P. Rauschnabel, and Y. Ro. 2015. *Morpace reports: Consumers reveal their opinions on the use of smart glasses (Nov 10, 2015)*. Famington Hills: Morpace Inc.

Kügler, M., and S. Smolnik. 2014. Uncovering the phenomenon of employees' enterprise social software use in the post-acceptance stage—Proposing a use typology. European Conference on Information Systems, Tel Aviv/Israel.

Kügler, M., S. Smolnik, and P. Raeth. 2013. Determining the factors influencing enterprise social software usage: Development of a measurement instrument for empirical assessment. 46th Hawaii International Conference on System Sciences (HICSS), pp. 3635–3644.

Lee, D. Y., and M. R. Lehto. 2013. User acceptance of YouTube for procedural learning: An extension of the technology acceptance model. *Computers & Education* 61: 193–208.

Li, C. 2015. Why no one uses the corporate social network. *Harvard Business Review* 87:1111, 1–9.

Moshtaghi, O., K. S. Kelley, W. B. Armstrong, Y. Ghavami, J. Gu, and H. R. Djalilian. 2015. Using google glass to solve communication and surgical education challenges in the operating room. *The Laryngoscope* 125 (10): 2295–2297.

Muensterer, O. J., M. Lacher, C. Zoeller, M. Bronstein, and J. Kübler. 2014. Google Glass in pediatric surgery: An exploratory study. *International journal of surgery* 12 (4): 281–289.

Murley, S. 2015. Google Glass 2.0—Primed for the enterprise: Foldable, rugged and waterproof. http://thearea.org/google-glass-2-0-primed-for-the-enterprise-foldable-rugged-and-waterproof/.

Needle, D. 2004. *Business in context. An introduction to business and its environment.* London: International Thomson Business.

Nov, O. 2007. What motivates Wikipedians? *Communications of the ACM* 50 (11): 60–64.

Oliveira, T., and M. F. Martins. 2010. Understanding e-business adoption across industries in European countries. *Industrial Management & Data Systems* 110 (9): 1337–1354.

Oliveira, T., and M. F. Martins. 2011. Literature review of information technology adoption models at firm level. *Electronic Journal of Information Systems Evaluation* 14 (1): 110–121.

Osswald, S., D. Wurhofer, S. Trösterer, E. Beck, and M. Tscheligi. 2012. Predicting information technology usage in the car. 4th International Conference on Automotive User Interfaces and Interactive Vehicular Applications, Portsmouth/New Hampshire, USA, pp. 51–58.

Pagani, M., C. F. Hofacker, and R. E. Goldsmith. 2011. The influence of personality on active and passive use of social networking sites. *Psychology and Marketing* 28 (5): 441–456.

Paroutis, S., and A. A. Saleh. 2009. Determinants of knowledge sharing using Web 2.0 technologies. *Journal of Knowledge Management* 13 (4): 52–63.

Pfeiffer, H. K. C. 1992. *The diffusion of electronic data interchange. Contributions to management science.* Heidelberg: Physica-Verlag.

Premkumar, G., and M. Roberts. 1999. Adoption of new information technologies in rural small businesses. *Omega* 27 (4): 467–484.

Quint, F., and F. Loch. 2015. *Using smart glasses to document maintenance processes. Mensch und Computer 2015. Workshopband.* 203–208. Stuttgart: Oldenbourg Wissenschaftsverlag.

Rauschnabel, P. A., A. Brem, and B. S. Ivens. 2015a. Who will buy smart glasses? *Computers in Human Behavior* 49:635–647.

Rauschnabel, P. A., A. Brem, and Y. K. Ro. 2015b. Augmented reality smart glasses. Definition, conceptual insights, and managerial importance. University of Michigan—Dearborn, College of Business, unpublished working paper.

Rauschnabel, P.A., und Y.K. Ro. 2016. Augmented reality smart glasses: An investigation of technology acceptance drivers. *International Journal of Technology Marketing* 11 (2): 123–148.

Richter, A., J. Heidemann, M. Klier, and S. Behrendt. 2013. Success measurement of enterprise social networks. Wirtschaftsinformatik Proceedings 2013, Paper 20.

Rogers, E. M. 1995. *Diffusion of innovations.* New York: Free Press.

Terdiman, D. 2008. *The entrepreneur's guide to second life. Making money in the metaverse.* Indianapolis: Wiley.

Tomiuc, A. 2014. Navigating culture. Enhancing visitor museum experience through mobile technologies. From smartphone to google glass. *Journal of Media Research* 20 (3): 33–46.

Tornatzky, L. G., and M. Fleischer. 1990. *The processes of technological innovation. Issues in organization and management series.* Lexington: Lexington Books.

Tornatzky, L. G., and K. J. Klein. 1982. Innovation characteristics and innovation adoption-implementation: A meta-analysis of findings. *IEEE Transactions on Engineering Management* EM-29 (1): 28–45.

Turban, E., N. Bolloju, and T. P. Liang. 2011. Enterprise social networking. Opportunities, adoption, and risk mitigation. *Journal of Organizational Computing and Electronic Commerce* 21 (3): 202–220.

Turner, M., B. Kitchenham, P. Berereton, S. Charters, and D. Budgen. 2010. Does the technology acceptance model predict actual use? A systematic literature review. *Information and Software Technology* 52 (5): 463–479.

Venkatesh, V. 2000. Determinants of perceived ease of use: Integrating control, intrinsic motivation, and emotion into the technology acceptance model. *Information Systems Research* 11 (4): 342–365.

Venkatesh, V., and H. Bala. 2008. Technology acceptance model 3 and a research agenda on interventions. *Decision Sciences* 39 (2): 273–315.

Venkatesh, V., and F. D. Davis. 2000. A theoretical extension of the technology acceptance model: Four longitudinal field studies. *Management Science* 46 (2): 186–204.

Venkatesh, V., M. G. Morris, G. B. Davis, and F. D. Davis. 2003. User acceptance technology. Toward a unified view. *MIS Quarterly* 27 (3): 425–478.

Venkatesh, V., F.D. Davis, und M.G. Morris. 2007. Dead or Alive? The Development, Trajectory and Future of Technology Adoption Research. *Journal of the Association for Information Systems* (8:4): 267–286.

Wall, D., W. Ray, R. D. Pathak, and S. M. Lin. 2014. A google glass application to support shoppers with dietary management of diabetes. *Journal of diabetes science and technology* 8 (6): 1245–1246.

Wojciechowski, R., K. Walczak, M. White, and W. Cellary. 2004. Building virtual and augmented reality museum exhibitions. 9th international conference on 3D Web technology, New York/ United States. pp. 135–144.

Yang, T., and Y. M. Choi. 2015. Study on the design characteristics of head mounted displays (HMD) for Use in guided repair and maintenance. Virtual, augmented and mixed reality. 7th international conference VAMR 2015 Los Angeles/California, pp. 535–543.

Yi, M. Y., and Y. Hwang. 2003. Predicting the use of web-based information systems. Self-efficacy, enjoyment, learning goal orientation, and the technology acceptance model. *International Journal of Human-Computer Studies* 59 (4): 431–449.

Zhu, K., K. L. Kraemer, and S. Xu. 2006. The process of innovation assimilation by firms in different countries: A technology diffusion perspective on e-business. *Management Science* 52 (10): 1557–1576.

Dr. Philipp A. Rauschnabel is an Assistant Professor of Marketing in the College of Business at University of Michigan-Dearborn (USA). He received his PhD in Marketing from University of Bamberg and holds a Master of Science Degree in Marketing and Channel Management (University of Goettingen). His research interests include branding and new technologies. He published the first academic consumer acceptance studies on Augmented Reality Smart Glasses. He also consults regularly with, and presents research findings at, various companies and organizations on these topics. Blog: http://www.philipprauschnabel.com

Daniel W. E. Hein is a research assistant and PhD candidate at the University of Bamberg at the chair of Prof. Dr. Björn Ivens. After receiving his bachelor's from the "Westfälische Wilhems-Universität" (Münster), he turned to the Otto-Friedrich-University for consecutive studies.

His research focus lies on the management of customer relations and the impact of business digitization thereon, as well as how digitization affects further aspects of Marketing. He participates in the research project "Kompetenzzentrum für Geschäftsmodelle in der digitalen Welt" run by the Fraunhofer Institute for Integrated Circuits (IIS) in cooperation with the University of Bamberg. He is involved in teaching courses for both graduate and undergraduate students.

Teil II

Enterprise Social Networks in der Praxis – Leitlinien und Empfehlungen für die Implementierung und Nutzung

Erfolgreiche Praktiken zur Einführung von Enterprise Social Networks

6

Treiber, Ziele, Erfolgsfaktoren und Risiken als Elemente für ein Change Management

Martina Göhring und Joachim Niemeier

Inhaltsverzeichnis

Zusammenfassung

Im Jahr 2016 werden laut Gartner über 50 % der großen Unternehmen Enterprise Social Networks haben. Die Unternehmen unterschätzen aber meist vor lauter Faszination für diese Technologien den dazu notwendigen organisatorischen Wandel bei der Einführung. Was kann ein Unternehmen aus den Erfahrungen anderer Unternehmen und den

M. Göhring (✉) · J. Niemeier
centrestage GmbH, Esslingen am Neckar, Deutschland
E-Mail: Martina.Goehring@centrestage.de

J. Niemeier
E-Mail: Joachim.Niemeier@centrestage.de

© Springer Fachmedien Wiesbaden 2016
A. Rossmann et al. (Hrsg.), *Enterprise Social Networks*,
DOI 10.1007/978-3-658-12652-0_6

in Studien empirisch ermittelten Treibern, Zielen, Erfolgsfaktoren und Barrieren für das eigene Vorgehen lernen? Eine einfache Antwort: „Kapieren", warum andere Unternehmen erfolgreich sind, „Kopieren", wo Praktiken und Vorgehensweisen passen und daraus den eigenen Veränderungsprozess systematisch gestalten. Dieser Beitrag soll in sieben Schritten Praktiken zur Einführung von Enterprise Social Networks vorstellen. Dazu werden zunächst der Umgang mit den Treibern beschrieben, dann die Strategien und Ziele, die für Unternehmen daraus erwachsen, des weiteren Erfolgsfaktoren und Risiken, die bei der Realisierung berücksichtigt werden müssen und schließlich noch Maßnahmen, die das Change Managements voranbringen.

6.1 Hintergrund

2013 haben die Analysten von Gartner die Enterprise 2.0- und Social Business-Szene aufgeschreckt. Sie stellten die Prognose in den Raum, dass in den nächsten drei Jahren 80 % der Unternehmen mit ihren Social Business-Initiativen nicht die beabsichtigten Ziele erreichen werden (Gartner Pressemitteilung 2015). Die Pressemitteilung machte im „Stille-Post-Modus" schnell die Runde, und am Ende kam heraus, dass „80 % aller Enterprise 2.0-Projekte scheitern werden", weil die „meisten Social Media-Initiativen keinen echten Mehrwert fürs Geschäft bringen", die „Social Collaboration-Vorhaben oft ziellos sind" und sowieso „die meisten Führungskräfte 'unsocial' sind"'. Im Original (Gartner 2013) liest sich das etwas anders:

- Im Jahr 2016 werden über 50 % der großen Unternehmen interne soziale Netzwerke haben. Die Unternehmen sind aktuell fasziniert von sozialen Technologien, aber sie unterschätzen den notwendigen organisatorischen Wandel. Der organisatorische Wandel muss von Anfang an in den Vordergrund gestellt werden.
- Um Social Business-Initiativen zum Erfolg zu führen, braucht es sowohl Führung als auch Verhaltensänderungen. Aber klar ist, dass die Nutzung der Tools im Vergleich zu bisherigen Roll-Outs neuer Technologien nicht verordnet werden kann. Die Mitarbeiter müssen überzeugt werden, mitzumachen („Opt-In").
- Am besten gelingt das, wenn man Mitarbeitern und Führungskräften einen besseren Weg zum Arbeiten aufzeigt. Um die Arbeitspraktiken zu verbessern, ist es erforderlich zu verstehen, wie die Menschen in den Unternehmen heute arbeiten, mit wem sie zusammenarbeiten, und was ihre Bedarfe sind.

Jedes Unternehmen hat seine eigene Kultur, seine spezifischen Rahmenbedingungen und Stakeholder. Der Weg wird also immer etwas anders aussehen. Was kann man dann aber aus den Erfahrungen anderer Unternehmen und den in Studien empirisch ermittelten Treibern, Zielen, Erfolgsfaktoren und Barrieren für das eigene Vorgehen lernen? Eine einfache Antwort: „Kapieren", warum andere Unternehmen erfolgreich sind, „Kopieren", wo Praktiken und Vorgehensweisen passen und daraus den eigenen Veränderungsprozess systematisch gestalten. Einen „One Best Way" gibt es nicht!

6.2   Schritt 1: Sich Klarheit über die Treiber verschaffen

Treiber sind Umfeldfaktoren für ein Unternehmen, die dieses selbst kaum beeinflussen kann. Treiber resultieren aus technischen, kulturbedingten, politischen und wirtschaftlichen Veränderungen, die zu neuen Marktkonstellationen und disruptiven Entwicklungen führen können und Verhaltensänderungen von Menschen bewirken. Ihr Einfluss auf Unternehmen ist unterschiedlich stark, aber nicht grundsätzlich zu verhindern.

Für die Realisierung eines Enterprise Social Networks sprechen viele Faktoren. Aber obwohl die Kommunikation sowohl im Privatleben als auch in den Unternehmen bereits wesentlich vernetzter, interaktiver und mobiler geworden ist, sind viele Entscheider in den Unternehmen noch nicht überzeugt, dass Social Media und entsprechende Enterprise 2.0-Tools durch die neuen Möglichkeiten der Kollaboration und Vernetzung einen wichtigen Beitrag für den zukünftigen Unternehmenserfolg haben werden.

Im Jahr 2006 hat Andrew McAfee Enterprise 2.0 noch als eine emergente, d. h. sich spontan herausbildende, Nutzung von sozialen Softwareplattformen in Unternehmen oder zwischen Unternehmen und ihren Partnern und Kunden charakterisiert. Also eine eher technische Perspektive. In der aktuellen Diskussion rund um Enterprise 2.0 spielt diese technische Sichtweise zwar immer noch eine Rolle, aber der Fokus wird mehr auf die Entwicklung der Unternehmenskultur durch neue Formen der Kollaboration und Vernetzung gerichtet.

Was sorgt nun in den Unternehmen für einen genügend hohen Realisierungsdruck (manche sprechen auch von Leidensdruck), um die Bereitschaft zu schaffen, das Thema Enterprise Social Networks anzupacken? Wo liegen die Mehrwerte des Einsatzes von Enterprise 2.0-Tools? Gelingt es, sich mit Enterprise Social Networks konkrete Wettbewerbsvorteile zu verschaffen? Was sind überzeugende Argumente, um gewohnte Routinen in der Führung, der Zusammenarbeit und der Kommunikation zu verlassen? Welchen Payback kann man für den Aufwand erwarten, den die Umstellung des Arbeitsalltags sowohl bei Mitarbeitern als auch bei Führungskräften erfordert?

In jedem Unternehmen gibt es eine Vielzahl an Initiativen. Diese stehen untereinander in Konkurrenz, da sie um Budgets, um Experten, um die Aufmerksamkeit der Entscheider wetteifern. Welche Initiativen eine hohe Priorisierung erhalten und dann realisiert werden, hängt davon ab, ob sich genügend hoher Realisierungsdruck aufgebaut hat und ob es genügend Promotoren im Unternehmen für eine bestimmte Initiative gibt.

Was treibt nun die Unternehmen für die Einführung von Enterprise Social Networks an? Hierzu haben wir im Rahmen einer Metastudie ca. 50 Studien zum Thema Enterprise 2.0 und Social Business zwischen 2010 und Anfang 2015 analysiert und die dort von Unternehmensvertretern genannten Treiber identifiziert und dokumentiert. Eine Aggregation und Neustrukturierung ergaben die folgenden zehn zentralen Triebkräfte für die Einführung von Enterprise Social Networks (siehe Abb. 6.1):

1. Verfügbarkeit von Enterprise 2.0-Technologien: Es kann zwar kein tragfähiges Prinzip im Wirtschaftsleben sein, etwas zu nutzen, nur weil es ein bestimmtes technisches Angebot gibt. In vielen Unternehmen trifft man aber auf die Situation, dass die notwendigen Software-Lizenzen schon eingekauft sind.

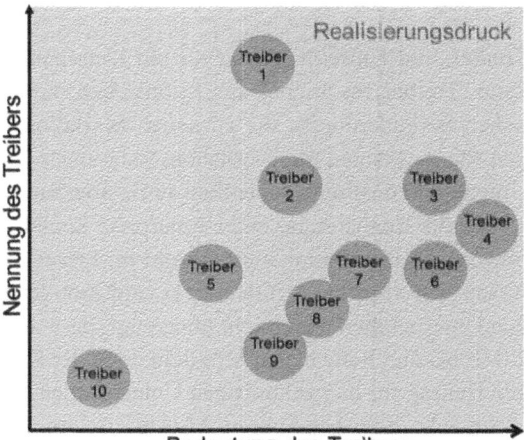

Die Top 10 Treiber

1. Verfügbarkeit von Enterprise 2.0-Technologien
2. Auswirkungen des demografischen Wandels
3. Gestaltung einer attraktiven, zukunftsfähigen Arbeitswelt
4. Zunahme der Bedeutung von Social Media im Kundenmanagement
5. Steigender Wettbewerbsdruck
6. Steigende Bedeutung externer Zusammenarbeit
7. Zunahme der Bedeutung der Wissensarbeit
8. Erhöhung der Innovationsfähigkeit
9. Zunahme der globalen Zusammenarbeit
10. Zunahme der Menge an relevanten Informationen

Abb. 6.1 Die Top 10 Treiber und ihr Realisierungsdruck für Enterprise Social Networks

2. Auswirkungen des demografischen Wandels: Die unterschiedlichen Mitarbeitergenerationen in den Unternehmen erfordern es, die Arbeitsprozesse an den Anforderungen der Menschen ausgerichtet zu gestalten.
3. Gestaltung einer attraktiven, zukunftsfähigen Arbeitswelt: Schaffung einer offenen Arbeitsorganisation, in der alle Mitarbeiter die Möglichkeit bekommen, sich in das Unternehmen einzubringen, sich zu beteiligen und mit ihren Kompetenzen zu partizipieren.
4. Zunahme der Bedeutung von Social Media im Kundenmanagement: Eine durchgängige Unterstützung kundenorientierter Prozesse bedingt einen Paradigmenwechsel, der die Entstehung neuer Ökosysteme fördert und mit „Social Business" beschrieben wird.
5. Steigender Wettbewerbsdruck: VUCA beschreibt die vier zentralen Herausforderungen der Unternehmen, die bewältigt werden müssen, um im Wettbewerb erfolgreich zu sein.
6. Steigende Bedeutung externer Zusammenarbeit: Die Nutzung von Enterprise 2.0-Werkzeugen findet zunehmend jenseits der organisatorischen Grenzen eines Unternehmens statt. Es entsteht ein Ökosystem, welches nicht nur auf der Kollaboration mit Kunden, sondern auch Partnern und Lieferanten beruht.
7. Zunahme der Bedeutung der Wissensarbeit: Die große Fülle an Wissen, das es zu hebeln gilt, steckt in den Köpfen der Mitarbeiter mit dem großen Vorteil, dass sich dort das Wissens- und Erfahrungspotenzial durch die tägliche Arbeit und die Kreativität der Menschen laufend aktualisiert und weiterentwickelt.

8. Erhöhung der Innovationsfähigkeit: Ideen bekommen eine größere Sichtbarkeit durch Öffnung von Innovationsprozessen, unter Einbeziehung einer Vielzahl von Mitarbeitern sowohl intern als auch extern.
9. Zunahme der globalen Zusammenarbeit: Weltweit verteilte Vertriebskanäle, Entwicklungseinheiten, Produktionsstätten oder Zulieferer erfordern globale Strategien und lokale Anpassungen sowie die Überwindung geografischer Barrieren und Abteilungsgrenzen, aber auch die Effizienzverbesserung bei verteilt arbeitenden Produktteams.
10. Zunahme der Menge an relevanten Informationen: Aufgrund steigender strukturierter und unstrukturierter Datenbestände auch außerhalb der Grenzen des Unternehmens, ist es für ein Unternehmen schwierig, die Relevanten zu finden und die richtigen Entscheidungen zu treffen.

Zunächst sind alle zehn Treiber als herausragend für die Einführung von Enterprise Social Networks genannt worden. Dennoch sind nicht alle gleichermaßen bewertet worden. Die Bewertung des Realisierungsdrucks in Abb. 6.1 basiert auf den Nennungen in den Studien, d. h. ist der Treiber in der Studie zu finden, und von wie vielen Unternehmensvertretern wurde er genannt, je mehr desto wichtiger. Die Abb. 6.1 gibt damit den Realisierungsdruck der befragten Unternehmen aus der Metastudie wieder, berücksichtigt aber nicht die Veränderungen über den längeren Zeitraum. Ein aktuell hoher Realisierungsdruck bestimmter Treiber wird dadurch geschwächt, dass er beispielsweise 2010 noch nicht genannt wurde. Für ein Unternehmen sollte das lediglich Anhaltspunkt sein, welche Treiber es gibt, eine Bewertung sollte auf jeden Fall selbst durchgeführt werden.

6.3 Schritt 2: Rahmenbedingungen im Unternehmen klären

Ein Unternehmen muss sich auf die treibenden Kräfte einstellen, wenn die Einführung von Enterprise Social Networks gelingen soll. Ist eine Verbindung zur bestehenden Strategie vorhanden? Kann eine Verbindung hergestellt werden? Diese Fragen sollten im Rahmen eines Strategiemeetings geprüft und daraus Dringlichkeit sowie Realisierungschancen fürs Unternehmen abgeleitet werden um auf die kommenden Veränderungen vorbereitet zu sein. Sind starke Treiber noch nicht in der bestehenden Strategie verankert, geht es bei deren Bewertung um die Dringlichkeit vor allem darum, welche strategische Relevanz sie für das Unternehmen haben können (siehe Abb. 6.2). Der Wegfall eines Treibers ist nur sinnvoll, wenn dieser ohne Wirkung auf das Unternehmen ist.

Bei der Realisierung von treibenden Faktoren geht es um zwei wichtige Handlungsoptionen: zum einen um die Ressourcensituation und zum anderen um Verantwortlichkeiten für die Umsetzung. Für eine hohe Realisierungschance müssen beide geklärt und ausreichend vorhanden sein.

Eine für viele Projektverantwortliche durchaus bekannte Situation sind beispielsweise fehlende Ressourcen, sei es qualifiziertes Personal, finanzielle Mittel u.ä. Schnelle und sichtbare Erfolge, sogenannte Quick Wins, der Nachweis von Nutzen, aber auch internes

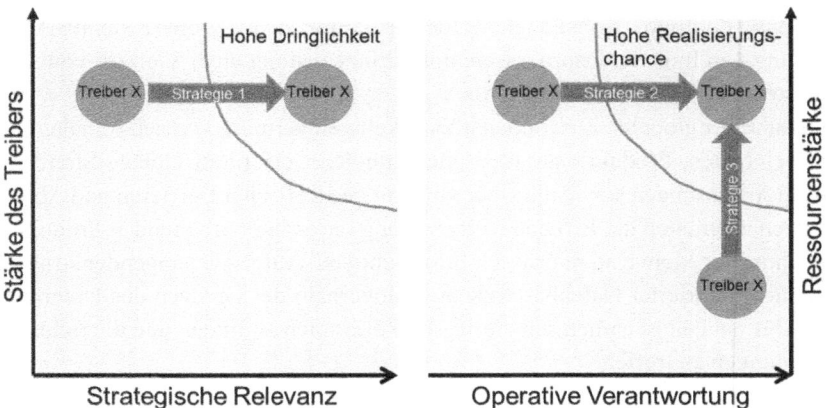

Abb. 6.2 Bewertung von Dringlichkeit und Realisierungschance von Treibern im Unternehmen

Marketing an geeigneter Stelle können die Verantwortlichen dabei unterstützen, ausreichende Ressourcen zu erhalten.

Manchmal reicht auch die Bereitstellung von Ressourcen nicht aus, die operative Verantwortung zur Durchführung zu übernehmen. Das kann viele Gründe haben. Der häufigste Grund ist die fehlende Kompetenz im Bereich Enterprise Social Netzworks. Es muss ein verantwortlicher Bereich gefunden oder bestimmt und mit den relevanten Kompetenzen ausgestattet werden. Da es sich weniger um eine Technikeinführung als um eine Kulturveränderung handelt, wäre wünschenswert und am nachhaltigsten, wenn mehrere Bereiche im Unternehmen gemeinsam die Verantwortung für die Realisierung von Enterprise Social Netzworks tragen würden.

6.4 Schritt 3: Sich Ziele setzen

Was sind die Ziele von Unternehmen für die Einführung von Enterprise Social Networks? Im Rahmen der bereits oben genannten Metastudie (ca. 50 Studien zum Thema Enterprise 2.0 und Social Business) haben wir die dort von Unternehmensvertretern genannten Ziele identifiziert und dokumentiert. Diese Zieloptionen haben wir aggregiert und neu strukturiert. Heraus kamen die zehn Ziele, die ein Unternehmen bei der Einführung von Enterprise Social Networks auf der Agenda haben sollte (siehe Abb. 6.3).

Diese Ziele wurden priorisiert nach der Anzahl der Nennungen der letztjährigen Studien. Dabei fallen drei Gruppen ins Auge.

Zur ersten Gruppe zählen die aktuellen Top fünf Ziele mit steigender Bedeutung:

- Ziel 1: Geschäftsprozesse optimieren
- Ziel 2: Kosten reduzieren und Umsatz steigern
- Ziel 3: Zusammenarbeit mit dem Kunden verbessern

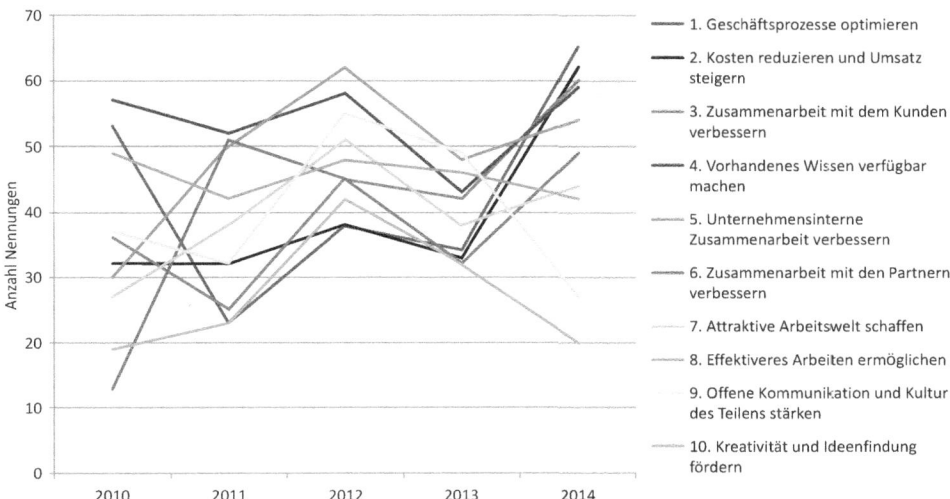

Abb. 6.3 Ziele von Unternehmen für die Einführung von Enterprise Social Networks

- Ziel 4: Vorhandenes Wissen verfügbar machen
- Ziel 5: Unternehmensinterne Zusammenarbeit verbessern

In Gruppe zwei sind etwas abgeschlagen, aber immer noch mit steigender Tendenz folgende Ziele:

- Ziel 6: Zusammenarbeit mit den Partnern verbessern
- Ziel 7: Attraktive Arbeitswelt schaffen

Zur Gruppe drei gehören Ziele, die aber eine fallende Tendenz in ihrer Bedeutung verzeichnen:

- Ziel 8: Effektiveres Arbeiten ermöglichen
- Ziel 9: Offene Kommunikation und Kultur des Teilens stärken
- Ziel 10: Kreativität und Ideenfindung fördern

Aus unserer Erfahrung heraus sind diese Ziele nach wie vor wichtig, vor allem für Unternehmen, die am Anfang stehen. Aber in den letzten fünf Jahren sind die Unternehmen reifer geworden und es sind andere Ziele vorbeigezogen. Dies ist sicher ein Manko der Metastudie, dass der Reifegrad für Enterprise Social Networks nicht erfasst werden konnte. Diese Daten gaben die zugrundeliegenden Studien aber auch nicht her.

   Auffallend ist darüber hinaus der Zielebereich „Zusammenarbeit" über ein Enterprise Social Network. So zeigt Abb. 6.4, dass deren Bedeutung für die Unternehmen innerhalb der letzten fünf Jahre zugenommen hat.

   Man ist versucht, die These zu wagen: die Einführung von Enterprise Social Networks ist mit den drei Top-Zielen inzwischen in der betriebswirtschaftlichen Realität angekom-

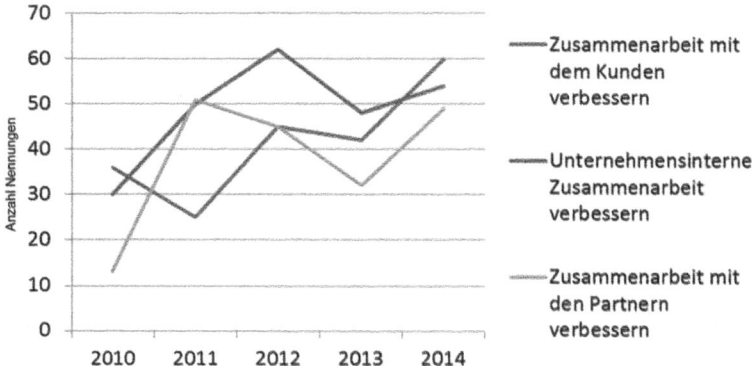

Abb. 6.4 Zielentwicklung der Gruppe „Zusammenarbeit"

men. Prozesse, Umsatz, Kosten und Kundenorientierung sind von je her die Eckpfeiler
strategischer Zielsetzungen von Unternehmen. Dass diese nun auch die Top-Ziele für die
Realisierung von Enterprise Social Networks darstellen, zeigt, dass diese Themen vom
Rand in den Mittelpunkt gerückt sind und damit auch dauerhaft die strategische Ausrichtung eines Unternehmens bestimmen können.

6.5 Schritt 4: Was soll wann erreicht werden? Ziele anhand der Treiber bewerten

Um zu entscheiden, ob die Ziele eines Unternehmens für die Einführung von Enterprise
Social Networks ergänzt oder angepasst werden müssen, sollten die Treiber hinsichtlich
ihrer Wirkung auf die Unternehmensziele bewertet werden. Starke Treiber sollten auf jeden Fall in die Zielbewertung aufgenommen und im Strategiemeeting diskutiert werden,
ob Zielanpassungen notwendig werden. Die in der Abb. 6.5 schematisch dargestellte Matrix soll bei der Strategiediskussion helfen und bei der Entscheidung für die relevanten
Unternehmensziele unterstützen.

Die vorliegenden Unternehmensziele werden danach beurteilt, ob sie bereits auf die
Anforderungen der aktuellen Treiber für Enterprise 2.0 vorbereitet sind bzw. ob die Ziele
die ermittelten treibenden Kräfte unterstützen und wann dazu geeignete Maßnahmen gestartet werden sollten. Damit erfolgt eine Priorisierung der Ziele in kurz- und langfristig
sowie dauerhaft relevant (in Abb. 6.5 schematisch durch die Schieberegler dargestellt).
Dies ist auch für die Ermittlung des Ressourcenbedarfs und für die Festlegung einer Roadmap zweckmäßig.

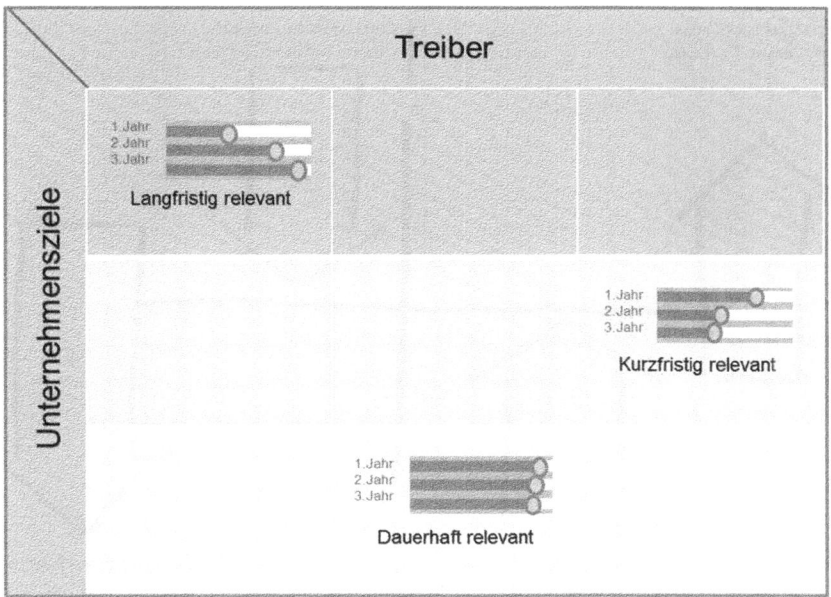

Abb. 6.5 Entscheidungsmatrix zur Priorisierung von Zielen auf der Basis von Treibern

6.6   Schritt 5: Handlungsbedarf im Unternehmen bestimmen

Wir kennen nun die treibenden Kräfte, haben den Rahmen für die Einführung eines Enterprise Social Network für das Unternehmen ermittelt und haben unser Zieleportfolio daraufhin angepasst. Wenn wir uns jetzt an die Einführungsplanung machen, sollten wir uns genau überlegen, wie wir unsere priorisierten Ziele am besten erreichen können. Um die definierten Ziele zu erreichen, werden diesen meist Erfolgsfaktoren zugeordnet, um auch messen zu können, wenn ein Ziel erfolgreich erreicht wurde.

Nicht zu vergessen trifft man bei Kulturverändernden Vorhaben immer auch auf Widerstand und Barrieren. Daher werden bei Veränderungsprozessen üblicherweise auch Barrieren identifiziert, die diese stören können. Hier treffen Erfolgsfaktoren auf die Risiken für einen Misserfolg bei der Einführung. Aus diesem Grund gilt es in diesem Schritt den Handlungsbedarf im Unternehmen zu ermitteln, welche Faktoren bei der Einführung eher erfolgversprechend sind und welche Faktoren es zu vermeiden gilt.

Um im Dschungel der möglichen Handlungsoptionen den richtigen Pfad zu finden, haben wir in unseren Projekten den Ansatz der Kraftfeldanalyse weiterentwickelt und eingesetzt (siehe Abb. 6.6). Dieser Ansatz steht in der Tradition der „Balanced Resilience"-Konzepte und wurde im Original von Michael Reiss als Ansatz für das Change Management entwickelt. Die Idee dahinter ist, sich nicht einseitig auf Erfolgsfaktoren zu konzentrieren, sondern auch in geeigneter Form mit den Risiken eines Misserfolgs umzugehen.

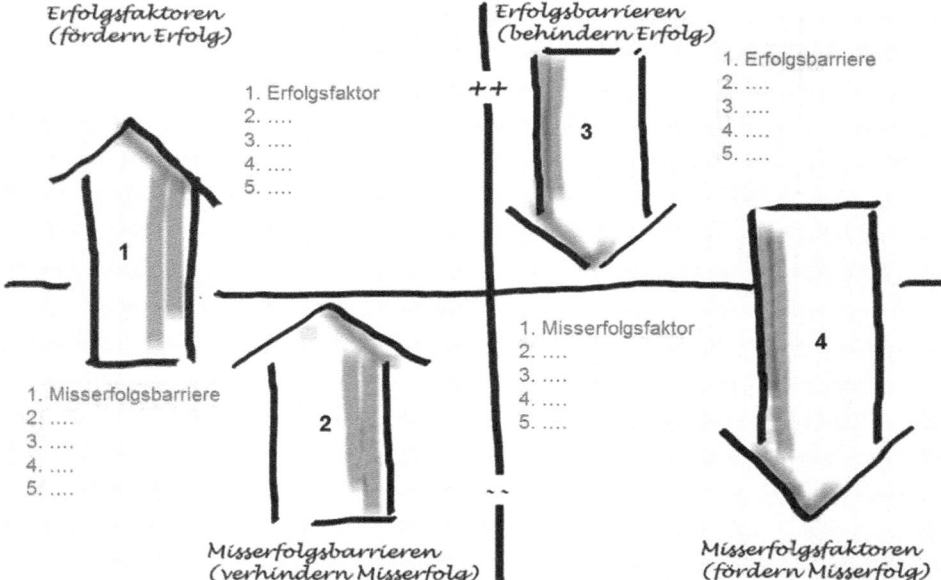

Abb. 6.6 Kraftfeldmatrix zur Analyse und Darstellung von Erfolgsfaktoren und Risiken

6.6.1 Die beiden Seiten der Kraftfeldmatrix

Angesichts der Tatsache, dass viele Vorhaben, nicht nur bei der Einführung von Enterprise Social Networks, mit dieser doch eher „Schwarz-Weiß-Sicht" auf Erfolgsfaktoren und Barrieren trotzdem scheitern, sich verzögern oder in die Länge ziehen, wollen wir hier den Blick auch auf solche Aspekte richten, die für das Vorhaben förderlich sind und ein Scheitern verhindern können. Dazu haben wir Misserfolgsbarrieren identifiziert. Hilfreich ist des Weiteren, die Barrieren zu differenzieren in diejenigen, die überwindbar sind und in solche, die ein Unternehmen unbedingt vermeiden sollte, wenn man das Vorhaben nicht gefährden will.

Auf der einen Seite werden die Erfolgsfaktoren betrachtet, die, wie der Name schon sagt, den Erfolg fördern. Unterstützend hierzu gibt es auch Barrieren, die Misserfolg verhindern können. Eine typische Misserfolgsbarriere ist beispielsweise die aktive Unterstützung des Vorhabens durch das Top-Management. Diese Unterstützung wird dazu führen, dass das Projekt zumindest nicht scheitert. Für den Erfolg alleine reicht das aber nicht aus, dazu braucht man zusätzlich fachliches Knowhow und Ressourcen.

Spiegelbildlich dazu werden die Kräfte betrachtet, die ein Vorhaben zum Scheitern bringen können. Hier gibt es zunächst die Erfolgsbarrieren, die den Erfolg behindern. Eine häufig genannte Erfolgsbarriere ist beispielsweise eine vorrangig technische Ausrichtung der Einführung. Diese Ausrichtung wird nicht zwangsläufig zum Scheitern führen, es wird immer einige Experten geben, die sich in die Tools vertiefen und mit der Zeit herausfinden, wie diese sinnvoll genutzt werden können. Für die große Breite der Mitarbeiter wird ein Enterprise Social Network bei einer rein technischen Ausrichtung aber eher ein weiteres, spezielles IT-Tool bleiben, das keinen Bezug zu ihren Arbeitsaufgaben hat und die breite Einführung behindern.

Für das Scheitern eines Vorhabens sind die Misserfolgsfaktoren verantwortlich. Dazu gehören beispielsweise Ängste aller Art und Akzeptanzwiderstände.

6.6.2   Erfolgsfaktoren und Risiken

In diesem Schritt geht es nun darum, Unternehmen aufzuzeigen, welche Faktoren es gibt, die ihre Kraftfeldmatrix füllen können. Dazu haben wir im Rahmen unserer Metastudie[1] alle uns vorliegenden, relevanten Studien systematisch danach analysiert, welche Erfolgs- und Risikofaktoren dort abgefragt und wie diese von Führungskräften und Fachleuten aus den befragten Unternehmen bewertet wurden. In Abb. 6.7 und Abb. 6.8 haben wir die Ergebnisse unserer Metastudie in Form von Checklisten zusammengefasst.

Natürlich spielt der Reifegrad eines Unternehmens eine wesentliche Rolle dabei, welche dieser Faktoren für ein Unternehmen Erfolgsrelevant sind und welche Faktoren zum Scheitern führen können. Unternehmen auf dem Weg zur Social Business Exzellenz gehen mit diesen Faktoren sicher anders um, als Unternehmen in der Startaufstellung auf dem Weg zum Enterprise Social Network. Zunächst ist aber die für ein Unternehmen spezifische Kraftfeldmatrix aufzustellen. Hierbei sollen die vier Checklisten helfen. Welche Faktoren sind für das Unternehmen relevant, welche eher nicht?

1. Checkliste Erfolgsfaktoren (fördern Erfolg)	2. Checkliste Misserfolgsbarrieren (verhindern Misserfolg)
1. Hoher geschäftlicher Leidensdruck 2. Es gibt keine Barrieren oder Bedenken 3. Offenheit für alle 4. Klare unternehmensweite Vision und Strategie für E2.0 5. Best Practice Anwendungsszenarien und Use Cases mit Business Case 6. Unternehmensweite Vorgehens- und Beratungskonzepte sowie Change und Deployment Programme 7. Umfassende Qualifizierungsmaßnahmen 8. Umfassende Pilotierung und Demonstration	1. Sponsoren und aktive Unterstützung durch das Top-Management 2. Ausreichend formale Ressourcen 3. Ausreichend Support-Kapazität in Form von Social Collaboration/Media Experten 4. Governance Konzept, Spielregeln in Form von Social Media Guidelines und Policies

Abb. 6.7 Erfolgsfaktoren für die Einführung von Enterprise Social Networks

---

[1] Centrestage (2015): http://www.centrestage.de/blog/Tag Metastudie2015.

3. Checkliste Erfolgsbarrieren (behindern Erfolg)	4. Checkliste Misserfolgsfaktoren (fördern Misserfolg)
1. Fehlende Akzeptanz bei Führungskräften 2. Mangelnde Kompetenz bei Führungskräften 3. Rein technische Ausrichtung bei der Einführung 4. Fehlende technische Integration 5. Fehlende und konkurrierende Priorität und Zuständigkeit 6. Sicherheitsbedenken 7. Rechtliche Bedenken	1. Fehlendes fachliches Planungs- und Einführungsknowhow 2. Fehlendes technisches Implementierungs- und Lösungsknowhow 3. Angst vor Kontrollverlust 4. Angst vor Reputations- und Imageverlust 5. Angst vor Wissensabfluss 6. Nicht passende Unternehmenskultur 7. Misstrauenskultur 8. Fehlende Akzeptanz bei Mitarbeitern 9. Fehlende Integration in die Arbeitsprozesse 10. Fehlende Anwenderqualifizierung 11. Keine oder zu späte Beteiligung des Betriebsrates

Abb. 6.8 Risiken bei der Einführung von Enterprise Social Networks

6.6.3 Der Umgang mit den Faktoren

Umgang mit Erfolgsfaktoren

Faktoren, die maßgeblich zum Erfolg beitragen, sollten von Unternehmen am besten mit KPIs versehen als Steuerungsgrößen eingesetzt werden. Diese müssen von Planungsbeginn an identifiziert und beschrieben sein, ansonsten wird eine Erfolgsmessung und damit Steuerung schwierig.

Umgang mit Misserfolgsbarrieren

Zu den Barrieren, die Misserfolg verhindern helfen, gehören eine ausreichende Unterstützung, Ressourcen und ein konzeptioneller Unterbau, d. h. ein zunächst für alle verständliches und von allen Sponsoren akzeptiertes Konzept für Technik, Anwendungsfälle, die zukünftige Organisation, Führungsmodell und die Maßnahmen für die Einführung. Unternehmen, die ein Enterprise Social Network als unternehmensweite und nicht nur als dedizierte Strategie verfolgen, sollten sich dieses Fundament leisten.

Umgang mit Erfolgsbarrieren

Barrieren, die den Erfolg behindern können, sollten Unternehmen frühzeitig identifizieren, geeignete Maßnahmen bereit halten oder im Auge behalten, wenn sie nicht von Anfang verhindert werden können.

Umgang mit Misserfolgsfaktoren

Um Faktoren, die Misserfolg fördern und das Vorhaben zum Scheitern bringen können, sollten sich Unternehmen im Rahmen eines ausgeprägten Risikomanagements kümmern

Abb. 6.9 Misserfolgsfaktoren bzw. Risiken, die die Einführung von ESN zum Scheitern bringen können

(siehe dazu Abb. 6.9). Einfach ausgedrückt: identifiziert ein Unternehmen zu viele dieser Faktoren, sollte es erst mal nicht an den Start gehen, um das Scheitern nicht schon in die Planung mitzunehmen.

Oftmals sind diese Faktoren erst zu einem späteren Zeitpunkt erkennbar oder wurden anfangs noch positiv bzw. Risikoarm eingeschätzt. Daher sollte dieser Bereich von Beginn an ganz besonders analysiert und im Prozess der Einführung immer wieder neu bewertet werden. Besonders die Ausprägungen mit hohem und kritischem Risiko dürfen keinesfalls in ihrem Bumerang-Effekt auch in reiferen Phasen der Einführung unterschätzt werden.

6.7   Schritt 6: Change Management Maßnahmen festlegen

Handlungsdruck im Management erzeugen, die treibenden Kräfte in die Ziele verankern, Erfolgsfaktoren fördern, Barrieren aus dem Weg räumen, Akzeptanz fördern und Veränderungen bewirken; für all diese Aktionen gilt es, geeignete Change Management Maßnahmen festzulegen. Hierzu haben wir in Abb. 6.10 einige exemplarisch zusammengestellt, danach strukturiert, inwieweit sie zum einen die Veränderungsfähigkeit unterstützen und zum anderen die Veränderungsbereitschaft fördern können.

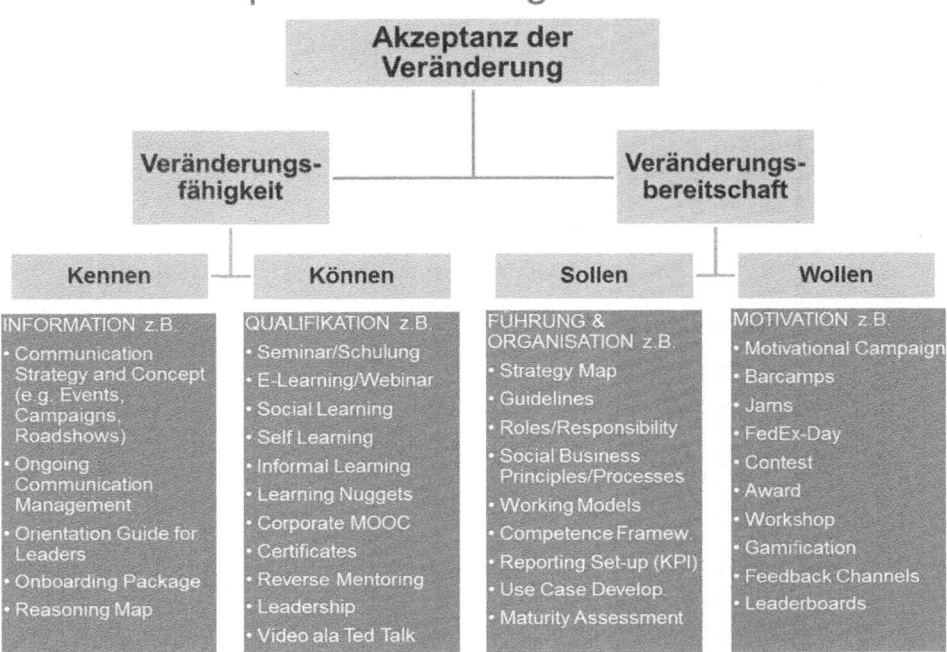

Abb. 6.10 Maßnahmen zur Herstellung von Akzeptanz bei Veränderungen

Die Veränderungsfähigkeit wird gefördert durch:

- Kennen, was bedeutet, Transparenz und Klarheit über das Vorhaben zu schaffen. Hierzu zählen insbesondere Informations- und Kommunikationsmaßnahmen.
- Können, was bedeutet, die Kompetenzen zur Bewältigung der neuen Herausforderungen zu erwerben. Hierzu zählen insbesondere Qualifizierungs- und Enablingmaßnahmen.

Die Veränderungsbereitschaft wird gefördert durch:

- Sollen, was bedeutet, Führung und Organisation müssen die Rahmenbedingungen zum Vorhaben liefern. Hierzu zählen insbesondere Arbeitskonzepte, Guidelines und Leitplanken für das Verhalten, Konzepte für Strukturen und Prozesse sowie Werte und Prinzipien für die Führung.
- Wollen, was bedeutet, die Mitarbeiter müssen motiviert werden, sich das Vorhaben zu Eigen zu machen. Hierzu zählen insbesondere Engagement Maßnahmen, die durch moderne Eventformate und Kampagnen unterstützt sowie durch neue Rollenkonzepte im Unternehmen verankert werden.

Für die Auswahl der geeigneten Maßnahmen sollte man deren Formate, Methoden, Vorgehens- und Wirkungsweisen gut kennen, um die Risiken eines Misserfolgs bei der

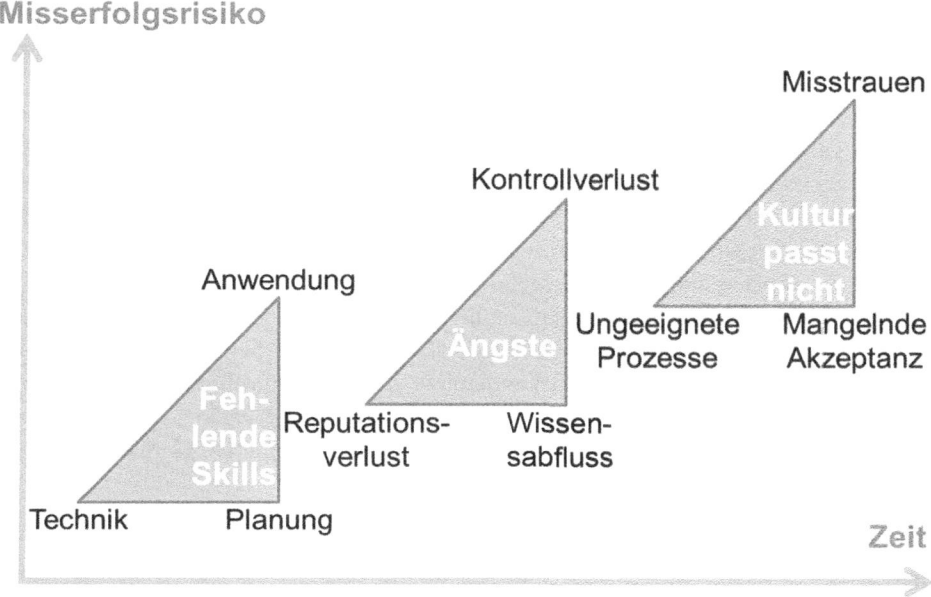

Abb. 6.11 Misserfolgsrisiken, die durch Change Management Maßnahmen zu verhindern sind

Einführung von Enterprise Social Networks abzufedern. Auch spielt der Zeitpunkt für den Einsatz dieser Maßnahmen eine entscheidende Rolle, Kulturverändernde Maßnahmen benötigen in der Regel viel mehr Zeit als beispielsweise das Enabling von notwendigen Fähigkeiten (siehe Abb. 6.11).

6.8 Schritt 7: Roadmap erstellen

Als letzten Schritt empfiehlt es sich, für die ausgewählten Maßnahmen eine „Roadmap" zu erstellen, um eine integrierte Change Management Kette zu erhalten und die notwendigen Ressourcen entsprechend ermitteln zu können. Führt man dabei noch regelmäßige Reviewzyklen ein, gehört man mit hoher Wahrscheinlichkeit zu den Unternehmen, die in den kommenden Jahren eine erfolgreiche Einführung von Enterprise Social Networks realisieren werden.

6.9 Fazit

Es können vor allem drei wesentliche Erkenntnisse zur Einführung von Enterprise Social Networks gezogen werden. Die Treiber sind identifizierbar und verstärken zunehmend den Handlungsdruck auf die Unternehmen. Aktuelle Entwicklungen in Technologie und Demografie oder Veränderungen in der Arbeitswelt können Unternehmen nicht aufhalten. Sie können nur Einfluss darauf nehmen, indem sie ihre eigene Strategie anpassen und dafür sorgen, dass zur Realisierung ausreichend Ressourcen und geeignete Verantwortliche zur Verfügung stehen. Damit sind zwar wichtige Rahmenbedingungen gelegt, die zweite Erkenntnis erfordert aber mehr. Ein Enterprise Social Network ist keine Randerscheinung, die man mal eben so nebenbei einführt, damit die Mitarbeiter ihr internes Facebook haben. Die damit verbundenen zu realisierenden Zielvorstellungen sind fundamental und fokussieren auf Verbesserungen von Prozessen, Umsatz, Kosten und Kundenbeziehungen. Damit die Einführung auch gelingt, ist die dritte Erkenntnis zwar nicht neu: nämlich in Planung und Change Management frühzeitig Erfolgsfaktoren und Risiken zu berücksichtigen. Aber die Herausforderungen sind doch erheblich größer als bei anderen IT-basierten Einführungen. Im Maßnahmenplan müssen vor allem Kultur-verändernde Themen angepackt, Ängste aus dem Weg geräumt und neue Kompetenzen aufgebaut werden. Dennoch, es führt kein Weg daran vorbei.

Literatur

Bennett, N., und G. J. Lemoine. 2014. What VUCA really means for you, Harvard Business Review 2014. https://hbr.org/2014/01/what-vuca-really-means-for-you. Zugegriffen: 27. Okt. 2015.

Centrestage. 2015. http://www.centrestage.de/blog/Tag Metastudie2015. Zugegriffen: 27. Okt. 2015.

Gartner. 2013. Predicts 2013: Social and Collaboration Go Deeper and Wider. https://www.gartner.com/login/loginInitAction.do?method=initialize&TARGET=http%3A%2F%2Fwww.gartner.com%2Fdocument%2F2254316. Zugegriffen: 27. Okt. 2015. (kostenlos nach Registrierung).

Pressemitteilung, Gartner. 2015. Gartner Says 80 Percent of Social Business Efforts Will Not Achieve Intended Benefits Through 2015. http://www.gartner.com/newsroom/id/2319215. Zugegriffen: 15. Juni 2015.

Reiss, Michael. 2012. *Change management. A balanced and blended approach*, 26 ff. Norderstedt.

Martina Göhring war nach dem Studium zur technisch-orientierten Dipl.-Kauffrau der Universität Stuttgart am Fraunhofer Institut für Arbeitswirtschaft und Organisation (IAO) in Stuttgart tätig und dort zuletzt im Führungskreis verantwortlich für den Bereich Business Management. Seit 2004 ist sie Geschäftsführerin der centrestage GmbH in Esslingen. Sie ist Autorin zahlreicher Artikel in wissenschaftlichen Fachzeitschriften und Büchern und Referentin auf Fachveranstaltungen. Sie beschäftigt sich aktuell mit den Themen Enterprise 2.0 und Social Business Transformation, Community Management, Digital und Corporate Learning & Development.

Joachim Niemeier war nach dem Studium der technisch orientierten Betriebswirtschaftslehre wissenschaftlicher Mitarbeiter am Betriebswirtschaftlichen Institut der Universität Stuttgart und promovierte dort auf dem Gebiet des strategischen Managements. Am Fraunhofer-Institut für Arbeitswirtschaft und Organisation (IAO) leitete er die Abteilung Unternehmensführung. Von 1995 bis 2005 war er Geschäftsführer der T-Systems Multimedia Solutions GmbH in Dresden. Seit 2006 ist er als Executive Consultant bei der centrestage GmbH im Bereich Enterprise 2.0 und Social Business tätig. Seit 1984 ist er Lehrbeauftragter und seit Dezember 2004 Honorarprofessor am Lehrstuhl für ABWL und Organisation der Universität Stuttgart. Er ist Mitglied der Corporate Learning Alliance und verschiedener Programmkomitees. Er verfasste über 150 Artikel sowie einige Fachbücher und ist Mitgründer verschiedener Start-up-Unternehmen. Zu seinen Kernkompetenzen zählen Unternehmensführung, Service Engineering, Geschäftsprozess-Management, Business Excellence-Konzepte, Internet- und Multimedia-Anwendungen sowie E-Learning.

Datensicherheit in Enterprise Social Networks

7

Katrin Beuthner

Inhaltsverzeichnis

Zusammenfassung

Software zur Förderung von Zusammenarbeit und Wissensaustausch in Unternehmen erfreut sich immer größerer Beliebtheit. Sie unterstützt Teams dabei, ihre interne Kommunikation effizient abzuwickeln und sorgt dafür, dass jeder Mitarbeiter die richtigen Informationen zur richtigen Zeit erhält. Da in solchen Enterprise Social Networks auch vertrauliche Informationen und Daten ausgetauscht werden, spielt der Themenkomplex Datensicherheit und Datenschutz hier eine besondere Rolle. Der vorliegende Text beleuchtet

K. Beuthner (✉)
United Planet GmbH, Freiburg im Breisgau, Deutschland

© Springer Fachmedien Wiesbaden 2016
A. Rossmann et al. (Hrsg.), *Enterprise Social Networks*,
DOI 10.1007/978-3-658-12652-0_7

verschiedene Bedrohungsszenarien und stellt darüber hinaus Instrumente und Techniken vor, die genutzt werden sollten um die Datensicherheit von ESNs zu gewährleisten.

Schlüsselwörter

Social Collaboration · Social Business · Wirtschaftsspionage · VPN

7.1 Digitalisierung und Arbeiten 4.0: wie profitieren Unternehmen von ESN?

Software zur Förderung von Zusammenarbeit und Wissensaustausch in Unternehmen erfreut sich immer größerer Beliebtheit. Und das nicht ohne Grund, denn egal ob man die entsprechenden Lösungen als Enterprise Social Network (ESN), Social Collaboration Tool oder Social Business Plattform bezeichnet: sie unterstützen Teams dabei, ihre interne Kommunikation effizient abzuwickeln und sorgen dafür, dass jeder Mitarbeiter die richtigen Informationen zur richtigen Zeit erhält.

Die Bereitstellung von virtuellen Arbeitsräumen und die Vereinfachung der Kommunikation hebt ESNs vom „klassischen" Intranet, das in zahlreichen Unternehmen zur reinen Ablage verkommen ist, ab. Die Kommunikation jenseits von Meetings ermöglicht eine verbesserte Wissensverteilung im gesamten Unternehmen. Spezifische Fragen, die im ESN gestellt werden, werden von den jeweiligen Experten im Unternehmen beantwortet. So kann verstecktes Wissen aufgedeckt werden und auch Mitarbeiter, deren Kenntnisse ohne das ESN nicht erkannt worden wären, können sich mit einbringen. Darüber hinaus fördert Social Business die Unternehmenskultur sowie die Motivation der Mitarbeiter. Der Austausch findet Abteilungs- und Standortübergreifend statt. Dadurch können auch Mitarbeiter, die von einem anderen Ort, beispielsweise vom Homeoffice, aus arbeiten daran teilhaben.

Bestimmte Lösungen in diesem Bereich lassen sich nahtlos mit der sonstigen Softwareinfrastruktur von Unternehmen vernetzen. So kann ein ESN zur zentralen Drehscheibe werden, von der aus sämtliche Funktionen sowie relevante Daten und Informationen bequem erreichbar sind ohne, dass die Mitarbeiter dazu in einzelne Fachapplikationen wechseln müssen.

Enterprise Social Networks bieten den Anwendern darüber hinaus einige weitere Kernvorteile. Beispielsweise helfen sie dabei, die Zahl und den Umfang von Meetings auf das Notwendige zu reduzieren, indem Besprechungen in virtuellen Gruppenräumen vor- und nachbereitet werden. Gleichzeitig berichten einige Anwender, dass sie die Zahl interner E-Mails durch die Einführung eines ESN deutlich senken konnten (vgl. United Planet 2014). Informationen sind insgesamt besser zugänglich und gehen nicht mehr in einzelnen E-Mail-Postfächern verloren.

In einer Arbeitswelt, in der immer mehr Prozesse digitalisiert werden, gewinnt Wissensarbeit an Wert. Daher sollen ESNs in zahlreichen Unternehmen zur Ideengenerierung und der Entwicklung von Innovationen beitragen und somit einen Wettbewerbsvorteil schaffen. Und auch die Attraktivität für junge, gut ausgebildete Bewerber, die eine zeitgemäße Form der Kommunikation im Unternehmen erwarten, kann durch Social Business gesteigert werden.

Grundsätzlich kann man zwischen intern gehosteten Netzwerken und Lösungen externer Cloud-Anbieter unterscheiden. Letztere sind insbesondere für kleine und mittlere Unternehmen, die annehmen, keine Kapazitäten zum Aufbau einer eigenen Lösung zu haben, interessant. Allerdings gibt es hier auch kritische Punkte, die zu beachten sind. So befasste sich etwa das Magazin der Harvard Business School im April 2015 mit der Frage der mangelnden Akzeptanz von ESN durch Mitarbeiter (vgl. Li 2015). Die Harvard Business Review sieht das Hauptproblem bei der jeweiligen Unternehmenskultur und empfiehlt Führungskräften, Engagement im ESN zu zeigen und sich nicht vor dem offenen Dialog zu scheuen. Der Einführungsprozess eines ESN sollte aktiv begleitet werden: „Simply putting a technology platform in place won't suffice—you must think through how the organization will change and how you will lead it into and through that change" (Li 2015).

Einen Vorteil haben darüber hinaus Lösungen, die nahtlos in Mitarbeiterportale eingebunden sind und über die reine Kommunikationsfunktion hinaus auch weitere Softwarelösungen einbinden. Dadurch können diese zur zentralen Anlaufstelle für die Mitarbeiter bei der Suche nach Informationen werden.

Ganz gleich, welche konkrete Lösung genutzt wird: Neben einer möglicherweise mangelnden Mitarbeiter-Akzeptanz des ESN spielen vor allem Fragen der Datensicherheit eine große Rolle. Gerade wenn auch vertrauliche Informationen im ESN ausgetauscht werden und auf externen Servern liegen, sollte hierauf große Aufmerksamkeit gelegt werden. Schon Ende 2013 befasst sich das deutsche Technikmagazin t3n mit der Frage der Sicherheit externer Server und kam zum Schluss: „Dass diese Server vor den Augen Dritter nicht unbedingt sicher sind, beweist der Umstand, dass globale Internetkonzerne wie Microsoft oder Google von der eigenen und fremden Regierungen angegriffen werden. Der Vorwurf der massiven Wirtschaftsspionage kursiert aktuell heftiger denn je. Unter diesem Aspekt ist es sicherlich ratsamer, eigene Lösungen zu hosten […]" (Weck 2013). Im Folgenden soll daher thematisiert werden, auf welche Aspekte hinsichtlich der Datensicherheit bei ESN besonders zu achten ist.

7.2   Alte Ängste, neue Gefahren: Welche Sicherheit braucht ein ESN?

Im Sommer 2013 schätzte der damalige deutsche Bundesinnenminister Hans-Peter Friedrich, durch Wirtschaftsspionage entstünde in Deutschland „jährlich ein Schaden von etwa 50 Milliarden Euro" (Handelsblatt 2013). In einer gemeinsamen Erklärung der Bundesregierung, des Bundesamts für Verfassungsschutz und Spitzenverbänden der Wirtschaft hieß es, die Gefahr von IT-Angriffen auf Unternehmen werde unterschätzt und vor allem der Mittelstand müsse in dieser Hinsicht weiter sensibilisiert werden (vgl. ebd.). Anfang 2014 kommentierte der Verein Deutscher Ingenieure (VDI) diese Warnung und schätzt die

Lage noch deutlich dramatischer ein. Von mindestens 100 Mrd. € Schaden durch Spionage war hier die Rede (vgl. Focus 2014).

Die Gefahr des Datendiebstahls ist also durchaus real und sollte von Unternehmen erstgenommen werden. Sobald in Unternehmensportalen sensible Daten gespeichert werden, sind diese besonders schützenswert. Schütt 2013 unterstreicht die Rolle der Datensicherheit auch hinsichtlich der fortschreitenden Globalisierung. So bewertet er die Internationalisierung von Unternehmen und Handelsbeziehungen bspw. mit China sehr positiv, stellt allerdings auch fest: „Zu den Spielregeln im Fernen Osten gehören leider auch Produktpiraterie und Patentmissachtungen – Wissensdiebstahl – im größeren Stil" (Schütt 2013). Daher stellt er die Frage, inwieweit es für Unternehmen, die Social Business Tools einsetzen, sinnvoll ist, auch chinesische Partner und deren Tochterunternehmen mit einzubeziehen (vgl. ebd.).

7.2.1 Sind ESN im Vergleich zum „klassischen" Intranet besonders schützenswert?

Während klassische Intranets eher als Informationsplattformen dienen und die darüber verfügbaren Informationen gezielt ausgewählt und gesteuert werden, dienen ESN zur umfassenden Kommunikation. Hierbei werden zum Teil auch sehr sensible Informationen ausgetauscht.

Im von dem Beratungsunternehmen Experton Group veröffentlichten Social Business Vendor Benchmark 2015 wird zudem die Rolle personenbezogener Daten im ESN betont. Enterprise Social Networks sind aus nachvollziehbaren Gründen nicht ohne den Bezug zu einzelnen Personen und die Interaktion dieser denkbar, denn erst die Personen machen das Enterprise Network „social". Nicht nur einzelne Abteilungen tauschen sich durch Social Business aus, sondern die einzelnen Mitarbeiter stehen im Zentrum des ESN. Nirgendwo werde dieser Personenbezug offenkundiger, als im Bereich Social Talent Management. Schließlich gehe es hier fast ausschließlich um konkrete Personen, ihre Stärken und Fähigkeiten (vgl. Experton Group 2014). Hieraus entsteht ein besonderer Anspruch an ESN:

> Personenbezug bedeutet Relevanz für den Datenschutz, der sich die Wahrung der Privatsphäre betroffener Personen auf die Fahne geschrieben hat. Dies gilt speziell für Deutschland. Der Schutz personenbezogener Daten gehört deshalb aus Compliance-Sicht zu den Kernanforderungen an eine Social-Business-Lösung. Unternehmen als Anwender von Social-Business-Lösungen stehen in der Verantwortung, alle personenbezogenen Daten, die mit der jeweiligen Social-Business-Lösung erhoben, verarbeitet oder genutzt werden, den gesetzlichen Vorschriften entsprechend zu schützen. Das gilt auch dann, wenn die Social-Business-Lösung gar nicht selbst betrieben, sondern als Cloud-Dienst genutzt wird. (ebd., S. 38)

Bei der Auswahl und Nutzung von ESN-Lösungen sollte daher zwingend auf die Umsetzung bestimmter Datenschutzvorgaben bzw. Aspekte der Datensicherheit geachtet werden. Im Folgenden soll zunächst kurz abgegrenzt werden, wie sich Datenschutz und Datensicherheit unterscheiden.

7.2.2 Begriffsabgrenzung: Datenschutz vs. Datensicherheit

Datenschutz und Datensicherheit hängen eng miteinander zusammen und bezeichnen doch nicht dasselbe. Maßnahmen der Datensicherheit müssen gewährleisten, dass personenbezogene Daten in ESN nicht „von Unbefugten eingesehen, genutzt, manipuliert oder gelöscht werden" (ebd.) und tragen dadurch zum Datenschutz bei. Die grundsätzlichen Anforderungen an den Datenschutz sind durch das Bundesdatenschutzgesetzt geregelt. Zu diesen zählen unter anderen die Grundsätze der Datensparsamkeit bzw. –Vermeidung und das Datengeheimnis (Bundesministerium für Justiz und Verbraucherschutz 2015). Sie gelten natürlich auch für ESN. Beim Betrieb einer solchen Lösung muss daher eine Grundlage für die Erhebung personenbezogener Daten vorliegen, etwa indem die Einwilligung der betreffenden Personen in die Verarbeitung der Daten vorliegt. Unabhängig davon sollten immer nur so viele personenbezogene Daten wie nötig erhoben werden und die Transparenz für die Betroffenen muss gewahrt werden. Zum Themenbereich Datenschutz gehören also eher rechtliche Anforderungen.

Die Anforderungen an den Datenschutz können durch technische Faktoren erfüllt werden. Hier betreten wir den Bereich der Datensicherheit. Daten im ESN müssen gegen unerlaubte Änderungen geschützt sein (Integrität), insbesondere wenn es sich um personenbezogene Daten handelt. Darüber hinaus müssen sie vor dem Zugriff durch Unbefugte geschützt (Vertraulichkeit) sowie gegen Verlust durch eine unbeabsichtigte Löschung o. ä. gesichert sein. René Büst fasst im Gespräch mit Springer für Professionals zusammen: „Datensicherheit bedeutet die technischen und organisatorischen Maßnahmen umzusetzen, um Vertraulichkeit, Verfügbarkeit und Integrität der IT-Systeme sicherzustellen" (Pagel 2014). Die Sicherheit von Daten in Unternehmensnetzwerken und hierbei speziell in Enterprise Social Networks ist von verschiedenen Seiten bedroht.

7.2.3 Welche Arten von internen und externen Bedrohungen sind zu berücksichtigen?

Kathrin Langkamp und Thomas Köplin sehen mit der Einführung von ESN-Strukturen in Unternehmen eine Herausforderung für Führungskräfte:

> Führungskräfte müssen Kontrolle abgeben, Veränderungen zulassen, diese aber auch gestalten und vorleben. Sie finden sich zunehmend in der Rolle von Moderatoren wieder. Wichtig sind vor allem Offenheit, auch für Kritik der Mitarbeiter, und Verzicht auf Detailsteuerung. Es geht weniger darum, zu kontrollieren, sondern vielmehr darum, Informationen transparent zu machen und zu motivieren. (Langkamp und Köplin 2014)

Die Transparentmachung von Informationen im Unternehmen hat dabei natürlich be-stimmte Grenzen. So muss nicht nur gewährleistet werden, dass keine Unbefugten „von außen" Zugriff auf Informationen haben, sondern auch intern gesteuert werden, wer was sehen kann. Dies lässt sich beispielsweise über ein Rechtemanagement erreichen. Wir unterscheiden also zwischen Risiken von innen und Risiken von außen (ganz voneinander abgrenzen lassen sich diese jedoch nicht).

Benutzer eines ESN vertrauen sich in der Regel, was jedoch dazu führen kann, dass hier ausgetauschte Informationen nur unzureichend gegen den Zugriff durch unbefugte Mitarbeiter gesichert werden. Wenn jedoch beispielsweise vertrauliche Dokumente von jedem Mitarbeiter eingesehen werden können, kann es unter Umständen auch vorkom-men, dass diese gelöscht, verändert oder an nicht autorisierte Personen weitergegeben werden. Dahinter muss keine böse Absicht stecken, oft geschieht dies einfach aus Un-kenntnis oder Versehen. Durch Schulungen und eine angemessene Konfiguration der Be-nutzerrechte können interne Risiken jedoch relativ leicht minimiert werden.

Deutlich umfangreicher und vielfältiger sind externe Risiken. Angriffe unbefugter Dritter können mittels eingeschleuster Viren, Trojaner, Würmer etc. erfolgen und bedeu-ten ein großes Risiko für die im ESN ausgetauschten Informationen. Besonders gefährdet sind hierbei sämtliche Schnittstellen des ESN mit dem Internet. Eine Gefahrenquelle, die es auszuschließen gilt, sind unsichere Webserver. Hierbei ist darauf zu achten, stets eine Serverversion zu verwenden, die noch mit Updates versorgt wird (z. B. Windows Server 2012 R2) und sämtliche Patches und (Sicherheits-) Updates der jeweiligen Plattform ein-zuspielen. Auch Drittanbietersoftware wie beispielsweise der PDF Reader sollten stets auf dem aktuellen Stand gehalten (wenn nicht gar ganz vermieden) werden.

Angriffe von außen auf ein ESN zielen auf verschiedene Effekte ab. Im Unternehmens-kontext spielen vorrangig die folgenden vier Ziele von Angriffen eine Rolle: Technischer Systemausfall, Systemmissbrauch (zum Beispiel durch die Veränderung von publizierten Inhalten), Spionage sowie der Abfluss von Daten wie zum Beispiel Bankverbindungen zur kriminellen Nutzung. Die Informationssicherheit im Unternehmensnetzwerk muss daher durch ein geeignetes IT-Sicherheitsmanagement gewährleistet werden. Standards hierfür sind in der internationalen ISO/IEC 27000-Reihe definiert (ESN ist hier natürlich nur ein kleiner Teilbereich) (vgl. International Organization for Standardization 2013).

Eine Kategorie von Bedrohungen sind Viren, Würmer und Trojaner. Diese Schad-software zielt entweder darauf ab, Systeme außer Kraft zu setzen oder wie im Fall von Backdoor-Programmen einen unauthorisierten Zugriff auf sensible Daten zu ermöglichen. Neben der bekannten Malware zählen jedoch auch Denial-of-Service-Angriffe, Man-in-the-middle-Angriffe und selbst physische Faktoren wie beispielsweise Einbruch zum Steh-len wichtiger Daten oder auch höhere Gewalt (Blitzschlag, Feuer etc.) zu den Bedrohun-gen für die Datensicherheit. Darüber hinaus stellen sogenannte Exploits, also das gezielte Ausnutzen von Programmfehlern/Sicherheitslücken durch Dritte, eine Bedrohung dar.

Im folgenden Kapitel werden einige Maßnahmen beschrieben, die dazu geeignet sind, die Datensicherheit in ESN zu erhöhen.

7.3   Instrumente und Techniken

7.3.1   Benutzermanagement

Ein durchdachtes Benutzermanagement ist der erste Schritt zu Datensicherheit durch Organisation. Indem individuelle Benutzerrechte vergeben werden, werden nicht nur Daten und Informationen geschützt, sondern auch die Mitarbeiter selbst vor eventuellen fehlerhaften Aktionen. Grundüberlegungen hierbei sollten sein: gibt es Benutzer beziehungsweise Organisationseinheiten, die vielleicht nur einen lesenden und keinen schreibenden Zugriff auf das ESN benötigen? Sollten gesonderte Regelungen für den Zugriff von externen Standorten gelten? Wenn auch Partner Zugriff auf das ESN haben: benötigen sie einen Vollzugriff oder reicht es, wenn sie zum Beispiel einzelne Gruppen sehen/bearbeiten? Welche Mitarbeiter lassen sich unter dem Aspekt „Berechtigungen" in Gruppen zusammenfassen? Welche differenzierten Rechte (Daten lesen, Daten verändern, Daten neu erzeugen, Daten löschen, Daten versenden) lassen sich diesen zuordnen?

Insbesondere wenn das ESN mit weiteren Applikationen verknüpft oder direkt in ein Mitarbeiterportal integriert ist, bringt ein rollenbasiertes Benutzermanagement Vorteile. Es sorgt dafür, dass jeder Mitarbeiter im Portal nur die Anwendungen und Dokumente sieht und bearbeitet, für die er das entsprechende Lese- bzw. Schreibrecht erhalten hat und die für seine täglichen Aufgaben notwendig sind. Das Benutzermanagement ermöglicht, dass sensible Informationen nur ausgewählten Personen zugänglich sind und verhindert die Überfrachtung der einzelnen User mit unpassenden Informationen.

In den meisten Unternehmen ist ohnehin schon eine Benutzerverwaltung vorhanden, die mit mehr oder weniger Aufwand auf dem aktuellen Stand gehalten wird. Eine gute Portalsoftware muss in der Lage sein, auf diese vorhandene Basis zuzugreifen. Es sollte daher eine Schnittstelle beispielsweise zum Active Directory oder zu einem anderen LDAP-Server existieren.

7.3.2   Trennung von Portal- und Datenbankserver

Wird das ESN beziehungsweise das Unternehmensportal in das es integriert ist, auf den eigenen Servern gehostet (On-Premise) kann es sinnvoll sein, Portal und Datenbank auf unterschiedlichen Servern (möglicherweise noch in unterschiedlichen Netzwerkbereichen) laufen zu lassen.

Die lediglich funktionalen Daten der gewählten Lösung enthalten keine kritischen Firmendaten, wohingegen der Datenbankserver auf den zugegriffen wird, besonders gesichert werden muss. Soll das Portal von extern erreichbar sein, so muss man zwangsläufig Zugang auf das interne Netzwerk gewähren. In diesem Fall empfiehlt es sich, eine eigens dafür erstellte „Demilitarized Zone" (DMZ) zu erstellen und den Server mit der Portal- beziehungsweise ESN-Installation in diese zu setzen. Die Datenbank sollte dann in das geschützte interne Netzwerk gelegt werden, sofern diese personenbezogene Daten enthält.

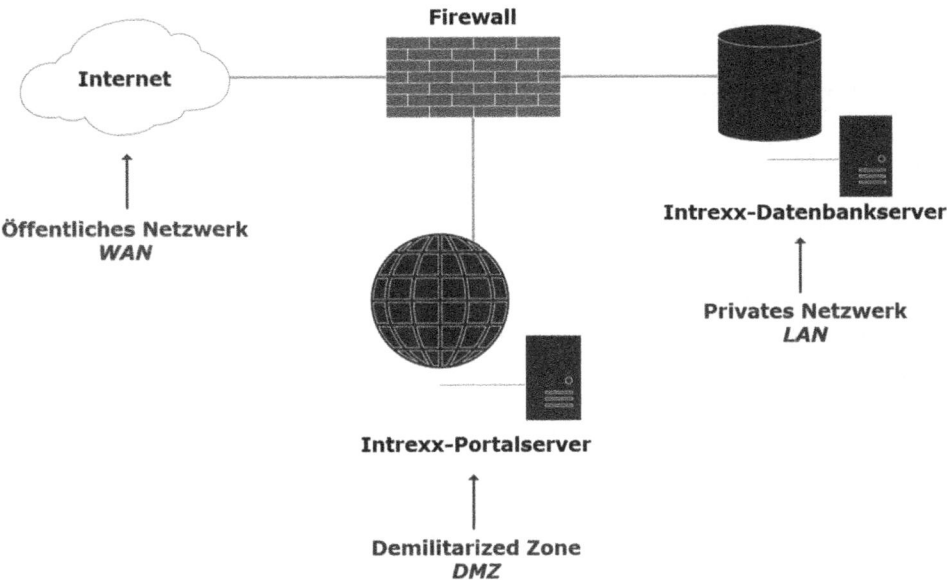

Abb. 7.1 Die einfachste Form eines DMZ-Aufbaus mit einstufigem Firewall-Konzept

„Demilitarized Zone"/Firewall

Eine „Demilitarized Zone" bezeichnet ein Computernetz mit sicherheitstechnisch kontrollierten Zugriffsmöglichkeiten auf die daran angeschlossenen Server. Die in der DMZ aufgestellten Systeme werden durch eine oder mehrere Firewalls gegen andere Netze (z. B. Internet, LAN) abgeschirmt. Durch diese Trennung kann der Zugriff auf öffentlich erreichbare Dienste (Bastion Hosts mit z. B. E-Mail, WWW o. ä.) gestattet und gleichzeitig das interne Netz (LAN) vor unberechtigten Zugriffen von außen geschützt werden (Abb. 7.1).

Das Schaubild zeigt ein einstufiges Firewall-Konzept - die einfachste Form eines DMZ-Aufbaus. LAN und DMZ stellen logisch getrennte Netze dar. Physikalisch sind beide Netze mit der Firewall verbunden. Die Erreichbarkeit aus DMZ und LAN über Internet (z. B. http, smtp, etc.) wird über Firewall-Regeln definiert.

Jedes Firewall-Sicherungssystem basiert auf einer Softwarekomponente. Die Firewall-Software dient dazu, den Netzwerkzugriff zu beschränken, basierend auf Absender- oder Zieladresse und genutzten Diensten. Sie überwacht den durch die Firewall laufenden Datenverkehr und entscheidet anhand festgelegter Regeln, ob bestimmte Netzwerkpakete durchgelassen werden oder nicht. Auf diese Weise versucht sie, unerlaubte Netzwerkzugriffe zu unterbinden. Moderne Next Generation Firewalls (NGFWs) behandeln Datenpakete nicht einfach nach definierten Regeln, sondern scannen sie auch nach bestimmten Angriffsmustern. Sie regeln also nicht nur generell den Einsatz bestimmter Applikationen. Vielmehr ist es NGFWs durch eine gewisse „Identity Awareness" und „Application Awareness" möglich, Nutzern abhängig von ihrer Position im Unternehmen ganz bestimmte Funktionen einer Software – wie beispielsweise Daten zu senden oder zu chatten – zu erlauben oder nicht (vgl. Wilkins 2014).

In einem Zwei- oder Mehrstufigen Firewall-Konzept wird die DMZ zusätzlich durch eine eigene, zusätzliche Firewall geschützt. Die Netze sind logisch (ggf. auch physikalisch) getrennt. Die Erreichbarkeit muss dann ebenfalls über Firewall-Regeln definiert und ggf. auf mehrere Firewalls abgestimmt werden.

Das Portal beziehungsweise die ESN-Software würde auf dem Server in der DMZ installiert, die Datenbank im internen Netzwerk (LAN). Je nach Konfiguration und Anforderung müssen spezifische Ports von dem einen in das andere Netz freigeschaltet werden. Das sollte gut durchdacht sein. Denn offene Ports bedeuten stets auch ein erhöhtes Sicherheitsrisiko. So sollte es dringend vermieden werden, Ports von der DMZ in das interne Netzwerk freizuschalten. Im hier beschriebenen Beispiel wird lediglich der Datenbank-Verbindungsport freigeschaltet. Die Freischaltung dieses Ports beinhaltet auch, dass man die Datenbank stets aktualisiert bzw. alle relevanten Sicherheitsupdates eingespielt sind, um die größtmögliche Sicherheit zu gewährleisten.

Soll das ESN zusätzlich extern per Webbrowser erreichbar sein, muss der http- oder https-Port (80 bzw. 443) per Port-Weiterleitung/NAT von extern in die DMZ erfolgen. Übersichten der benötigten Standard-Ports sind bei den Herstellern der unterschiedlichen ESN-Lösungen erhältlich.

7.3.3 Verschlüsselung via SSL-Zertifikat

Die meisten gängigen selbstgehosteten ESN-Lösungen werden über einen Webbrowser verwendet. Die Anfrage an den Webserver beim Aufruf des ESN erfolgt in der Regel über einen DNS-Namen wie z. B. *Polonium* sowie den Namen des zugehörigen Portalnamens wie z. B. *Demo*.

Durch Aufruf der URL *http://polonium/demo* wird das Portal intern (also im LAN) aufgerufen. Möchte man das Portal stattdessen über das Internet (WAN) aufrufen, so muss (neben einer öffentlichen IP-Adresse) eine offizielle Domain registriert werden. Hat man z. B. die Domain *example.org* registriert, so lässt sich das Portal bei entsprechender Port-Weiterleitung von Port 80 WAN-to-DMZ sowie der Registrierung eines DNS-Eintrags, über die URL http://www.example.org/demo, aufrufen.

Der Aufruf dieser URL erfolgt dann jedoch unverschlüsselt. Die Echtheit des auf die URL http://www.example.org/demo eingetragenen Servers (hier Polonium) ist nicht gewährleistet. Daher können Dritte durch einen sogenannten man-in-the-middle-Angriff vorgeben, auf die DNS-Anfrage zu antworten, dahinter aber einen fremden Server zwischenschalten, um so jeglichen Traffic mitzuschneiden. Um die Echtheit des angefragten Servers zu gewährleisten, ist es also in dem Fall notwendig, ein digitales Zertifikat zu verwenden.

Ein digitales Zertifikat soll die Identität und Echtheit eines öffentlichen Schlüssels und damit eines Benutzers, Computers oder Netzwerks bestätigen. Diese Bestätigung erhält man von einer sog. Certification Authority kurz CA genannt (zu Deutsch Zertifizierungsinstanz). Offizielle Zertifizierungsstellen sind zum Beispiel VeriSign, Thawte oder GlobalSign, welche auch in den gängigen Webbrowsern bereits „ab Werk" hinterlegt sind.

Die Ausstellung eines öffentlichen Zertifikats über offizielle Stellen ist im Regelfall kostenpflichtig. Zu Testzwecken lässt sich ein digitales Zertifikat jedoch auch selbst (z. B. mittels Webserver) ausstellen. Im Produktiveinsatz von extern erreichbaren ESN-Portalen sollten offizielle Zertifizierungsstellen beauftragt werden.

7.3.4   Mobile Sicherheit

Die moderne Arbeitswelt ist im ständigen Wandel, mobile Endgeräte werden immer mehr zum Standard in Unternehmen. Denn gearbeitet wird dort, wo es für Kunden und das Produkt am besten ist. Arbeitnehmer setzen vermehrt mobile Endgeräte und Apps ein, um ihre Aufgaben erfolgreich zu erfüllen. Auch einige ESN-Lösungen lassen sich ohne Einschränkung auch über jedes mobile Endgerät nutzen. Die Erreichbarkeit erfolgt dann über dieselbe URL wie im konventionellen Fall. Ebenso lässt sich ein SSL-Zertifikat damit nutzen.

Man gelangt mit dem mobilen Endgerät also an genau dieselben Informationen wie vom PC aus. Da mobile Endgeräte aber nicht so leicht kontrollierbar sind wie PC-Systeme, gibt es einige Besonderheiten, die zu beachten sind. Für den Einsatz mobiler (und oft auch privater) Endgeräte der Mitarbeiter bedarf es besonderer Vorkehrungen. Grundsätzlich gilt:

- Betriebssysteme der Geräte immer aktuell halten
- Keine Custom-Betriebssysteme verwenden
- Sicherheitsfeatures der jeweiligen Plattform nutzen (z. B. PIN, Entsperrcode, etc.)
- Zusatzsoftware nur wenn nötig einsetzen
- Keine Benutzernamen oder Kennwörter speichern
- Kein offenes WLAN verwenden
- Wenn möglich VPN Software nutzen
- Keine veralteten Geräte (und damit Betriebssysteme) zulassen

Diese allgemeinen Sicherheitsempfehlungen sind für alle gängigen Plattformen wie iOS, Android, Blackberry, Windows Phone gültig.

Dennoch gibt es für die einzelnen Plattformen unterschiedliche Ansätze. So lässt sich ein Blackberry Gerät durch den Blackberry Enterprise Server (BES) am Besten in ein bestehendes Sicherheitskonzept integrieren. Durch den BES lassen sich Sicherheitsrichtlinien sehr differenziert darstellen. Auch das Löschen des Gerätes aus der Ferne (Remote) lässt sich damit durchführen. Zudem unterstützt diese Enterprise-Lösung (Stand Juli 2015) die Plattformen iOS, Android und Windows Phone. Daneben gibt es auch Mobile Device Management Software von Drittanbietern, welche diese Funktionen bieten. Die Funktionalität eines serverseitigen Löschens der mobilen Endgeräte im Verlustfall ist sehr zu empfehlen, da gestohlene oder verlorengegangene Endgeräte das höchste Sicherheitsrisiko darstellen.

Eine weitere Schwierigkeit stellt die Verwaltung der mobilen Endgeräte dar. Sowohl die firmeneigenen als auch private Geräte müssen zwingend erfasst und somit verwaltet werden, um gezielt auf Verlust eines Gerätes (und den damit verbundenen Sicherheitsrisiken) reagieren zu können. Insbesondere bei Privatgeräten müssen gesonderte Vereinbarungen des jeweiligen Mitarbeiters mit dem Datenschutzbeauftragten getroffen werden.

Virtual Private Network (VPN)

Der Begriff VPN beschreibt ein virtuelles privates Netzwerk. Nur Kommunikationspartner, die zu diesem privaten Netzwerk gehören, können miteinander kommunizieren und Informationen austauschen. Alle Daten werden zwischen den Kommunikationspartnern in einem verschlüsselten Tunnel übertragen. Das erhöht die Sicherheit der Daten, macht jedoch auch den Zugang etwas komplizierter.

VPNs zielen darauf ab, drei grundlegende Anforderungen zu erfüllen: Authentizität, Vertraulichkeit und Integrität. Authentizität bedeutet hierbei die Identifizierung von autorisierten Nutzern. Es wird sichergestellt, dass Daten nur aus der autorisierten Quelle stammen. Vertraulichkeit wird durch die Verschlüsselung der Daten gewährleistet. Integrität meint in diesem Fall, dass sichergestellt wird, dass ausgetauschte Daten nicht von Dritten verändert wurden (vgl. Elektronik Kompendium o. A.). Die Verschlüsselung der Daten mithilfe verschiedener Tunneling-Protokolle erlaubt es, dass eine Verbindung zwischen den VPN-Partnern auch durch ein unsicheres Netz hindurch aufgebaut werden kann ohne, dass dabei ein erhöhtes Sicherheitsrisiko eingegangen werden muss (vgl. TCP/IP-Info 2004).

Die Authentifizierungsmöglichkeiten bei VPN reichen von einer einfachen Authentifizierung mittels Benutzernamen und Passwort bis hin zu Token-geschützten Zugängen. Insbesondere Token bzw. Clientzertifikate erhöhen die Sicherheit enorm.

7.4 Fazit

Enterprise Social Networks fördern die Kommunikation und Zusammenarbeit über Abteilungen, Standorte und gegebenenfalls sogar Fachapplikationen hinweg. Insbesondere Lösungen, die eine Einbindung unterschiedlicher Softwaresysteme und Workflows in die Kommunikation ermöglichen, eröffnen Unternehmen ungeahnte Möglichkeiten zu Effizienzsteigerungen und Arbeitserleichterungen. Durch ein Collaborative Workflow Management können letztendlich auch Geschäftsprozesse flexibler angepasst werden und Unternehmen können agiler auf sich wandelnde Anforderungen reagieren.

Diese Vorteile erfordern es allerdings auch, dass das ESN als Kommunikations- und Datendrehscheibe des Unternehmens bestmöglich gegen interne und externe Bedrohungen abgesichert ist. Der vorliegende Beitrag sollte einige Anregungen geben und Möglichkeiten aufzeigen, kann jedoch natürlich keinen Anspruch auf Vollständigkeit erheben.

Im Entscheidungsprozess für eine Lösung sollte das Thema Datensicherheit in jedem Fall eine zentrale Rolle spielen. Etablierte Anbieter von Standardsoftware haben hier deutliche Vorteile gegenüber Lösungen, die erst seit Kurzem auf dem Markt sind. Sollte eine Cloudlösung in Erwägung gezogen werden, spielt auch der Serverstandort eine Rolle hinsichtlich des Komplexes Datenschutz/Datensicherheit.

Die Sicherheit von Daten wird durch unterschiedliche Faktoren beeinflusst. Hierzu zählen technische Aspekte genauso wie organisatorische Fragen. Ein Feature, das in beide Kategorien fällt, ist das Benutzermanagement. Gerade hierbei gibt es noch deutliche Unterschiede zwischen den verschiedenen Lösungen und es lohnt sich, auf eine Anwendung mit einer ausgefeilten Steuerung der User-Rechte zu setzen. Eine mobile Darstellungsmöglichkeit des ESN ohne Abstriche bei der Sicherheit sollte für moderne Unternehmen eine Selbstverständlichkeit sein.

Literatur

Bundesministerium für Justiz und Verbraucherschutz. 2015. http://www.gesetze-im-internet.de/bdsg_1990/. Zugegriffen: 1. Dez. 2015.

Elektronik Kompendium. o. A. http://www.elektronik-kompendium.de/sites/net/0512041.htm. Zugegriffen: 1. Dez. 2015.

Experton Group. 2014. Social Business Vendor Benchmark 2015, 37.

Focus. 2014. http://www.focus.de/finanzen/news/ingenieursverband-schlaegt-alarm-wirtschaftsspionage-kostet-unternehmen-100-milliarden-euro_id_3586652.html. Zugegriffen: 1. Dez. 2015.

Handelsblatt. 2013. http://www.handelsblatt.com/politik/deutschland/wirtschaftsspionage-50-milliarden-schaden/8705934.html. Zugegriffen: 1. Dez. 2015.

International Organization for Standardization. 2013. http://www.iso.org/iso/home/store/catalogue_ics/catalogue_detail_ics.htm?csnumber=54534. Zugegriffen: 1. Dez. 2015.

Langkamp, K., und T. Köplin. 2014. Social Media im Unternehmen – Ruhm oder Ruin. In *Social Media im Unternehmen – Man muss es wollen,* Hrsg. C. Rogge und R. Karabasz, 67–75. (hier 68). Wiesbaden: Springer Vieweg.

Li, Ch. 2015. https://hbr.org/2015/04/why-no-one-uses-the-corporate-social-network. Zugegriffen: 1. Dez. 2015.

Pagel, P. 2014. http://www.springerprofessional.de/beim-cloud-computing-sollte-unbedingt-zwischen-datenschutz-und-datensicherheit-unterschieden-werden/5094934.html. Zugegriffen: 1. Dez. 2015.

Schütt, P. 2013. *Der Weg zum Social Business: Mit Social Media Methoden erfolgreicher werden,* 19. Berlin: Springer Gabler.

TCP/IP-Info. 2004. http://www.tcp-ip-info.de/tcp_ip_und_internet/tunneling_protokolle.htm. Zugegriffen: 1. Dez. 2015.

United Planet. 2014. http://up-download.de/de/case_studys/Intrexx_Case_Study_Megazoo_lang.pdf. Zugegriffen: 1. Dez. 2015.

Weck, A. 2013. http://t3n.de/news/enterprise-social-networks-ueberblick-507252/. Zugegriffen: 1. Dez. 2015.

Wilkins, S. 2014. http://www.tomsitpro.com/articles/next-generation-firewall-vendors,2-847.html. Zugegriffen: 1. Dez. 2015.

Katrin Beuthner leitet das operative Geschäft des Softwareherstellers United Planet. Bevor sie in das Geschäftsführungsboard berufen wurde, verantwortete Katrin Beuthner die Kundenbetreuung bei United Planet und war zuständig für den signifikanten und erfolgreichen Ausbau der Abteilung. Vor ihrer Zeit bei United Planet arbeitete die studierte Diplom-Wirtschaftssinologin (FH) mit einem MBA in General Management für Volkswagen in China, bei der Efaflex GmbH und der Ahlstrom Gruppe.

Rechtliche Implikationen und Handlungsempfehlungen für Enterprise Social Networks

8

Carsten Ulbricht

Inhaltsverzeichnis

Zusammenfassung

Enterprise Social Networks (ESN) versprechen Unternehmen Vorteile für die interne Kommunikation und Zusammenarbeit. Durch den Einsatz dieser Werkzeuge lässt sich die Effizienz von Arbeitsprozessen erhöhen, etwa durch einen barrierefreien Informationsfluss im Unternehmen. Andererseits besteht für Unternehmen die Notwendigkeit,

C. Ulbricht (✉)
Bartsch Rechtsanwälte, Stafflenbergstrasse 24, 70184 Stuttgart, Deutschland
E-Mail: cu@bartsch-rechtsanwaelte.de

© Springer Fachmedien Wiesbaden 2016
A. Rossmann et al. (Hrsg.), *Enterprise Social Networks,*
DOI 10.1007/978-3-658-12652-0_8

limitierende rechtliche Rahmenbedingungen zu berücksichtigen und diese bereits bei der Konzeption für die Einführung von ESN zu adressieren. Der vorliegende Beitrag gibt einen Überblick über die dabei relevanten rechtlichen Implikationen. Im Einzelnen werden die Aspekte Datenschutz, Urheberrecht, Arbeitsrecht und Risikomanagement in Bezug auf die Anwendung Sozialer Netzwerke im Unternehmenskontext dargestellt. Betrachtet werden jeweils relevante rechtliche Grundlagen, Gestaltungsmöglichkeiten und Praxistipps. Abschließend erfolgt eine Zusammenfassung und Darstellung empfehlenswerter rechtlicher Maßnahmen.

Schlüsselwörter

Social Intranet · Datenschutz · Enterprise 2.0 · Personenbezogene Daten · Urheberrechtsgesetz

8.1   Einleitung

Immer mehr Organisationen beschäftigen sich damit, vernetzte Plattformen und andere Werkzeuge des sogenannten Webs 2.0 auch im Unternehmens- oder Organisationsalltag nutzbar zu machen und entsprechende Anwendungen ins eigene Intranet oder Extranet zu integrieren.

Der oft auch als Social Intranet bezeichnete Einsatz von solchen Soziale Technologien in Organisationen, der in den übrigen Beiträgen dieses Buches im Rahmen unterschiedlichster Praxisbeispiele beschrieben wird, zeigt deutlich, dass stets auch rechtliche Implikationen zu beachten sind. Neben urheberrechtlichen Gesichtspunkten haben die Organisationen insbesondere auch arbeits- und datenschutzrechtliche Regelungen im Auge zu behalten. Neben elementaren Gesichtspunkten wie der Auswahl der richtigen Technologie und der „Aktivierung" der Mitarbeiter und ist ein rechtlich abgesichertes Konzept – nicht zuletzt, um auch internen Bedenken Einzelner entgegenzuwirken – ein wesentlicher Erfolgsfaktor für die Integration von Sozialen Technologien in Organisationen.

Den nachfolgenden Ausführungen zu weiteren Einzelheiten sei jedoch gleich vorausgeschickt, dass Unternehmen vor dem Einsatz solcher innovativer und effizienzsteigernder Werkzeuge und den jeweiligen kollaborativen Möglichkeiten keinesfalls aufgrund (oft eher unspezifischer) rechtlicher Hindernisse zurückschrecken sollten.

Zur Klarstellung soll nun zunächst einmal eine Übersicht der rechtlichen Fragen gegeben werden, die bei der Integration Sozialer Technologien beachtet werden sollten und deshalb in diesem Beitrag systematisch dargestellt werden:

- Datenschutz
- Urheberrecht
- Arbeitsrecht
- Risikomanagement

8.2 Datenschutz

8.2.1 Grundlagen

Die im internationalen Vergleich mit einem hohen Schutzstandard ausgestatteten nationalen Datenschutzgesetze dienen dem Schutz des Rechts eines jeden auf informationelle Selbstbestimmung. Jeder soll also darüber bestimmen können, was mit sogenannten personenbezogenen Daten passieren darf.

Personenbezogene Daten sind jegliche Informationen, die einer bestimmten oder bestimmbaren natürlichen Person (gegebenenfalls mit Hilfe Dritter) zugeordnet werden können. Dies sind neben Namen, Postadresse, E-Mailadresse auch Beruf, Hobbys und noch vieles mehr. Im Gegensatz zum gesetzlich festgelegten Schutz von personenbezogenen Daten ist der Umgang mit sonstigen, also anonymen Daten grundsätzlich nicht beschränkt.

Das Thema Datenschutz wird im Zusammenhang mit vielen Enterprise-2.0-Tools, wie z. B. der Einführung eines internen Sozialen Netzwerks oder eines internen Wikis relevant. Oft wird schon die Frage gestellt, ob man Informationen über die eigenen Mitarbeiter einfach im Intranet in Form von „Yellow Pages" oder eben eines entsprechenden internen Sozialen Netzwerks veröffentlichen darf.

Bei entsprechenden (arbeitnehmer-)datenschutzrechtlichen Fragen ist auf die allgemeinen Gesetze des Bundesdatenschutzgesetzes (BDSG), der Landesdatenschutzgesetze und des Telemediengesetzes (TMG) zurückzugreifen.

Im Datenschutzrecht gilt ein sogenanntes Verbot mit Erlaubnisvorbehalt. Personenbezogene Daten, die in aller Regel im Rahmen Sozialer Technologien verarbeitet werden, dürfen danach grundsätzlich nicht gespeichert oder verwendet werden, wenn die jeweilige Verarbeitung nicht entweder von einer gesetzlichen Vorschrift ausdrücklich erlaubt wird oder der jeweilige Betroffene der jeweiligen Datennutzung ausdrücklich zugestimmt hat.

8.2.2 Gestaltungsmöglichkeiten

Im Bereich Sozialer Technologien kommen im Verhältnis des Unternehmens zu den eigenen Mitarbeitern als Legitimation zunächst vor allem § 32 BDSG, § 28 Abs. 1 Nr. 2 BDSG oder eben eine ausdrückliche Zustimmung des jeweils betroffenen Nutzers als Legitimation für eine entsprechende Datenverwendung in Betracht.

Als zentrale Norm des Arbeitnehmerdatenschutzrechts bestimmt § 32 BDSG, dass das Unternehmen personenbezogene Daten der eigenen Mitarbeiter grundsätzlich nur erheben, speichern und verarbeiten darf, soweit dies für die Begründung Durchführung oder Beendigung des Beschäftigungsverhältnisses erforderlich ist.

§ 28 Abs. 1 Nr. 2 BDSG erlaubt eine Nutzung und Verarbeitung personenbezogener Daten, soweit diese zur Wahrung berechtigter Interessen der datenverarbeitenden Stelle erforderlich ist und kein Grund zu der Annahme besteht, dass schutzwürdige Interessen des Betroffenen an dem Ausschluss der Verarbeitung oder Nutzung überwiegen.

Die vorgenannten Hürden sind für den Arbeitgeber im Hinblick auf die Datenverarbeitung in Enterprise Social Networks nicht immer einfach zu nehmen. Hier erfolgt regelmäßig zunächst die Prüfung, ob die spezifische Datennutzung tatsächlich erforderlich ist, um dann zwischen den Kontrollrechten des Arbeitgebers und den Persönlichkeitsinteressen des jeweiligen Arbeitnehmers abzuwägen.

Effektive Kommunikation, aber auch Kosten- und Wirtschaftlichkeitskontrolle können entsprechend legitime Unternehmensinteressen sein. Während sich auf Grundlage der aktuellen Rechtsprechung ein „einfaches" unternehmensinternes Expertenverzeichnis (auch Yellow Pages genannt) mit unternehmensspezifischen Einzelangaben des jeweiligen Mitarbeiters (Name, Vorname, Aufgabenbereich u. ä.) über die legitimen Unternehmensinteressen wohl noch gut rechtfertigen lässt, ist dies für ein organisationsübergreifendes Soziales Netzwerk mit den üblichen umfangreicheren Funktionalitäten eher fraglich. Hier werden die Gerichte im Interesse des Arbeitnehmerdatenschutzes ohne entsprechende Zustimmung des jeweiligen Betroffenen oder einer entsprechenden Betriebsvereinbarung in der Regel von einer Unzulässigkeit der Datennutzung ausgehen. Im Übrigen besteht in diesem Bereich oft ein Mitbestimmungsrecht des Betriebsrates, der aber ohnehin frühzeitig „mit ins Boot" geholt werden sollte, um auch entsprechende (Arbeitnehmer-)Interessen einzubringen (siehe dazu auch das Kap. 4. Arbeitsrecht).

Da §§ 32 bzw. 28 Abs. 1 Nr. 2 BDSG die Einführung eines entsprechend vielfältig einsetzbaren Sozialen Netzwerkes in aller Regel nicht rechtfertigen können wird, sollte jeweils die Einwilligung der Nutzer (insbesondere auch der eignen Arbeitnehmer) zur Datennutzung eingeholt werden.

Die Einholung der Einwilligung zur Verarbeitung personenbezogener Daten sollte beim ersten Zugang zum jeweiligen Werkzeug über die Zustimmung zu einer entsprechenden Datenschutzerklärung gewährleistet werden. Wichtig ist dabei, dass die Nutzer umfassend über die Datenverarbeitungsvorgänge des jeweiligen Werkzeugs (siehe etwa § 13 TMG) aufgeklärt werden, frei entscheiden können und kein Zwang ausgeübt wird.

Als alternative Lösung zur individuellen Zustimmung der eigenen Mitarbeiter bietet sich die Erstellung einer Betriebsvereinbarung an. Die Erfahrung aus verschiedenen Beratungsprojekten im Rahmen der Einführung diverser Plattformen (wie z. B. Sharepoint, Yammer u. a.) hat gezeigt, dass sich zahlreiche Fragen in einer entsprechenden Betriebsvereinbarung abbilden und interessengerechten Lösungen zuführen lassen. Über eine spezifische Betriebsvereinbarung können auch die Forderungen des Betriebsrates zur Einhaltung der Vorgaben des Arbeitnehmerdatenschutzes bzw. bezüglich der Vermeidung einer Verhaltens- und Leistungskontrolle über die entsprechenden Werkzeuge (weiterführend siehe Kap. 4. Arbeitsrecht) interessengerechten Lösungen zugeführt werden.

Bei Berücksichtigung dieser Voraussetzungen dürften jedenfalls aus datenschutzrechtlicher Sicht keine Bedenken bestehen.

8.2.3 Sonderproblem: Datenübertragung ins Ausland

Bei vielen Organisationen, die Standorte in verschiedenen Ländern haben, stellt sich bisweilen noch das Problem, dass personenbezogene Daten ins Ausland übertragen und teilweise auch dort verarbeitet werden. Gleiches gilt für den Fall, dass Softwarelösungen US-amerikanischer Anbieter verwendet werden sollen, die personenbezogene Daten der Mitarbeiter oder Dritter außerhalb des Europäischen Wirtschaftsraums speichern.

Auch in diesen Fällen müssen natürlich die Vorgaben des BDSG beachtet werden. Ansonsten ist darauf zu achten, dass im Ausland ein entsprechendes Datenschutzniveau gilt. Während dies im EU Ausland weitestgehend gewährleistet ist, sollte bei anderen Ländern (wie auch den USA) z. B. über eine entsprechende Gestaltungen (z. B. Vereinbarung der Datenspeicherung in der EU oder Vereinbarung der EU-Standardvertragsklauseln) gewährleistet werden.

Seit dem richtungsweisenden „Safe-Harbor" Urteil des Europäischen Gerichtshof vom 6.10.2015 ist der Nachweis einer Safe Harbor Zertifizierung, der zuvor von US-Unternehmen häufig als Nachweis einer datenschutzkonformen Übertragung angeführt worden ist, jedenfalls nicht mehr ausreichen.

8.2.4 Datensicherheit

In Abgrenzung zum Datenschutz sind bei Einsatz solcher Sozialen Technologien auch die spezifischen Vorgaben zur Datensicherheit, also dem technischen Schutz der Daten gegen unbefugten Zugriff, zu beachten.

Wenn personenbezogene Daten über entsprechende Soziale Technologien verarbeitet werden, sind gemäß § 9 BDSG die technischen und organisatorischen Maßnahmen zur angemessenen Sicherung der Daten zu treffen. Darunter fallen insbesondere Vorgaben bezüglich

- Zutrittskontrolle
- Zugangskontrolle
- Zugriffskontrolle
- Weitergabekontrolle
- Eingabekontrolle
- Auftragskontrolle
- Verfügbarkeitskontrolle
- Trennungskontrolle,

aber auch die Beachtung bestimmter Löschungsfristen.

8.2.5 Zusammenfassung und Praxishinweise zum Datenschutz

Zusammenfassend lässt sich feststellen, dass sich die häufig geäußerten datenschutzrechtlichen Bedenken interessengerechten und rechtskonformen Lösungen zu führen lassen. Entsprechende Einwände sollten zu einem frühen Projektzeitpunkt offen und transparent besprochen werden. Lösungen lassen in einigen Fällen über die Verbindung von technischen und rechtlichen Gestaltungsmöglichkeiten identifizieren.

Im Bereich des Datenschutzes empfiehlt sich zudem die Führung eines sogenannten Verfahrensverzeichnisses, also einer Dokumentation über die Art der Datenverarbeitung und etwaiger Datenschutzmaßnahmen. Die Erstellung eines solchen Verfahrensverzeichnisses führt zu einer sinnvollen Gesamtbetrachtung aller datenschutzrechtlich relevanten Vorgänge und sorgt damit nicht nur für eine entsprechende Selbstkontrolle, sondern auch für Transparenz gegenüber den eigenen Nutzern und nicht zuletzt für eine rechtliche Absicherung der jeweiligen Organisation.

Wesentliche Empfehlungen zu dem datenschutzrechtlichen Themenkomplex sind also:

- Aufklärung und Einholung der Zustimmung der Nutzer über Nutzungsbedingungen
- Frühzeitige Einbindung des Betriebsrates und Abschluss einer Betriebsvereinbarung
- Beachtung der technischen und organisatorischen Vorgaben zur Datensicherheit
- Transparenz und Dokumentation durch Führung eines Verfahrensverzeichnisses

8.3 Urheberrecht

8.3.1 Grundlagen

Wie verschiedene Erfahrungsberichte zeigen, haben sich Soziale Technologien für einige Unternehmen bereits als sinnvolles Kommunikationsmedium und als Konzept erwiesen, um Wissen im Unternehmen festzuhalten und kollaborativ weiterzuentwickeln.

Neben den bereits dargestellten datenschutzrechtlichen Fragen sind insofern immer auch urheberrechtliche Fragen nach dem „Eigentum" an den Inhalten und dem eingestellten „Wissen" relevant.

Das deutsche Urheberrechtsgesetz (UrhG) sieht vor, dass derjenige, der Inhalte erstellt, auch grundsätzlich über die Nutzung entscheiden können soll. Dies gilt für alle Arten von Inhalten wie Texte (die notwendige Schöpfungshöhe vorausgesetzt), Bilder, Audio- und Musikbeiträge wie auch Videos.

Darf also etwa der Nutzer, der einen eigenen Beitrag eingestellt hat, im Falle seines Ausscheidens anderweitig verwenden oder die Löschung „seiner" Inhalte verlangen?

Dies hätte zweifelsohne weitreichende Folgen und würde den Fortbestand der Inhalte ständig in Frage stellen.

8.3.2 Gestaltungsmöglichkeiten

Im Verhältnis zwischen dem Unternehmen und z. B. dem einen Text einstellenden Arbeitnehmer ist diese Frage in der Regel nicht so problematisch, da die Nutzungsrechte an den Arbeitsergebnissen dem Unternehmen grundsätzlich schon per Gesetz eingeräumt werden, wenn und soweit das jeweilige Werk in Erfüllung der Verpflichtungen aus dem jeweiligen Arbeits- oder Dienstverhältnis geschaffen worden ist (§ 31 Abs. 5 iVm. § 43 UrhG). In Anwendung dieser Regelung stehen Unternehmen die Nutzungsrechte an den Inhalten zu, die im Rahmen des Beschäftigungsverhältnisses und im Zusammenhang mit dem jeweiligen Funktionsbereich erstellt worden sind. Insoweit ändert also auch ein Ausscheiden oder der ausdrückliche Widerspruch eines Mitarbeiters an der Nutzung der Inhalte nichts.

Es sind aber diverse Konstellationen denkbar, bei denen es um Inhalte geht, die aus dem Anwendungsbereich der oben genannten gesetzlichen Regelung fallen, wie z. B. bei vor Beginn des Arbeitsvertrags, außerhalb der Arbeitszeit oder außerhalb des eigentlichen Funktionsbereichs erstellten Werken oder bei solchen, die eben nicht für die betriebliche Auswertung erforderlich sind.

Viele Enterprise Social Networks enthalten auch Foren zur Veröffentlichung oder Weiterentwicklung innovativer Ideen der Mitarbeiter. Je nach Gestaltung sollten hier die Regelungen und vorgeschriebenen Abläufe des Arbeitnehmererfindungsgesetzes (ArbnErfG) berücksichtigt und in die Gestaltung der Kommunikationsprozesse einbezogen werden.

Mit entsprechenden Unwägbarkeiten haben sich nur diejenigen Unternehmen auseinanderzusetzen, die diesbezüglich keine klaren „Spielregeln" aufstellen.

Im Zusammenhang mit Sozialen Technologien ist daher dringend anzuraten, eine entsprechende Regelung in die Nutzungsbedingungen zu integrieren, die die Nutzungsrechte an den eingestellten Inhalten eindeutig regeln. Regeln für das Einstellen von Beiträgen.

Eine rechtssichere Enterprise-2.0-Anwendung sollte also Nutzungsbedingungen vorsehen, die dem Betreiber der Sozialen Technologien ausdrücklich die einfachen Lizenzrechte an den von den Nutzern eingestellten Inhalten einräumen. So kann der Betreiber die Inhalte entsprechend nutzen und Dritten zugänglich machen. Es ist zusätzlich sichergestellt, dass die Informationen nach einem etwaigen Ausscheiden des Nutzers – selbst wenn dieser dann die Löschung verlangt – in der jeweiligen Anwendung eingestellt bleiben.

Zudem sollten die Nutzer in den Nutzungsbedingungen darüber aufgeklärt werden, dass die eingestellten Beiträge keine Rechte Dritter verletzen dürfen. Wie oben erläutert, steht die Vervielfältigung von Inhalten zunächst einmal nur dem Urheber zu. Werden also Inhalte in die jeweilige Anwendung eingestellt, so wird auch der Upload dieser Inhalte in aller Regel die Rechte der eigentlichen Urheberrechtsinhaber verletzen. So verstößt etwa die weitverbreitete Veröffentlichung von Presseclippings über das Intranet in der Regel gegen die Rechte der entsprechenden Zeitungsverlage. Der Betreiber Sozialer Technologien sollte sich also bewusst sein, dass das Intranet zwar häufig eine geschlossene Plattform ist, dort aber dennoch die urheberrechtlichen Grundsätze anzuwenden sind.

Insoweit ist zu empfehlen, in den Nutzungsbedingungen eindeutig zu kommunizieren, welche Arten von Inhalten erlaubt sind und für den Fall der Fälle ein Reportingsystem aufzusetzen, über das (vermeintliche) Rechtsverletzungen gemeldet werden können, um diese gegebenenfalls auch unmittelbar löschen zu können.

8.3.3 Zusammenfassung und Praxishinweise zum Urheberrecht

Die Nutzungsrechte an Texten, Bildern und anderen Arten von Inhalten, die ein Arbeitnehmer im Zusammenhang mit seiner Arbeitstätigkeit in die jeweilige Anwendung einstellt, stehen – jedenfalls, soweit sie in Zusammenhang mit dem arbeitsvertraglichen Tätigkeitsfeld in Zusammenhang zu bringen sind – in der Regel dem Arbeitgeber zu.

Um etwaige Rechtsverletzungen des Arbeitnehmererfindungsgesetzes, aber auch Strei-
tigkeiten bei Grenzfällen oder mit anderen Nutzern zu vermeiden und das eigene Enterprise Social Network auf rechtssichere „Füße" zu stellen, ist zu empfehlen, Nutzungsbedingungen zu integrieren, denen jeder Nutzer bei erstmaliger Anmeldung zustimmt, die
klar und transparent die Rechteeinräumung regeln. In diesen sollte ebenfalls über die Zu-
lässigkeit von Inhalten allgemein aufgeklärt werden (d. h. keine Inhalte die Rechte Dritter
verletzen, keine anzüglichen Inhalte etc.).

8.4 Arbeitsrecht

8.4.1 Individualarbeitsrecht

Das Verhältnis zwischen dem Unternehmen und dem Arbeitnehmer richtet sich im Wesentlichen nach dem zugrundeliegenden Arbeitsvertrag. Diese individuellen Regelungen
werden ergänzt durch die arbeitsrechtlichen Vorschriften und die ergangene Rechtsprechung. Die Integration Sozialer Technologien hat sich im Verhältnis des Unternehmens zu
seinen Mitarbeitern mithin an diesen Vorgaben zu orientieren.

Grundsätzlich hat der Arbeitgeber das sogenannte Direktions- oder Weisungsrecht,
nachdem er die im Arbeitsvertrag nur rahmenmäßig umschriebenen Leistungspflichten
des Arbeitnehmers insbesondere nach Art, Ort und Zeit näher ausgestalten kann. Im Rahmen dieses Direktionsrechts kann der Arbeitgeber auch grundsätzlich anordnen, dass
bestimmte Soziale Anwendungen zu nutzen sind. Soweit also arbeitsvertragliche Regelungen oder einschlägige Betriebsvereinbarungen dem nicht entgegenstehen und auch
relevante Interessen des jeweiligen Arbeitnehmers entsprechend berücksichtigt worden
sind, stellt sich die Einführung eines bestimmten Werkzeugs und die Weisung, dieses für
bestimmte Zwecke zu nutzen, grundsätzlich als unproblematisch dar.

Schwieriger wird es hingegen bei der Ausgestaltung der Nutzung. Um hier etwaige
Unklarheiten zu vermeiden, sollten jedem Werkzeug klare Rahmenbedingungen gegeben
werden, für welche Zwecke dieses eingesetzt werden soll, was gewünscht wird und was
nicht. Die Setzung eines klaren Rahmens ist eine elementare Voraussetzung dafür, in Fällen des Missbrauchs auch entsprechende Maßnahmen (Löschung, Sperrung) oder im Ex-
trem- oder Wiederholungsfall sogar arbeitsrechtliche Folgen anzuschließen. Im Übrigen
schaffen klare Nutzungsbedingungen die notwendige Transparenz und ersparen im Streit-
fall vor dem Arbeitsgericht die Abgrenzung zu noch tolerierbarem Verhalten.

Hier zeigen die Erfahrungen aus dem Bereich Sozialer Netzwerke im Internet deutlich, welche relevanten und regelungsbedürftigen Punkte integriert werden sollten. Je
nachdem, ob es sich um organisationsinterne oder (teil-)offene Netzwerke handelt, sollten in den Nutzungsbedingungen elementare Fragen, wie der Umgang mit anderen Nutzern („Netiquette"), Respekt vor fremdem geistigen Eigentum (keine Übernahme von
urheberrechtlich geschützten Inhalten), keine Weitergabe vertraulicher Informationen,
Bewusstsein für Datenschutz und Datensicherheit etc. geregelt werden.

Um eine eindeutige Kenntnisnahme der jeweiligen „Spielregeln" zu ermöglichen, wird empfohlen, die Gestaltung an die bekannter Internetplattformen anzulehnen. Bei der ersten Nutzung sollte der Nutzer – ähnlich wie bei der Maske eines Anmeldeformulars im Internet – den jeweiligen Nutzungsbestimmungen und der Datenschutzerklärung im Wege einer ausdrücklichen Zustimmung (sogenannte Opt-in) zustimmen müssen. So ist zum einen sichergestellt, dass er diese Bedingungen zur Kenntnis nehmen konnte.

Zum anderen sind Nutzer ein solches Prozedere aus dem Internet gewohnt, womit das Risiko etwaiger Akzeptanzproblemen reduziert wird.

Aus individualarbeitsrechtlicher Sicht bestehen also keine großen Hürden. Es sollten aber klare Regeln für die Nutzung und den Einsatz der jeweiligen Sozialen Technologie aufgestellt werden, um sich in Missbrauchsfällen – entsprechend abgestuft – Reaktionsmöglichkeiten offenzuhalten.

8.4.2 Kollektives Arbeitsrecht

Neben den geschilderten Einflüssen des Individualarbeitsrechts spielen bei der Einführung Sozialer Anwendungen in Unternehmen vor allem auch die Vorschriften des Betriebsverfassungsgesetzes (BetrVG) eine erhebliche Rolle.

§ 87 Abs. 1 BetrVG sieht bei der Einführung solcher Werkzeuge zwingend Beteiligungsrechte des Betriebsrates vor. Dieses Mitbestimmungsrecht soll zu einer angemessenen, die Interessen der Parteien berücksichtigenden Ausgestaltung der jeweiligen Maßnahmen führen.

Dabei sind das Recht des Arbeitgebers auf Kontrolle der Erfüllung der jeweiligen Arbeitsaufgaben und das Interesse der Arbeitnehmer, dass die durch solche Werkzeuge geschaffenen Überwachungsmöglichkeiten nicht unter Verletzung der Persönlichkeitsrechte eingesetzt werden, gegeneinander abzuwägen. § 87 Abs. 1 BetrVG kommt immer schon dann zur Anwendung, wenn das jeweilige IT-System zur Überwachung (theoretisch) geeignet und eine Auswertung der Arbeitnehmerdaten unmittelbar möglich ist.

Zur Regelung dieses und weiterer mit der Einführung Sozialer Technologien einhergehender Probleme kann der Arbeitgeber nach § 77 BetrVG mit dem Betriebsrat auch entsprechende Betriebsvereinbarungen schließen. So dürfte es im Interesse einer größeren Akzeptanz im Unternehmen durchaus eine sinnvolle Option sein, entsprechende Betriebsvereinbarungen über den Umgang mit der eingesetzten Technologie, der korrekten Nutzung, aber auch zu Fragen bezüglich (Daten-)Sicherheit zu schließen. Ein solches Vorgehen hat sich bei entsprechenden Betriebsvereinbarungen zur Nutzung von Internet und/oder E-Mail durchaus bewährt. Bei der Einführung entsprechender Werkzeuge wird insgesamt eine frühzeitige Information und Einbindung des Betriebsrates empfohlen, nicht nur, weil das BetrVG es fordert, sondern auch, um etwaige Vorbehalte auszuräumen und so die Akzeptanz im Mitarbeiterkreis zu fördern.

8.5   Zusammenfassung und Risikomanagement

Soziale Technologien bieten in Zeiten des immer schnelleren Wandels neue
  Möglichkeiten,

* das Wissen des Netzwerks abzubilden und zu „managen",
* Mitarbeiter zu vernetzen,
* Aufgaben im oder über das Netzwerk zu bewältigen,
* effizienter zu arbeiten,
* die Mitarbeiter stärker zu beteiligen,
* die Identifikation der Mitarbeiter mit dem Unternehmen und die Zufriedenheit zu erhöhen.

Ein wesentliches Erfolgskriterium solcher Sozialen Anwendungen ist die Akzeptanz der
avisierten Nutzer. Die Erfahrung im Rahmen verschiedener Projekte hat gezeigt, dass
neben einigen weiteren Punkten auch die rechtliche Gestaltung entscheidend dafür ist, ob
die Nutzer eine Plattform annehmen oder nicht.

Da Soziale Technologien die Partizipation der Nutzer zwingend voraussetzen, sollte frühzeitig und transparent auf etwaige (oft unspezifische) datenschutz-, urheber- oder
arbeitsrechtliche Bedenken eingegangen werden. Aufklärung und eine – die Erfahrungen
aus dem Sozialen Internet berücksichtigende – rechtliche Ausgestaltung sind wichtige
Grundlagen, um die notwendige Akzeptanz der Nutzer zu erreichen.

Aus rechtlicher Sicht sind vor allem folgenden Maßnahmen zu empfehlen:

* Integration von Nutzungsbedingungen bzw. Datenschutzerklärung, zu denen die Nutzer im Wege des Opt-ins ihre Zustimmung erklären,
* Integration eines Meldesystems für etwaige Verstöße, verantwortlicher und transparenter Umgang mit personenbezogenen Daten,
* Erstellung/Anpassung bestehender Internetrichtlinien/Betriebsvereinbarungen.

Neben diesen Maßnahmen sollten bei der Einführung Sozialer Technologien zusätzlich
noch folgende Maßnahmen bedacht werden:

* Aufklärung rechtlicher Bedenken,
* frühe Einbindung der Arbeitnehmervertretung,
* Dokumentation durch Führung eines Verfahrensverzeichnisses.

Neben den rechtlichen Einflüssen hängt der Erfolg eines solchen Projekts aber von einer
Vielzahl von weiteren Schlüsselfaktoren ab. Dazu gehören neben einer professionellen
Einführung eine hohe Benutzerfreundlichkeit und Struktur des IT-Systems und Einbindung in den regelmäßigen Arbeitsablauf, vor allem jedoch die Erkenntnis der Mitarbeiter, dass ihnen das jeweilige Werkzeug die Arbeit erleichtert. Dann aber können Soziale

Technologien neue Optionen eröffnen und dafür sorgen, dass eine zunehmende Vernetzung die Effizienz und Effektivität der Organisation steigert und diese durch verstärkten Austausch schneller vorangebracht werden kann.

Dr. Carsten Ulbricht   ist auf Internet und die digitale Transformation spezialisierter Rechtsanwalt bei der Kanzlei Bartsch Rechtsanwälte (Standorte Karlsruhe und Stuttgart) mit den Schwerpunkten IT-Recht, Marken-, Urheber- und Wettbewerbsrecht sowie Datenschutz. Im Rahmen seiner anwaltlichen Tätigkeit berät Dr. Ulbricht nationale und internationale Mandanten in allen Rechtsfragen des E- und Mobile Commerce, Social Media und Social Intranet. Seine Schwerpunkte liegen dabei auf der rechtlichen Prüfung internetbasierter Geschäftsmodelle, datenschutzrechtlichen Themen aber auch dem Umgang mit nutzergenerierten Inhalten.

Neben seiner Referententätigkeit berichtet er seit dem Jahr 2007 regelmäßig in seinem Weblog zum Thema „Internet, Social Media & Recht" unter http://www.rechtzweinull.de nicht nur über neueste Entwicklungen in Rechtsprechung, Diskussionen in der Literatur und über eigene Erfahrungen, sondern analysiert auch Internet Geschäftsmodelle und -projekte auf ihre rechtlichen Erfolgs- und Risikofaktoren.

In seinem bereits in 2. Auflage erschienenen Buch „Social Media & Recht – Praxiswissen für Unternehmen" fasst Dr. Ulbricht die wichtigsten rechtlichen Fragen in einem Praxisratgeber zusammen. Das im Haufe-Verlag erschienene Werk beschreibt dabei die verschiedenen rechtlichen Implikationen, die Unternehmen im Rahmen der Umsetzung einer abgesicherten Social Media Strategie beachten sollten.

Bewertung des ökonomischen Nutzens eines Enterprise Social Networks: Return on Digital (RoD)

9

Volker Steinhübel und Sebastian Reek

Inhaltsverzeichnis

V. Steinhübel (✉) · S. Reek
IFC EBERT – Institut für Controlling Prof. Dr. Ebert GmbH, Nürtingen, Deutschland
E-Mail: v.steinhuebel@ifc-ebert.de

S. Reek
E-Mail: s.reek@ifc-ebert.de

© Springer Fachmedien Wiesbaden 2016
A. Rossmann et al. (Hrsg.), *Enterprise Social Networks,*
DOI 10.1007/978-3-658-12652-0_9

Zusammenfassung

Eine greifbare Darstellung des ökonomischen Nutzens von Investitionen in Kommunikationsmittel stellt in vielen Unternehmen die Grundvoraussetzung dafür da, dass die benötigten Finanzmittel für Implementierung und Betrieb bereitgestellt werden und sich Führungskräfte und Mitarbeiter für die benötigten Veränderungsprozesse im Bereich der Kommunikation und Zusammenarbeit begeistern lassen. Der durch die wirksame Anwendung eines ESN generierte Nutzen zeigt sich zunächst aus der Perspektive der Psychologie und der Transaktionskostentheorie in einer Steigerung des gegenseitigen Vertrauens und damit des Rückgangs der Transaktionskosten bei der internen und externen Zusammenarbeit. Diese induzierten Veränderungen haben einen direkten Einfluss auf Erfolgsfaktoren im Beziehungs-, Struktur- und Humankapital. Mit ganzheitlichen Betrachtungsansatzes „Return On Digital (RoD)" kann die strategische und operative Wirkung des Wissenskapitals auf die Performance des Unternehmens analysiert werden. Hierdurch wird den für ein ESN notwendigen Investitionen in Kapazitäten und Technologie eine quantifizierbare ökonomische Erfolgsgröße gegenübergestellt.

Schlüsselwörter

Social Media · Enterprise Social Network · Vertrauen · Transaktionskosten · Wissenskapital

9.1   Einleitung

Jede Zusammenarbeit innerhalb einer Organisation erfordert Kommunikationsprozesse zwischen den beteiligten Organisationsmitgliedern. Die Zielorientierung und Qualität dieser Kommunikationsprozesse hat dabei einen essentiellen Einfluss auf den Erfolg dieser Zusammenarbeit. Die Strukturierung und Optimierung der internen Kommunikationsprozesse kann hierdurch zu einem bedeutsamen Stellhebel für die Entwicklung und die Performance einer Unternehmung werden. In den vergangenen Jahrzehnten wurde dieses unternehmerische Aufgabengebiet stark durch die Fragestellung geprägt, ob und in welchem Umfang technische Innovationen im Bereich der Kommunikationsmittel im Unternehmen genutzt werden sollen. Doch während die Kommunikation über E-Mails oder die unternehmenseigene Homepage, auch durch die gegebene Zeitdauer der Etablierung, heute in vielen Unternehmen als Selbstverständlichkeit betrachtet wird, haften neueren Kanälen wie Social Media Plattformen oder Enterprise Social Network (ESN) oftmals noch Zweifel an, ob Investitionen in diese Technologien einen messbaren Nutzen für das Unternehmen erbringen. Im Folgenden soll daher – in Bezug auf ein im unternehmerischen Kontext eingesetztes ESN – untersucht werden, welchen konkreten Nutzen dieses stiftet und wie sich diese Nutzenstiftung in der Performancesteigerung und den ökonomische, quantitativen Erfolgsgrößen aufzeigen lässt.

9.2 Transaktionskostenreduktion durch Kommunikationsoptimierung und Vertrauensgewinn von ESN

Die Kommunikation über ein Enterprise Social Network (ESN) kann sich deutlich von den bereits vorhandenen Plattformen und Kanälen der Kommunikation innerhalb einer Organisation unterscheiden. Diese veränderte Art und Weise der Kommunikation innerhalb des Unternehmens ist jedoch kein automatisch eintretender Zustand, sondern eine Zielsetzung, welche entsprechend definiert, kommuniziert und umgesetzt werden muss. Eine Veränderung der Kommunikationskultur erfolgt im Regelfall immer nur dann, wenn alle oder zumindest sehr viele Beteiligte dies wollen und zulassen.

9.2.1 Wesentliche ESN-relevante Perspektiven der Kommunikation

Doch wie machen sich die Besonderheiten der Kommunikationskultur innerhalb von Unternehmen überhaupt bemerkbar? Aus Sicht der Kommunikationswissenschaft lassen sich hierbei sicherlich eine ganze Reihe von Beobachtungsperspektiven ausmachen.

Für den Kontext der ESN sollen an dieser Stelle jedoch insbesondere das Themenspektrum, der Grad der Formalität, die Bedeutung der Hierarchie und die Geschwindigkeit diskutiert werden:

9.2.1.1 Themenspektrum

Oftmals gibt es in Unternehmen klare, wenn auch zumeist nirgendwo schriftlich fixierte, Regeln dafür, welche Themen in welchem Kontext und in welchem Personengruppen besprochen werden. Diese gemeinsam geteilten Vorstellungen sind Teil der Unternehmenskultur. Gemäß dem Modell der Unternehmenskultur nach Schein können diese entweder durch einzelne Organisationsmitglieder artikulierbar sein oder aber auch unbewusst auf das Verhalten einwirken (Fichter 2008). So unterscheiden sich Unternehmen bspw. dahingehend, in welchen Ebenen und Stellen offen über die Unternehmensstrategie diskutiert wird, wer Einblick in neue Ideen erhält, welche Themen in Meetings diskutiert werden oder auch wie viel Privates man im Small-Talk mit den Kollegen offenbart.

9.2.1.2 Formalität und Förmlichkeit

Bei der Kommunikation innerhalb von Unternehmen kann zwischen formeller und informeller Kommunikation unterschieden werden. Formalisierte Kommunikationsprozesse spiegeln im Regelfall fest definierte Strukturen und Verantwortlichkeiten wider (Mast 2013, S. 185 ff.). Die informelle Kommunikation hingegen verläuft unabhängig von diesen bewussten Vorgaben. Analog zur Frage, über was mit wem kommuniziert werden soll und über was eher nicht, haben die meisten Unternehmen auch eine gemeinsame Idee vom „Wie" der Kommunikation. Dies lässt sich zum einen an den gewählten Kommunikationskanälen für einen Kommunikationspartner, als auch am dabei genutzten Grad der Förmlichkeit festmachen. Dabei kann die Spannweite bei einer Bitte an einen Vorgesetzten in

Unternehmen von einem internen Schreiben mit den Worten „Sehr geehrter Herr Maier, dürfte ich Sie höflich darum bitten…" bis zu einer WhatsApp-Nachricht à la „Hey Max, kannst Du schnell…" reichen.

9.2.1.3 Bedeutung der Hierarchie

Neben der Frage, wie bspw. mit einem Vorgesetzten kommuniziert wird, stellt sich in manchem Unternehmen erst einmal die Frage, ob dies der Mitarbeiter überhaupt darf. Es soll, auch in der heutigen Zeit, noch einige Unternehmen geben, bei welchen die hierarchische Einordnung einer Person genau festlegt, mit wem sie kommunizierenden darf und mit wem eben nicht bzw. zumindest nicht direkt. So führt der Kommunikationsweg „nach oben" dann immer nur über den direkten Vorgesetzten, und damit über dessen Zeit und Willen, den Nachrichteninhalt eine weitere Hierarchieebene nach oben zu reichen.

9.2.1.4 Geschwindigkeit

Die Kommunikationsgeschwindigkeit einer gesamten Organisation zu bestimmen, ist ein schwer durchführbares Unterfangen. Zu unterschiedlich sind die Einflussgrößen wie der Kommunikationsanlass, die Dringlichkeit der jeweiligen Nachricht, Uhrzeit und Ort der Kommunikation, die Motivation der Beteiligten etc. Eine einigermaßen verlässliche Messbarkeit ist nur soweit gegeben, wenn man die Frage der Kommunikationsgeschwindigkeit an die verwendeten Kommunikationskanäle koppelt. Hier wird schnell ersichtlich, dass ein Unternehmen welches Mitarbeiter per Direktnachricht auf das Smartphone über einen Geschäftsvorfall informiert, mit einer schnelleren Reaktion rechnen kann, als eine Unternehmung in der hierfür erst ein Schreiben aufgesetzt werden muss, welches der Unterzeichnung von zwei Verantwortlichen bedarf.

Natürlich soll an dieser Stelle für keine der Betrachtungsebenen ein allgemeingültiger idealer Zielzustand definiert werden. So kommt es immer individuell auf die Personengruppen im Unternehmen mit deren soziodemographischen Merkmalen wie Geschlecht und Alter als auch deren individuellen Präferenzen an, über welche Themen sie innerhalb der Organisation sprechen möchten und über welche nicht. Auch kann es für den Vorstand eines Unternehmens mit 5000 Mitarbeitern durchaus legitim sein, nicht sämtliche Anliegen der Belegschaft auf direkten Wege in das eigene Postfach zuzulassen, wenn er den Tag über noch andere Aufgabengebiete wahren möchte.

In jedem Fall sollte sich die Kommunikation jedoch so gestalten lassen, dass zum einen die Aufrechterhaltung sämtlicher Höflichkeitsfloskeln nicht weit mehr Arbeitsaufwand erfordert als die Darstellung der eigentlichen Nachricht und dass die zulässigen Kommunikationskanäle eine mögliche Reaktion auf die Nachricht nicht unnötig verzögern.

9.2.2 Veränderung der Kommunikationskultur durch ein ESN

Sieht ein Unternehmen in den angesprochenen Feldern deutliche Veränderungsbedarfe oder auch „nur" vorhandene Optimierungspotenziale, bietet die Einführung eines ESN die Gelegenheit, die Art und Weise der Kommunikation zielführend zu wandeln: Durch die

Integration von zunächst vielleicht eher nebensächlichen Themen wie spontanen Ideen, neuen Trends oder auch gemeinsamen Feierabendaktivitäten in die Strukturen und Inhalte des ESN, wird die Anzahl der „Kommunikationsanlässe" innerhalb der Mitarbeiterschaft deutlich erhöht. Dadurch, dass innerhalb des ESN Mitarbeiter aus allen Abteilungen Themen, Ansichten und Kommentare beitragen können, kommt man zudem mit Personen in Kontakt, mit welchen der Austausch innerhalb des Tagesgeschäfts eher selten oder gar nicht stattfindet.

Die hierarchischen Ebenen verlieren an Bedeutung, wenn innerhalb des ESN mehr die Frage zählt, welchen Wert ein Beitrag zu einem Thema hat, als von wem dieser Beitrag stammt. So kann sich eine Austauschs- und Innovationsplattform etablieren, bei welcher Informationen, Ideen und Anregung unabhängig von der hierarchischen Positionierung ihres Urhebers verbreitet und anerkannt werden können (Ebert-Steinhübel und Steinhübel 2013). Hierdurch wird insbesondere das Risiko reduziert, dass wichtige Informationen an „Hierarchiebarrieren" aufgehalten werden und so nicht zu allen relevanten Informationsempfängern gelangen können.

Bei der Nutzung eines ESN ist im Regelfall zudem ein deutliches Verschwimmen der Grenzen zwischen formeller und informeller Kommunikation auszumachen, da ein und dasselbe Instrument sowohl für formelle Arbeitsabläufe als auch für den spontanen Gedankenaustausch genutzt werden kann. Förmlichkeiten und Höflichkeitsfloskeln treten dabei in den Hintergrund: Auch wenn die Kommunikation über ein ESN natürlich keine Rechtfertigung für harsches und unhöfliches Miteinander ist, wird man im Regelfall in den meisten Organisationen dazu übergehen, umschweifende Anreden und Grußformen zugunsten einer knapperen, informelleren Art der Kommunikation – welche viele der Beteiligten aus der privaten Nutzung von Social Networks gewohnt sind – aufzugeben.

Wichtig ist hierbei jedoch nochmals der bereits angesprochene Hinweis auf die Notwendigkeit des „Wollens" und „Dürfens" solcher Veränderungen. Denn ein ESN bietet zwar Anlass und Plattform für die Evolution der Kommunikationskultur innerhalb einer Unternehmung, ist jedoch in den seltensten Fällen die Antriebsfeder einer Revolution. Einfacher ausgedrückt: Wird es seitens der Beteiligten zugelassen, dass sich die Kommunikationskultur des Unternehmens – auch durch die Nutzung eines ESN – in kleinen Schritten wandelt, kann dies durchaus zu sichtbaren und dauerhaften Veränderungen führen. Dies erfolgt über eine gemeinsame Ausrichtung an neue Werte und Normen innerhalb des Teams und der Organisation (Schröder 2003).

Gibt es jedoch innerhalb der Organisationsmitglieder eine meinungsbildende Mehrheit, welche einen Kommunikationsstil, welcher sich mit – selektiv, hierarchiebewusst, formell – skizzieren lässt, pflegen und bewahren möchte, ist ein ESN kein Allheilmittel zur Veränderung dieser Kultur. Vielmehr ist hierbei davon auszugehen, dass die „Gegner des Wandels" entweder das ESN komplett meiden, um jeglichen Veränderungen mit einem bewusst herbeigeführten Scheitern des Plattform entgegenzuwirken, oder durch organisatorische oder soziale „Bestrafung" jenen entgegentreten, welche das ESN als Chance betrachten, sich dort über die althergebrachten Regeln der Zusammenarbeit und Interaktion hinwegzusetzen.

In Summe lässt sich also attestieren: Menschen kommunizieren und Menschen bestimmen daher auch die Regeln, Normen und Werte, d. h. die Kultur der Kommunikation. Die Einführung eines ESN kann einem bereits implizierten Wunsch einer offeneren, „menschlicheren" Kommunikation unterstützend begleiten, jedoch nie institutionelle und/oder kulturelle Widerstände durch seiner selbst brechen.

Ausgehend von diesen Veränderungspotentialen muss nun jedoch die Frage beantwortet werden, wieso es abgesehen von der humanistischen Betrachtungsweise, auch aus ökonomischer Sicht wichtig und richtig ist, die Kommunikationskultur – auch durch Einführung eines ESN – zu fokussieren und ggf. zu verändern.

Zunächst ist hier die Kommunikationsgeschwindigkeit anzuführen. Hierbei gilt die alte Regel, dass die Zeit und die Möglichkeiten zur Reaktion auf eine Veränderung umso größer sind, umso früher man von dieser erfährt. Natürlich sind hier auch insbesondere die vorhandenen Möglichkeiten der strategischen Frühaufklärung im Sinne der Antizipationsfähigkeit des Unternehmens sowie die Möglichkeiten zur Veränderung, d. h. der Adaptionsfähigkeit, entscheidend. Um hier den Fokus auf die Kommunikation und Zusammenarbeit zu wahren, soll hier aber insbesondere der Wettbewerbsvorteil durch einen schnellen und zielgerichteten Informationsfluss auf der Nutzenseite stehen (Steinhübel 2009).

9.2.3 Vertrauen als Erfolgsfaktor der internen und externen Zusammenarbeit

Das weitere „Zauberwort" an dieser Stelle heißt Vertrauen. Auch wenn das Wort in Zeiten, in denen Unternehmen nach systematischer Manipulation der Umweltverträglichkeit von Produkten reumütig mittels ganzseitigen Werbeanzeigen um eben jenes Vertrauen werben, sicherlich ein arg strapaziertes Dasein führt, ist es in seiner Bedeutung doch essentiell für unser Gemeinschaftswesen und unser Zusammenleben.

Auch Sicht der Psychologie hat sich insbesondere Walter Mischel mit diesem Thema auseinandergesetzt. Hierfür untersuchte er u. a. auf der karibischen Insel Trinidad, wieso sich die Erfolgschancen auf ein Leben in einem verhältnismäßigen ökonomischen Wohlstands zwischen den afrikanischen und indischen Einwanderern deutlich unterschieden. Er vermutete zunächst Unterschiede im Bereich der Fähigkeit zum Belohnungsaufschub zwischen den beiden Gruppen, welche sich in Experimenten auch nachweisen ließen: Hierbei zeigten sich die indischstämmigen Kinder eher dazu bereit, in der Hoffnung auf eine versprochene größere Belohnung in der Zukunft auf eine „greifbare" kleinere Belohnung zu verzichten als die Kinder mit afrikanischen Vorfahren. Die Ursache lag jedoch nicht in der Ethnie der Testpersonen, sondern in deren familiären Umständen. Viele der afrikanischstämmigen Kinder hatten erlebt, dass der Vater die Familie früh verlassen hatte. Basierend auf dieser Erfahrung, neigten sie eher dazu, dem männlichen Versuchsleiter hinsichtlich seines Versprechens zu misstrauen. Verglich man hingegen Kinder beider Gruppen, welche mit Vater und Mutter aufgewachsen waren, gab es keine merklichen Unterschiede hinsichtlich der Fähigkeit des Belohnungsaufschubes.

Der bekannte deutsche „Zukunftsforscher" Matthias Horx hat sich bei seiner Untersuchung des Erfolgs bzw. Misserfolgs von Staaten mit der Frage auseinandergesetzt, welche Faktoren primär ursächlich dafür sind, ob Staaten sich zu prosperierenden Volkswirtschaften entwickeln oder als „Failed State" ein Nährboden für Armut, Bürgerkriege und Diktaturen werden (Horx 2011, S. 24). Auch er betrachtet das Vertrauen innerhalb des Staates, d. h. sowohl zwischen Staat und Bürger als auch zwischen den Bürgern, als Grundlage dessen Erfolgs oder Misserfolgs: „Vertrauen senkt die ‚Transaktionskosten' von Gesellschaften und Ökonomie, es macht sie von innen her produktiv. Man braucht nicht jedes Mal einen Schlägertrupp, wenn man ein Geschäft abschließen möchte. Man muss nicht immer einen Anwalt mitbringen, wenn man sich mit einem Fremden unterhält." (Horx 2011, S. 33)

Es zeigt sich also, dass das gegenseitige Vertrauen, sowohl in die Funktionsfähigkeit und „Gerechtigkeit" einer Organisation, sei es nun eines Staates oder eines Unternehmens, sowie das Vertrauen in die Aussagen und Handlungen unseres direkten Gegenübers, eine Basis des Zusammenlebens und Zusammenarbeitens ermöglichen, welche nicht durch opportunistische Handlungen und reinem Individualismus geprägt ist.

Die Wirtschaftswissenschaften betrachten diese Thematik im Kontext der „behavioral economics", bspw. hinsichtlich der Transaktionskosten. Die Transaktionskostentheorie setzt sich in ihrem Kern mit der Frage auseinander, welche Kosten bei Transaktionen zwischen Akteuren auf einem Markt entstehen (Jones und Bouncken 2008, S. 169 ff.). Hierdurch konnte auch zum ersten Mal die primäre Existenzberechtigung von Unternehmen begründet werden, indem man diese als Organisationen versteht, innerhalb derer die Transaktionskosten für die wirtschaftliche Zusammenarbeit geringer sind, als wenn diese durch verschiedene Akteure auf einem freien Markt kollaborativ durchgeführt werden würde. Dies beruht darauf, dass insbesondere die Absicherung gegenüber generellen Unsicherheiten und spezifischen Risiken primäre Treiber der Transaktionskosten darstellen, da sie seitens der Akteure entsprechende Absicherungsmaßnahmen induzieren (ebd.).

Ging die klassische Theorie der Transaktionskosten noch von einem rein opportunistischen Verhalten der Akteure aus, verweisen aktuellere Auseinandersetzungen mit der Thematik auf die sozialen Kontrollmechanismen Vertrauen, Kultur und Reputation als mindernde Einflussgrößen auf die Höhe der Transaktionskosten (Kattenbach 2009, S. 47).

Die Voraussetzung für einen Transaktionskostenvorteil des Unternehmens gegenüber verschiedenen eigenständigen Marktakteuren ist also nicht als naturgegebenes Phänomen zu betrachten. Vielmehr bedarf es zum einen entsprechender vertraglicher und organisatorischer Festlegungen von Regeln und Verhaltensweisen, um innerhalb der Organisation eine Reduktion von Transaktionskosten erzielen zu können. Zeitgleich muss jedoch auch die Kultur des Unternehmens die Zusammenarbeit der handelnden Personen so mit gegenseitigem Vertrauen unterlegen und unterstützen, dass diese theoretischen Vorteile in der Praxis tatsächlich realisiert werden können. Einfacher ausgedrückt: Es hilft wenig, wenn vor der Zusammenarbeit mit einer anderen Abteilung im eigenen Unternehmen keine langen Marktrecherchen und Vertragswerke notwendig sind, wenn das vorhandene Misstrauen zwischen den Personen doch ständige Akte der eigenen Absicherung und gegenseitigen schriftlichen Verpflichtung mit sich bringt.

An dieser Stelle schließt sich der Kreis zu der diskutierten Steigerung des Vertrauens durch ein ESN. Wird dies gemäß der dargestellten Maximen genutzt, kann eine Form der Zusammenarbeit innerhalb der Organisation erreicht werden, welche Transaktionskosten nicht nur durch die reine Steigerung von Qualität und Geschwindigkeit der Kommunikationsprozesse reduziert, sondern auch den Aufwand für Handlungen reduziert, welche Menschen deswegen ausführen, da sie den Motiven und Vorgehensweisen ihres Gegenüber nicht vertrauen.

Entgegengesetzt wirkt eine durch ein ESN sinnvoll unterstützte Kommunikation und Zusammenarbeit vertrauenssteigernd, da die wichtige Aspekte einer erfolgreichen Kooperation, wie bspw. gemeinsame mentale Modelle im Sinne eines einheitlichen Bildes der Situation, Transparenz über unterschiedliche Zielsetzungen und Meinungen sowie eine schnelle und unproblematische Informationsweitergabe fördert (Hofinger 2015). Insbesondere können durch die gemeinsame Arbeit in Gruppen und Diskussionsformen gemeinsame Ziele sowie ein gemeinsames Commitment für deren Erreichung entstehen. Dies wird dadurch unterstützt, dass durch die häufige formelle und informelle Kommunikation mit den Vorgesetzten und Mitarbeitern sich die Wahrnehmung der Kollegen untereinander wandelt: Weg von der reinen Wahrnehmung der Funktion und der Rolle, hin zum Menschen mit spezifischen Zielen, Interessen, Werten und Verhaltensweisen.

Diese Nutzenstiftung ist natürlich nicht zwangsläufig an die Grenzen der eigenen Organisation gebunden. Wenn es gelingt, Kunden und Partner in das ESN einzubinden, können die entsprechenden Nutzeneffekte des ESN auch auf diese Zusammenarbeit wirken. Hier sind insbesondere bei Unternehmen, bei welchen die interne Zusammenarbeit auch ohne eine technische Lösung durch eine gute und vertrauensvolle Kommunikation geprägt ist, durch ein ESN noch große Verbesserungspotenziale er erreichen.

Für eine sinnvolle Betrachtung eines Return on Investment eines ESN sind zunächst zwei Ansatzpunkte naheliegend:

1. Eine rein marktorientierte Perspektive im Sinne der Frage, wie viel mehr Erträge durch den Einsatz eines ESN erzielt werden konnten.
2. Eine kostenorientierte, interne Perspektive, welche analysiert, in wie weit durch das ESN interne Kosten reduziert werden konnten.

Die Betrachtung des Erfolgsfaktors Vertrauen zeigt jedoch, dass ein reiner Fokus auf diese beiden Perspektiven für die Thematik deutlich zu kurz greifen würde. Vielmehr bedarf es einer ganzheitlichen Analyse, welche die Auswirkungen eines ESN auf die gesamte Organisation und deren Performance aufzeigt, analysiert und bewertet. Im Folgenden soll hierfür auf Basis etablierter Messgrößen und Instrumente der operativen und strategischen Führung eine spezifische Vorgehensweise entwickelt werden.

9.3   Steuerungsgrößen des ökonomischen Erfolgs von ESN

Die Steuerung eines Unternehmens basiert – analog der Unterscheidung in strategische und operative Führung – zunächst auf den beiden Zielgrößen Potential und Erfolg. Die ursprünglich originäre Zielgröße „Erfolg" in Form des Gewinns wird relativiert durch die neue, originäre Zielgröße „Potential", die den Gewinn vorsteuert und diesen damit zu einer derivativen, also abgeleiteten Größe macht. Der Erfolg übernimmt die Funktion einer Kontrollgröße für das Vorhandensein von Potentialen und dient dem Aufbau und der Erhaltung der notwendigen Potentiale.

Die normative Unternehmensführung beschäftigt sich zusätzlich mit den „generellen Zielen der Unternehmung, mit Prinzipien, Normen und Spielregeln, die darauf ausgerichtet werden, die Lebens- und Entwicklungsfähigkeit der Unternehmung sicherzustellen." (Bleicher 1991, S. 52). Nach dem derzeitigen Wissensstand kann eine normative Unternehmensführung durch die vier Merkmale: Vision, Unternehmungspolitik, Unternehmungsverfassung und Unternehmenskultur begründet werden (ebd., S. 73). Als Bezugsgrößen der normativen Unternehmensführung sind die Lebensfähigkeit und Entwicklung (Schwaninger 1989, S. 182 – der Begriff wurde dort zuerst als Bezugsgröße der normativen Planung bestimmt), „die eine Unternehmung als Ganzes betreffen", (ebd.) beschrieben worden. Ist ein System in der Lage seine Identität aufrechtzuerhalten, d. h., „eine bestimmte Systemkonfiguration, die das System als solches identifizierbar macht," (ebd.) zu gestalten, kann von Lebensfähigkeit gesprochen werden. Unter Entwicklung versteht man „die zunehmende Fähigkeit eines Systems, eigene sowie fremde Wünsche und Ansprüche zu befriedigen" (ebd.).

Im Mittelpunkt der strategischen Führung steht das rechtzeitige Erkennen und Schaffen neuer, wie z. B. Aufbau und Implementierung eines ESN sowie die Pflege vorhandener Potentiale. Die operative Führung hingegen ist auf das Erreichen eines positiven Erfolgs zum Zwecke der aktuellen Existenzsicherung durch die Nutzung der Potentiale fokussiert. Wenn Potenziale eingesetzt und Ergebnisse realisiert werden, kann eine entsprechende Performance der Organisation unterstellt werden.

Zur Sicherung des Erfolgs wurden im operativen Bereich der Führung die Steuerungsgrößen Liquidität, Rentabilität und Wirtschaftlichkeit entwickelt. Sie dienen der Steigerung der Effizienz und werden im operativen Rechnungswesen ermittelt.

In der strategischen Führung kann zwischen den Steuerungsgrößen „externe" und „interne" Potentialität unterschieden werden. Die externe Potentialität bewertet die Chancen und Gefahren im Umfeld des Unternehmens. Die interne Potentialität ermittelt die Stärken und Schwächen innerhalb des Unternehmens. Beide dienen der Steigerung der Effektivität und werden im strategischen Rechnungswesen ermittelt (Steinhübel 2003, S. 162 ff.).

Für das strategische Rechnungswesen und die abzubildenden Transaktionen gilt insbesondere, dass sich in der aktuellen Wirtschaft die Ressourcenbedeutung und -nutzung gravierend verändern. Das nicht-materielle Vermögen (Intangible Assets) drängt sich in den Vordergrund. Wissen, Beziehungen, Image und Information werden bei gelungener Transformation in Werte und Wert zu zentralen Faktoren des Unternehmenserfolgs. Die

Intangible Assets determinieren zum einen den Wert der Unternehmung und zum anderen die Attraktivität des Unternehmens. Damit sind sie einerseits ausschlaggebend für das Wachstumspotenzial (Stoi 2004). Hierdurch wird zusätzlich eine andere betriebswirtschaftliche Auslegung und Anwendung des Begriffs „Investition" erforderlich.

Intangibles umfassen das Humankapital in Form des „impliziten geistigen Potenzials" der Mitarbeiter, das Strukturkapital in Form des „expliziten implementierten Potenzials" und das Beziehungskapital in Form des „kombinierten eingesetzten Potenzials".

Die operative und strategische Wettbewerbsfähigkeit korrespondiert stark mit dem Wissenskapital eines Unternehmens, d. h. dessen Entwicklung und Nutzung. Die Implementierung eines ESN stellt insofern ein zukunftsträchtiges Potenzial in disruptiven Märkten dar.

9.4 Balanced Scorecard und Wissensbilanzen zur Erfolgserfassung und -steuerung

Zur Unterstützung der Führung bei der Realisierung einer ausbalancierten Ausrichtung zwischen strategisch „Erforderlichem" und operativ „Notwendigem" haben sich insbesondere die beiden Instrumente Balanced Scorecard (BSC) und Wissensbilanzen bzw. Intellectual Capital Reports (ICR) in Wissenschaft und Praxis etabliert.

9.4.1 Balanced Scorecard

Die BSC (vgl. hier und im Folgenden auch Kaplan und Norton 1997) wurde ursprünglich mit dem Ziel entworfen, die in Unternehmen überwiegend anhand von finanziellen Größen gemessene Leistungsfähigkeit durch geeignete Informationen über Kunden, interne Geschäftsprozesse sowie Anpassungsfähigkeit des Unternehmens zu ergänzen. Die Balanced Scorecard dient dazu, den Führungskräften im Unternehmen einen möglichst ausgewogenen Gesamtüberblick über die Leistung des Unternehmens zu vermitteln. Ausgangspunkte bei der Entwicklung eines Scorecard-Systems sind die Visionen und Ziele des Unternehmens. Erst wenn klar ist, wohin marschiert werden soll, werden die Eckpunkte für jeden Bereich festgelegt.

Die Balanced Scorecard betrachtet das Unternehmen dabei aus den vier Perspektiven:

1. Finanzen: Die finanzielle Dimension eines Unternehmens wird traditionell in Jahres- oder Quartalsabschlüssen dargestellt. Diese beinhalten Informationen über die Vermögens-, Finanz- und Ertragslage eines Unternehmens.
2. Kunden: Eine kundenorientierte Sichtweise liefert Informationen über die Positionierung des Unternehmens in bestimmten Marktsegmenten, über die Kundenzufriedenheit und die Kundenbindung.

3. Geschäftsprozesse: Auf Ebene der Geschäftsprozesse erfolgt die Steuerung des Unternehmens anhand der einzelnen im Unternehmen implementierten Arbeitsabläufe.
4. Lernen/Wachstum: Die vierte Dimension beinhaltet vor allem auch so genannte Soft Skills. Dieses sind die Motivation und der Ausbildungsstand der Mitarbeiter, der Zugang zu relevanten externen Informationsquellen und die Organisation des Unternehmens.

Für jeden dieser vier relevanten Aspekte sind durch die Unternehmensführung strategische Ziele zu formulieren. BSC ist damit weit mehr als nur ein Kennzahlensystem. Sie initiiert vielmehr einen Managementprozess, der hilft, Strategien in konkrete, transparente tägliche Aktionen und Maßnahmen umzusetzen. Die BSC soll in einem permanenten Prozess, die vom Top-Management erarbeitete Strategie allen Beteiligten vermitteln, konkretisieren und implementieren helfen, sowie umgekehrt alle Initiativen auf ihre Strategiewirkung evaluieren und messen.

Um die BSC als integriertes System nutzen zu können, ist es sinnvoll, die einzelnen Kennzahlen miteinander in Verbindung zu setzen. Dies geschieht über eine so genannte Ursache-Wirkungs-Beziehung, auch Strategy Map genannt. Damit wird aufgezeigt, wie eine Kennzahl auf andere Kennzahlen Einfluss nimmt oder von anderen beeinflusst wird. So wirken die Kennzahlen aus der Innovationsperspektive von unten nach oben über die Prozess- und Kundenperspektiven auf die Finanzperspektive.

Die in der BSC verwendeten Kennzahlen sollten eine Mischung aus allgemeinen Kennzahlen und Werttreiber-Kennzahlen sein. Die als Lagging Indicators bezeichneten Kennzahlen, wie Profitabilität, Marktanteil oder Kundenzufriedenheit messen die Leistung vergangener Aktivitäten. Sie haben in der BSC die Aufgabe, den Stand der Strategieumsetzung zurückzumelden. Im Gegensatz dazu geben die Leading Indicators (Werttreiber-Kennzahlen) Auskunft über Aktivitäten, die die zukünftige Leistung beeinflussen.

9.4.2 Wissensbilanzen

Wissensbilanzen zeigen, wie sich das intellektuelle Kapital des Unternehmens aktuell darstellt bzw. wie bei jeder Bilanz und entsprechender Wiederholung ihrer Erstellung, dessen jeweilige Veränderung in positiver bzw. negativer Form. Eine aussagefähige Kennzahl könnte der „Knowledge flow" sein. Die Erstellung einer „Wissensbilanz" bzw. eines „Intellectual Capital Report" vollzieht sich in mehreren moderierten Workshops. In der Regel basieren sie auf dem Wissensbewertungsmodell des AK Wissensbilanz.[1]

Voraussetzung und orientierender Rahmen für die Implementierung der Wissensbewertungsmethodik ist die Definition einer konkreten Wissensstrategie. Diese muss sich inhaltlich an der bestehenden Unternehmensstrategie orientieren, um möglichst große

---

[1] Steinhübel, V., Distel, K.: Methoden der Wissensbewertung – Stand und Perspektiven, in: Der Controlling-Berater, Heft 8/2007.

Synergien zu erwirken und eine einheitliche Ausrichtung möglicher Handlungspotenziale zu gewährleisten. Daraus können nun spezifische Wissensziele (3-5 je Kapitalart) abgeleitet werden. In Rückkopplung auf die Gesamtunternehmensziele stellen sie die konkrete Basis für die mittelfristige Entwicklung des Intellektuellen Kapitals dar. Sie bilden den inhaltlichen Fixpunkt und Rahmen für die Ableitung konkreter Wissensmaßnahmen.

Basierend auf der formulierten Wissensstrategie und den bestimmten Wissenszielen werden im weiteren Projektablauf für die Bestandteile des Intellektuellen Kapitals sowie für die wertschöpfenden Prozesse und das resultierende Ergebnis relevante Einflussfaktoren ausgewählt und inhaltlich näher bestimmt.

Um eine isolierte Betrachtung der Einflussfaktoren zu verhindern, müssen die Ursache-Wirkungs-Beziehungen sowohl in Bezug auf die Wirkungs- und Reaktions**intensität** als auch auf die Wirkungs- und Reaktions**zeit** analysiert und bewertet werden. Dabei gibt die Intensität Auskunft darüber, wie stark die Einflussfaktoren aufeinander wirken (= Ergebnis der Aktivsummen der Bewertung) oder voneinander beeinflusst werden (= Ergebnis der Passivsummen der Bewertung). Die Bestimmung der Intensität erfolgt mittels einer Skala von „0" = kein Einfluss bis „3" = sehr starker Einfluss.

Die Wirkungs- und Reaktions**zeit** dagegen bestimmt, in welchem Zeitrahmen sich Veränderungen des einen Einflussfaktors auf die anderen niederschlagen, bzw. wie schnell ein Faktor selbst auf Veränderungen reagiert. Hier erfolgt die Bewertung auf einer Skala von „a" = sehr geringe Wirkung bis „d" = langfristige Wirkung.

Kombiniert man die beiden Bewertungen in Ursache-Wirkungs-Diagrammen, erhält man genaue Aussagen darüber, welcher Einflussfaktor wie stark und mit welcher zeitlichen Verzögerung auf andere wirkt. Hieraus lassen sich Aussagen hinsichtlich der Wichtigkeit und Eile zur Bearbeitung der einzelnen Einflussfaktoren gewinnen.

Die Bewertung der Ist-Situation der einzelnen Einflussgrößen erfolgt untergliedert nach den Kriterien „quantitative", „qualitative" und „systematische" Ausprägung auf einer Skala von „0%" = nicht ausreichend bis „120%" = besser als erforderlich.

Als Gesamtergebnis erhält man dann das **Potenzialdiagramm** für die jeweilige Unternehmung. Dieses stellt die Steuerbarkeit als Ergebnis des Quotienten der Aktivsumme durch die Passivsumme sowie das Verbesserungspotenzial als Quotient des Einflussgewichts im Gesamtsystem durch das arithmetische Mittel aus Qualität, Quantität und Systematik dar.

Die Wissensbilanz in der beschriebenen Form leistet keine finanzielle Bewertung des Intellektuellen Kapitals eines Unternehmens. Doch dies könnte bspw. im Rahmen von Fusionen und Kooperationen sowie für eine erfolgreiche und begründete Kommunikation des „Wissenswertes" gegenüber Stakeholdern von erheblicher Bedeutung sein. Dazu sind die durchgeführten Auswertungen einer Wissensbilanz um die Berechnung der Leistung und des Leistungspotenzials nach Logik der IFC EBERT zu ergänzen. Dann wird auf Basis der Wichtigkeit einzelner Erfolgsfaktoren für die Strategischen Ziele und der Wirksamkeit auf die Erfolgsfaktoren des Gesamtsystems zunächst der Knowledge Value Index[IFC] (KVI[IFC]) und dann unter Berücksichtigung des operativen Inputs der Knowledge Value Added KVA[IFC] berechnet. Diese Erweiterung bietet die Möglichkeit der Monetarisierung der Erkenntnisse aus der Wissensbilanz.

Erstellt ein Unternehmen in periodischem Zyklus – analog zum Jahresabschluss – eine Wissensbilanz so kann der Wissenszuwachs gemessen und bewertet werden. Der Wissensfluss kann einerseits qualitativ auf Basis der Veränderungen in der klassischen Wissensbilanz dargestellt werden. Er zeigt sich einerseits in den Veränderungen der Erfolgsfaktoren in ihrer jeweiligen Lage im Potenzialdiagramm und andererseits in der Größe der Kreise als Ergebnis der Umsetzungsqualität des Faktors. Wird der interne Wissenswert und der KVA[IFC] zusätzlich bestimmt, so kann ein monetärer Wissenszufluss oder -abfluss als „Knowledge flow" ermittelt und kommuniziert werden. Dieser könnte sich zu einer Schüsselgröße zur Bestimmung des Return of Investment von immateriellen Investitionen, d. h. auch im Kontext des digital business und von ESN entwickeln.

9.5 Return on Digital: Bewertung des ökonomischen Nutzens eines ESN

9.5.1 Gesamtmodell RoD

Die Berechnung des Return on Digital (RoD) beruht grundsätzlich auf unserem Cost-Impact-Performance-Modell. Der Aufbau des ESN erfordert zunächst Investitionen im klassischen Sinne aber auch Investition in Mitarbeiter und Prozesse. Insofern sprechen wir von adjustierten Investitionen. Die Nutzung des ESN führt zu entsprechenden Kosten. Dabei sind sie jeweils abhängig vom gewählten Geschäftsmodell des Unternehmens. Dabei zeigt sich der Impact auf das Geschäftsmodel in zwei Richtungen: Einerseits wird der Nutzen für empowerte Kunden des Unternehmens verbessert und andererseits die bisherigen Kosten für Kommunikation und Zusammenarbeit innerhalb und außerhalb der Organisation verringert. Beides zusammen erhöht die Performance in Form begeisterter und integrierter Kunden, agiler und adaptionsfähiger Prozesse sowie dem flexiblen Zugriff auf externe und interne Ressourcen. Ein lebensfähiges und multiplikationsfähiges Geschäftsmodell kann realisiert werden, denn die Leistungsanforderungen des Marktes sind kongruent zum Leistungsvermögen des Unternehmens.[2] Der RoD berechnet sich dann als Division der monetarisierten Performance durch die adjustieren, ebenfalls monetarisierten Investitionen (Abb. 9.1).

---

[2] Vgl. Steinhübel, V. 2003: a. a. O.; S. 158 ff.

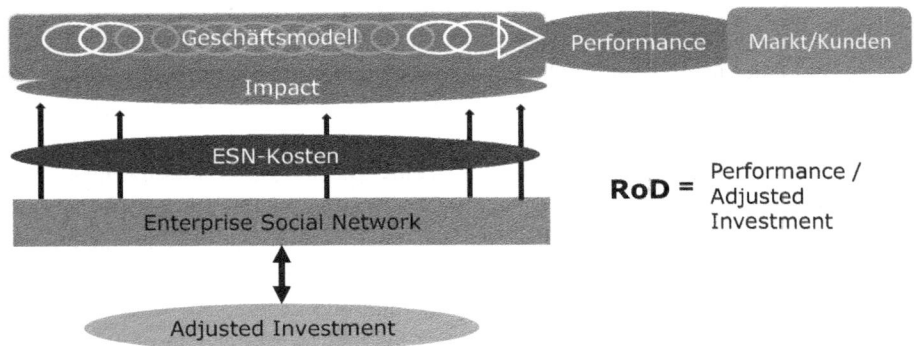

Abb. 9.1 Cost-Impact-Performance-Modell

9.5.2 Wirkungsmodell ESN

Nachfolgend werden die erforderlichen Schritte zur Bestimmung des RoD kurz dargestellt. Als Bewertungsmodelle kommen die Wissensbilanz und die Balanced Scorecard
zum Einsatz.

- Stufe 1: Bestimmung der immateriellen Leistungsfähigkeit, strategischen Wichtigkeit
  und nachhaltigen Relevanz

Zunächst werden die Erfolgsfaktoren des ESN – analog der Wissensbilanz – bestimmt.
Auf Basis individueller Intensitäten dieser Erfolgsfaktoren im Beziehungs-, Struktur- und
Humankapital als Division zwischen Aktiv- und Passivsummen wird aggregiert eine Intensität je Kapitalart gebildet. Aus der Multiplikation von Einfluss und Professionalität ergibt sich erfolgsfaktorspezifisch dessen Wirkung und wiederum aggregiert die Wirkung je
Kapitalart. Eine Division der Intensität durch die Wirkung führt zum Faktor der Leistung
je Kapitalart (= interne Ausprägung aus dem ICR).

Die Bestimmung der gewünschten Ausprägungen je Erfolgsfaktor bzw. Kapitalart zeigt
auf, inwieweit die einzelnen Größen nachhaltig wertvoll sind und für den dauerhaften
Erfolg des Unternehmens erforderlich sind. Sie bilden hierdurch die Ziel- oder Strategie-
werte (= externe Wichtigkeit aus der BSC).

Durch eine Division des Leistungswerts durch den Strategiewert erhält man den Fit
zwischen interner Ausprägung und externer Wichtigkeit. Idealerweise stimmen die Fak-
torausprägung der Institution und die Wichtigkeit für die Unternehmensstrategie überein.
Als Ergebnis ermittelt sich in Form eines Index die nachhaltige Relevanz für das Unternehmen.

- Stufe 2: Bestimmung des strategischen ESN-Potenzials

Durch Multiplikation der berechneten Relevanz je aggregierter Kapitalart, d. h. differenziert für Human-, Struktur- und Beziehungskapital, mit den korrespondierenden operativen Kosten für das ESN, ergibt sich das strategische Potenzial in monetarisierter Form.
Das Potenzial steht dann zur Realisierung eines entsprechenden Impacts auf das Geschäftsmodell zur Verfügung.

- Stufe 3: Bestimmung des operativen ESN-Impacts

Der Impact des ESN-Potenzials zeigt sich in einer Reduktion der Transaktionskosten der
Kommunikation und Zusammenarbeit, bedingt durch eine Steigerung der Qualität und
Geschwindigkeit in den Prozessen sowie einem erhöhten Vertrauen zwischen den internen und externen Akteuren. Weiterhin folgt eine Erhöhung des Nutzens für den Markt
durch eine entsprechende Einbindung des Kunden in die Entwicklung, Gestaltung und
Realisierung der Leistung. Damit gelingt es optimale und wirtschaftliche, zum Teil von
den Kosten entkoppelte Preismodelle zu verwirklichen, welche angemessene Renditen
ermöglichen.

- Stufe 4: Bestimmung der Performance des Geschäftsmodells

Durch eine Division des monetarisierten strategischen Potenzials mit dem markttreiben-
den und kundenerreichenden Absorptionsfaktor – gebildet aus der jeweiligen passiven
Beeinflussung der Kapitalarten und der Gesamtbeeinflussungsquote des Wissensbilanz-
systems – lässt sich der strategische ESN-Value berechnen. In seiner Summe zeigt er auf,
inwieweit die Potenziale des ESN über das Geschäftsmodell monetär genutzt werden
konnten. Zu diesem strategischen Wert wird der bereits berechnete monetarisierte operative Impact addiert. Beide zusammen ergeben den Performancebeitrag des ESN für das
Unternehmen.

- Stufe 5: Bestimmung des Return on Digital

Im letzten Schritt wird die berechnete Performance mit den erforderlichen Investitionen
verglichen. Dies erfolgt durch Division der Performance durch die adjustierten Investitionen des Unternehmens. Zu letzteren gehören alle Investitionen mit ESN-Relevanz dar.
Dies könnten Software, Personalentwicklung, etc.- sein. Der RoD zeigt als Prozentwert die
Verzinsung dieser „Investition" über das implementierte Geschäftsmodell an (Abb. 9.2).

9.5.3 Berechnungsmodell ESN

Nachfolgend wird beispielhaft die Berechnung des RoD dargestellt.

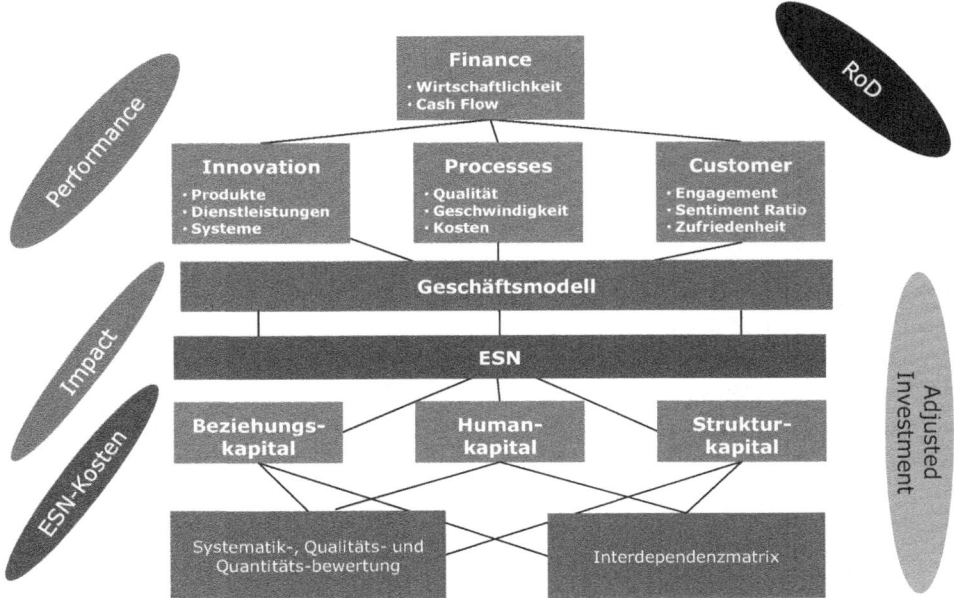

Abb. 9.2 Wirkungsmodell ESN

9.5.3.1 Stufe 1: Bestimmung der immateriellen Leistungsfähigkeit, strategischen Wichtigkeit und nachhaltigen Relevanz

Berechnung der immateriellen Leistungsfähigkeit (Abb. 9.3)

Berechnung der strategischen Wichtigkeit (Abb. 9.4)

Berechnung der nachhaltigen Relevanz (Abb. 9.5)

9.5.3.2 Stufe 2: Berechnung des strategischen ESN-Potenzials

Berechnung der operativen Kosten je Kapitalart (Abb. 9.6)

Berechnung des strategischen ESN-Potenzials (Abb. 9.7)

9.5.3.3 Stufe 3: Bestimmung des operativen ESN-Impacts

Im Beispiel sind folgende Wirkungen ermittelt worden (Abb. 9.8):

	Professionalität	Mittelwert Professionalität	Wirkung	Wirkung Mittelwert	Leistung	Leistung
	arithmetisches Mittelwert		Einfluss und Professionalität		Intensität / Wirkung	Mittelwert
1 Führungsverhalten	0,50		0,16		8,58	
2 Kommunikationsverhalten	0,70		0,11		13,16	
3 Kooperationsfähigkeit	0,70		0,11		7,02	
4 Motivation	0,70		0,10		8,74	
5 Vertrauen	0,50	0,62	0,12	0,12	7,23	8,95
6 Internes Social network	1,20		0,06		19,48	
7 Externes Social network	1,00		0,08		18,36	
8 Organisation	0,60		0,11		7,48	
9 Softwarelösung	0,70		0,09		9,52	
10 Anreizsystem	0,30	0,76	0,18	0,10	5,71	12,11
11 Innovationsmotor	0,90		0,09		16,14	
12 Kundeneinbindung	0,70		0,11		12,00	
13 Netzwerkmanagement	0,90		0,08		15,86	
14 Partnerschaften	0,90		0,08		9,00	
15 Offenheit	0,80	0,84	0,09	0,09	6,48	11,90
16 Agilität	0,70		0,08		10,66	
17 Umsatz	0,50		0,09		4,67	
18 Innovative Produkte	1,00		0,05		15,23	
19 Marke	1,00	0,80	0,06	0,07	15,95	10,60

Abb. 9.3 Berechnung der immateriellen Leistungsfähigkeit

	Strategie	Mittelwert Strategie
1 Führungsverhalten	8	
2 Kommunikationsverhalten	8	
3 Kooperationsfähigkeit	9	
4 Motivation	8	
5 Vertrauen	8	8,20
6 Internes Social network	7	
7 Externes Social network	8	
8 Organisation	6	
9 Softwarelösung	5	
10 Anreizsystem	3	5,80
11 Innovationsmotor	5	
12 Kundeneinbindung	9	
13 Netzwerkmanagement	7	
14 Partnerschaften	9	
15 Offenheit	6	7,20
16 Agilität	8	
17 Umsatz	6	
18 Innovative Produkte	8	
19 Marke	8	7,20

Abb. 9.4 Berechnung der strategischen Wichtigkeit

		Strategie	Mittelwert Strategie	Leistung	Mittelwert Leistung	Relevanz	Relevanz je Kapitalart (Mittelwert)
1	Führungsverhalten	8		8,58		1,07	
2	Kommunikationsverhalten	8		13,16		1,65	
3	Kooperationsfähigkeit	9		7,02		0,78	
4	Motivation	8		8,74		1,09	
5	Vertrauen	8	8,20	7,23	8,95	0,90	1,10
6	Internes Social network	7		19,48		2,78	
7	Externes Social network	8		18,36		2,29	
8	Organisation	6		7,48		1,25	
9	Softwarelösung	5		9,52		1,90	
10	Anreizsystem	3	5,80	5,71	12,11	1,90	2,03
11	Innovationsmotor	5		16,14		3,23	
12	Kundeneinbindung	9		12,00		1,33	
13	Netzwerkmanagement	7		15,86		2,27	
14	Partnerschaften	9		9,00		1,00	
15	Offenheit	6	7,20	6,48	11,90	1,08	1,78
16	Agilität	8		10,66		1,33	
17	Umsatz	6		4,67		0,78	
18	Innovative Produkte	8		15,23		1,90	
19	Marke	8	7,20	15,95	10,60	1,99	1,42

Abb. 9.5 Berechnung der nachhaltigen Relevanz

Kapitalart		Kosten	Abgeleitete Kosten
HK	Personalkosten	200.000 €	
SK	Gesamtkosten o. PersK.	450.000 €	
BK			261.793 €
	Summe Kosten	650.000 €	

Abb. 9.6 Berechnung der operativen Kosten je Kapitalart

	Strategsches Potenzial je Kapitalart	Kumulierte Summe
1 Führungsverhalten		
2 Kommunikationsverhalten		
3 Kooperationsfähigkeit		
4 Motivation		
5 Vertrauen	219.740 €	219.740 €
6 Internes Social network		
7 Externes Social network		
8 Organisation		
9 Softwarelösung		
10 Anreizsystem	911.861 €	1.131.601 €
11 Innovationsmotor		
12 Kundeneinbindung		
13 Netzwerkmanagement		
14 Partnerschaften		
15 Offenheit	466.374 €	1.597.976 €
16 Agilität		
17 Umsatz		
18 Innovative Produkte		
19 Marke	921.674 €	2.519.650 €

Abb. 9.7 Berechnung des strategischen ESN-Potenzials

Abb. 9.8 Operative Wirkung

Operative Wirkung	
Nutzensteigerung	50.000 €
Kostensenkung	25.000 €
Gesamtwirkung	75.000 €

9.5.4   Stufe 4:Berechnung der Performance des Geschäftsmodells

Berechnung des strategische ESN-Value
Im Beispiel beträgt der Absorptionsfaktor 2,71. Daraus folgt ein ESN-Value von:
  2.519.649,91 €/2,71 = 929.760 €

Berechnung des Performancebeitrags
Der Performancebeitrag liegt bei:
  929.760 € plus 75.000 € = 1.004.760 €

9.5.4.1 Stufe 5:Bestimmung des Return on Digital

Im Beispiel lagen die ESN-relevanten Investitionen bei 700.000 €.
Daraus folgt ein RoD von: 144 %.

9.6 Fazit

Es zeigt sich also, dass die Etablierung eines ESN im Unternehmen – die Unterstützung und erfolgreiche Nutzung der Führungskräfte und Mitarbeiter vorausgesetzt – einen bedeutsamen Einfluss auf die Kommunikationsprozesse und die Kommunikationskultur hat. Für eine Darstellung der Wirkung dieser psychologischen Effekte auf die ökonomische Nutzenerzielung der Organisation bedarf es einer differenzierten Analyse von verschiedenen Erfolgsfaktoren und Performancegrößen. Als Orientierungsrahmen kann hierzu das Cost-Impact-Performance-Modell dienen. Den erforderlichen Kosten wird generell der daraus resultierende Impact auf das Geschäftsmodell sowie die erzielte Wirkung (Outcome) auf die Leistungsfähigkeit gegenübergestellt. Mit Hilfe des Return on Digital Modells werden diese Auswirkungen des ESN dahingehend betrachtet, wie durch diese die Erfolgsfaktoren im Beziehungs-, Struktur- und Humankapital zur Steigerung der Performance eingesetzt werden. Der dabei erzielte Impact, sowohl aus strategischer als auch aus operativer Sicht, lässt sich anschließend in Relation zu den ESN-relevanten Investitionen setzen. Der RoD eignet sich damit als wirksame Argumentationsgröße, welche den notwendigen Invest für die Implementierung und Anwendung eines ESN in Relation zu einem konkreten quantifizierbaren Performancebeitrag setzt.

Die Vorgehensweise mit entsprechenden Ergebnissen wurde in diesem Artikel aufgezeigt und exemplarisch erläutert.

Literatur

Bleicher, K. 1991. *Das Konzept Integriertes Management*. New York: Campus Verlag.
Ebert-Steinhübel, A., und N. Steinhübel. 2013. Social Media in der Organisation – Führung und Kommunikation einer neuen Generation? In *PersonalEntwickeln (Loseblattwerk)*, Hrsg. S. Laske, A. Orthey, M. Schmid, 5. (Aktualisierungslieferung Nr. 176, Oktober 2013). Deutscher Wirtschaftsdienst.
Fichter, H. 2008. *Unternehmenskultur im Strategischen Kompetenzmanagement*. Wiesbaden: Gabler.
Hofinger, G. (2015, 21. Okt.). Kritische Faktoren der interorganisationalen Zusammenarbeit. researchgate.net. http://www.researchgate.net/profile/Gesine_Hofinger/publication/265481910_2._Kritische_Faktoren_der_interorganisationalen_Zusammenarbeit/links/54a674300cf257a63609143a.pdf. Zugegriffen: 1. Dez. 2015.
Horx, M. 2011. *Das Megatrend Prinzip*, 33. München: Deutsche Verlags-Anstalt.
Jones, G., und R. B. Bouncken. 2008. *Organisation: Theorie, Design und Wandel*. München: Pearson.

Kaplan, R., und D. Norton. 1997. *Balanced Scorecard.* Stuttgart: Schäffer-Poeschel Verlag.

Kattenbach, R. 2009. *Der Teilzeitanspruch in der betrieblichen Anwendung.* München: Rainer Hampp Verlag.

Mast, C. 2013. *Unternehmenskommunikation,* 5. Aufl. München: UVK Verlagsgesellschaft.

Schröder, K. 2003. *Mitarbeiterorientierte Gestaltung des unternehmensinternen Wissenstransfers,* 184 f. Wiesbaden: Gabler.

Schwaninger, M. 1989. *Integrale Unternehmensplanung.* New York: Campus Verlag.

Steinhübel, V. 2003. *Strategisches Controlling – System und Prozess,* 3. Aufl. München: Herbert Utz Verlag.

Steinhübel, V. 2009. Weiterdenken – Was kommt nach dem Controlling. In *Steinhübel, Weiter denken – Controlling + Wissen = Innovation, Festschrift für Günter Ebert,* Hrsg. A. Ebert-Steinhübel, E. Mändle, und V. Steinhübel. Gernsbach. Deutscher Betriebswirte-Verlag.

Steinhübel, V., und K. Distel. 2007. Methoden der Wissensbewertung – Stand und Perspektiven. *Der Controlling-Berater* Heft 8/2007. Haufe-Lexware.

Stoi, R. 2004. Management und Controlling von Intangibles. In *Intangibles in der Unternehmenssteuerung,* Hrsg. P. Horváth und K. Möller. München: Vahlen.

Prof. Dr. Volker Steinhübel war, nach Studium und Promotion in Betriebswirtschaftslehre, Assistent und Projektleiter am Institut für Controlling der Hochschule Nürtingen-Geislingen. Seit 1995 ist er als Geschäftsführer der IFC EBERT-Gruppe tätig. In zahlreichen Projekten bei Groß- und Mittelstandsunternehmen sowie öffentlichen Verwaltungen bringt er sich als Berater, Trainer und Coach ein. Zu seinen Beratungs- und Qualifikationsschwerpunkten gehören Leadership, Strategieentwicklung und -umsetzung, Wertmanagement, Wissensbilanzierung und alle Facetten des Controllings. In den Jahren 1999 bis 2008 lehrte Prof. Dr. Volker Steinhübel Betriebswirtschaftslehre und Controlling an der SRH FernHochschule Riedlingen. Neben seiner Publikationstätigkeit – unter anderem zum strategischen Controlling und Wissensmanagement – steht Prof. Dr. Steinhübel als Aufsichtsrat und Beirat mittelständischen Unternehmen als Impulsgeber zur Seite. Er ist Mitglied im Dienstleistungsausschuss der IHK Region Stuttgart, bei der American Chamber of Commerce in Germany e. V. sowie der Financial Experts Association e. V. Zudem ist er Aufsichtsratsvorsitzender des Social Media Institute (IT Advantage AG).

Sebastian Reek MA studierte berufsbegleitend Betriebswirtschaft (Bachelor of Arts) und Wirtschaftspsychologie (Master of Arts) an der SRH FernHochschule Riedlingen. Aktuell ist er Berater bei der Institut für Controlling Prof. Dr. Ebert GmbH. Er unterstützt Unternehmen verschiedener Branchen und Größenordnungen in den Themengebieten Analyse und Veränderung von Geschäftsmodellen, normatives und strategisches Management, Frühaufklärung und Risikomanagement, Personal- und Organisationsentwicklung sowie Reporting und Informationssysteme. Für den Qualification-Bereich der IFC EBERT ist er als Referent für die angesprochenen Themengebiete, sowie in der Entwicklung von Seminaren und Veranstaltungen tätig. Zudem ist er Inhaber des Blog-Content Dienstleisters blogsourcing.

Enterprise Social Networks im Mittelstand

10

Markus Besch

Inhaltsverzeichnis

Zusammenfassung

ESN sind heute bei Großunternehmen breit im Einsatz oder zumindest im Einführungsprozess. Der Mittelstand ist mit der Adaption von ESN bedeutend zögerlicher und hängt hier im Verhältnis zu den Großunternehmen weit hinterher. Nicht nur, aber insbesondere auch im Kampf um die jungen Talente von morgen ist dies ein entscheidender Nachteil, da hier ein digitaler Arbeitsplatz mit zeitgerechten Werkzeugen und offenen Partizipationsmöglichkeiten erwartet wird. In diesem Kapitel beleuchte ich, was die speziellen Eigenheiten mittelständischer Unternehmen sind und wie ESN für sie wirksam eingesetzt werden können.

Schlüsselwörter

ESN · Enterprise Social Networks · Social Intranet · Mittelstand · Digitaler Arbeitsplatz · Digitaler Wandel · Social Collaboration · Kollaboration

M. Besch (✉)
SocialMedia Institute, Nürtingen, Deutschland
E-Mail: mbesch@socialmedia-institute.com

© Springer Fachmedien Wiesbaden 2016
A. Rossmann et al. (Hrsg.), *Enterprise Social Networks,*
DOI 10.1007/978-3-658-12652-0_10

10.1 Warum im Mittelstand und wie definiert sich dieser?

Das Marktforschungsunternehmen Gartner prognostiziert, dass bereits im Jahr 2016 die Hälfte aller Großunternehmen ein soziales Netzwerk implementiert haben werden. Davon wird bei rund 30 % der Unternehmen die Kommunikation über das ESN so wichtig wie E-Mail und Telefonate heute sein.

Und wo steht der Mittelstand nun bei der Einführung und Nutzung von Enterprise Social Networks (ESN)? Leider gibt es dazu wenig belastbares Zahlenmaterial, aber wir müssen davon ausgehen, dass die Zahlen deutlich geringer als bei den Großunternehmen sind. Aber zunächst nochmals einen Schritt zurück zur Definition von Mittelstand, der Gegenstand dieses Kapitels ist.

Der Begriff „Mittelstand" ist eine Besonderheit des deutschsprachigen Raums und wird primär durch die Einheit von Eigentum und Leitung definiert. Ausschlaggebend für die Zugehörigkeit eines Unternehmens zum Mittelstand ist also nicht dessen Größe, sondern sind dessen qualitative Merkmale. Einheit von Eigentum und Leitung bedeutet beispielsweise, dass der Unternehmer einen maßgeblichen persönlichen Einfluss ausübt, das unternehmerische Risiko trägt, und dass das Unternehmen seine persönliche Erwerbs- und Existenzgrundlage sichert.

Gemäß der Definition der EU-Kommission zählt ein Unternehmen dann zu den Kleinen und mittleren Unternehmen (KMU), wenn es nicht mehr als 249 Beschäftigte hat und einen Jahresumsatz von höchstens 50 Mio. € erwirtschaftet oder eine Bilanzsumme von maximal 43 Mio. € aufweist. Zugleich muss es unabhängig sein und darf nicht zu mehr als 25 % zu einer Unternehmensgruppe gehören (Tab. 10.1).

Wir haben somit also einerseits qualitative Merkmale wie den starken Einfluss des Unternehmers und andererseits die statistisch relevanten Größenmerkmale der EU für den Bereich KMU/SME.

In der Publikation „German Mittelstand: Motor der deutschen Wirtschaft" aus Mai 2014 nennt das Bundesministerium für Wirtschaft und Energie folgende interessante Fakten zum Mittelstand:

- Mehr als 99 % aller deutschen Unternehmen gehören zum Mittelstand.
- Der Mittelstand steuert fast 55 % zur gesamten Wirtschaftsleistung des Landes bei.

Tab. 10.1 KMU-Schwellenwerte der EU seit 01.01.2005. (Quelle: http://ec.europa.eu/growth/smes/business-friendly-environment/sme-definition/index_en.htm)

Unternehmens-größe	Zahl der Beschäftigten	Und	Umsatz €/Jahr	Oder	Bilanzsumme €/Jahr
Kleinst	bis 9		bis 2 Mio.		bis 2 Mio.
Klein	bis 49		bis 10 Mio.		bis 10 Mio.
Mittel[a]	bis 249		bis 50 Mio.		bis 43 Mio.

[a] entspricht dann auch KMU gesamt

- Der Mittelstand erwirtschaftet fast 36 % des gesamten Umsatzes deutscher Unternehmen, 2011 waren das rund 2,1 Billionen €.
- Der Mittelstand hat gut 15,7 Mio. Beschäftigte. Das entspricht knapp 60 % aller sozialversicherungspflichtigen Beschäftigten.

10.2 Welche Anforderungen hat der Mittelstand an ESN?

Ein typisches mittelständisches Unternehmen wird in vielen Fällen von einem der geschäftsführenden Gesellschafter geleitet und hat in den meisten Fällen eine relativ kleine Spitze an Geschäftsleitungsmitgliedern. Auch in der darunter angesiedelten Organisationsstruktur weist der Mittelstand typischerweise eine geringere Anzahl an Hierarchiestufen als Großunternehmen auf. Dies bedeutet kurze Entscheidungswege und meist relativ schnelle und klare Entscheidungen. Mittelständische Unternehmen sind daher bildlich gesprochen oft Schnellboote im Vergleich zu den manchmal eher wie Tankern anmutenden Großunternehmen. Sie können so schneller auf Veränderungen reagieren und daraus oftmals Nutzen ziehen.

Mitarbeiter in mittelständischen Unternehmen müssen im Vergleich zum Großunternehmen öfter eine Vielzahl unterschiedlicher Aufgaben erledigen, weil die Anzahl der Mitarbeiter im mittelständischen Unternehmen meist gering ist. Daher haben Mitarbeiter hier oft ein sehr breites Wissen über die Unternehmensprozesse und -daten, aber eben auch oft wenig Zeit dieses Wissen entsprechend zu dokumentieren. Dies ist aber speziell in den kleineren Unternehmen eine zunehmend wichtige Sache, da hier nur wenig Überlappung zwischen den Aufgaben gegeben ist und somit beim Ausscheiden eines Mitarbeiters oft sein jahrelang erarbeitetes Wissen mit ihm das Unternehmen verlässt. Ein Anfang ist dabei sicher die Prozessdokumentation gemäß den Anforderungen einer ISO-Zertifizierung, welche aber durch einer ständigen Überarbeitung unterliegenden Dokumente und Ergänzungen zwischen den Prüfungszeiträumen mindestens angepasst und erweitert werden sollten.

Da die Abhängigkeit von einzelnen Mitarbeitern im Mittelstand oft stärker gegeben ist als im Großunternehmen, ist die Möglichkeit mobil auf Rückfragen reagieren oder mobil in Abläufe eingreifen zu können für den Mittelstand eine sehr wichtige Funktionalität.

Auch das Thema Transparenz und Offenheit spielt in kleineren Unternehmen eine große Rolle, da man sich oft in einer sehr starken Abhängigkeit voneinander befindet und keine Zeit zur vorherigen Hinterfragung oder mehrfachen Rückfragen hat. Hier ist an vielen Stellen ein Umdenken oder Weiterentwicklung für die Zukunft erforderlich, da junge Mitarbeiter mit einem ganz selbstverständlichen Umgang mit Transparenz und Offenheit in die Unternehmen kommen und diese auch an ihrem Arbeitsplatz als gegeben sehen wollen.

Die sehr direkte Führung durch den Unternehmer und seine Entscheidungen im Mittelstand bedingen eine gute Kommunikationskultur, um auch individuell getroffene Entscheidungen transparent und nachvollziehbar zu machen. Durch die hohe Aufgabendichte

pro Kopf ist die Anforderung an eine intuitive Bedienung beim Einsatz einer ESN-Plattform hier sehr hoch. Schön zu sehen ist das bereits bei vielen Lösungen heutiger Startups
und den dort eingesetzten Kollaborations-Werkzeugen, die meist völlig ohne Einarbeitung
und Training eingesetzt werden können. Im Einsatz im größeren Unternehmensverbund
sieht man jedoch dann oft schnell Anforderungen, wofür diese Systeme wiederum nicht
gemacht wurden.

Auch im Mittelstand sind demografischer Wandel, Fachkräftemangel, Vereinbarkeit
von Beruf und Familie große Themen für die Zukunft. Heute wird bereits in vielen Fällen
die Kommunikation auf digitalem Weg über Social Networks, Chat oder Mobile Apps
geführt. Daher ist es elementar wichtig, diese auch in den digitalen Arbeitsplatz des Mitarbeiters im Unternehmen zu integrieren. Und dies nicht nur in Großunternehmen, die
das bereits vielfältig realisieren, sondern auch im Mittelstand – schon allein um in diesem
Bereich wettbewerbsfähig mit den großen Unternehmen zu bleiben, aber vor allem auch
um die Vorzüge des schnellen direkten Kommunikationsaustausch im Mittelstand durch
die digitale Komponente zu ergänzen und weiter zu optimieren. Durch den Einsatz von
ESN-Werkzeugen wird der Bedarf nach flexiblem Arbeiten einerseits und nach der Arbeit
mit modernen Tools andererseits befriedigt.

10.3   Welche Potenziale haben ESN im Mittelstand?

Wenn ESN im Mittelstand genutzt werden ist es essenziell, dass die Geschäftsleitung
selbst das ESN regelmäßig und aktiv nutzt, da das Unternehmen wie beschrieben in vielen Fällen sich sehr mit dem Unternehmer identifiziert und ihn als Leitfigur führt. Hier
bietet dann aber ein ESN eine ideale Möglichkeit, mit einer überschaubaren Anzahl von
Beiträgen und Kommentaren eine Vielzahl von Mitarbeitern zu erreichen und zu steuern,
ohne dabei eine große Menge an E-Mail-Kopieempfänger einzusetzen. In vielen mittelständischen Unternehmen ist eine Betriebsübergabe an die nachfolgende Generation in
den letzten Jahren bereits erfolgt oder steht unmittelbar bevor. Die Eigenschaften von
kollaborativem Arbeiten in ESN sowie die Offenheit und Transparenz in der Kommunikation, das einfache Feedbackverhalten über Likes und Kommentare sowie das Teilen von
Inhalten anstatt der jeweiligen Weiterleitung entspricht sehr stark den Wertvorstellungen
der jungen Generation.

Ebenfalls bieten ESN durch die Offenheit und Transparenz der Newsfeed-Kommu-
nikation die Möglichkeit, schnell einen Überblick über eine Vielzahl an Aktivitäten und
Informationen aus dem Unternehmen zu bekommen und die Möglichkeit sich einfach
über Kommentare mit einzubringen. Dies entspricht in vielen Fällen der mittelständischen
Unternehmenskultur und sollte zu einer starken Annahme bei allen Beteiligten führen.

Einfach und schnell sind generell zwei sehr wichtige Eigenschaften, die durch ein ESN
für einen Mittelständler in der Kommunikation gelten sollten. Viele Systeme am Markt
unterstützen diese Eigenschaften durch einfache Benutzeroberflächen und ein geringes
Maß an Einarbeitungs- oder Implementierungszeit.

Über die hohe Anforderung an Mobilität haben wir weiter vorn im Text schon gesprochen. Da heute viele ESN-Plattformen bereits im „Mobile first"-Verfahren (die Entwicklung wird zunächst auf mobile Endgeräte hin betrieben, und erst im Anschluss für
Desktop-Geräte angepasst) entwickelt werden, bieten sie gute Voraussetzungen für einen
mobilen Einsatz im Unternehmen. Im Mittelstand sind typischerweise Sicherheitsanforderungen nicht so stark gegeben wie im Großunternehmen, was den Einsatz von Mobile und
Cloud prinzipiell positiv beeinflussen müsste. Die Sicherheitsbedenken sind aber oft hoch.
Wichtig ist, dass hier ein gutes Abwägen zwischen den Sicherheitsanforderungen und den
Potenzialen von Cloud und Mobile stattfindet. Hier kann ein Serverstandort in Deutschland oder die Einhaltung der EU-Datenschutzverordnung für den Server bereits ein guter
Indikator sein, bei dem der Mittelstand oft flexibler als seine Großunternehmens-Kollegen
zu Entscheidungen kommen kann.

Partizipation und breite Beteiligung ist im Mittelstand ob der geringeren Personaldich-
te entscheidend für den erfolgreichen Einsatz eines ESN. Wenn die Systeme unter Einbeziehung der Mitarbeiter ausgewählt und eingeführt werden, der Sinn hinter dem System
transparent wird und das gesamte Vorhaben vom Unternehmer direkt unterstützt wird, so
sind die Implementierungen meist sehr erfolgreich, was man dann an hohen Nutzerzahlen
und guter Beteiligung ablesen kann.

Der einfache Aufbau von Wissens-Dokumentationen in ESN hilft dem Unternehmen
das Wissen im Unternehmen zu halten und die Abhängigkeit von den wenigen Einzelpersonen zu reduzieren. Dies ist für den Mittelstand von höherer Wichtigkeit als im Großunternehmen, wo der Personalübergang meist besser und längerfristig geplant und vorbereitet werden kann.

In der offenen Kommunikation im Newsstream anstatt in den geschlossenen Informa-
tionssilos der individuellen E-Mail-Postfächer liegt eines der größten Potenziale der ESN.
Durch die meist schon geringere Personaldecke und damit notwendige hohe Zusammenarbeit und Transparenz im Mittelstand sollte diese Funktionalität hier gute Annahme finden und auf viel Gegenliebe in den Unternehmen stoßen.

Die in den ESN meist gut ausgebaute Volltextsuche ermöglicht auch wenig geübten
und technisch versierten Nutzern ein schnelles Auffinden von Inhalten. Die Untergliede-
rung in Gruppen, Communities oder Räume hilft zudem Inhalte zu steuern und zu ordnen,
sowie in ihren Zugriffsrechten zu begrenzen. Neu für viele ist hingegen das zusätzliche
Tagging, mit dem Texte, Bilder, Personen und andere Inhalte zusätzlich kategorisiert und
gekennzeichnet werden können. Auch hier liegt für den Mittelstand eine Chance darin,
sich schneller an diese Methodik anzupassen und ihre Vorteile, wie zum Beispiel das
gleichzeitige Einsortieren eines Texts unter mehreren Kategorien/Tags, für sich zu nutzen.
Moderne ESN bieten meist beide Möglichkeiten der Gliederung an, getrennt oder gemeinsam nutzbar, und daher auch einen nahtlosen Übergang zwischen den Welten.

Mithilfe von Funktionen wie „Like" oder „Folgen", die viele Nutzer heute bereits aus
Twitter, Facebook und Co. kennen, wird durch die Nutzung dieser Funktionen in ESN
deren Potenzial für einfachen und schnellen Wissens- und Informationsaustausch im Betrieb verbessert. Ein „Like" in der ESN-Nutzung schließt zum Beispiel sehr gut Feedback-

Kreise, indem der Leser dem Autor durch das „Like" signalisiert, dass er seine Nachricht und Text bekommen hat. Hätte er etwas dazu zu sagen, egal ob ergänzend, positiv oder negativ, dann wäre ja die Möglichkeit da dies über die Kommentar-Funktion zu tun. Ein Autor bekommt also so schnell Überblick, ob seine Inhalte zur Kenntnis genommen wurden, und ob es weitere Ergänzungen oder Anmerkungen dazu gibt.

ESN helfen wiederkehrende Arbeitsprozesse schlanker zu machen und die Zusammenarbeit im Betrieb zu optimieren.

10.4   Wo sind die erfolgskritischen Punkte für die Einführung?

Die richtige Einschätzung eines ESN-Projekts ist elementar, da es primär kein Technologie- oder IT-Projekt ist, sondern die Kommunikations- und Unternehmenskultur verändert und die etablierten Arbeits- und Kommunikationsabläufe neu gestaltet. Daher ist auch ein guter Change-Management Ansatz sehr wichtig, der alle Mitarbeiter mitnimmt und integriert.

Eine Kultur der Offenheit und Transparenz im Unternehmen ist essenzielle Basis für die erfolgreiche Umsetzung einer ESN-Einführung. Zumindest sollte das Unternehmen mit seinen Mitarbeitern dieses Ziel anstreben wollen, wenn es sich für eine ESN-Einführung entscheidet. Diese wird durch die neuen Werkzeuge belebt und bestmöglich unterstützt, setzt sie aber auch voraus. Daher ist die Vorbildfunktion des Unternehmers und seiner Führungskräfte entscheidend für den Erfolg der Einführung und Betrieb von ESN in mittelständischen Unternehmen, weil eben auch das gesamte Unternehmen noch viel mehr als ein Großunternehmen auf den Unternehmer als Leitfigur zugeschnitten ist.

Für die breite Akzeptanz und Umsetzung im Unternehmen ist es notwendig, eine klare Aussage zu Grund, Zielstellung, erwartetem Nutzen und geplantem Umsetzungszeitraum des Projekts zu haben, und diese Aussage für jeden und zu jeder Zeit zugänglich bereitzustellen. Weiter elementar ist eine gute Schulung der Mitarbeiter im Umgang mit den neuen Werkzeugen, Methoden und Kommunikationsabläufen. Dabei ist besonders auch auf mögliche Ängste einzelner Gruppen ohne oder mit wenig persönlicher Erfahrung mit Social Media und Informationssharing zu achten.

Insbesondere im Mittelstand ist eine einfache und praxisgerechte Umsetzung, ohne zu lange Anlaufphase wichtig für den Erfolg des ESN. Dies entspricht dem Selbstverständnis eines Mittelständlers, was aber erfahrungsgemäß bei der Einführung und Nutzung von ESN gut erreicht werden kann, da viele pragmatische Lösungsansätze wie Abteilungsgruppen oder Projekträume für eine rasche Umsetzung in kleinen Teams stehen und schnell Nutzen erkennen lassen. Die Lösung kann dann in einem evolutionären Prozess in ihrem Umfang und Einsatzbereich erweitert werden, was Ressourcen und Kosten bei der Einführung reduziert.

Es ist dabei zu beachten, dass eine Integration in die etablierten Geschäftsprozesse und Lösungen erfolgen muss, um keine Insellösung darzustellen, die typischerweise keinen oder nur wenig Nutzen liefert. Im Mittelstand ist öfter die Situation anzutreffen, dass nicht alle Prozesse klar definiert und dokumentiert sind, daher ist eine gründliche Evaluation durch frühzeitige Kommunikation mit den entsprechenden Mitarbeitern besonders wichtig.

Um Nutzeffekte aus der Einführung eines ESN zu erzielen ist es wichtig, bestehende Kommunikationskanäle durch ESN zu ersetzen oder wirksam zu ergänzen. Wenn intern E-Mail zum Beispiel parallel weiter auf gleichem oder ähnlichem Niveau bestehen bleibt, ist mit nur wenig nachhaltiger Akzeptanz durch die Mitarbeiter zu rechnen. Dies ist in Großunternehmen nicht anders, tritt aber in den kleineren Unternehmen noch augenscheinlicher zum Vorschein und kann so das Gesamtprojekt schnell zum Scheitern bringen.

Auch in mittelständischen Unternehmen existiert oft schon ein Betriebsrat im Unternehmen. Dieser sollte bereits in einer frühen Planungsphase einbezogen und gehört werden. Ihn gilt es für die Transparenz und Offenheit des Systems zu gewinnen, was aber eigentlich den Wünschen eines Betriebsrats entsprechen sollte. Ebenfalls sollte der Datenschutzbeauftragte frühzeitig einbezogen und für das Projekt als Fürsprecher gewonnen werden.

10.5   Fazit

Wie eingangs beschrieben setzen bereits eine Vielzahl von Großunternehmen ESN Systeme für ihre unternehmensinterne Kommunikation und Kollaboration ein, die mittelständischen Unternehmen warten häufig noch ab. Damit nutzen die Großunternehmen die Vorzüge der ESN bereits heute in ihrer täglichen Arbeit und sind damit auch einen deutlichen Schritt weiter in der Gestaltung eines attraktiven und effektiven digitalen Arbeitsplatzes. Damit sind sie dann auch für die umworbenen jungen Talente und Nachwuchskräfte ein noch interessanterer Arbeitgeber, da die Arbeitsbedingungen speziell auch ihrem Naturell der offenen Kommunikation und des unkomplizierten Teilens von Information entsprechen. Die großen Unternehmen sind somit in der Lage schneller entscheidungsrelevante Informationen zu sammeln, die Prozesse der Wissensarbeit zu verschlanken und eine höhere Flexibilität in ihrer Organisation zu erreichen, was seither besonders starke Eigenschaften des Mittelstands waren. Der Handlungsbedarf ist hoch und eine Beschäftigung mit dem Thema ESN sollte zeitnah erfolgen. Für 2015 geht das Technologie-Marktforschungsunternehmen The Radicati Group von 112,5 Mrd. täglich verschickten und empfangenen Geschäfts-Mails weltweit aus. Die Bedingungen für die Einführung eines Systems zur Reduktion von zumindest betriebsinternen E-Mails sind also sicher als sehr gut zu bezeichnen. Systeme zur Unterstützung stehen mannigfaltig zur Verfügung. Einige davon haben wir in der kleinen Vergleichsstudie in diesem Herausgeberband verglichen. Alle davon sind auch für den Mittelstand verfügbar und vor allem auch bezahlbar. Warum also weiter warten?

Markus Besch Bereits mit 17 Jahren gründete Markus Besch sein erstes IT-Unternehmen im Bereich der Softwareentwicklung für Branchenlösungen. Das Portfolio wurde Anfang der 90'er Jahre um Lotus Notes-basierte Lösungen erweitert, was dann auch bereits der Eintritt in die Welt der Kollaborationslösungen war.

Dem folgte ein USA Aufenthalt als Verantwortlicher Manager für die Markteinführung der ERP-Software Dynamics im deutschsprachigen Markt beim Hersteller Great Plains Software und später Microsoft Business Solution. 2002 begründete er dann mit mehreren Gründungsaktionären gemeinsam die IT Advantage AG, die sich im Technologiemarkt als Business Development Agentur erfolgreich etabliert. Zu den Kunden zählen viele große und mittlere Softwareunternehmen, aber auch bereits Social Network Unternehmen wie Xing und LinkedIn. Das so sehr früh und intensiv erworbene Knowhow über die Einsatzpotenziale und Umsetzung von Social Networks für Unternehmen wurde in der Folge 2009 in die Gründung des SocialMedia Institutes (SMI) übernommen, dem Markus Besch ebenfalls vorsteht. Das SMI berät und unterstützt Unternehmen bei ihrer Social Media Strategie und dem unternehmensweiten Einsatz von Social Business, bietet Enabling-Maßnahmen an und hat ein Coaching- und Begleitungskonzept für Unternehmen.

Die interne Seite einer digitalen Transformation

11

Peter Schütt

Inhaltsverzeichnis

Zusammenfassung

Technologien wie Cloud Computing, Analytics, mobile Geräte und soziale Medien haben Auswirkungen auf Geschäftsmodelle und Prozesse in Unternehmen, vor allem im externen Zusammenspiel mit den Bezugsgruppen. Es bleibt aber nicht nur dabei, anders auf Kunden zuzugehen. Auch die internen Prozesse bedürfen einer Revision und es muss in neue Technologien investiert werden. Das führt zu einer Transformation hin zu einem digitalen Unternehmen, in dem Netzwerkstrukturen und Projektarbeit eine höhere Bedeutung bekommen werden. Damit das Projekt erfolgreich ist, müssen alle

P. Schütt (✉)
Collaboration Solutions Strategy & Knowledge Management, IBM Deutschland GmbH,
Ehningen, Deutschland
E-Mail: schu@de.ibm.com

© Springer Fachmedien Wiesbaden 2016
A. Rossmann et al. (Hrsg.), *Enterprise Social Networks,*
DOI 10.1007/978-3-658-12652-0_11

wichtigen Bereiche im Unternehmen aktiv mitwirken. Und jedem sollte klar sein, dass sich auch das Führungsmodell ändern wird. Hierzu kann man viel vom Profifußball lernen, denn dort wurde das Thema Teamführung wie nirgends sonst optimiert. Die Reise ist damit aber nicht zu Ende: Schon bald werden uns kognitive Systeme unterstützen und die Arbeitsweisen nochmals stark verändern.

Schlüsselwörter

Geschäftsmodell · Wissensmanagement · 3D-KM Führungsmodell · Change Management · Cognitive Collaboration

11.1 Die (R)evolution lässt sich nicht stoppen

Neue Technologien verändern unsere Welt in einem bisher nicht bekannten Tempo. Dazu zählen etwa die weltweite Bereitstellung von Services aus der Cloud und neue Analytics-Verfahren, die auch mit sehr großen Mengen von unstrukturierten Daten arbeiten können. Hinzu kommen mobile Endgeräte und soziale Medien, die den Informationsaustausch revolutioniert haben.

Smarte Unternehmen, oft branchenfremde Start-ups, kommen mithilfe dieser neuen Technologien mit innovativen, völlig neuen Geschäftsmodellen an den Markt und sorgen im ersten Schritt für mitleidige Verwunderung, aber nach kurzer Zeit dann oft auch für Bewunderung und manchmal gar Panik bei den bisherigen Platzhirschen. Beispiele sind Unternehmen wie Tesla, das mit Laptopbatterien ein erfolgreiches Elektroautomobil auf den Markt brachte, MyTaxi, das das Geschäft der Taxizentralen aufmischte oder airbnb, das die Hotelbranche in Schrecken versetzt. Die Liste lässt sich fast beliebig fortsetzen.

Es ist also für jedes Unternehmen an der Zeit sich Gedanken zu machen, welche Bedeutung die neuen Möglichkeiten für ihre Prozesse oder gar das ganze Geschäftsmodell haben. Dabei sollte die Betrachtung nicht nur die Aktionen der Wettbewerber aus der eigenen Branche umfassen, sondern auch aufkommenden Neuerungen in anderer Branchen.

Auf der einen Seite gilt es, das „Schaufenster zum Kunden" (Front Office) neu zu gestalten, also etwa indem Produkte auch über mobile Apps angeboten werden. Da sich aber parallel auch die Ausrichtung auf die Kunden ändert – von einem Blick „Wie kann ich mein Produkt verkaufen?" zu „Da ist ein Kunde, was könnte ich ihm anbieten?" bis hin zur Vernetzungen von Angeboten auch mit Partnern in neu zu schaffenden Ökosystemen – muss auch intern die Organisation für solche Veränderungen fit gemacht werden. Flexibilität und Agilität sind die neuen Hauptanforderungen. Die wesentliche Grundlage dazu ist neben höherer Innovationskraft vor allen Dingen die Möglichkeit zum möglichst effektiven Informationsaustausch.

Das wiederum ist nicht neu und hatte eine (genau genommen zweite) Hochphase in den 1990ern unter dem Stichwort „Wissensmanagement". Damals wollte man Erfahrungswissen aus Projekten in sogenannten Wissensdatenbanken sammeln, was aus heute nachvollziehbaren Gründen nur bei einigen Beratungsunternehmen und in Call Centern funktionierte. Viele Unternehmen investierten in das Thema, doch letztlich ohne größere Erfolge. Fast immer wurde es den Tools angelastet und man versuchte, deren Oberflächen zu optimieren. Das wahre Problem lag jedoch an anderer Stelle – nämlich im Bereich „Management von Veränderungen."

11.2 Wie man Veränderung steuern kann

Will man etwas verändern, muss in einem ersten Schritt der Istzustand erfasst und verstanden werden. Das kann auf Unternehmensebene ein komplexes Unterfangen sein. Um es etwas zu vereinfach und zu strukturieren, hilft die Nutzung eines „Sense making"-Rahmenwerks, aus dem klar wird, welche Veränderungen Sinn ergeben können und welche Auswirkungen sie haben werden. Ein Beispiel dafür ist das Cynefin Framework von David Snowden (Snowden 2015). Es erlaubt eine Zuordnung zu Verhaltensmustern und man kann damit anschließend Aktionen für Übergänge vom Istzustand zum gewünschten Sollzustand festlegen. Es zeigt prinzipiell auch auf, welche Faktoren eine Veränderung behindern oder gar blockieren würden.

Das Cynefin Modell ist mächtig und vielseitig, benötigt allerdings einen erfahrenen Berater, um es richtig einzusetzen. Hat man einmal verstanden, welche Veränderungen in Prozessen und an der Unternehmenskultur anzustreben sind, geht es an die Details. Sehr viele der gewünschten Veränderungen gehen einher mit Veränderungen in der Kommunikation und ermöglichen neue Formen der Zusammenarbeit (Collaboration). An dieser Stelle empfiehlt sich ein Blick in die Möglichkeiten der oben angesprochenen neuen Technologien. Es wäre aber ein großer Fehler, ein Transformationsprojekt, in dem auch Technologie zum Tragen kommt, als reines Technologieprojekt umsetzen zu wollen, frei nach dem Motto „Wir installieren ein neues Tool und die Mitarbeiter werden dann schon damit klar kommen." Dieser Ansatz ist in der Regel zum Scheitern verurteilt.

Aus zahlreichen Wissensmanagementprojekten in den frühen 2000ern ließ sich in diesem Zusammenhang das sogenannte „3D-KM"-Modell ableiten (Schütt 2015). Es bezeichnet die drei Dimensionen erfolgreicher Wissensmanagementprojekte. Tatsächlich geht das Modell aber über das Thema Wissensmanagement hinaus und lässt sich generell bei Veränderungsprojekten anwenden. Die Aussage des Modells ist einfach, wird aber trotzdem in allzu vielen Projekten missachtet – was die Wichtigkeit des Modells unterstreicht.

Die drei Dimensionen umfassen zum einen die zum Einsatz kommende Informationstechnologie, die Organisation, womit die Personalprozesse und -Vorgaben und die dadurch definierte Unternehmenskultur gemeint sind, sowie als dritte Dimension die Prozesse im Unternehmen. Die Kernaussagen des Modells ist, dass man grundsätzlich alle drei Dimensionen betrachten muss. Die Reihenfolge ist dabei in der Regel beliebig. Nur wenn Informationstechnologie zwingend erforderlich ist, sollte man auch frühzeitig mit ihr beginnen. Das bedeutet aber nicht, dass die Führung des Projekts auch bei der IT-Abteilung

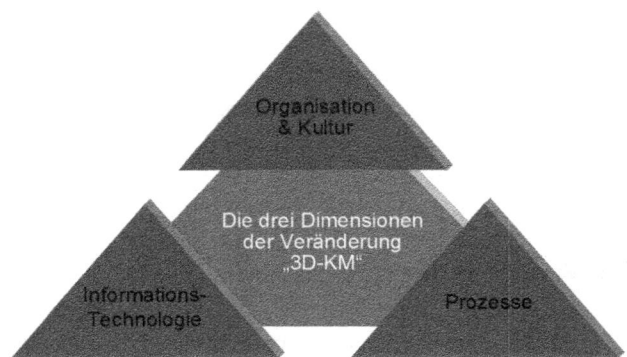

Abb. 11.1 Schütt's 3 D-KM Modell für erfolgreiche Transformationsprojekte

liegen sollte. Gibt es eine Strategieabteilung, so sollte auch sie an der Projektleitung beteiligt sein (Abb. 11.1).

Im Folgenden soll der Beitrag der IT, der Personalabteilung und der etablierten Be-
triebsprozesse bei Veränderungsprojekten genauer betrachtet werden.

11.2.1   Der Beitrag der IT Abteilung

Auch wenn die IT nicht zwangsläufig die Führung bei Veränderungsprojekten übernehmen sollte, ist das Thema heute bei jeder Art „Change" ein wichtiger Aspekt. Daher lohnt
hier ein ausführlicher Blick auf einige spezifisch technische Elemente, die bei Veränderungsprojekten eine Rolle spielen.

Die Werkzeuge aus der IT-Abteilung sind bei der Transformation zu einem digitalen
Unternehmen das treibende Element. Ohne sie sind die angestrebten Veränderungen nicht
möglich. Wenn etwa das Vertriebsteam mobiler werden soll, geht am Einsatz von mobilen
Geräten (Smartphones, Tablets) nichts vorbei. Die Frage bleibt nur, ob man Geräte des
Unternehmens vorschreiben will oder sich doch auf eine „Bring your own Device"-Stra-
tegie einlässt – was in Verbindung mit modernen Mobile Device Management Systemen
kein Sicherheitsrisiko mehr darstellt.

Etwas schwieriger gestaltet sich die Einführung von neuen, partizipativen Kommuni-
kationsprozessen auf Basis einer Social Media Suite, wie etwa IBM Connections.

Bei IBM hätte man bereits Anfang der 2000er mit einzelnen Social Media Services auf Basis von
Open Source Lösungen experimentiert. So kam als technische Lösung für Blogs damals Roller zum
Einsatz, Confluence für Wikis, usw. Schnell zeigte sich, dass die einzelnen Services für sich durch-
aus einen Wert für die Arbeitsprozesse erzeugten, aber mit ihren unterschiedlichen Oberflächen,
Editoren, Suchmaschinen, usw. sehr verwirrten. Auch fehlte ein übergreifendes Tagging. Man be-
nötigte daher eine durchgängige Software-Suite, statt einer Sammlung nicht integrierter Services.
Da es das damals am Markt nicht gab, entschloss man sich bei IBM für die Entwicklung von IBM
Connections, das laut den Analysten der IDC seit der Markteinführung 2007 den Markt klar anführt.

Eine Social Media Suite ist bei näherer Betrachtung einfach ein neues Kommunikationsmedium, ähnlich wie es das Telefon und später die E-Mail einmal waren, nur sind die Ausprägungen andere: Ein Gespräch oder auch ein Telefonat findet meistens nur zwischen zwei Personen statt und der Inhalt ist flüchtig, also schnell vergessen. E-Mails werden zwischen einzelnen Personen oder kleinen Gruppen ausgetauscht und von denen oft länger gespeichert. Da E-Mail aber persönliche Daten enthalten kann und damit dem Datenschutzgesetz unterliegt, kann sie auch unternehmensintern nicht allgemein zugänglich gemacht werden. Damit bleiben die geteilten Inhalte in ihrer Verbreitung in der Regel eng beschränkt. Ganz anders dagegen Inhalte aus sozialen Medien: Sie können auch für größere Personengruppen zugänglich gemacht werden – das kann auch das ganze Unternehmen sein – und müssen auch nicht gelöscht werden, wenn der Ersteller das Unternehmen verlässt, sind also potenziell langlebig.

Soziale Medien füllen damit eine Lücke im bisherigen Kommunikationsspektrum, ähnlich, wie das Telefon oder die E-Mail. Nur dass Unternehmen diesen Dienst heute nicht mehr „fest installieren" müssen, sondern auch über einen Cloud-Service beziehen können. Das Cloud Computing eröffnet hier einige Vorteile: Die Cloud ist immer auf dem neusten Stand der technischen Entwicklung, zugleich sind häufig auch die Betriebskosten niedriger. Es sind aber gesetzliche und firmenrechtliche Aspekte im Punkt Datensicherheit zu berücksichtigen und es ist zu klären, ob die notwendigen Integrationen in bestehenden Lösungen möglich sind. Die IT-Abteilung muss dann die technische Einführung umsetzen und den Service im Weiteren sicherstellen. Zu ihren Aufgaben gehören auch die frühzeitigen Abstimmungen mit dem Datenschutzbeauftragten und dem Betriebsrat.

11.2.2 Der Beitrag der Personalabteilung

Die Personalabteilung hat – oftmals fast unbemerkt – einen ganz wesentlichen Einfluss darauf, wie ein Unternehmen arbeitet. Allein die von Ihnen definierten Karrierepfade und Regeln zu Beförderung von Mitarbeitern prägen ganz wesentlich die Intensität offener Zusammenarbeit. Ihr Regelwerk hat einen tiefen Einfluss auf die Motivationsmechanismen im Unternehmen. In klassisch-hierarchischen Organisationsformen ist nämlich das Horten von Wissen („Wissen ist Macht") eine erfolgreiche Strategie für eine Karriere. Personalabteilungen in solchen Unternehmen fördern es mit der Schaffung von künstlichen Wissensvorsprüngen, z. B. durch exklusive Führungskräfteinformationen.

Mitarbeiter, die über Jahre durch eine solche Unternehmenskultur geprägt sind, tun sich auch nach langer Zeit noch schwer damit, einen Schwenk zu einer Netzwerkkultur zu verinnerlichen. Ihre Bereitschaft, Aussagen von Führungskräften zu kommentieren, wird anfänglich sehr verhalten sein. Das ist für sie wie die Eroberung von Neuland: Man muss sich langsam vortasten, um zu erfahren, wo die neuen Grenzen liegen. Hierbei kann die Personalabteilung wichtige Beiträge leisten, indem Führungskräfte entsprechend geschult werden, sich richtig zu verhalten und motivierend in Richtung der neuen Ausrichtung zu agieren – durchaus im Sinne von „Leading by Example".

Eine Frage ist auch, wie das Bezahlungssystem angepasst werden muss, wenn nicht mehr einzelne Wissenshorter den Erfolg des Unternehmens mehr oder weniger vorantreiben, sondern Leistungen aus Netzwerken. Die Robert Bosch GmbH, die in dieser Transformation besonders weit vorangeschritten ist, hat kürzlich angekündigt auf individuelle Bonuszahlungen zukünftig zu verzichten – auch weil man von Frederick Herzberg schon seit 1959 weiß, dass die Nachhaltigkeit solcher Zahlungen auf die zukünftige Motivation eher gering ist (Herzberg et al. 1959).

Bezüglich der Begleitung von Veränderungen obliegt der Personalabteilung (manchmal in Verbindung mit der internen Kommunikation) typischerweise auch die Aufgabe der Information über die geplanten Veränderungen, und bei Bedarf auch die einer Schulungsplanung und Umsetzung. Unternehmen, die in der Transformation besonders weit gekommen sind, wie die Continental AG oder eben die Robert Bosch GmbH, haben hier Programme aufgesetzt, in denen etwa ein Mitarbeiter pro 100 speziell geschult wird und in der Folge als „Botschafter der Transformation" seinen Kollegen Unterstützung beim Verständnis der geplanten Änderungen und auch bei der Nutzung der neuen Tools gibt. Hierzu ist das Dokumentieren und Verbreiten von häufig genutzten Einsatzszenarien hilfreich.

Einige Unternehmen haben in der Erfahrung der Arbeit in Communitys (Netzwerken, Projektgruppen, Teams, aber auch Abteilungen) festgestellt, dass insbesondere größere Communitys eine Art Kümmerer benötigen, der die Community in der Optimierung der Community-Prozesse und der Nutzung der Services berät – also nicht die inhaltliche Führung übernimmt, die beim Projektleiter verbleibt, sondern die formale. Dazu gehört auch eine gewisse Pflege der gespeicherten Inhalte. So können – und sollten zur Erhaltung der Übersichtlichkeit – nicht mehr benötigte Arbeitsdokumente gelöscht werden. Es ist aber davor zu warnen zu viel zu löschen: Vielleicht besteht später in einem anderen Projekt der Bedarf, auch Zwischenschritte zu verstehen, damit man das Rad nicht noch einmal erfinden muss. Zudem brauchen kognitive Systeme, die kurz vor der Markteinführung stehen, möglichst viel Detaildokumentation, um daraus zu lernen. Damit werden solche vermeintlich unwichtigen Bausteine in einer Art Zweitverwendung als Quelle für kognitive Systeme doch wieder bedeutend.

11.2.3 Die Bedeutung des Überdenkens der Prozesse

Eine Veränderung, die die bestehenden Prozesse nicht anrührt, ist keine! Leider wird diese simple Weisheit in vielen Projekten weitgehend ignoriert, was dann zwangsweise zum Scheitern des Projekts führt. Das wird dann gern mit einer nicht passenden Unternehmenskultur begründet. In Wahrheit ist es aber nichts anderes als die Unfähigkeit des Managements wirkliche Veränderungen umsetzen zu wollen. Wer also ein erfolgreiches Projekt will, muss schon in der Startphase nach der Aufarbeitung des Istzustands sagen, welche Prozesse zu verändern sind.

11.2.3.1   Das Beispiel Hamm-Reno

Ein besonders mutiges Vorgehen hat hier der Schuhhändler Hamm-Reno bewiesen. Das Unternehmen legt Wert auf eine ökologisch verträgliche Herstellung der angebotenen Schuhe. Im Jahr 2012 musste der geschäftsführende Gesellschafter Dr. Matthias Händle feststellen, dass selbst seine Angestellten in den über 750 Filialen das praktisch nicht wussten und demzufolge auch nicht als verkaufsförderndes Argument benutzten. Er stellte daraufhin Jens Rauschen als Leiter einer neu zu schaffenden Abteilung „Interne Kommunikation" ein. Rauschen begann mit einer Situationsanalyse. Die Kommunikation mit den Filialen bestand im Wesentlichen aus dem zweimal jährlichen Versenden eines teuer auf Papier gedruckten Bestellkatalogs. Einen elektronischen Rückkanal zurück zur Zentrale gab es überhaupt nicht. Nach kurzen Überlegungen fiel E-Mail als Basis einer neuen Lösung aus, weil man mit ihr kein Wissen ansammeln kann. So regte er die Einführung einer Social Media Suite als Grundlage neuer Kommunikationsprozesse mit den Filialen und erstmals auch einzelnen Mitarbeitern an. Nach einer Marktevaluierung entschied man sich für IBM Connections.

Das Projekt finanzierte sich im Wesentlichen aus der Prozessumstellung des Bestellvorgangs. Die Filialleiter bekamen ein iPad und statt des gedruckten Katalogs gab es die Daten nun elektronisch in der sozialen Plattform. Das eröffnete erstmalig auch die Chance für Feedback der Filialen zu den angebotenen Modellen. Mit der Plattform als Träger war es natürlich auch möglich, andere Informationen fast ohne Kosten auszutauschen. So erhielten die Filialen erstmals täglich auch detaillierte Informationen über ihren Verkaufsstatus. Und auch Informationen über den ökologischen Anspruch bei der Herstellung gelangten nun zu den Filialen. Diese sind auch aufgefordert in der Plattform einmal in der Woche ein Foto ihrer Dekoration einzustellen. Das entfachte eine Art „Best-Practices"-Wettbewerb zwischen den Filialen, wer es denn besser machen könnte. Damit etablierten sich auch erste Kommunikationsformen im Austausch zwischen Filialen, was wiederum den Zusammenhalt als ein Unternehmen weiter fördert.

Das sind nur Beispiele für die vielen Dinge, die sich im Vertriebsprozess zwischen Zentrale und Filialen verändert haben.

11.2.3.2   Das Beispiel Robert Bosch GmbH

Ein ganz anders gelagertes Beispiel bietet die Robert Bosch GmbH. Dem Unternehmen ging es dabei nicht darum, einen konkreten Prozess umzustellen oder mit Social Software zu experimentieren. Erklärtes Ziel von Konzernchef Volkmar Denner ist es in seinem Unternehmen mit über 300.000 Mitarbeitern eine Start-up Kultur zu etablieren, in der ständig Neues gewagt wird. Hierzu hat er klar verständliche Zeichen gesetzt. So ist der ehemalige Krawattenzwang abgeschafft worden, weil „ein Hemd ohne Krawatte nun einmal ein wichtiges Signal für diese andere Kultur ist." Bei Bosch geht man aber noch weiter: Es wurden jetzt auch die Boni für individuelle Zielerreichung abgeschafft. Denner: „Studien, durchgeführt in Industrie- wie in Entwicklungsländern, belegen: Motivieren Sie Menschen nur über monetär bewertete Ziele, erhalten Sie am Ende nicht bessere, sondern sogar schlechtere Leistung. Wir aber wollen Spitzenleistung" (Denner 2015).

Ziel von Bosch ist es „ein hochgradig verbundenes Unternehmen zu werden, quasi ein intelligentes Netzwerk, verbunden auf der Basis von Vertrauen". Das ist natürlich kein Selbstzweck. Dahinter steckt der Gedanke, dass man als einer der weltweit führenden Zulieferer im sehr dynamischen Automobilsektor (und natürlich auch anderen Industriefeldern) besonders innovativ sein muss, wenn man die Position am Markt halten und ausbauen will.

Das ist nicht so konkret wie bei Reno und bei der Größe des Konzerns auch mit einer ganz anderen Komplexität behaftet, denn die einzelnen Geschäftsfelder und Fachbereiche stehen durchaus vor unterschiedlichen Situationen und haben demzufolge unterschiedliche Anforderungen an eine solche Transformation. Auch bei Bosch hat man sich nach einer längeren Evaluierungsphase für IBM Connections entschieden, das intern „Bosch Connect" genannt wird.

Die vielleicht wichtigste Herausforderung in der Planungsphase war zu verstehen, welche Prozesse sich sinnvollerweise mit einer solchen sozialen Plattform verändern lassen, also wo der positive Einfluss neuer Kommunikationsmöglichkeiten am Größten ist. Man behalf sich mit einem Trick: Man schrieb die Fachbereiche an und erklärte ihnen, dass bald eine solche Plattform zur Verfügung stehen würde. Sie würde anfänglich aber nicht für alle zur Verfügung stehen können. Priorisiert würden die Fachbereiche, die den größten Bedarf hätten. Deshalb möge man seine angedachten Einsatzszenarien beschreiben und an die Projektleitung senden.

Das war in vielerlei Hinsicht clever, weil man so die verschiedensten Fachbereiche schon einmal auf das Kommende einstimmte, andererseits aber auch bei ihnen einen Denkprozess auslöste, was man mit den neuen Möglichkeiten ganz spezifisch im Sinne von Prozessverbesserungen machen könnte.

Die Projektleitung bekam deutlich über 100 Bewerbungen mit klar umrissenen Szenarien (Use Cases). Aus den natürlich vorhandenen Überlappungen konnte geschlossen werden, welche Szenarien besondere Bedeutung für das ganze Unternehmen haben würden. Vielen von diesen wurden dann exemplarisch in der Plattform umgesetzt und als Vorgehensbeispiele, also letztlich als Schulungsmaterial, intern veröffentlicht.

Das Besondere daran war, dass es sich nicht um toolspezifisches, also generisches Material handelte, sondern um etwas aus dem Bauch des Unternehmens und, da man auf die Beschreibungen aus den Fachbereichen zurückgreifen konnte, auch in der speziellen Sprache des Unternehmens. Das merken Mitarbeiter. Es schafft einen höheren Grad an Vertrauen, was wiederum die Ängste vor einer Nutzung von etwas Neuem verringert.

Neben vielen anderen innovativen Ideen bei der Einführung der sozialen Plattform hat man bei Bosch auch einer übertriebenen Wissenshortung einen Riegel vorgeschoben. Während alle Mitarbeiter jederzeit normale, offene oder moderierte Communitys anlegen dürfen, müssen vertrauliche Community-Räume extra beantragt werden. Grund ist, dass man bei Bosch den freien Wissensaustausch, wie in Start-ups üblich, fördern möchte und deshalb anstrebt, Informationen so breit wie möglich zugänglich zu machen. Das in klassischen Organisationen nicht unübliche Abschotten von Information – Stichwort: „Wissen ist Macht" – soll hier als klar verständliche Botschaft soweit wie möglich abgestellt werden. Während in anderen Unternehmen die Zahl der abgeschotteten Communitys oftmals bei bis zu Zweidrittel liegt, ist es bei Bosch umgekehrt. Hier liegt die Zahl sogar unter 15 %. Natürlich muss man als Projektteam aufpassen, dass man die Hürden für von Mitarbeitern gewünschte Funktionen nicht zu hoch legt, weil sie sonst auf externe Medien ausweichen, was man unter anderem aus Datensicherheitsgründen eher vermeiden möchte.

Auch wenn die Nutzung von Bosch Connect nicht in allen Unternehmensbereichen gleich intensiv ausgeprägt ist – was in einem so großen Unternehmen absolut normal und zu erwarten ist – so gilt das Projekt als erfolgreich und in vielen weiteren Aspekten als Vorzeigeprojekt im Rahmen der Unternehmenstransformation, die bei dem Riesen Bosch mit einer beeindruckenden Leichtigkeit daherkommt.

11.3 Führen im Digitalen Unternehmen

Neben den Prozessveränderungen muss und wird sich natürlich auch Führung im Unternehmen verändern. Das Thema, obwohl es für die Unternehmen von entscheidender Wichtigkeit ist, ist in Führungsetagen nicht gern gesehen, weil es an Pfründen nagt. Für Manager steht der persönliche Bestandsschutz oft höher, als das Wohl des Unternehmens. Ein frühes, gut dokumentiertes Beispiel bot der später weltweit anerkannte Management-Vordenker Peter Drucker mit einem seiner Frühwerke, dem 1945 geschriebenen Buch „Concept of the Corporation". Er war 1943 gebeten worden die Managementprozesse bei General Motors, einem der größten Unternehmen der Zeit, näher zu beleuchten und Vorschläge für Verbesserungen zu machen. Dazu durfte er an jeder Geschäftsführungsbesprechung teilnehmen und alle Mitarbeiter befragen, die er wollte. Das Ergebnis war eine kritische, aber konstruktive Auseinandersetzung mit den bestehenden, hierarchischen Prozessen und unter anderem dem Vorschlag, mehr auf Teamarbeit zu setzen.

Bei der Unternehmensführung und insbesondere dem Chairman Alfred Sloan kam das gar nicht gut an. Er ignorierte das Buch komplett und tat im Folgenden so, als ob es nicht existieren würde.

Der Führungsstil spiegelt sich im Informationsfluss zwischen Führungskraft und Mitarbeitern wider – und in den Werkzeugen, die dafür zur Verfügung stehen: Noch in den 70ern war der Abteilungsleiter –immer der Sammelpunkt aller Vorgänge und des wesentlichen Wissens aus der Abteilung. Nur so konnte er stellvertretend für die eigentlichen Fachleute die Belange der Gruppe überall vertreten, ohne allzu viel Reiseaufwand und -Kosten für alle zu erzeugen. Denn ohne Dienstreisen gab es nur wenige Möglichkeiten der Kommunikation mit anderen: Es gab die Hauspost, die Tage brauchte um Informationen auch nur ins Nachbargebäude zu liefern, und für ausgesuchte Mitarbeiter auch mal ein Telefon. Der Abteilungsleiter war also der Kommunikator, der auch deshalb von allem etwas verstehen musste.

Damit wurde man auch nur zum Abteilungsleiter, wenn man entsprechendes Wissen hatte. Externe Berufungen waren deshalb selten und man musste sich in seinem Bereich „hocharbeiten". Hierzu war ein Erfolgsprinzip das Horten von Wissen unter dem (eigentlich so falsch zitierten) „Wissen ist Macht" Slogan von Benjamin Franklin, denn wer alleinig das breiteste Wissen über die Vorgänge in der Abteilung hatte, wurde konsequenterweise auch zum nächsten Abteilungsleiter.

Neue Kommunikationsmedien wie zunächst das Telefon für jeden Mitarbeiter und heutzutage Smartphone, E-Mail, Chat, intern genutzte soziale Medien trugen dazu bei, die hierarchische Organisationsstruktur zu untergraben. Sie gilt heute nicht mehr als die effektivste Organisationsstruktur bei geringsten Kosten. Wegen ihrer vielfältigen Freigabeschritte ist sie für die heutigen Anforderungen zu langsam. Schon um 1990 begann deshalb ein Management-Hype um das Stichwort „Empowerment" – der vermehrten Übertragung von Entscheidungsbefugnissen an Mitarbeiter. Der Zeitpunkt fiel nicht ganz zufällig mit der Einführung von E-Mail als Kommunikationsmedium und Werkzeug zur Benachrichtigung und Dokumentation zusammen. Noch heute sichern Mitarbeiter ihre Entscheidungen gern durch breite Streuung von E-Mails mit dem Hinweis „Zur Kenntnis" bei Vorgesetzten ab.

Umso weniger ein Mitarbeiter von Freigabeprozessen durch andere abhängig ist, desto schneller kann er natürlich Prozesse umsetzen. Das wiederum ist die Basis für die Agilität, die man heute und zukünftig umso mehr in einem digitalen Unternehmen benötigt. Grundlage sind Information und Wissen, wobei Wissen keinesfalls eine höhere Stufe von Information ist, sondern viel eher die Fähigkeit Informationen zu verstehen, um daraus Handlungsempfehlungen abzuleiten. Ganz genau genommen werden eigentlich immer nur Daten ausgetauscht, die erst durch Wissen zu Information werden, indem sie von den Wissenden in einen Kontext gestellt werden können. Und wer viele Daten verarbeitet, wird mit der Zeit auch immer wissender.

An diese Daten kommen Mitarbeiter heute durch Vernetzung – sowohl über Informationssysteme, als auch durch persönlichen Kontakt zu anderen Wissensträgern. In diesem Sinne war Hierarchie eine Art verkümmertes Netzwerk mit nur einem Knotenpunkt: dem Chef. Er oder sie war fast immer der alleinige Datenlieferant – und auch noch der Entscheider. Durch die heutigen, medialen Möglichkeiten ist der Engpass der Datenbeschaffung weggefallen, ja nahezu durch das Gegenteil, den Datenüberfluss, verdrängt worden. Heute gilt also kaum noch derjenige als besser, der Daten beschaffen kann – weil es jeder kann – sondern schon eher derjenige, der die Stecknadel im Heuhaufen der allzu vielen Daten besonders schnell finden kann. Hier geraten menschliche Fähigkeiten mittlerweile sogar an Mengengrenzen, die aber Computertechnologie sehr wohl meistern kann. Hierzu später mehr.

Doch was ist dann noch die Aufgabe der Führungskräfte, wenn sie nicht mehr als zentrale Informationsdrehscheibe und Entscheider benötigt werden? Es macht keinen Sinn mehr, durch künstlich geschaffene Ungleichheiten, etwa indem Abteilungsleiter so genannte exklusive Führungskräfteinformationen bekommen, einen Informationsvorsprung zu erzwingen. So etwas verlangsamt die Unternehmensprozesse und ist damit eher kontraproduktiv. Zudem sind viele Fachgebiete heute so komplex, dass eine Person nicht mehr allzu viele Fachthemen in beliebiger Tiefe vertreten kann. Dazu braucht man die Experten schon selbst.

Hier liegt der Schlüssel. Eine Führungskraft muss heute nicht mehr der beste Fachmann der Abteilung sein, sondern Führungskraft im Sinne des Worts. Das ist für viele eine

Umgewöhnung und nicht alle heutigen Führungskräfte haben wirklich Führungs-Skills, da sie ursprünglich über ihr Fachwissen in die Laufbahn gekommen waren. Doch was muss eine Führungskraft können, beziehungsweise leisten? Es geht nicht mehr darum, Detailentscheidungen zu fällen, sondern einen Rahmen zu setzen, auch im Hinblick auf die vernetzte Unternehmenskultur. Das bedeutet im Einzelnen:

- „social" vorleben – also als Führungskraft selbst die neuen Möglichkeiten demonstrativ nutzen und damit den Wandel erleichtern,
- bereit sein, von den „digital Natives" zu lernen – interne Berater akzeptieren,
- Feedback zulassen, sich der offenen Diskussion stellen,
- Entscheidungen – wenn keine zwingenden Gründe dagegen sprechen – transparent machen und
- kooperative Arbeitsstile belohnen.

Die Informationsbeschaffung erfolgt heute über die Informationstechnologie, beziehungsweise über die persönlichen Netzwerke. In der Zusammenarbeit hat sich die von Peter Drucker für General Motors vorgeschlagene Teamarbeit weitgehend durchgesetzt. Manchmal entspricht das Team noch einer Abteilung, aber viele Unternehmen haben heute Matrixorganisationen, in denen Mitglieder einer Abteilung durchaus in vielen verschiedenen Projektteams mitarbeiten können. Dann ist die Abteilung eher eine Verwaltungseinheit, während die eigentliche Arbeit in den Team abläuft. Deshalb ist die heute wichtigere Frage, wie man solche Teamarbeit effizient steuert.

11.3.1 Mannschaftssport als Vorbild

Auch hierüber hatte Peter Drucker nachgedacht. In seinem 1993 erschienen Buch Post-Capitalist Society (Drucker 1993) beschreibt er den Unterschied zwischen *in einem Team arbeiten* – als organisatorische Einheit, ohne dass man sich gegenseitig unterstützt oder unterstützen kann – und *als ein Team arbeiten* – ebenfalls als organisatorische Einheit, aber mit dem gemeinsamen Wirken an einer Teamleistung. Er beschreibt beide Varianten anhand von Beispielen aus dem Sport: In einem Baseball-Team können die anderen Spieler dem Fänger nicht helfen. Er muss seine Leistung immer ganz allein erbringen. Als Fußballmannschaft, Symphonieorchester oder Operationsteam im Krankenhaus erbringt man die Leistung dagegen nur gemeinsam. Beim Fußball vielleicht, aber im Symphonieorchester übernimmt auch niemand spontan die Aufgabe des anderen, aber man koordiniert alles mit Hinblick auf das Teamergebnis, dass eben nur gemeinsam entstehen kann. Ein Spezialfall ist für Drucker ein Vorstandsteam, in dem sich angeblich oft Zweierkonstellationen ergeben, die sich wie im Tennisdoppel gegenseitig ergänzen würden.

Es lohnt sich tiefer in diese Sportmetaphern einzusteigen, weil das Thema Teamführung im Sport heute soweit optimiert wurde, wie sonst nirgends. Das liegt daran, dass insbesondere mit Fußball sehr viel Geld umgesetzt und verdient wird und deshalb ein enormer Druck in Bezug auf jegliche Optimierung gegeben ist. Auffällig ist dabei, dass es zwischen Amerika und Europa hier entscheidende Unterschiede gibt. Die in Amerika beliebtesten Sportarten, wie das von Drucker angesprochene Baseball, aber auch der American Football, versinnbildlichen eher eine Zusammenarbeit im Team, was wiederum eher der klassischen Form der Zusammenarbeit in hierarchischen Systemen entspricht. Damit kann man aus ihnen nur wenig über die Optimierung modernen Managements lernen. Der Fußball in Europa entspricht dagegen eher dem als Team spielen und beschreibt somit eher eine Netzwerkleistung. Deshalb lohnt es sich intensiv in die Mechanismen der Führung im Fußball zuschauen, was den Europäern hiermit einen schon in der jugendlichen Sportbegeisterung antrainierten, kulturellen Standortvorteil bringt und auch erklärt, warum amerikanische Managementliteratur wenig auf die Steuerung von Netzwerken eingeht und insbesondere den Fußball nicht als Beispiel aufgreift.

Auf diesen Unterschied ist auch der in Deutschland lebende Amerikaner John Otto Magee in seinem Buch „Verstehen sich Deutsche und Amerikaner" (Magee 2009) eingegangen, indem er präzise den Unterschied in der Teamführung in Fußball und Football beschreibt. Dabei ist zu bemerken, dass beide Spiele trotz der Namensähnlichkeit und der Abstammung vom Rugby eigentlich wenig miteinander verbindet.

Football wird manchmal aufgrund der vielen Regeln und festgelegten Spielzüge etwas despektierlich auch *Rasenschach* genannt. Hier bestimmt der Trainer das Spiel. Er ist über Funk nicht nur mit seinem Spielführer, in dessen Helm der Funk integriert ist, auf dem Platz verbunden, sondern auch mit seinen Ko-Trainern. Zudem gibt es andauernd Auszeiten und Pausen, neuerdings auch immer mehr ein- bis zweiminütige Werbepausen, in denen der Trainer oder auch seine Stabsmitarbeiter mit Einzelnen oder der gesamten Mannschaft reden. Zudem besteht das Spiel im Wesentlichen aus gut eingeübten Spielzügen, von denen Top-Mannschaften ein Repertoire von bis zu 70 verschiedenen haben und die der Trainer letztlich abruft. Das System ist also recht hierarchisch und das Maß an Selbstbestimmung und eigenen Entscheidungen durch die einzelnen Spieler ist relativ begrenzt.

Fußball ist dagegen ein freies Mannschaftsspiel mit einer vergleichbar kleinen Zahl von Regeln. Dabei unterscheidet sich auch die Aufgabe des Trainers, was die konkrete Teamführung während des Spiels angeht, recht stark. Kurz gefasst muss der Trainer im Fußball seinen Führungsaufgabe und die Kommunikation mit seinem Team vor dem Spiel, beziehungsweise in der einen Pause erledigen. Im Spiel selbst steht er am Spielfeldrand und kann nur wenig beeinflussen. Im Prinzip entscheiden die Spieler eigenständig über den nächsten Zug, also an wen sie abspielen. Auch wenn hier vielleicht einige Konstellationen im Training eingeübt waren und manchmal helfen, so sind sie nicht bindend. Damit entspricht Fußball weitgehend einer Netzwerkorganisation innerhalb einer Hierarchie (Vertreten durch den Trainer), die die Rahmenbedingungen festlegt.

Da in digitalen Unternehmen Netzwerkkonstrukte in der Organisation eine viel höhere Bedeutung haben als in der klassischen, rein hierarchischen Organisation, passt das Modell Fußball nahezu perfekt, während Football und Baseball als Modell hier nicht wirklich weiterhelfen. Was kann man also aus dem Fußball über optimierte Führung in digitalen Unternehmen lernen?

11.3.2   Vom Fußball lernen heißt siegen lernen – oder?

Fußball weist in eine andere Kultur, in eine andere Denke, in der Mitarbeiter nicht nur ausführen, sondern in weiten Teilen auch autonom entscheiden. Das geschieht beim Fußball im Rahmen der jeweiligen Situation, die durch Beobachtung, Blickkontakt mit Teamkameraden oder auch dem Gegner, durch Zurufe und Mustererkennung und Vergleich mit eingeübten Situationen erfasst und austariert wird, fast jede Sekunde neu.

Was ein autonomer Spieler im Fußball leisten muss, ist sehr ähnlich zu dem, was auch zukünftige autonome Fahrzeuge leisten müssen: Die Situation anhand verschiedenster Parameter laufend neu erfassen, bewerten und agieren. Der Unterschied ist, dass die Fahrzeuge so ganz autonom nicht sein werden, denn die Berechnungen und Entscheidungen finden – zumindest in den nächsten Jahren – nicht lokal im Fahrzeug statt, sondern in großen, sehr leistungsfähigen Rechenzentren. Sie werden dann wahrscheinlich auch den Vorteil bieten, alle Fahrzeuge in einer Funkzelle abgestimmt steuern zu können, sodass Unfälle – zumindest zwischen so gesteuerten Fahrzeigen – komplett vermieden werden können. Im Fußball muss die Entscheidung dagegen lokal fallen – im Gehirn des Spielers. Und das wird auch bei Mitarbeitern so sein, zumindest solange sich im Hintergrund mitdenkende Computer nicht über Einblendungen im Sichtfeld, zum Beispiel über Google Glass, in Echtzeit einmischen.

Die Antwort dazu, wie man autonome Entscheider am besten führt, kann man bei Profi-Fußballtrainern abschauen. Ihre wichtigsten Aufgaben sind:

* die Taktik für das nächste Spiel festlegen,
* die Entscheidung über die Aufstellungen fällen – wobei diese im Verlauf des Spiels durch Auswechslungen angepasst werden kann,
* für die Fitness des Teams und der einzelnen Spieler sorgen, aber mehr noch jeden Einzelnen im Team zu motivieren und damit möglichst nachhaltig zu Höchstleistungen anspornen,
* den Spielerkader im Rahmen der finanziellen Möglichkeiten fortlaufend an die Anforderungen anpassen sowie
* die Außenwelt, insbesondere die Presse, bei Laune zu halten, was Wechselwirkungen auf das Team hat.

Das lässt sich, wie man es gedanklich leicht übertragen kann, auch in Unternehmen so anwenden. Doch es geht weiter: Der vielleicht herausforderndste Punkt ist die Motivation der Mannschaft so hoch wie es irgendwie geht zu halten. Einer der erfolgreichsten Bundesligatrainer in den letzten Jahren war Jürgen Klopp. Er trainierte über sieben Jahre Borussia Dortmund und ist jetzt Teammanager des FC Liverpool. Er setzt stark auf psychologische Methoden der Selbstmotivation, was letztlich auch im Einklang steht mit den letzten Werken von Peter Drucker. Der beschrieb in seinem Buch „Management im 21. Jahrhundert" (Drucker 1999), dass sich Wissensarbeiter im Wesentlichen selbst managen – und damit auch motivieren – können müssen.

Klopp hatte dazu in Dortmund die Fähigkeiten des Aachener Motivationscoaches Peter Boltersdorf genutzt, der ihn auf die Nutzung von strukturierten, individuellen Persönlichkeitsprofilen für die einzelnen Spieler brachte. Laut dem Osnabrücker Persönlichkeitsforscher Julius Kuhl setzte Jürgen Klopp aber im Wesentlichen auf die Kraft einer gekonnten Suggestion, um die Selbstmotivation zu fördern. Dazu „definiert (er) klare Ziele, nimmt Probleme vorweg, zeigt Lösungen auf." Psychologen nennen das mentale Kontrastierung, bei der Zukunft und Realität geschickt verknüpft werden, um eine Vision aufzuzeigen und letztlich damit zu begeistern (Barth et al. 2012).

Neben der immens wichtigen Motivationssteuerung gibt es aber weitere Faktoren. Dazu zählt die Mannschaftsaufstellung. Die ergibt sich einerseits aus professioneller Beobachtung des nächsten Gegners – etwas das Jürgen Klinsmann als damaliger Bundestrainer in der Vorbereitung auf die Weltmeisterschaft 2006 beim DFB neu eingeführt hat und wofür er den ehemaligen Schweizer Erstligaspieler Urs Siegenthaler als Scout einstellte. Der nutzte als einer der ersten Videoaufzeichnungen von aktuellen Spielen der Gegner, um daraus Verhaltensmuster der einzelnen Spieler zu erkennen, damit sich das eigene Team im Vorfeld des Spiels darauf einstellen kann. Eine entsprechende, professionelle Wettbewerbsbeobachtung von Marktbegleitern ist in der Industrie heute noch eher selten zu finden.

Mustererkennung spielt auch beim Training eine Rolle. Hier sind einerseits besonders gute Harmonien in der Zusammenarbeit oder auch feine Differenzen im Team zu erkennen, die es bei der Aufstellung ebenfalls zu berücksichtigen gilt. Und grundsätzlich gilt auch hier wieder das Motivationsmodell von Herzberg: Wer frühzeitig weiß, dass er aufgestellt wird, ist grundsätzlich etwas weniger motiviert nachhaltig Spitzenleistungen zu zeigen. Hierzu ist eine kleine Konkurrenz zwischen potenziell austauschbaren Spielern immer gut. Nur darf die Konkurrenz nicht zu groß werden, weil das Prinzip sonst ins Gegenteil kippt.

Neben den neueren, psychologischen Fördermaßnahmen gelten natürlich auch die klassischen Tugenden weiter: Förderung von Fitness und Spielwitz, kenne deinen Gegner, usw. Das betont auch Oliver Bierhoff, Manager der deutschen Fußballnationalmannschaft: „Man kann 25 Spieler nicht gleichbehandeln, denn sie sind nicht gleich. Jeder braucht eine individuelle Förderung." Das lässt sich natürlich direkt auch auf Unternehmen übertragen, nur welcher Manager (Abteilungsleiter oder Projektleiter) kann heute aus dem Stegreif die besonderen Fähigkeiten jedes einzelnen Mitarbeiters konsistent aufzählen? Und werden die Mitarbeiter wirklich gezielt daraufhin gefördert? Im Profifußball wird hierzu mittlerweile eine ganze Heerschar von Spezialisten eingesetzt, angefangen beim Torwarttrainer, einem Fitness-Coach (dem würde ein Kommunikationstrainer in einem Unternehmen entsprechen), einem Psychologen und weiteren bis hin zum Mannschaftsarzt, der Blessuren besonders schnell kuriert. Etwas Vergleichbares gibt es in Unternehmen heute praktisch nicht. Doch warum eigentlich nicht?

Für Führungskräfte in Unternehmen bedeutet ein Arbeiten im Sinne eines Fußballtrainers ein erhebliches Umdenken. Sie müssen von einer durch Hierarchie getragenen Position zu einem Coach werden, der schon auch weiterhin seinen alleinigen Entscheidungsraum hat, seine Autorität aber zumindest teilweise anders gewinnen muss als bisher. Er braucht andere Skills. So muss er mit Netzwerken von Mitarbeitern umgehen und letztlich durch seine echten Führungsfähigkeiten überzeugen können, um so sein Team hinter sich nicht nur zu binden, sondern auch zu motivieren. Was aber als wichtigste Messlatte für ihn unverändert bleibt, ist die Herausforderung seinen Unternehmensteil zum Erfolg zu führen – nur eben anders als bisher.

11.4 Und wo geht die Reise hin?

Es wird sich auf der technologischen Seite in nächster Zeit noch viel mehr ändern. Dies hat Einfluss auf die Art und Weise, wie in Unternehmen Wissen vermittelt und zusammengearbeitet wird. Computer haben mittlerweile eine solche Leistungsfähigkeit erreicht, dass sie beginnen können zu denken. So zeigte das IBM Watson System bereits 2011 in einer Fernsehshow, dass es ein Computer mit den bisherigen Besten des Ratespiels aufnehmen konnte. Und Watson hat sich seitdem stark weiterentwickelt. Was macht ein solches kognitives System? Es erfasst natürliche Sprache, arbeitet mit einer Suche, bildet aufgrund der Ergebnisse Hypothesen und unterfüttert schließlich diese mit verschiedensten Algorithmen. Ist ein Vertrauenslevel erreicht oder ein Zeitlimit überschritten, wird die beste Antwort ausgegeben. Das ist im Wesentlichen nichts anderes als das, was Menschen machen, wenn man sich unterhält und wir dabei eine Frage beantworten: Wir nennen es Denken.

Das bedeutet auch, dass wir uns bald mit Computern unterhalten können. Erste Ansätze auf Consumer-Niveau vermittelt Apples Siri ja heute schon. Und so wird Watson 2016 damit beginnen, in IBM Connections als virtuelles Teammitglied Fragen zu beantworten, die in der Projektarbeit anfallen. Die Qualität der Antwort wird von dem in Connections abgelegten Informationen abhängen. Und deshalb sollte man heute bereits mit dem Sammeln von Projektinformationen beginnen, indem man direkt in solchen Systemen arbeitet und die Informationen für die Zukunft somit ganz nebenbei ansammelt (Abb. 11.2).

Neben der Tätigkeit als virtueller Experte ist auch der virtuelle Assistent zu erwarten. Ihm obliegt das Vorsortieren von E-Mails nach vermuteter Wichtigkeit, das Empfehlen der wichtigsten Besprechung bei parallelen Terminen oder auch das Anlegen von neuen Gruppeneinladungen im Kalender. So wird etwa mit der E-Mail-Lösung IBM Verse der virtuelle Assistent Wirklichkeit. Das Bemerkenswerteste dabei ist: Diese Assistenten werden mit der Zeit individuelle Vorlieben erlernen, ganz genauso wie die menschlichen.

Spannend wird es, wenn die Leistungsfähigkeit der kognitiven Systeme schnell weiter steigt, vielleicht vergleichbar zu den Navigationssystemen im Auto. Diese haben in nur wenigen Jahren das Vertrauen von uns allen gewonnen und heute fährt kaum noch jemand in Gegenden, die er nicht kennt, ohne ein Navi zu benutzen. Wir werden sehr bald so etwas wie Business Navis erhalten: Systeme, die konkret bei Entscheidungen in Unternehmen beraten. Da sie anfänglich noch nicht perfekt sein werden, kommt eine Herausforderung auf uns zu. Mit einem frühen Navi ist auch mal jemand in die Havel gefahren, weil dort laut Gerät eine Brücke hätte sein sollen, wo in Wirklichkeit nur eine Fähre war.

Die anfängliche Herausforderung bei den kognitiven Systemen im Unternehmenseinsatz wird es ebenfalls sein, einschätzen zu können, wann man diesen Systemen trauen

Abb. 11.2 Beispiel einer Antwort von IBM Watson Support in IBM Connections

kann. Ein vergleichbares Problem besteht übrigens bei den ebenfalls durch viel kognitives Computing gesteuerten, autonomen Fahrzeugen. Dort ist ganz dringend zu klären, wer die Haftung bei Defekten und daraus resultierenden Unfällen übernimmt.

Doch in absehbarer Zeit werden diese Systeme so gut sein, dass sie kaum noch Fehler machen. Dann wird es zu, aus heutiger Sicht, ethischen Konflikten zwischen Mensch und Maschine kommen: Was, wenn der Vorstandsvorsitzende sagt: „Diese Firma kaufen wir!" und das Business Navi dann antwortet: „Das würde ich nicht tun, weil …"? Da die meisten Kinder technikaffiner sind als ihre Eltern, werden vergleichbare Konfliktsituationen vielleicht schon eher in den Familien auftreten: „Papa, Siri hat aber gesagt …".

Heute ist es noch schwer vorauszusagen, wie wir damit umgehen werden. Die gute Nachricht: Wir haben noch ein paar wenige Jahre, uns auf solche durchaus faszinierenden Szenarien vorzubereiten.

11.5   Fazit

Wer sich nach der schnellen Einführung von Internet-Technologien und eCommerce gedacht hatte, dass nun eine digitale Ruhephase in Unternehmen eintreten würde, sieht sich getäuscht. Clevere Ideen, basierend auf beliebig skalierbare Rechenzentrumsleistungen aus der Cloud, haben das Potenzial, über Jahrzehnte erfolgreiche Geschäftsmodelle auszuhebeln – selbst die von den größten Unternehmen. Das sind einerseits Gefahren, bedeuten auf der anderen Seite jedoch genauso Chancen. Unternehmen, die diese Chancen erkennen und zu nutzen wissen, setzten dabei auf Gründermentalität statt verstaubter Prozesse. Dazu gehören intern genutzte Social Media-Plattformen als zentrale Kommunikationsinfrastruktur genauso wie neue Führungsmodelle.

Literatur

Barth, R., et al. 2012. Wunder mit System. *Der Stern* 18:46.
Denner, V. 2015. Geld wirkt demotivierend. http://www.faz.net/aktuell/beruf-chance/recht-und-gehalt/bosch-chef-volkmar-denner-im-interview-ueber-krawattenzwang-13813042.html. Zugegriffen: 25. Okt. 2015.
Drucker, P. 1993. *Post-Capitalist Society*. New York: HarperCollins.
Drucker, P. 1999. *Management im 21. Jahrhundert*. München: Econ.
Herzberg, F., et al. 1959. *The motivation to work*. New York: Wiley.
Magee, J. O. 2009. *Verstehen sich Deutsche und Amerikaner – Von den kommunikativen Hürden im transatlantischen Business*. Berlin: Cornelsen.
Schütt, P. 2015. *Der Weg zum Digitalen Unternehmen*. Wiesbaden: Springer Gabler.
Snowden, D. 2015. Cynefin Framework Introduction. http://cognitive-edge.com/videos/cynefin-framework-introduction/. Zugegriffen: 2. Okt. 2015.

Peter Schütt ist Leader für Collaboration Solutions Strategien und Knowledge Management bei IBM Enterprise Social Solutions in DACH (Deutschland, Österreich, Schweiz) und berät im gesamten europäischen Raum IBM-Kunden aus allen Branchen zu den Themen Digital Enterprise & Social Business Strategien, Smarter Work und der IT-Arbeitsplatz der Zukunft, Attention Management, Collaboration, Mitarbeiter-Portale, Innovations- und Wissensmanagement mit innovativen, praxisbezogenen Lösungen.

Unter dem Titel „Der Weg zum Digitalen Unternehmen" ist gerade die zweite Auflage seines aktuellen Buchs erscheinen. Darin wird das Thema dieses Artikels unter zahlreichen, weiteren Aspekten und Details beleuchtet. Dr. Schütt wurde 1955 in Hamburg geboren und hat dort an der Universität im Fachbereich Physik nach einem Forschungsaufenthalt am CERN in Genf promoviert. Er lebt in Stuttgart, ist verheiratet und hat zwei Kinder.

Teil III

Praxisbeispiele zum Einsatz von Enterprise Social Networks

Einführung einer internen sozialen Kollaborationsplattform bei Volkswagen

12

Von der IT als Keimzelle der digitalen Transformation bis zum Rollout – Erfahrungen, Tipps und Beispiele

Christina-Dorothea Schlichting

Inhaltsverzeichnis

C.-D. Schlichting (✉)
Volkswagen AG, Wolfsburg, Deutschland
E-Mail: Christina-dorothea.schlichting@volkswagen.de

© Springer Fachmedien Wiesbaden 2016
A. Rossmann et al. (Hrsg.), *Enterprise Social Networks*,
DOI 10.1007/978-3-658-12652-0_12

Zusammenfassung

Group Connect als Werkzeug für eine moderne Arbeitsorganisation: „Group Connect" ist die Social-Business-Collaboration-Plattform der Volkswagen AG. Mit der Plattform will der Konzern vor allem drei Ziele erreichen: Eine bessere Abstimmung zwischen den Mitarbeitern ermöglichen, eine offenere Kultur fördern und einem intensiveren Wissens- und Erfahrungsaustausch Raum geben. Sie soll Dialoge fördern, sowohl zwischen den Mitarbeitern als auch zwischen Mitarbeitern und Führungskräften. Das Resultat ist letztlich eine bessere, effizientere Zusammenarbeit sowie ein höherer Vernetzungsgrad aller Ebenen. Group Connect legt bei Volkswagen den Grundstein für eine moderne Arbeitsorganisation und ist zugleich Treiber für Innovationskultur.

12.1 Ausgangssituation

Im Volkswagen Konzern arbeiten fast 11.000 IT-Mitarbeiter, an verschiedenen Standorten auf der ganzen Welt und in zwölf Marken organisiert. Diese verteilte Organisationsstruktur stellt die Kommunikation zwischen den IT-Mitarbeitern naturgemäß vor Herausforderungen. Dementsprechend kennzeichnete die Ausgangslage im Jahr 2013 eine vergleichsweise geringe Kommunikation, Durchlässigkeit und Transparenz innerhalb der konzernweiten IT. In den über 60 Gesellschaften an über 100 Standorten herrschte vielerorts eine Silo-Mentalität vor: Es gab kaum internationale Arbeitsteilung und ein mangelhaftes Ausschöpfen von Wissens- und Kooperationspotenzialen.

Die daraus resultierende Aufgabe war klar: Gemeinsamkeit und Vernetzung fördern und Synergien ermöglichen. Die Zielsetzung des Managements war dementsprechend, die Zusammenarbeit der weit verzweigten IT-Mannschaft zu fördern und zu optimieren. Als Werkzeug dafür wurde die Einführung und Etablierung einer Social-Collaboration Plattform definiert. Damit war der Startschuss für „Group Connect" gefallen.

12.2 Rahmenbedingungen und Anforderungen: Usability ist das A und O

Die Projektverantwortlichen entschieden sich im Vorfeld eine bereits auf dem Markt erhältliche Softwarelösung einzusetzen und nicht selbst zu entwickeln. Aufgrund einer detaillierten Produktevaluation war sichergestellt, dass die Lösung die geforderten Funktionen standardmäßig enthält, sodass keine übermäßige Individualisierung notwendig war. Ein weiterer sehr wichtiger Aspekt war die intuitive Nutzerführung der Software – eine leicht bedienbare Kommunikationsplattform hat eine wesentlich höhere Chance auf Akzeptanz bei den Mitarbeitern.

Die bislang im Volkswagen Konzern gängigsten Arbeitswerkzeuge sind Outlook, Dokumentenablagen wie eroom und Dokumentum. In vielen Bereichen werden die Dateiablagen immer noch über Bereichslaufwerke organisiert. Somit war klar, dass es neben dem kulturellen Veränderungsprozess auch um die Etablierung neuer Arbeitsweisen ging. Als Social-Collaboration-Werkzeug sollte Group Connect schließlich nicht nur bestehende Lösungen und Systeme ergänzen, sondern die Mitarbeiter zu neuen Formen der Zusammenarbeit führen, virtuell wie physisch. Diese neue Stufe der Kollaboration fordert von jedem Mitarbeiter ein verändertes Kommunikationsverhalten.

Hinsichtlich der Bedienbarkeit fanden mit einer Reihe von Anwendertests statt. Diese Tests sollten aufzeigen, wie userfreundlich und einfach das im Vorfeld evaluierte System wirklich zu nutzen war. Die Testpersonen kamen aus den unterschiedlichsten Fachbereichen des Konzerns und gehörten verschiedenen Hierarchiestufen an. Im Ergebnis erfüllte das ausgewählte System die Anforderungen. Dennoch waren einige individuelle Anpassungen in Layout, Design und Benennung von Funktionalitäten notwendig, um die Lösung optimal an den Volkswagen-Bedarf anzupassen.

Group Connect enthält heute alle wichtigen Funktionen eines Social Collaboration Tools. Nutzer können miteinander kommunizieren und interagieren, gemeinsam in Gruppen arbeiten und weltweit neue Kontakte knüpfen. Mit einem eigenen Profil verfügen sie über eine Plattform, sich mit ihren Fähigkeiten und Kompetenzen darzustellen und die eigene Rolle transparent zu machen. Auf Group Connect finden sie Informationen und Experten zu ihren Fachthemen. Eine optimierte Task-Verwaltung durch Kalender, Termine und Aufgaben ergänzt zahlreiche Funktionen, die die tägliche Arbeit verbessern sollen.

Zur Zielsetzung des Projektes gehörte es von Anfang an, Group Connect mittelfristig im gesamten Volkswagen Konzern auszurollen. Die konzernweite IT war sowohl Initiator des Projekts als auch gleichzeitig Pilotgruppe. Die Plattform startete 2014 mit 8.000 Nutzern in der IT. Bereits kurz danach meldeten sich interessierte Mitarbeiter außerhalb der IT in Eigeninitiative, um Erfahrungen mit Group Connect zu sammeln. Stand Oktober 2015 können 140.000 User die Plattform nutzen.

12.3   Launch und Verbreitung: Die User begeistern

Social Collaboration Tools unterscheiden sich in der Einführung wesentlich von herkömmlichen Softwarelösungen. Der Einsatz sozialer Kommunikationswerkzeuge ist nicht verpflichtend wie beispielsweise die Nutzung von Microsoft Office als Software zur Textverarbeitung. Es nützt nichts, Mitarbeitern eine neue Software vorzusetzen, vielmehr müssen sie dafür begeistert werden, die neue Plattform zu nutzen. Das gilt für alle Ebenen, für Mitarbeiter wie Führungskräfte.

Um Group Connect in der Konzern IT bekannt zu machen, wurde eine dreistufige Informationsoffensive ins Leben gerufen: Plakate, der IT-Newsletter und das Volkswagen Mitarbeiter Portal kündigten den Launch an. Im nächsten Step informierte eine Webkampagne parallel zu einer konzernweit stattfindenden IT Top Management Konferenz alle Mitarbeiter über den genauen Aufbau der Plattform – und den persönlichen Nutzen für jeden Einzelnen. Rechtzeitig zum Launch-Zeitpunkt standen auf der Plattform bereits vielfältige Informationen zur Verfügung: Relevante Fragen & Antworten, Filme, Anleitungen etc.

Ebenso wichtig war es, die Führungskräfte einzubinden: Auf dem jährlich stattfindenden Führungskräftetreffen führten die Projektverantwortlichen einen Workshop mit Entscheidern durch. Im Fokus standen nicht nur die Funktionalität der Plattform, sondern auch die Auswirkungen der zunehmenden Digitalisierung des Arbeitsumfelds auf die Arbeitsweisen von Führungskräften und Mitarbeitern.

Darüber hinaus nutzen die Projektverantwortlichen zahlreiche weitere Möglichkeiten, um die Plattform ins Unternehmen zu tragen, etwa durch Vorträge auf unterschiedlichsten Veranstaltungen, Volkswagen intern wie bei den Marken.

12.3.1   Qualifizierung der Mitarbeiter

Die Einführung einer Social Collaboration-Plattform verlangt eine umfassende Qualifizierung der Nutzer. Selbst wenn die Plattform leicht zu bedienen ist, benötigen die User den persönlichen Austausch und das Ausprobieren. Dafür müssen im Unternehmen entsprechende Möglichkeiten geschaffen werden. Social Collaboration hat – wie der Name schon sagt – eine große gemeinschaftliche Komponente. Das gilt von Beginn an. Die Einführung sozialer Technologien sollte daher immer Teil eines umfassenden Veränderungsprojekts sein.

Bereits vor der Einführung der Social-Business-Collaboration-Plattform erarbeiteten die Projektverantwortlichen ein Konzept, das je nach Zielgruppe und Lerngebieten unterschiedliche Methoden und Inhalte ermöglicht:

Für Anwender:

- Kernfunktionen: Guided Tour, Filme zu Basisfunktionen
- Übergreifende Inhalte für Fachfunktionen: Workshops und Seminare
- Social-Media-Strategie verstehen und anwenden lernen: Workshops und Seminare

Für Führungskräfte:

- Begleitende Changemanagement-Maßnahmen
- Seminare (z. B. zu der Fragestellung: Was bedeutet digitale Führung oder welchen Einfluss hat die zukünftige Arbeitswelt auf die Führungskompetenzen?

Sehr zeitnah zum Launch bot die Volkswagen Group Academy ein Tagesseminar für angehende Community Manager an. Ziel war die Vermittlung des Aufbaus und der Struktur von Group Connect, der Aufbau von Gruppen und Bereichen sowie die Einführung in die Administratorkonsole. Aber auch die Rolle und die Erwartungshaltung an die Community Manager werden in diesen Seminaren seitdem diskutiert.

12.3.2 Support und Informationen auf der Plattform

Für Group Connect setzt die konzerninterne IT erstmals ein Nutzer-generiertes Supportkonzept für eine Applikation um. Der Helpdesk routet lediglich Fragen bezüglich Zugangsberechtigungen weiter. Das Group Connect Team der IT steht als Ansprechpartner zur Verfügung. Der eigentliche Support findet auf der Plattform statt.

Anwender finden auf Group Connect umfassende zweisprachige Informationen zur Nutzung der Plattform inkl. Bedienungsanleitung und FAQ. Zudem haben die Nutzer die Möglichkeit eigene Fragen platzieren. Sofern die Lösung des Problems nicht bereits in den umfangreich existierenden Antworten aufgeführt ist, antwortet jemand aus der Community oder das Produktteam Group Connect. Die Informationen finden sich dann für alle sichtbar in der Supportgruppe auf Deutsch und Englisch wieder.

12.4 Anwendungsfälle für Social Collaboration: Beispiele aus der Praxis

Bereits in der Konzeptionsphase hatte das Projektteam entscheidende Szenarien und Anwendungsfälle zur effizienteren Kollaboration definiert. Für den Erfolg der Plattform war es wichtig, bereits beim Launch erste Gruppen und Themen auf der Plattform zu präsentieren, um den Nutzern Vorschläge und Eindrücke für die Nutzungsmöglichkeiten anzubieten. Die folgenden Use Cases zeigen einige konkrete Beispiele, die ein weites Spektrum an Funktionalitäten abdecken.

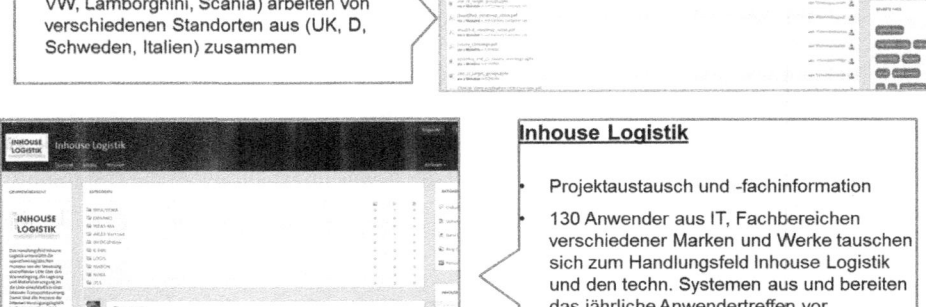

Abb. 12.1 Internationale Projektarbeit – Garage, etc.

12.4.1 Internationale Zusammenarbeit und markenübergreifende Kommunikation

Innerhalb des Volkswagen Konzerns existieren viele Projekte über Marken- und Organisationsgrenzen hinweg. I. d. R werden solche Themen von einem Kernteam getrieben. Dieses Team sitzt nicht zwangsläufig auch an einem Standort, so dass eine einfache und schnelle Kommunikation bislang über Telefon, Videokonferenzen und per Email organisiert wurde. Mit Group Connect und seinen vielfältigen Funktionen können die Anforderungen insbesondere von räumlich getrennten Teams viel schneller und einfacher bedient und organisiert werden. Dabei sind alle Teammitglieder innerhalb der Community immer über den aktuellen Status informiert. Als Beispiel sind hier Projekte aus dem Marketing und der Logistik angeführt (Garage und Inhouse-Logistik) (Abb. 12.1).

12.4.2 Interne Kommunikation und Top-Down-Kommunikation

Kurz nach dem Launch von Group Connect erkannten Mitarbeiter das Potenzial der Plattform, nicht nur auf Missstände aufmerksam zu machen, sondern auch Ideen, Optimierungsvorschläge und Innovationen diskutieren zu können. Daran beteiligte sich auch das Management. Als Initiative entstanden hieraus die sogenannten „IT Pitching Days", die inzwischen mehrfach im Jahr stattfinden. In Teams entwickeln die Teilnehmer IT-Ideen, die im Kontext der Konzern IT oder für Fachbereiche sinnvoll, effizient und innovativ sein können. Sie bauen einen Prototypen in Eigenleistung und stellen im Anschluss die Idee sowie das zugehörige Produkt vor. Die Jury besteht aus Mitgliedern der IT-Leitungsrunde und Mitarbeitern, die sich freiwillig engagieren möchten. Die vielversprechendsten Ideen erhalten nach Präsentation eine Anschluss-Pilotierung oder werden zum konkreten Projekt (Abb. 12.2).

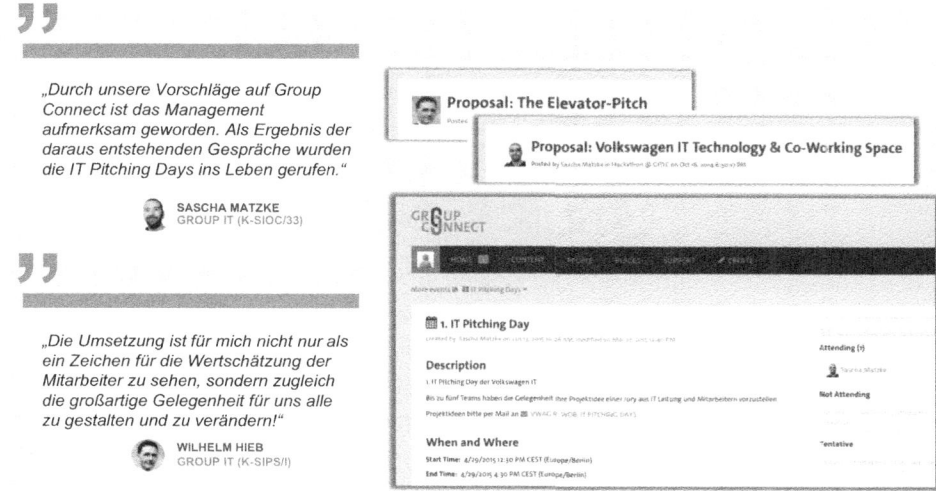

Abb. 12.2 Pitching Days

Ein weiteres Beispiel ist der IT Newsletter. Vor Einführung von Group Connect erfolgte der Versand per E-Mail. In einem PDF-Dokument sammelten Redakteure relevante Informationen und sendeten den PDF-Newsletter nach Redaktionsschluss an einen umfassenden Verteiler an die Marken. Seit Einführung von Group Connect kann das Redaktionsteam einzelne Beiträge direkt veröffentlichen. Interessante Informationen erreichen die Abonnenten ohne Zeitverlust aufgrund verpasster Redaktionsschlüsse. Weiterhin ist eine Verbreitung an Interessierte möglich, die auch außerhalb der IT tätig sind. Eine neue Erfahrung für die Redakteure ist, dass sie Feedback auf die Artikel erhalten und die Themen innerhalb der Community diskutiert werden (Abb. 12.3).

Abb. 12.3 Group IT Newsletter

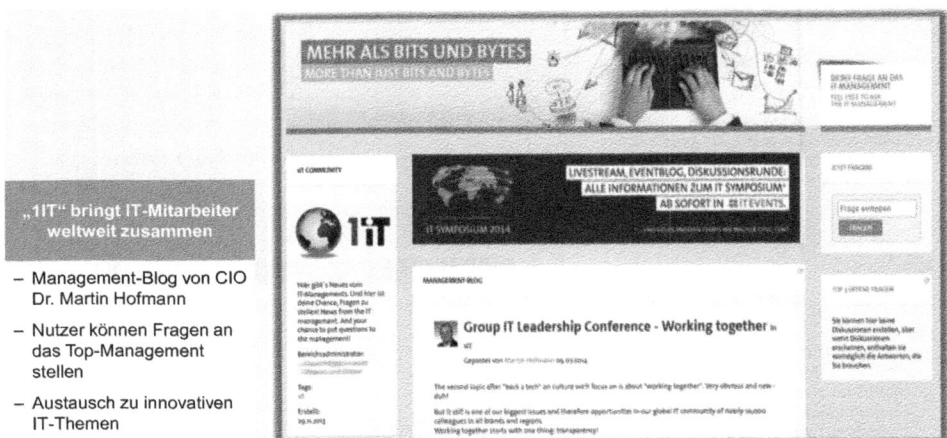

Abb. 12.4 Group IT Leadership

Drittes Anwendungsbeispiel ist das Forum des Konzern-CIO. Dieses Forum wird genutzt, um alle IT Mitarbeiter weltweit in den Marken zweisprachig über Themen, Inhalte und Veranstaltungen zu informieren. Ebenfalls können die Mitarbeiter die bereitgestellten Informationen kommentieren. Etwa bei der jährlich konzernweit stattfindenden IT Top Management Konferenz: Parallel oder im Nachgang zur Veranstaltung werden dort alle Präsentationen und Filme zum Download bereitgestellt. So sind die Themen im Nachgang auch noch zu diskutieren (Abb. 12.4).

12.4.3 Markenübergreifende Abstimmung im Fachbereich oder Gremium

In einem weitverzweigten Konzern wie Volkswagen gibt es im Rahmen von Arbeitsgruppen und Projekten immer wieder den Wunsch nach einer für alle nutzbaren Austauschplattform. Diese soll Abstimmungen, die Kommunikation, aber auch den Austausch und die Diskussion von Dokumenten erlauben. Mit Group Connect ist diese konzernübergreifende Plattform vorhanden. Nachfolgend ist das Beispiel der Ergonomie-Arbeitsgruppe (Abb. 12.5) dargestellt, die diese Funktionen nutzt.

Bei der Ergonomie-Gruppe handelt es sich um einen konzernweiten Arbeitskreis, der sich jährlich nur einmal trifft. Um die Mitglieder der Arbeitsgruppe dennoch im aktiven Austausch zu behalten, wurde sehr schnell Group Connect als Arbeitswerkzeug eingesetzt. Die Gruppe informiert und sensibilisiert alle relevanten Akteure im Konzern zu ihren Fachthemen. Die Arbeitsgruppenmitglieder tauschen ihre Berichte aus, alle relevanten Aktivitäten im Konzern werden transparent abgebildet und die Community ermöglicht auf alle diskutierten und erarbeiteten Themen ein Feedback.

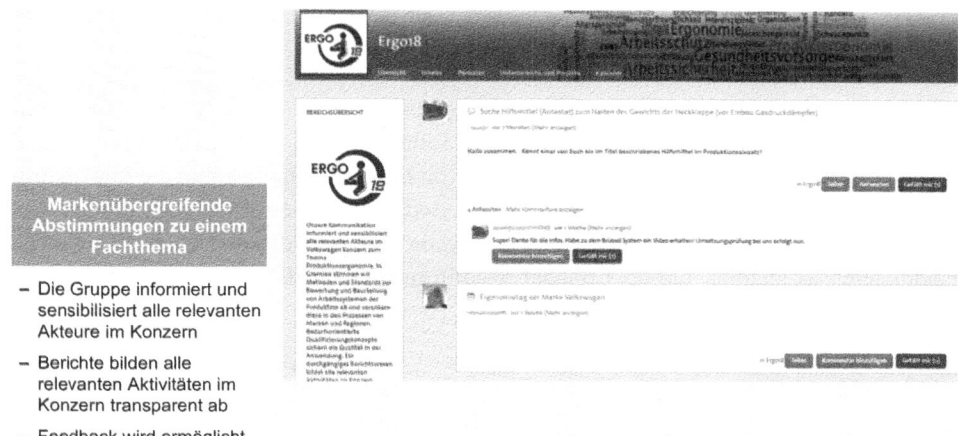

Markenübergreifende Abstimmungen zu einem Fachthema

- Die Gruppe informiert und sensibilisiert alle relevanten Akteure im Konzern

- Berichte bilden alle relevanten Aktivitäten im Konzern transparent ab

- Feedback wird ermöglicht

Abb. 12.5 Ergonomiegruppe

12.4.4   Austausch- und Informationsplattform

Für viele Themen bietet Group Connect das ideale Medium, entsprechende Inhalte einer breiten Volkswagen-Öffentlichkeit zur Verfügung zu stellen. Anders als im Intranet ist es möglich, in einen interaktiven Austausch zu treten und Feedback einzuholen. So hat die Arbeitsgruppe zum Thema „User Experience" diese Plattform sehr schnell für diese Zwecke entdeckt.

Nicht immer sind in einem großen Konzern wie der Volkswagen AG Informationen schnell verfügbar. Für jüngere oder neue Mitarbeiter, die noch nicht über ein ausgeprägtes klassisches Netzwerk verfügen, bietet sich der Vorteil, Fragestellungen in die Community zu stellen und innerhalb von weniger Zeit Antworten zu bekommen (Abb. 12.6).

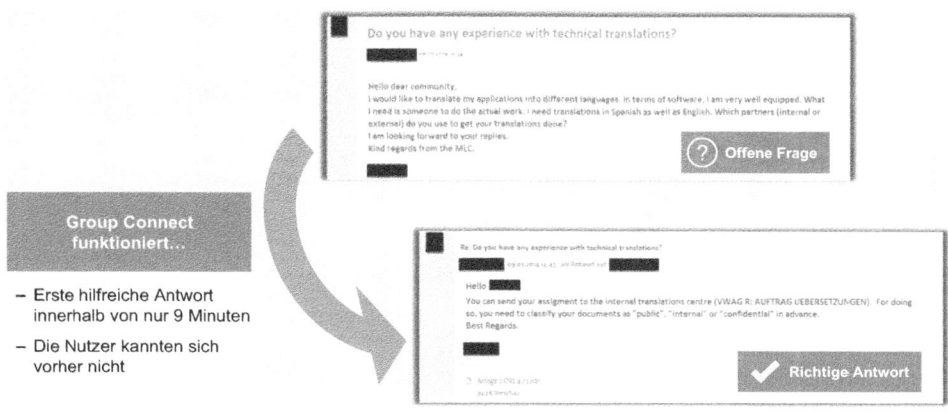

Group Connect funktioniert…

- Erste hilfreiche Antwort innerhalb von nur 9 Minuten

- Die Nutzer kannten sich vorher nicht

Abb. 12.6 Offene Frage – Plaza

12.4.5 Events und Qualifizierung

Ein idealer Anwendungsfall ist die Ankündigung und Begleitung von Events – insbesondere für Veranstaltungen, die nur einen kleinen Teilnehmerkreis haben, deren Inhalte und Informationen aber für größere Nutzergruppen von Interesse sind. So sind die Informationen schnell zu teilen und die Veranstaltung bei Bedarf mit einem Liveblog zu begleiten. Zusätzlich bietet sich die Möglichkeit, im Nachgang Fragen zu diskutieren. Zudem nutzen Fachbereichsakademien Group Connect als Informationsmedium und für den aktiven Austausch zu Fachthemen (Abb. 12.7, 12.8).

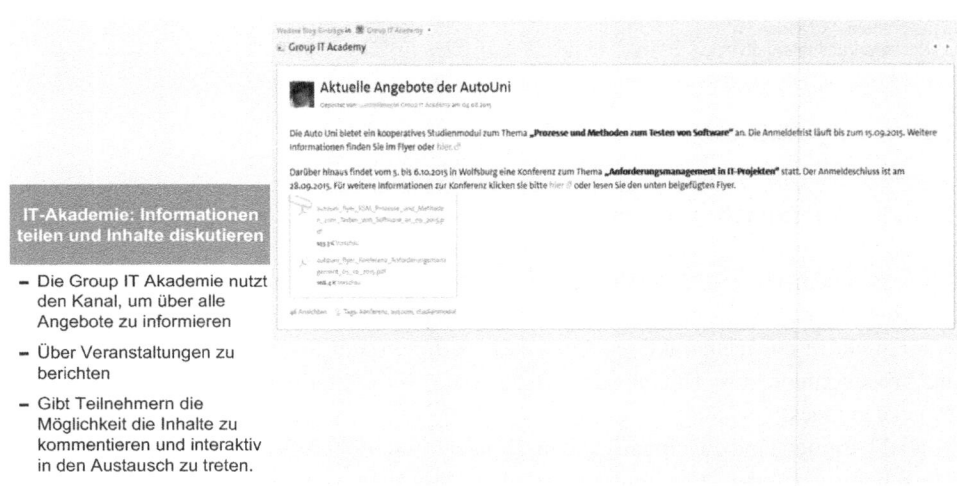

IT-Akademie: Informationen teilen und Inhalte diskutieren

– Die Group IT Akademie nutzt den Kanal, um über alle Angebote zu informieren

– Über Veranstaltungen zu berichten

– Gibt Teilnehmern die Möglichkeit die Inhalte zu kommentieren und interaktiv in den Austausch zu treten.

Abb. 12.7 Auto Uni

Events: Informieren, nachbereiten und teilhaben lassen

– Events werden angekündigt

– Präsentationen oder Filme werden auch Personen zugänglich gemacht, die nicht persönlich teilnehmen konnte

– Fragen während oder nach der Veranstaltung werden für alle transparent beantwortet

Abb. 12.8 Mitarbeiter-Vollversammlung

12.5   Erfolgsfaktoren: Echter Dialog, Teilhabe und Transparenz

Bereits kurz nach dem Launch der Plattform sorgte der Post des Konzern CIOs für eine große Dynamik auf der Plattform: In seinem Eintrag äußert er die Vermutung, dass sich einige Mitarbeiter der IT mehr mit administrativen Themen auseinandersetzen als mit eigentlichen Fachthemen. Innerhalb kürzester Zeit entstand eine intensive Diskussion. IT-Mitarbeiter machten sehr viele konstruktive Vorschläge, wie man dem Bürokratieabbau begegnen könne. Wenige Tage danach lud der CIO die ersten Mitarbeiter, die auf seinen Post reagiert hatten, zu einem Workshop ein. Die Teilnehmer sammelten Vorschläge und entwickelten Maßnahmen. Auch nach über 18 Monaten findet diese Diskussion Beachtung und hat bis zum gegenwärtigen Zeitpunkt mehr als 18.000 Views und mehr als 200 Kommentare hervorgerufen.

Zunächst hat der CIO Gesicht gezeigt. Durch die Veröffentlichung seines persönlichen Eindrucks hat er in einer authentischen Tonlage ein aktuelles Thema angeschnitten, von dem viele Mitarbeiter sich angesprochen fühlen. Der Post und der Austausch dazu verbreiteten sich schnell in der Organisation weiter. Die Mitarbeiter wurden so auf die Plattform gezogen, um sich selber eine Meinung zu bilden. Dies führte dazu, dass mehr Mitarbeiter, die zu dem Zeitpunkt die Plattform noch nicht aktiv nutzten, einen Einstieg in Group Connect fanden. Darüber hinaus hat der Beitrag des CIOs die Gefühlslage vieler Mitarbeiter angesprochen und damit eine emotionale Reaktion ausgelöst. Die Reaktion, einen Workshop für Verbesserungsvorschläge durchzuführen, wurde als positiv gewertet. Die Mitarbeiter verstanden es als Einladung, durchaus auch kritische Diskussionen zu führen.

12.5.1   Einbindung des Managements

Dieses Beispiel zeigt auf, dass ein Promoter auf Top-Ebene bei der Einführung und Verbreitung von immenser Bedeutung ist. Durch das „Liken" von Kommentaren durch die Promotoren erfahren die Nutzer die entsprechende Bestätigung und Wertschätzung, dass ihre aktive Teilnahme und Nutzung gewollt und gewünscht ist. Diese Reaktion zeigt viel eindrücklicher, dass das Management hinter der Social Collaboration steht, als es in Schulungen, Gesprächen oder Workshops durch die Projektverantwortlichen zu vermitteln ist.

Darüber hinaus sind Führungskräfte eine wichtige Zielgruppe – insbesondere hinsichtlich neuer Möglichkeiten einer transparenten Kommunikation. Wie sich Führungskompetenzen im digitalen Zeitalter ändern und welche neuen Führungsschwerpunkte sich bilden, sind Themen, die auch durch die Personalentwicklung mit begleitet werden sollten.

12.5.2   Umfassende Vermarktung notwendig

Ein weiterer Erfolgsfaktor für ein sogenanntes Enterprise Social Network (ESN) wie Group Connect ist die umfassende Kommunikation und Vermarktung. Die Einführung unterliegt den Regeln eines klassischen Veränderungsprojekts. Die Art der Kommunikation gestaltet sich neu, sowohl die Ansprache und Tonalität als auch die Verbreitung und der Austausch von Informationen bzw. Wissen. Dies stellt einen Wandel der bislang üblichen Kommunikations- und Verhaltensregeln dar.

Diese Themen müssen den Nutzern transportiert werden, mit Anwendungsbeispielen erläutert werden – es braucht anschauliche Best-Practice-Ansätze. Auch die Roadmap und die Zielsetzung, die mit der Einführung solcher Werkzeuge geplant ist, müssen für die Nutzer erkennbar sein. Geht es hierbei um ein „mehr" oder um ein „anstatt" der üblichen Arbeitswerkzeuge? Und wie integriere ich diese bewusst und effizient in meinen digitalen Arbeitsalltag?

12.5.3   Offenheit und Transparenz für alle

Eine frühzeitige Qualifizierung der künftigen User ist eine entscheidende Voraussetzung für die Akzeptanz des ESN: Auf der Plattform geht es um Austausch und offene Kommunikation mit für den User komplett ungewohnten Mitteln. Auch wenn die Nutzer privat bereits Erfahrungen in sozialen Netzwerken gesammelt haben, so unterscheiden sich Funktion, Regeln und Verhaltensweisen eines ESN in wichtigen Punkten wesentlich von den bisher gemachten Erfahrungen: Wie muss ich mich gegenüber meinen Vorgesetzten verhalten? Darf ich überhaupt offen kommunizieren? Wer darf überhaupt eine Gruppe aufmachen und welche Themen sind erlaubt? Die häufigste Frage der Mitarbeiter bei der Einführung von Group Connect war dementsprechend auch die Erwartungshaltung des Managements an die Belegschaft bezüglich der Nutzung des neuen Tools. Weiterer Klärungsbedarf reichte vom zu investierenden Zeitaufwand bis hin zu der Fragestellung wie und in welcher Form kommuniziert werden solle.

Transparenz ist in diesem Kontext ein weiteres Stichwort: Unter Umständen tendieren User beispielsweise dazu, zunächst geheime – also nicht für jedermann sichtbare Gruppen – anlegen zu wollen. Die Gründe dafür sind vielfältig. Sie reichen von der Annahme, dass gerade das eigene Fachthema sowieso niemanden interessiert bis hin zu der Tatsache, dass man lieber unter sich bleibt. Aus der Erfahrung heraus schadet genau dieses Verhalten der Transparenz in einem ESN. Die Wissenssilos, die es durch Social Collaboration aufzulösen gilt, bestehen im schlimmsten Fall auf anderer Ebene fort. Deshalb sollten Verantwortliche den geheimen Status einer Gruppe in der Regel nur während des Gruppenaufbaus akzeptieren.

12.5.4   Abstimmung in den relevanten Gremien

Ein ebenso wichtiger Erfolgsfaktor ist die enge Abstimmung mit den unternehmensinternen Gremien. Nur die rechtzeitige Einbindung der zuständigen Fachbereiche, der Arbeitnehmervertretung sowie der Stakeholders des Unternehmens verspricht eine breite Akzeptanz. Der Umgang mit Datenschutzbestimmungen, die Sichtbarkeitseinstellungen und die

Freiwilligkeit der Nutzung gehören zu den wichtigsten Informationsinhalten insbesondere bei zögerlichen Nutzern.

Bei Volkswagen regelt das Betriebsverfassungsgesetz die Freigabe neuer IT-Systeme, die Mitarbeiterarbeitsplätze betreffen – wie in allen deutschen Unternehmen. Deshalb waren interne Gremien wie der Datenschutz, das Rechtswesen, die IT Sicherheit, das Personalwesen und nicht zuletzt der Betriebsrat von Anfang an in den gesamten Prozess eingebunden. Für den Rollout an Standorten außerhalb des geregelten Rahmens der Volkswagen AG hinaus, gab es Abstimmungen und Freigaben durch weitere markenspezifische Gremien.

12.6 Fazit

Mit Group Connect verfügt der Volkswagen Konzern erstmals über eine für den gesamten Konzern nutzbare Kommunikations- und Kollaborationsplattform, die bereits heute Funktionen eines „Future Workplace" erlebbar macht und ein innovatives, „anderes Arbeiten" ermöglicht.

Die Herausforderung für die nächsten Jahre wird sein, Group Connect als Werkzeug in den Arbeitsalltag der Mitarbeiter zu integrieren. Dafür ist die Motivation und Initiative der Digital Natives unerlässlich, da sie die diejenigen Mitarbeiter sind, bei denen die Social-Media-Nutzung in den meisten Fällen zum Alltag gehört. Darüber hinaus braucht es sowohl interessierte und engagierte Mitarbeiter als auch eine aktive Unterstützung durch das Management.

Die weitere Strategie sieht vor, Group Connect als ESN zum Nukleus weiterer Kollaborationswerkzeuge auszubauen. Damit soll der nahtlose Absprung in weitere Tools, die für eine große Anzahl von Mitarbeitern einen effektiveren und effizienteren Umgang mit ihrer Arbeit erlauben, ermöglicht werden. Für die Glaubwürdigkeit und Akzeptanz durch die Nutzer ist die Verfügbarkeit und Umsetzung der Roadmap entscheidend.

Christina-Dorothea Schlichting Nach dem Studium der Sinologie, Politische Wissenschaften und Germanistik (Universität Göttingen, Universität Wuhan (VR China), Universität Hamburg) begann C-D. Schlichting 1990 mit einem internationalen Traineeprogramm bei der Volkswagen AG in Wolfsburg. 1993 erfolgte ein Wechsel zur Audi AG nach Ingolstadt in verschiedenen Positionen, u. a. als Sales Managerin für die VR China, in der sie auch den Aufbau und die Leitung des Audi Beijing Office innehatte. 2003 fand ein Wechsel in den Bereich Informationstechnologie und Organisation statt. In diesem Bereich übernahm sie nach dem abermaligen Wechsel zu Volkswagen AG 2005 verschiedene Leitungsfunktionen, u. a. lagen in ihrer Verantwortung Kommunikationssysteme. Seit 2010 war der Umgang mit sozialen Medien ein wichtiges Thema. Die Einführung von Group Connect und interne Kollaborationsanwendungen im Konzern liegen seit 2013 in ihrer Verantwortung.

Die „TSN Guides"-Initiative

13

Winfried Ebner, Keltoum Strunck-Zair und Romina Seidel

Inhaltsverzeichnis

Was ein Enterprise Social Network (ESN) im Innersten zusammenhält – Best Practice Beispiel der Freiwilligen-Initiative „TSN Guides" in der Telekom Deutschland GmbH

W. Ebner (✉) · K. Strunck-Zair · R. Seidel
Social Media Business, Deutschland GmbH, Bonn Deutschland
E-mail: winfried.ebner@telekom.de

© Springer Fachmedien Wiesbaden 2016
A. Rossmann et al. (Hrsg.), *Enterprise Social Networks,*
DOI 10.1007/978-3-658-12652-0_13

Zusammenfassung

Das Programm Social Media Business bündelt externe und interne Social Media Initiativen der Telekom Deutschland. Die internen Social Media Aktivitäten werden durch die Freiwilligen-Initiative „Die TSN Guides" ergänzt, um das „Anders Arbeiten" breit in die Organisation zu tragen. Dieser Beitrag diskutiert, wie die Initiative gestartet wurde, welches Selbstbild sich entwickelt hat und durch welche Formate die TSN Guides unterstützt werden. So werden die Eckpfeiler der erfolgreichen Einführung eines Enterprise Social Networks mit Hilfe einer Freiwilligen-Initiative skizziert. Abschließend wird beschrieben, wie sich die Initiative weiter entwickelt.

13.1 Kontext: Social Media Business & Anders Arbeiten Team

13.1.1 Das Social Media Business Programm

Im Februar 2013 wurde das Programm Social Media Business in der Telekom Deutschland mit klarem Auftrag gegründet. Das Programm soll

- die Integration **aller Social-Media-Aktivitäten** sicherstellen;
- **die Gremien-Effizienz** durch sinnvolles Zusammenführen vorhandener Gremien erhöhen;
- **eine** Telekom Deutschland weite Social Media Plattform- und Profilstrategie koordinieren;
- relevante **KPIs & Ziele** für Social Media Business etablieren und monitoren;
- **Business- und Benefit-Cases** durch Frameworks unterstützen sowie
- einen „Anders Arbeiten" **Modus Operandi** durch Test & Learn setzen.

Die Besonderheit dieses quer zu allen Fachbereichen liegenden Programms ist, dass sowohl **interne** als auch **externe** Social Media Aktivitäten gebündelt, integriert betrachtet und auch bearbeitet werden.

Durch starke und agile Workstreams, die durch die einzelnen beteiligten Fachbereiche finanziert und betrieben werden, entstehen klare Themen-Verantwortlichkeiten (Abb. 13.1):

Insbesondere das Thema „Anders Arbeiten" entwickelte sich zu einem Hauptarbeitsgebiet des Social Media Business Teams, da Mitarbeiter, die sich mit dem Thema Social Media beschäftigen, eine höhere Affinität zu neuen, innovativen Arbeitsformen haben.

Dabei ist zu beachten, dass wir als Kernteam des Programms „Anders Arbeiten" immer mit den drei Hebeln **Arbeitsplatzumgebung**, **Transformation** und **Technologie** arbeiten, die den Raum für Neuerungen schaffen (Abb. 13.2):

Diese Herangehensweise bedingt, dass für die Lösung von Problemen nie singulär z. B. Technologie oder kulturelle Aspekte zum Gelingen beitragen, sondern immer eine

Das Social Media Business Programm.
Wir bündeln alle Social Media Aktivitäten der Telekom
Deutschland und bauen diese weiter aus.

Abb. 13.1 Programmüberblick Social Media Business

Mischung aus allen drei Hebeln stattfinden muss. Dass diese Herangehensweise zukunft-
weisend ist, zeigt auch der Gewinn des XING NewWork Awards für Großunternehmen
Anfang des Jahres 2015 (Gewinner-Video siehe (Xing 2015)).

13.1.2   Wie wir handeln

Um „*Anders Arbeiten*" in die Organisation zu bringen, sind die zwischenmenschlichen
Aspekte von zentraler Bedeutung. Wir gehen nicht nach zentralisierten Vorgaben vor, sondern versuchen mit unserem Handeln einen Rahmen zu schaffen, in dem sich jeder einzelne Teilnehmer des Programms verwirklichen kann. Wichtig dabei ist die Veränderung des
Grundverständnisses auf allen Ebenen – auch bzw. besonders auf Führungsebenen.
    Wir nutzen als Methode „Facilitation", eine Denkschule und ein Handwerk, mit dem
wir in Veränderungen beraten, führen und begleiten können. Unterstützt werden wir dabei
von den „Kommunikationslotsen", die durch Training das Anwenden der neuen Methoden
für Dialoge, Reflexionen und die Arbeit mit Pilotgruppen begleiten (Kommunikationslotsen 2015). Diese Art der Haltung leben wir selbst vor und versuchen sie durch die
praktische Anwendung den Guides zu vermitteln.

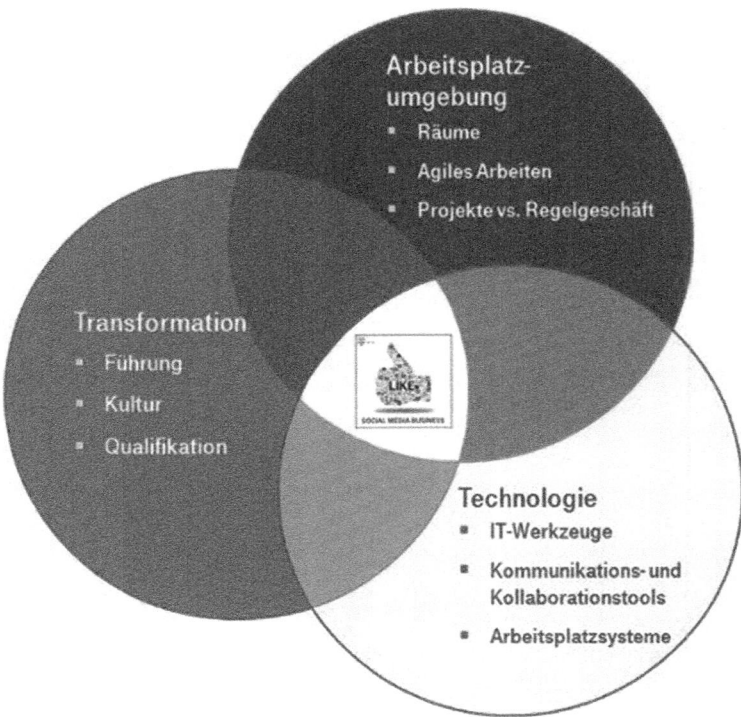

Abb. 13.2 Ganzheitlicher Ansatz, um „Anders Arbeiten – Kunden begeistern" umzusetzen

13.1.3 Was sind unsere Angebote zum Anders Arbeiten: Community Building, Training, TSN Guides Initiative (Botschafternetzwerk)

Die Deutsche Telekom hat 2012 eine integrierte Social Media Plattform eingeführt. Das Telekom Social Network, kurz „TSN" ist der zentrale Ort im Intranet, um Wissen und Informationen zu teilen, zu diskutieren und zu verfolgen, was im Unternehmen passiert – kurz: einfach zusammen zu arbeiten. Man kann zu jeder Zeit und von überall zugreifen.

Um Dokumente abzustimmen, ist kein E-Mail-Pingpong mehr notwendig. Meetings können direkt im TSN vor- und nachbereitet werden. Man findet einfacher und schneller Experten zu bestimmten Themen über die Stichwortsuche oder eine Anfrage im TSN. Unterm Strich erleichtert die interne Social Network Plattform die Arbeit und spart Zeit.

Durch die Mitarbeit an Dokumenten, Beteiligung an Diskussionen und Bewertung von Beiträgen verschaffen sich Mitarbeiter Gehör und helfen anderen Kollegen, deren Arbeit zu erleichtern. Umgekehrt bekommen Mitarbeiter ebenfalls Hilfe, wenn sie etwas brauchen. Sehr wahrscheinlich von jemandem, den sie überhaupt nicht kennen, möglicherweise auch von internationalen Kollegen. Über das eigene Profil und einer aktiven Beteiligung werden Mitarbeiter in der Organisation sichtbar und auch außerhalb ihres Teams als Experten für bestimmte Themen wahrgenommen.

Abb. 13.3 Elemente von
„Anders Arbeiten"

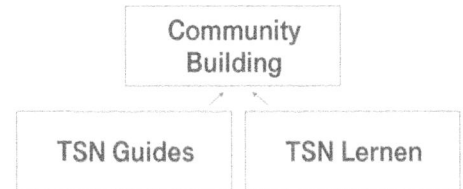

Im Workstreams „Anders Arbeiten" wurden konkrete Produkte für die Einführung des „TSN" entwickelt (vgl. Abb. 13.3), die sowohl den anderen Workstreams im Programm als auch anderen Fachbereichen in der Deutschen Telekom als Common Service angeboten werden.

Alle Aktivitäten zahlen dabei auf das Ziel eines verstärkten Community Buildings ein. Ausgehend von der Life-Cycle-Betrachtung einer Community (Ebner 2009) geht es hierbei darum, Mitarbeiter in thematischen Gruppen zur Zusammenarbeit zu aktivieren. Beispiele hierfür sind die Strategietransformation, die MagentaEINS Community oder auch produktspezifische Communities, z. B. zu Smart Home. Eine detaillierte Beschreibung dieser Communities findet sich unter Ebner (2015) wieder.

Um sowohl technologische als auch kulturelle Hürden zu adressieren, wurde als zweites Element das Schulungsprogramm zum „Anders Arbeiten" aus der Taufe gehoben, das sich in Angebot und Durchführung komplett im Telekom Social Network (TSN) befindet. Dieses Angebot umfasst folgende Elemente (vgl. Abb. 13.4):

Abb. 13.4 Module des TSN
Lernen Angebots

In der Konzeption der Trainings wurde darauf geachtet, dass Grundlagen in Videos und eClass-Formaten abgedeckt werden, wohingegen intensivere Formate der Zusammenarbeit (z. B. im eigenen Team) auf einer Workshop-Basis stattfinden.

Das dritte Kern-Element des „Anders Arbeiten"-Angebotes ist das Netzwerk von Freiwilligen im TSN, die TSN Guide Initiative.

13.2   Anders Arbeiten mit der TSN Guides Initiative

13.2.1   Warum gibt es die TSN Guides Initiative?

Eine konzernweite Recherche in 2013 hatte ergeben, dass es sehr unterschiedliche Wissensstände über Sinn und Zweck des Telekom Social Network bei den Mitarbeitern gab. Des Weiteren herrschte eine große Unsicherheit im Umgang mit der Plattform. Andererseits konnte eine kleine Gruppe von Mitarbeitern identifiziert werden, die den Nutzen erkannt hatten und aus eigener Überzeugung heraus Aktivitäten im TSN starteten, um andere Kollegen vom TSN als Kollaborationstool zu begeistern.

Im Wesentlichen war es der letzte Punkt, der den Entschluss befeuerte, eine TSN Guides Initiative zu gründen. Eine (noch) kleine Gruppe von aktiven und überzeugten Nutzern stellte den Nukleus der TSN Guides Initiative dar. Diese Mitarbeiter haben früh erkannt, dass eine Veränderung durch den digitalen Wandel, ein grundsätzliches Umdenken bei allen erfordert. Damit sind sie Vorreiter und die perfekten Botschafter.

Das Ziel der TSN Guides Initiative?

1. *Wo wollen wir hin?*
   Wir fördern eine andere Form der Zusammenarbeit und wollen mehr aktive User im TSN.
2. *Was müssen wir dafür tun?*
   Wir müssen in den direkten Kontakt mit den Mitarbeitern kommen und ihnen das TSN über konkrete Anwendungsfälle nahebringen.
3. *Was brauchen wir dafür?*
   Eine motivierte Gruppe von Kolleginnen und Kollegen, die vom TSN und vom „Anders Arbeiten" überzeugt ist und sich freiwillig für mehr Aktivität im TSN engagiert – die TSN Guides!

Die Rolle eines TSN Guides
Ein TSN Guide agiert als Botschafter der Telekom Social Network Plattform und überzeugt durch seine Vorbildfunktion, durch persönliche Gespräche und Eigenmotivation, andere Kollegen von der Nutzung der Plattform. Primär geht es darum, Begeisterung, Wissen und Expertise an andere Mitarbeiter und Führungskräfte zu vermitteln.

Die Vorteile für einen TSN Guide

Die Vorteile für einen TSN Guide sind vielfältig: Zunächst genießt er einen stetigen Blick über den eigenen Tellerrand. Beispielsweise durch den Erhalt von exklusiven Informationen zu TSN-Neuerungen. Die Möglichkeit, neue und relevante Themen zu erfahren und von den Erfahrungen der Kollegen in der Guides Community zu profitieren, ist ein weiterer Mehrwert.

Hinzu kommen Vorteile durch die Teilnahme an verschiedenen Formaten des Programms Social Media Business. Das Angebot umfasst ein zweimal jährlich stattfindendes TSN Guides Netzwerktreffen, eine monatliche Webkonferenz, ein zweiwöchiges Social Media Event mit einem Expertenthema und anschließender Diskussionsrunde. Zudem finden je nach Bedarf standortbezogene Community Lunch Treffen statt. Im Zuge eines Konzernprogramms zur Digitalisierung der Arbeitswelt gibt es ein Campus Format. In diesem Rahmen wird über Anforderungen an das Tool und weitere Entwicklungen diskutiert. Hier haben die TSN Guides die Möglichkeit, mit ihren Anforderungen am Campus teilzunehmen.

13.2.2   Welches Selbstbild haben die TSN Guides

Im Rahmen der regelmäßigen Netzwerktreffen wurde durch die TSN Guides ein Selbstbild – der TSN Guide Code – einwickelt. Er soll euen Guides als Orientierung dienen.

PRÄAMBEL

Die TSN Guides sind davon überzeugt, mit den neuen dynamischen Möglichkeiten des TSN einen Beitrag zur zukunftsfähigen Entwicklung der Unternehmenskultur und von Arbeitsweisen der Telekom leisten zu können. Sie fördern aktiv das Teilen von Wissen und Informationen, um den Herausforderungen der Zukunft gerecht zu werden.

1. *TSN Guide zu sein ist eine Haltung – die Bereitschaft sich weiterzuentwickeln*
   Als „Digital Natives" brennen die TSN-Guides für die Idee des „Anders Arbeiten". Sie sind in der digitalen Enterprise 2.0 Welt zu Hause.
2. *Die Tätigkeit eines Guides ist freiwillig und findet im Rahmen der persönlichen Möglichkeiten statt*
   Es gibt keine festgeschriebene Aufgabenbeschreibung und auch kein Skill-Set, aber die TSN Guides vermitteln einen einheitlichen und aktuellen Wissensstand zum „Anders Arbeiten".
3. *TSN Guides sind für einander da*
   Sie unterstützen sich gegenseitig und lernen voneinander. Die TSN Guides nutzen die vom Unternehmen angebotenen Möglichkeiten des Netzwerkens und des Wissenstransfers (in Kohärenz mit dem TSN) zur stetigen Verbesserung ihrer Kompetenzen.
4. *TSN Guides begeistern Andere, in dem sie „Anders Arbeiten" vorleben*
   Die TSN Guides motivieren interessierte Kollegen für das „Anders Arbeiten" durch das Aufzeigen der Vorteile und Vereinfachungen gegenüber den bisher bekannten Arbeits-

methoden. Dabei wird offenes Feedback von den TSN Guides als ein wichtiger Baustein zur Kompetenz- und Wissenserweiterung gesehen.

5. *TSN Guides teilen und unterstützen, damit „ES" sich weiter entwickelt*
Die TSN Guides teilen ihren Wissensvorsprung zum „Anders Arbeiten" mit allen Kollegen, denen die Enterprise 2.0-Arbeitsweisen noch nicht geläufig sind. Unabhängig von Funktion oder Bereichszugehörigkeit helfen die TSN Guides jedem Kollegen. Die TSN Guides tragen so aktiv zu einem überdurchschnittlich schnellen Wissenstransfer im Unternehmen bei.

13.2.3 Was sollen TSN Guides leisten?

Wie soeben beschrieben, gibt es in Bezug auf einzelne Tätigkeiten der TSN Guides nur wenige Vorgaben.

Im Folgenden nennen wir einige beispielhafte Tätigkeiten, die ein TSN Guide aus Eigenmotivation heraus tut bzw. die sich als besonders notwendig herausgestellt haben:

- Sie unterstützen Kollegen dabei, Hürden zu überwinden hinsichtlich der Aktivität (liken/kommentieren/blogging) und der konzernweiten Sichtbarkeit.
- Sie zeigen interessierten Kollegen, Teams oder Führungskräften in kleinen Workshops, welche Anwendungsfälle im TSN hilfreich sind.
- Sie unterstützen ihre Guide-Kollegen an Promotion-/Beratungsständen bei großen Veranstaltungen.
- Sie entwickeln sich ständig weiter, in dem sie von Erfahrungen anderer Guide-Kollegen (konzernweit) lernen und profitieren.

13.2.4 Wie wir TSN Guides rekrutieren

In der Zwischenzeit konnten über einen einfachen Aufruf in der internen Social Network Plattform knapp 180 TSN Guides gewonnen werden (Stand: Oktober 2015). Mittels eines Social Network Dokuments konnten sich die interessierten Kollegen durch einfaches Einfügen, in eine Tabelle zur Teilnahme an der Guides Initiative, anmelden.

Abbildung 13.5. zeigt einen Auszug des Aufrufs aus dem TSN.

13.2.5 Wie wir TSN Guides einbinden

Es gibt sowohl praktische Hilfsmittel, die zur Verfügung gestellt werden, als auch Unterstützungen bei der Umsetzung von Ideen, bei Promotion von Aktionen oder wenn es darum geht, Anforderungen an das Tool an das Projekt zu adressieren.

Abbildung 13.6. zeigt einige praktische Hilfsmittel dazu.

An alle Kolleginnen und Kollegen im TSN: "Werde TSN Guide!" (Übersicht TSN Guides)   Version 318

erstellt durch Kati Strunck-Zair am 14.10.2013 20:59, zuletzt geändert durch Manfred Andrzejczak am 30.10.2015 14:08

Wer aktiv im TSN unterwegs ist, erfährt es immer wieder: Mit dem Telekom Social Network ist der Arbeitsalltag einfacher und dabei lässt sich noch eine Menge Zeit sparen. Und mit jedem neuen "TSNler" wird dieser Nutzen größer. Viele von uns sind schon sehr aktiv im TSN und überzeugen tagtäglich Kolleginnen und Kollegen vom Nutzen der Plattform. Das hat uns auf eine Idee gebracht: Eine Community für TSN Botschafter zu schaffen, oder wie wir sie nennen: TSN Guides! Gemeinsam mit euch wollen wir das TSN nach vorn bringen, voneinander lernen, uns austauschen und uns gegenseitig helfen.

Lust, TSN Guide zu werden? Trag dich in die Liste ein!
Wenn du also ein aktiver und überzeugter TSN-Nutzer bist und Lust hast, dich gemeinsam mit anderen für das "Anders Arbeiten" im TSN stark zu machen: *Werde TSN Guide!*

Was könnte ein TSN Guide tun? Helfe KollegInnen im TSN beispielsweise über die Kommentarfunktion bei Problemen und Fragen. Zeige interessierten KollegInnen, Teams oder Führungskräften in kleinen Workshops, welche Anwendungsfälle im TSN hilfreich sind. Unterstütze Deine Guide-Kollegen einmal an einem TSN-Stand bei einer großen Veranstaltung. Und vor allen Dingen: Lerne und profitiere von der TSN-Erfahrung deiner Guide-KollegInnen.

Lust bekommen? Dann trag Dich einfach in die unten stehende Liste ein. Werde Mitglied in der offenen TSN Community ⊞ Die TSN Guides und nutze sie dazu, immer die neuesten Informationen zur Initiative zu finden und dich mit deinen KollegInnen auszutauschen. Erste Infos für Dich als Guide: ⊞ Der Guide Code - Grundprinzipien eines TSN Guides ⊞ Die TSN Guide Initiative, ⊞ TSN Guide Toolbox, ⊞ Warum wir eine neue Art der Zusammenarbeit brauchen, ⊞ Einfacher arbeiten mit dem TSN - Die vier Schritte zum "Anders arbeiten".

Wir freuen uns auf Dich!
Kati Strunck-Zair und Jochen Pfender

Telekom Deutschland GmbH
Programm Social Media Business
⊞ Das Projekt "TSN - Anders Arbeiten" stellt sich vor

	Name	Fachbereich	Legaleinheit	Standort
1	Kati Strunck-Zair	⊞ Social Media Business Programm ⊞ Das Projekt "TSN - Anders Arbeiten" stellt sich vor	Telekom Deutschland	Bonn

Abb. 13.5 Werde TSN-Guide

13.2.6   Hauptformate der TSN Guides

13.2.6.1   Online Community

Die Gruppe, namens ‚Die TSN Guides' wurde in der Hauptsache als Community für die TSN Botschafter „TSN Guides" geschaffen. Hier finden aktive und überzeugte TSN Nutzer – aus allen Konzerneinheiten – einen virtuellen Ort für den Austausch.

13.2.6.2   TSN Guides Call

Einmal im Monat nutzen wir eine Telefonkonferenz zum Austausch mit den Guides. Der Call gliedert sich in drei Blöcke. Zum einen geben wir als Programm Themen in Runde, zum anderen können natürlich auch alle Guides Themen mit einbringen. Als dritte

📄 Hilfe zum Anders Arbeiten mit dem TSN

erstellt durch Kati Strunck-Zair am 11.06.2014 15:48, zuletzt geändert durch Kati Strunck-Zair am 29.01.2015 16:25

Anders arbeiten mit dem TSN

- 📄 "TSN - So geht's": Die Info-Videos zum Anders Arbeiten mit dem TSN
- 📄 TSN Flyer: Einfacher arbeiten mit dem TSN
- 🖼 Warum wir eine neue Art der Zusammenarbeit brauchen
- 📄 Das TSN: Das bringt es, das kann es! Konkrete Klickbeispiele
- 💬 Wie hält man eine Community am aktiv?
- 📄 Welche Widgets passen für welchen Zweck in Gruppen / Communities

Abb. 13.6 Praktische Hilfsmittel zum „Anders Arbeiten"

Inputquelle dienen Themen außerhalb der Community. Im TSN befindet sich ein Themenspeicher, in welchen wir die Termine und Themen ergänzen. Über ein Einladungsfile werden die Guides informiert und können Rückmeldung über eine Teilnahme geben. Der TSN Guides Call ist sinnvoll, um verschiedene relevante Themen in die Community zu bringen, aber auch um gegebenenfalls Feedback zu erhalten. Das Moderieren und Organisieren übernimmt das Programm Social Media Business. Die Themen sind dabei konzernübergreifend, allerdings eher kurzfristig wie beispielsweise ein neues Arbeitstool, welches die Guides nutzen können. Maßgebliche Themen werden in der Community auf dem TSN Guides Netzwerktreffen besprochen.

13.2.6.3 Netzwerktreffen
Das Netzwerktreffen ist ein Format, welches wir zweimal jährlich veranstalten (ein Überblick siehe Wolfrum 2015). Dabei ist es im Frühjahr eine zweitätige Veranstaltung, bei der wir die Guides raus aus ihrem Arbeitsalltag holen und aktivieren an Themen zu arbeiten. Im Herbst nutzen wir einen halben Tag zum Netzwerken und dem Informationsaustausch.

Die Veranstaltung findet immer größeren Anklang. Wenn die Guides bei einem Netzwerktreffen zusammenfinden, entsteht eine dynamische Veranstaltung. Mit facilitatorischen Methoden, wie dem Open Space, dem Circle Way und vielen mehr erarbeiten wir relevante Themen und treiben diese voran. Dabei entstehen nicht selten Arbeitsgruppen, die im TSN weitergeführt werden.

Wir selbst erstellen uns Meeting-Vereinbarungen. Einen Rahmen, an den wir uns während der Veranstaltungen halten wollen, wie z. B. „Wir teilen uns die Verantwortung für die Qualität", sprich wir alle tragen unseren wertigen Input zur Veranstaltung bei, dazu gehört auch, nicht Relevantes weg zu lassen.

Um immer wieder Neues zu erlernen und den Blick auch nach außen zu richten, laden wir ausgewählte externe Referenten ein, die eine andere Perspektive ins Unternehmen bringen (z. B. Detlev 2015). Nicht nur die Teilnehmer, sondern auch die Locations sollen inspirieren. Wir versuchen dabei, die TSN Guides zum einen raus aus den bekannten Gebäuden zu holen und zum anderen suchen wir immer wieder nach Räumen, die die Kreativität fördern.

Bei den Netzwerktreffen geht es darum, voneinander zu lernen und neue Kontakte zu knüpfen, denn trotz all der technologischen Neuerungen geht nichts über den persönlichen Austausch. Wir können uns gemeinsam mit ihnen auf spezielle Themen fokussieren und unsere Arbeit im Programm danach ausrichten. Die Guides sind für uns eine wichtige Informationsquelle, da die meisten von ihnen in ihren Teams noch in der „alten Welt" leben. Sie stärken sich gegenseitig auf einem solchen Treffen.

13.2.6.4 TSN Guides bei Events

TSN Guides unterstützen sich gegenseitig bei diversen Workshops und Veranstaltungen, die unterjährig stattfinden. Die entscheidenden Vorteile liegen darin, dass wertvolle Erfahrungen gesammelt, Einblicke in andere Themen gewonnen und neue Kontakte geknüpft werden. Also: „Anders Arbeiten" indem man Kollegen unterstützt und sich gleichzeitig persönlich weiterentwickelt.

13.3 Fazit: Learnings and Next Steps

13.3.1 Zentrale Erkenntnisse

Die Initiative ist 2014 mit einem einfachen Aufruf und einer Liste im Telekom Social Network gestartet ist. Nun ist die Zahl der TSN Guides auf ~ 180 freiwillige Guides gestiegen (Oktober 2015). Es ist für uns als Social Media Business Team immer wieder verblüffend, wie hoch die Eigenmotivation der Guides ist, das Thema „Anders Arbeiten" in ihren Fachbereichen voranzutreiben.

Die Vielfalt und Unterschiedlichkeit der Guides manifestiert sich vor allem in den Netzwerktreffen. Abbildung 13.7 zeigt einen Teil der 60 TSN Guides, die das Netzwerktreffen Ende Oktober 2015 mitgestaltet haben (Twitter 2015):

TSN Guides stehen in ihren jeweiligen Fachbereichen an vorderster Front: Sie müssen wissen und auch eingebunden werden, wenn es um Entwicklungen im Rahmen der Digitalisierungsstrategie intern sowie extern geht, um zeitnah die eigene Arbeitsweise daran anzupassen. Die TSN Guides sind wichtiger Multiplikator in die Organisation.

Abb. 13.7 Teambild der TSN Guides beim Netzwerktreffen Ende Oktober 2015

13.3.2 Betreuungskonzept differenzieren

Nach dem Prinzip ‚Wechselseitigkeit der Initiative' – Wir fragen, was die Guides brauchen und fragen nach, was wir von den Guides brauchen – führen wir immer wieder TSN
Guides Befragungen durch. So war die letzte Befragung der TSN Guides die Grundlage
für aus ausdifferenzierteres Betreuungskonzept. Ziel dieses Konzeptes ist, das Potential
des Botschafter-Netzwerks noch stärker zu nutzen und jeweiligen persönlichen Stärken
der TSN Guides für das Netzwerk zu aktivieren.

So unterscheiden wir jetzt in der Ansprache den **(1) Starter, (2) Experte und (3) Profi**.
Der **(1) Starter** ist wenig erfahrenen im Umgang mit dem Telekom Social Network und den
Guide-Tätigkeiten. Seine Aktivität im Netzwerk ist noch gering. Dementsprechend braucht
er eine Art Starter-Paket, um sich schnell in seine Rolle einzufinden. Der **(2) Experte** hat
sich bereits seit längerem mit dem Telekom Social Network vertraut gemacht, bereits erste
Impulse im seinem Fachbereich gesetzt und ist zunehmend aktiv geworden. Der **(3) Profi**
strahlt bereits über seinen eigenen Fachbereich hinaus und ist im Unternehmen breit bekannt. Er generiert Wissenswertes, teilt dies mit anderen im Unternehmen und agiert unterstützend.

Zukünftig müssen wir dementsprechend noch differenzierter hinterfragen, was die jeweils spezifischen Bedarfe der Guides in den jeweiligen Phasen sind. Daran sollen sich
zukünftige Angebote ausrichten.

Literatur

Artelt, Detlev. 2015. *Einfach Anders Arbeiten. Arbeit, Kommunikation und Unternehmen im Wandel. Voice Compass*. Aachen: aixvox.

Ebner, Winfried. 2009. Community Building for Innovations – Der Ideenwettbewerb als Methode für die Entwicklung und Einführung einer virtuellen Innovations-Gemeinschaft. Dissertation an der Fakultät der Wirtschaftswissenschaften der TU München. http://nbn-resolving.de/urn/resolver.pl?urn:nbn:de:bvb:91-diss-20080221-646399-1-6. Zugegriffen: 30. Okt. 2015.

Ebner, Winfried. 2015. Anders Arbeiten – Kunden begeistern: #NewWork mit dem Telekom Social Network. http://bit.ly/1DPz1x1. Zugegriffen: 13. Okt. 2015.

Kommunikationslotsen. 2015. Das Wissen für gelungene Veränderung liegt im System, nicht in externen Gutachten. http://facilitation.kommunikationslotsen.de/. Zugegriffen: 25. Okt. 2015.

Twitter. 2015. Bilder zum Netzwerktreffen der TSN Guides im Oktober 2015. http://bit.ly/1RDFjTp. Zugegriffen: 1. Nov. 2015.

Wolfrum, Stefan. 2015. TSN Guides Treffen 2015 – Am 29. April 2015 trafen sich die TSN Guides zum Austausch. https://storify.com/metawops/tsn-guides-treffen-2015. Zugegriffen: 29. Mai 2015.

XING. 2015. New Work Award 2015 – Platz 1: Telekom Deutschland GmbH (Kategorie Großunternehmen). https://www.youtube.com/watch?v=SqiZOxSBtfk. Zugegriffen: 27. Jan. 2015.

Dr. Winfried Ebner   leitet das Programm „Social Media Business" der Telekom Deutschland. Der diplomierte Kommunikationswissenschaftler (Schwerpunkte Wirtschaftsinformatik, Medienmanagement und Öffentlichkeitsarbeit) der Universität Hohenheim promovierte 2008 an der TU München zum Dr. rer. pol. mit „Community Building for Innovations", der Untersuchung eines Ideenwettbewerbs als Methode für die Entwicklung und Einführung einer virtuellen Innovations-Gemeinschaft.

Seit 2008 ist er bei der Deutschen Telekom AG tätig, erst als Assistent des Sprechers der Geschäftsführung T-Mobile und später als Executive Assistant des Vorstands Deutschland; seit 2013 ist er Leiter des Social Media Business Programms, das alle Social Media Aktivitäten der Telekom Deutschland bündelt und diese weiter ausbaut.

Keltoum Strunck-Zair   ist Evangelist im Programm „Social Media Business" und verantwortlich für den Workstream ‚Anders Arbeiten mit dem TSN (Telekom Social Network)'. Sie ist ausgebildete Fachwirtin für Marketing und Kauffrau für Organisation & Tourismus.

Seit 1998 ist sie bei der Deutschen Telekom AG, erst als Assistentin in der Kundenbetreuung und im Marketing, dann als Projektmanagerin für OEM/IT bzw. M2M im Vertrieb, später als HR-Expertin für Führungskräfteentwicklungsprogramm und HR-Fachkommunikatorin. Seit 2,5 Jahren ist Sie Experten für Social Media nach innen – Anders Arbeiten. Sie betreut die TSN Guides Initiative (das Botschafternetzwerk für das interne Social Network) und ist Beraterin und Coach für Community Building.

Romina Seidel ist Auszubildende im Programm „Social Media Business" der Telekom Deutschland und unterstützt hier vorrangig den Workstream ‚Anders Arbeiten mit dem TSN (Telekom Social Network)'.

Seit 2013 ist sie Auszubildende Industriekauffrau der Deutschen Telekom AG. Im Rahmen ihrer Ausbildung hatte sie Facheinsätze im Schnittstellen Support Kundenservice und im M2M Geschäftskundenvertrieb. Seit Anfang 2015 ist sie im Programm SMB tätig und treibt hier die Entwicklung der ‚TSN Guides Initiative' voran.

Lessons Learnt beim Relaunch von Connections@Bayer

14

Thomas Helfrich und Gerald Stei

Inhaltsverzeichnis

Zusammenfassung

Bei der Bayer AG wird als Lösung für das Enterprise Social Network IBM Connections eingesetzt. Bayer verfolgt das Ziel, die Mitarbeiter/innen weltweit zu vernetzen, die Kommunikation über Bereichsgrenzen hinweg zu unterstützen und um einen Wissens- und Expertenpool bereitzustellen. Im Rahmen eines Relaunches wurde 2012 Connections@Bayer, das vorher nur in Teilkonzernen verfügbar war, auf das gesamte Unternehmen ausgerollt. In einem weiteren Relaunch 2014 führte das Unternehmen ein Update auf die Version 4.5 und eine umfangreiche Kommunikationskampagne durch,

T. Helfrich (✉)
Bayer AG, Leverkusen, Deutschland
e-mail: thomas.helfrich@bayer.com

G. Stei
Hochschule Reutlingen, Reutlingen, Deutschland

© Springer Fachmedien Wiesbaden 2016
A. Rossmann et al. (Hrsg.), *Enterprise Social Networks,*
DOI 10.1007/978-3-658-12652-0_14

die unter den Mitarbeiter/innen Aufmerksamkeit für die Kommunikationsplattform schuf und Neugier weckte. Darin wurde eine Analyse der Schlüsselvorteile der Nutzung von Connections durchgeführt, acht Kernnachrichten erarbeitet und diese auf diversen Kommunikationskanälen im Unternehmen verbreitet. Zudem ließen sich durch die Verwendung von Testimonials die Vorteile für alle Mitarbeitergruppen darstellen. Dieser Relaunch war erfolgreich: Die Nutzerzahlen konnten erweitert werden, die Mitarbeiterzufriedenheit stieg an. Die vorliegende Fallstudie stellt anschaulich dar, dass ein von einer effektiven Kommunikationskampagne begleiteter Relaunch eines Enterprise Social Networks einen nachhaltigen Erfolg herbeiführen kann.

Schlüsselwörter

Enterprise Social Network · Connections@Bayer · Relaunch

14.1 Einleitung

Als weltweit tätiges Unternehmen mit Kernkompetenzen auf den Life-Science-Gebieten Gesundheit und Agrarwirtschaft zielt die Bayer AG auf die Verbesserung der Lebensqualität von Menschen. Dabei steht die Schaffung von Werten durch Innovation, Wachstum und hohe Ertragskraft im Fokus. Mit rund 119.000 Beschäftigten erzielte Bayer im Jahr 2014 einen Umsatz von 42,2 Mrd. €.

Um es den Mitarbeiter/innen von Bayer zu erleichtern, Beiträge zur Innovation und Wachstum zu liefern und Wissen auszutauschen, wird ein Enterprise Social Network (ESN) genutzt, das die auf allen Kontinenten in 75 Ländern verstreuten Mitarbeiter/innen vernetzt und eine bereichsübergreifende Zusammenarbeit unterstützt: Connections@Bayer.

Nach einigen Jahren Erfahrung mit dem Betrieb von Connections entschied sich die Unternehmensführung für einen Relaunch. Darin sollte 2012 ein umfassendes Softwareupdate vorgenommen werden und ein Rollout über das gesamte Unternehmen erfolgen.

Nach einer anschließenden Evaluation wurde 2013 entschieden, einen weiteren Relaunch vorzunehmen. Als flankierende Maßnahme setze Bayer eine umfangreiche Kommunikationskampagne um, die die Grundlage für den Erfolg des Relaunches legte: Mit einem Minimum an Ressourcen gelang es, Aufmerksamkeit auf das ESN zu lenken und die Vitalität der Kommunikationsplattform zu stimulieren. In dieser Fallstudie wird der erfolgreiche zweite Relaunch im Detail beschrieben. Nachdem zunächst ein Blick auf die Geschichte des ESN bei Bayer erfolgt, werden Motivation, Ziele, Maßnahmen und Erfolg des Relaunches beschrieben, bevor die Lessons Learnt und die Zukunftspläne von Bayer dargestellt werden.

14.1.1 Geschichte von Connections@Bayer

Das ESN „Connections@Bayer" wurde bereits 2008 eingeführt. Dabei vollzog sich die konzernweite Einführung des ESN in verschiedenen Stufen. Zunächst wurde die Kommunikationsplattform im Teilkonzern Bayer HealthCare, einem Unternehmen in der Gesundheitsversorgung mit Arzneimitteln und medizinischen Produkten, betrieben. Als technische Grundlage diente IBM Connections in der Version 1.0.

Zwei Jahre später erhielt auch der Teilkonzern Bayer MaterialScience, mittlerweile als eigenständige Gesellschaft unter Namen „Covestro" bekannt, ein ESN. Als Software wurde dabei IBM Connections 2.0 genutzt.

14.1.2   Situation vor dem Relaunch

Vor 2012 war das ESN somit nur in einzelnen Bayer-Teilkonzernen verfügbar. Dies führte innerhalb der beteiligten Gesellschaften durchaus zu positiven Netzwerkeffekten, etwa zu einer abteilungsübergreifenden Zusammenarbeit, einem ungestörten Informationsaustausch zwischen den Mitarbeiter/innen und zur Verfügbarkeit eines Wissensspeichers.

Dennoch war bereits in einer frühen Phase offensichtlich, dass Connections@Bayer seine vollständigen Effekte erst zeigen kann, wenn alle Mitarbeiter/innen von Bayer Zugriff auf die Kommunikationsplattform haben. Entsprechend wurden die Weichen für eine Einführung im gesamten Konzern gestellt. Dies erfolgte mit dem Ziel, eine einzige und integrierte Plattform für die Kommunikation im Unternehmen zu etablieren. Dabei zeichneten sich bereits verschiedene Anwendungsfälle ab, für die sich der Einsatz des ESN eignet.

Für die Kommunikation in Projekten werden bei Bayer Communities im ESN genutzt. Communities sind bei IBM Connections eine Funktion zur Anlage von Gruppen. Durch die Nutzung dieser Communities entsteht zunächst ein Raum für die Kommunikation in Gruppen. Der Begriff Community ist aber im weiteren Sinne qualitativ auch geprägt. Er stellt einen Maßstab für die Qualität der Kommunikation in der Gruppe dar.

In den Communities werden relevante Infos dokumentiert, es findet ein projektspezifischer Austausch statt und wichtige Meilensteine werden festgehalten. Das in diesen Communities gespeicherte Wissen kann auch nach Abschluss der Projekte durchsucht und genutzt werden. Dieses leistet einen wichtigen Beitrag für das organisationale Lernen des Konzerns.

Auch die abteilungsspezifische Kommunikation kann in eigens dafür geschaffenen Communities unterstützt werden. Im Gegensatz zu Projekt-Communities liegt hier kein Enddatum vor. Daher dienen diese Communities als Speicher für abteilungsspezifische Informationen. Die Vorteile der Nutzung des ESN liegen entsprechend in der Dokumentation der Vorgänge, der Bekanntmachung von Informationen und der Schaffung von Transparenz in der Abteilung. Neue Mitarbeiter/innen können sich relativ schnell eigenständig den aktuellen Informationsstand aneignen.

Über Connections@Bayer wird auch die systematische Sammlung von Ideen der Mitarbeiter/innen unterstützt. Somit können wichtige Impulse für die Verbesserung oder für die Neuentwicklung von Produkten und Dienstleistungen gesammelt werden. Dies führt zu unmittelbaren Auswirkungen auf den Innovationsgrad von Bayer.

Die Sammlung des Feedbacks der Mitarbeiter/innen von Bayer wird ebenfalls von dem das ESN unterstützt. Durch diese Rückmeldungen kann direkt auf das Wissen und die Erfahrungen der Mitarbeiter/innen zugegriffen werden. Daraus lässt sich schließlich ein positiver Effekt für die Qualität von Unternehmensentscheidungen ableiten.

Connections@Bayer ermöglicht darüber hinaus auch den direkten Austausch mit den Mitarbeiter/innen. Unternehmensinformationen können von einzelnen Nutzern kommentiert und Anmerkungen gepostet werden. Dies dient als Grundlage für tragfähige Entscheidungen und gibt den Mitarbeiter/innen die Möglichkeit zur aktiven Teilnahme und zur Diskussion mit der Unternehmensführung.

Zudem stehen in so genannten Communities of Interest einzelne Themen im Mittelpunkt. Von arbeitsbezogenen Interessen bis hin zu Hobbies lassen sich in diesen geeignete Kommunikationsräume finden. Den Mitarbeiter/innen von Bayer ist es erlaubt, das ESN über dienstliche Geräte in ihrer Freizeit zu nutzen. Dies unterstützt beispielsweise die Nutzung von Communities als Treffpunkt für den gemeinsamen Freizeitsport.

14.2   Relaunch

In 2012 führte Bayer die verschiedenen im Konzern betriebenen Connections-Plattformen zusammen. Somit wurde Connections@Bayer in der Version 3.01 in den Teilkonzernen Bayer HealthCare, Bayer CropScience und Bayer MaterialScience bereitgestellt. Damit waren die technischen Voraussetzungen geschaffen, um alle Mitarbeiter/innen zu vernetzen und einen silo- und konzernübergreifenden Informationsaustausch zu ermöglichen.

Dennoch zeigte sich in 2013, dass die Nutzerfreundlichkeit weiter verbessert werden muss. Zudem bestand nur ein geringes Maß an Integration mit anderen Unternehmenssystemen sowie eine schwache Anbindung der Connections-Komponenten untereinander. Schließlich führte auch eine mangelnde Kenntnis der Nutzer bezüglich der Möglichkeiten des Systems zu einem nicht zufriedenstellenden Nutzungsgrad.

Daher wurde im selben Jahr ein Update der Software auf die Version 4.5 umgesetzt. Bei diesem zweiten Relaunch konnte auf Erfahrungen aus dem Einsatz von Piloten des ESN in Bayer HealthCare und Bayer Material Science zurückgegriffen werden, was zu wertvollen Zeitvorteilen für den Relaunch führte. Die Schlüsselanforderungen für das Update lagen in der Möglichkeit der Abbildung von Communities, der Darstellung von Micro-Blogging und dem Zugang über mobile Endgeräte.

Das Projekt erhielt ein starkes Top Management Commitment und wurde von Laurie Miller, Head of Organization & Information Systems bei Bayer MaterialScience unterstützt. Dabei bestand das für das ESN zuständige Team für die Einführung bzw. den Relaunch aus rund zehn Personen, die aus verschiedenen Unternehmensbereichen zusammengeführt wurden. Die Leitung des Projekts wurde von der IT-Abteilung übernommen.

14.2.1   Motivation

Die Entscheidung für den zweiten Relaunch von Connections@Bayer basierte auf strategischen Überlegungen bezüglich der Zukunft der Arbeit in einem internationalen Großkonzern. Es zeigte sich immer mehr, dass die bisher eingesetzten Kommunikationswerkzeuge, v.a. Email und Telefon, an ihre Grenzen stießen. Gleichzeitig behinderte die nur in

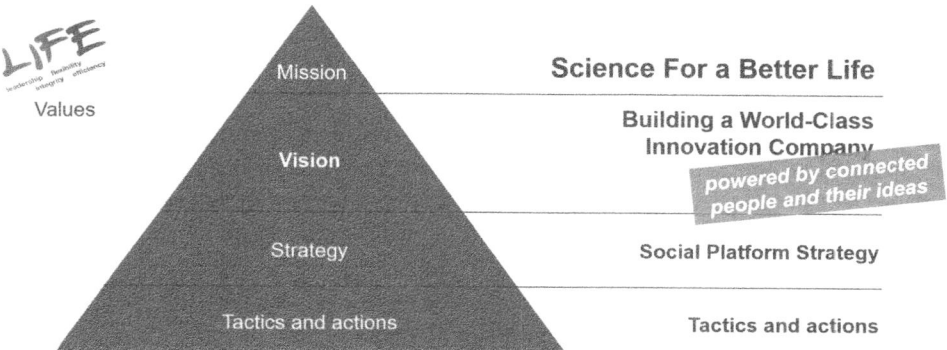

Abb. 14.1 Strategie für die Social Platform bei Bayer

Teilen des Unternehmens vorhandene Verfügbarkeit des ESN die positiven Effekte einer unternehmensweiten Kommunikationsplattform (Abb. 14.1).

Daher suchte das Team nach Möglichkeiten, die Weichen für eine neue Art der Zusammenarbeit bei Bayer zu stellen. Die Entscheidung fiel auf den Ausbau des ESN, mit dem bereits in den Teilkonzernen gute Erfahrungen gesammelt wurden. Nun sollte eine Ausweitung der Plattform auf alle Unternehmensteile umgesetzt werden, damit alle Mitarbeiter/innen einen Zugang zu dieser Kommunikationslösung erhalten.

Dabei sollten jedoch nicht nur die Erfahrungen bei Bayer berücksichtigt werden. Zusätzlich wurde eine umfangreiche externe Analyse durchgeführt, um die Erfolgsfaktoren und Key Performance Metriken anderer Unternehmen zu analysieren sowie ESN-spezifische Trends in den Projektplan einzubeziehen.

Es zeigte sich schnell, dass ein besonders wichtiger Erfolgsfaktor für die rasche und nahtlose Einführung in der Integration der unterschiedlichen Stakeholder liegt. Aus diesem Grund wurden bereits in der Planungsphase verschiedene Anspruchsgruppen, etwa der Betriebsrat, die Personalabteilung, die Kommunikationsabteilung und das IT-Management eingebunden, um einen tragfähigen Projektplan zu entwickeln und letztlich einen reibungslosen Launch zu ermöglichen.

14.2.2   Ziel (Benefits)

Das übergeordnete Ziel des Relaunches lag in der weltweiten Vernetzung der Mitarbeiter/innen von Bayer, um eine verbesserte Form der Zusammenarbeit zu ermöglichen und zu stimulieren. Eine globale Ausrichtung des Systems war nötig, um allen Mitarbeiter/innen einen Zugang bereitzustellen und potentielle Informationsdefizite in den einzelnen Ländern zu vermeiden. Die Vernetzung der Mitarbeiter/innen und deren Ideen sollte die Grundlage für den zukünftigen Unternehmenserfolg von Bayer legen.

Die Anwendungsfälle für das ESN blieben konstant. Die strategische Bedeutung der weltweiten Kollaborationsplattform sollte jedoch stärker betont und den Mitarbeiter/innen nahe gebracht werden. Aus diesem Grund legte das Projektteam Wert auf eine sichtbarere

Unterstützung durch das Top Management von Bayer. Die Gründe der Entscheidung für das ESN wurden kommuniziert. Zudem wurden nun die Beiträge des Top Managements auf der Plattform für alle Mitarbeiter/innen sichtbar.

Eine einheitliche interne Plattform sollte für eine offene und unmittelbare Kommunikation im Unternehmen sorgen. Darüber hinaus wurde das Ziel verfolgt, einen für die Mitarbeiter/innen zugänglichen Wissenspool zu erschaffen. Auch eine Funktion für das Suchen und Finden von Experten stand als Ziel im Fokus der Relaunch-Initiative. Experten zu spezifischen Teilthemen sind in Konzernstrukturen häufig über das gesamte Unternehmen verteilt und für den einzelnen Mitarbeiter/innen schwer zu finden. Das ESN leistet in dieser Hinsicht einen wesentlichen Beitrag für die Expertensuche.

14.2.3   Maßnahmen

Die Repositionierung von Connections@Bayer wurde durch diverse Maßnahmen unterstützt. Diese werden nachfolgend im Einzelnen skizziert.

14.2.3.1   Launch der neuen Software

Der Startschuss für den Relaunch fiel im Mai 2014 mit der Einführung von Connections in der Version 4.5 im gesamten Bayer-Konzern. Mit dem Update auf die neue Version wurden auch neuen Funktionen aktiviert, z. B. das Microblogging innerhalb des ESN. Den Mitarbeiter/innen war es von nun an möglich, unter Benutzung von Statusmeldungen Informationen auszutauschen, Infos zu teilen und Aufmerksamkeit für relevante Themen zu schaffen. Diese Funktion stellte eine wichtige Voraussetzung in Bezug auf den effektiven und effizienten Informationsaustausch bei Bayer dar.

Zudem wurde mit der neuen Version auch der Zugriff auf das ESN erleichtert. Von nun an war es möglich, sowohl vom Arbeitsplatz, wie auch von mobilen Endgeräten auf die Plattform zuzugreifen. Somit waren die Mitarbeiter/innen in der Lage, unabhängig von ihrem gegenwärtigen Aufenthaltsort die für sie relevanten Informationen zu erhalten bzw. nützliche Informationen in Echtzeit beizusteuern.

Im Zuge des Relaunches wurden auch die Schnittstellen zu bestehenden IT-Systemen verbessert. So konnte etwa der Austausch von Daten mit dem Intranet und mit dem Dateiverwaltungssystem Microsoft Sharepoint ausgebaut werden. Um den Mitarbeiter/innen das zielgerichtete Auffinden von Informationen zu ermöglichen, wurde eine Suchfunktion über die verschiedenen Systeme hinweg integriert.

Ein weiterer für die Nutzer des ESN nicht unwesentlicher Vorteil war die optische Aufwertung der Oberfläche von Connections. Die ansprechendere Gestaltung der Schnittstelle zum User führte bei der Belegschaft zu einer offeneren Einstellung gegenüber der Software und zu einer erhöhten Bereitschaft diese zu nutzen (Abb. 14.2).

Für alle Mitarbeiter/innen wurde in Connections@Bayer automatisch ein Profil angelegt – jedoch war dies einem Großteil der Belegschaft nicht bekannt. Aus diesem Grund wurde der Launch der Software von einer Kommunikationskampagne unterstützt, die die Aufmerksamkeit der potentiellen Nutzer auf das ESN lenken und deren Neugier stimulieren sollte.

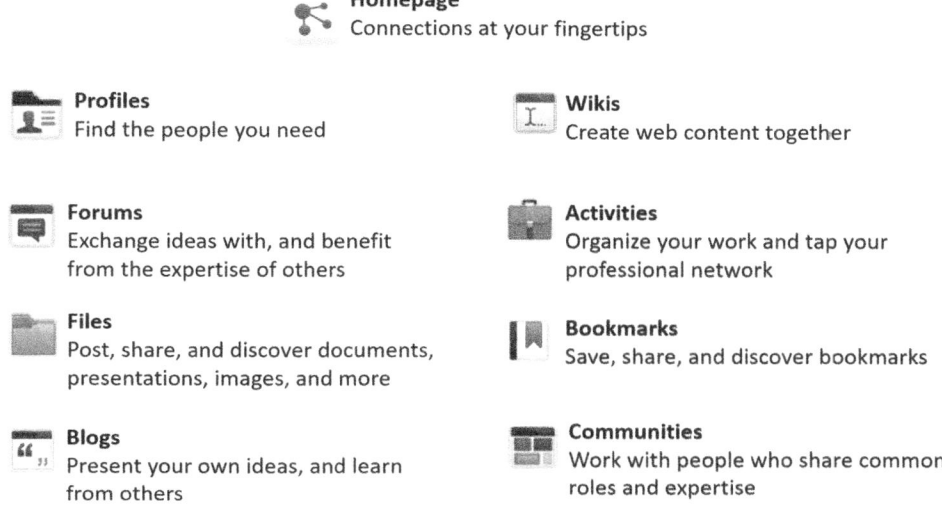

Homepage
Connections at your fingertips

Profiles
Find the people you need

Wikis
Create web content together

Forums
Exchange ideas with, and benefit
from the expertise of others

Activities
Organize your work and tap your
professional network

Files
Post, share, and discover documents,
presentations, images, and more

Bookmarks
Save, share, and discover bookmarks

Blogs
Present your own ideas, and learn
from others

Communities
Work with people who share common
roles and expertise

Abb. 14.2 Features der neuen Connections@Bayer Software

14.2.3.2   Kommunikation

Zeitgleich zum Launch von Connections 4.5 wurde weltweit bei Bayer die begleitende Kommunikationskampagne gestartet. Diese sollte die Plattform bekanntmachen und als wesentliches Werkzeug für Kommunikation und Zusammenarbeit etablieren. Das wesentliche Ziel der Kampagne war es, den Aktivitätsgrad der User auf Connections@Bayer zu erhöhen. Dies bezieht sich v.a. auf eine Integration der Plattform in wesentliche Arbeitsprozesse der Belegschaft.

Für dieses Vorhaben wurden in der Kampagne drei konkrete Subziele definiert: Zunächst ging es darum, das Bewusstsein der Mitarbeitenden für die Notwendigkeit innovativer Formen der Kommunikation und Zusammenarbeit im gesamten Unternehmen zu erhöhen. Dabei legte man einen wesentlichen Fokus auf die Bedeutung einer integrierten Zusammenarbeit. Insbesondere ist es wichtig, siloübergreifend zielgerichtet zu kommunizieren, um dadurch einen besseren Beitrag zu den Unternehmenszielen leisten zu können. Weiterhin sollte eine Ankündigung für Connections erfolgen und im gesamten Konzern bekannt gemacht werden. Die Aufmerksamkeit der Mitarbeiter/innen konnte somit auf die Software gerichtet werden.

Schließlich ging es um die Steigerung der Attraktivität der Plattform für die Mitarbeiter/innen. Zu diesem Zweck wurden die Vorteile von Connections@Bayer im direkten Dialog mit den Mitarbeiter/innen vermittelt.

Die Ziele rund um die Kommunikation über das ESN wurden erreicht und die Kampagne lässt sich aus heutiger Sicht als Erfolg bewerten. Dabei ist es gelungen, den potentiellen Nutzern eindeutig zu vermitteln, welche Motivation dem Relaunch des ESN zugrunde lag. Diese Transparenz wurde von den Mitarbeiter/innen sehr begrüßt.

Darüber hinaus konnte in Bezug auf die Mitarbeiter/innen die strategische Bedeutung des Projekts vermittelt werden. Es war klar spürbar, dass es sich bei der Plattform nicht

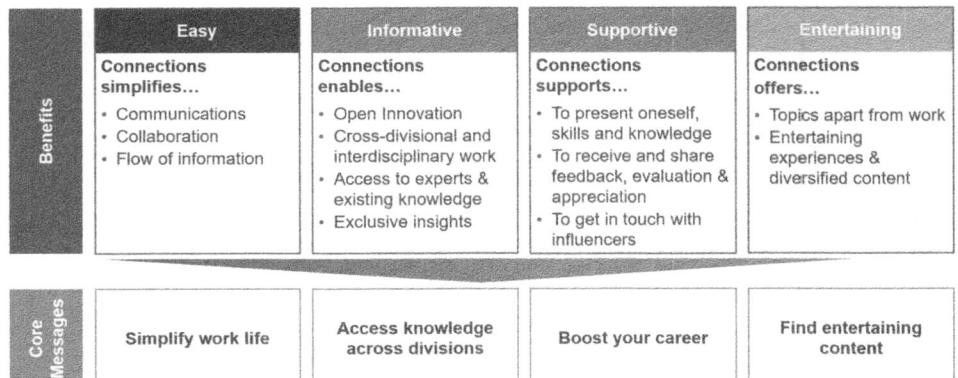

Abb. 14.3 Von Vorteilen zu Kernnachrichten

um ein zusätzliches, im Arbeitsalltag jedoch unnötiges Tool handelt. Bei Bayer ist es gelungen, das ESN als wesentliche Plattform für die Kommunikation und Zusammenarbeit der Zukunft zu etablieren.

Bei der Konzeption des Relaunch wurden vier Schlüsselvorteile der Software identifiziert. Diese sollten in der Kampagne illustriert werden und aufzeigen, dass Connections@ Bayer einfach zu nutzen ist, die Nutzung zu informativen Vorteilen führt, im ESN eine Kultur der gegenseitigen Unterstützung vorhanden ist und schließlich die Plattform auch unterhaltsam sein kann (Abb. 14.3).

Die skizzierten Vorteile wurden in acht Kernnachrichten übersetzt, die für interne Marketingmaßnahmen genutzt wurden. Entsprechend entwickelte Bayer visuelle Grundmotive, die auf Postern sowie in redaktionellen Beiträgen und auf Anzeigen im Intranet Anwendung fanden. Um die Kampagne auf ganz Bayer ausrollen zu können, wurde eine internationale „Toolbox" aufgebaut, die die zielführende Adaption der Botschaften an länderspezifische Bedingungen ermöglichte.

Im Einzelnen setzte sich die Kampagne aus der Nutzung von Testimonials sowie der Durchführung der Profile Days zusammen.

Testimonials

Unter Testimonials versteht man die Nutzung von Erfahrungsberichten der Mitarbeiter/innen für die Kommunikation über die Vorteile einer Systemnutzung. Als Testimonials wurden acht Mitarbeiter/innen von Bayer eingebunden, die für die Vorteile von Connections warben. Diese wurden aus unterschiedlichen Unternehmensbereichen ausgewählt und zeigten, dass die Nutzung der Plattform für alle Mitarbeiter/innen mit Vorteilen verbunden ist.

Mit ihren acht Statements reflektierten die Testimonials je eine der vier oben skizzierten Kernnachrichten. Zudem wurden acht Geschichten entwickelt, eine für jedes Testimonial.

Diese Geschichten mit den Titeln „Simplify work life", „Access knowledge across divisions", „Boost you carrer", oder „Find entertaining content" illustrieren in geeigneter Weise die verschiedenen Einsatzmöglichkeiten der Software (Abb. 14.4).

Abb. 14.4 Testimonials für den Relaunch von Connections@Bayer

Die Geschichten wurden über unterschiedliche Medien kommuniziert, beispielsweise in Connections selbst, in internen Magazinen und auf Flyern. Auch das Intranet wurde für die Kommunikation genutzt: Durch Banner und mittels QR-Codes wurden Interessenten auf die Artikel der Testimonials geleitet. Über alle Medien hinweg konnte damit ein einheitliches Erscheinungsbild sichergestellt werden.

Profile Days
Bei den Profile Days handelt es sich um eine Präsenzveranstaltung zur Kommunikation über die Nutzungsmöglichkeiten der Plattform. Mit dieser Initiative sollte die Nutzung von Connections durch die Mitarbeiter/innen weiter stimuliert werden. Im Einzelnen wurden damit die folgenden Ziele verfolgt. Zunächst sollte die Aufmerksamkeit in Bezug auf Connections@Bayer gesteigert werden. Darüber hinaus ging es darum, relevante Informationen rund um die Plattform für die Mitarbeiter/innen bereitzustellen. Schließlich sollte die Anzahl der in Connections selbst ausgefüllten Profile (mit Profilfotos und Basisinformationen) erhöht werden (Abb. 14.5).

Abb. 14.5 Eindrücke von den Profile Days der Bayer AG

Während der Profile Days wurden in den Mitarbeiterkantinen Informationsstände aufgebaut, an denen sich die Mitarbeiter/innen über das ESN informieren und in einen Austausch zu der Software gehen konnten. Hier ging es um die Vorteile der bereichs-übergreifenden Kommunikation, Best Practices zum Workflow, Anleitungen und weitere wesentliche Fragen zur Nutzung der Plattform.

Als besonders effektiv erwies sich die Maßnahme, einen Fotograf zu engagieren, bei dem direkt am Stand ein Foto geschossen und zum Mitarbeiterprofil in Connections hoch-geladen werden konnte. Dadurch wurde vielen Mitarbeiter/innen erstmals bewusst, dass sie bereits ein Profil besitzen. Sobald ein Foto hochgeladen war, senkte sich auch spürbar die Hürde das System zu nutzen.

Insgesamt nahmen weltweit mehr als 3000 Mitarbeiter/innen die Möglichkeit war, sich an den Profile Days über die Plattform zu informieren, Feedback zu geben und ein Profil-foto hochzuladen.

Schulungen

Um eine reibungslose und effiziente Nutzung von Connections zu unterstützen, setzte Bayer darüber hinaus Schulungen zu IBM Connections um. Diese basierten in erster Linie auf „How-to"-Anleitungen, in denen die Grundzüge der Software dargestellt wurden und deren Funktionalität im Mittelpunkt stand. Daneben wurden auch Classroom-Trainings durch Experten und sogenannte „Change Agents" angeboten.

Ein wichtiger Themenblock in den Schulungen bezog sich auf das Verhalten in ESN. Dazu wurden von Bayer Guidelines zur Verfügung gestellt, die die grundlegenden Richt-linien der Kommunikation und Zusammenarbeit beschreiben (etwa: „keine persönlichen Beleidigungen").

Im Laufe der Trainings wurden die verschiedenen Anforderungen an das System behan-delt. Dabei ging es beispielsweise um rechtliche Vorgaben zu Themen wie Datenschutz, Umgang mit vertraulichen Daten und Professionalität, sowie Sicherung von Qualität und allgemein einen bedachtsamen Umgang mit Connections.

Obwohl die Einführung von Verhaltensregeln in einem international agierenden Groß-konzern zwingend erforderlich ist, wurde dennoch Wert darauf gelegt, lediglich Leitlinien festzulegen. Dadurch konnte vermieden werden, dass die Kommunikation auf dem Sys-tem durch allzu strikte Regulatorien negativ beeinträchtigt wird.

In den Schulungen wurden unternehmensweit Best Practices bekannt gemacht. Da-durch konnten die Teilnehmer hautnah erfahren, welche Vorteile die Plattform für die täg-liche Arbeit bietet. Gleichzeitig stellte Bayer auf diese Art und Weise sicher, dass das Wissen über die optimale Anwendung der Software im Unternehmen diffundierte. Diese Best Practices wurden auch in Connections selbst kommuniziert und in die Standard-IT-Kommunikation übernommen.

14.2.4 Erfolg

Ein Vergleich der Nutzerzahlen zeigt, dass der zweite Relaunch ein voller Erfolg war. Während vor 2013 rund 25.000 Mitarbeiter/innen das ESN regelmäßig nutzten, waren es nach der Zusammenlegung der Systeme 40.000 User. Aktuelle Zahlen belegen, dass sogar 60.000 Mitarbeiter/innen von Bayer Connections regelmäßig nutzen.

In diesem Zusammenhang ist bemerkenswert, dass die Nutzer Connections nicht nur zum Zweck des persönlichen Informierens verwenden, sondern die Plattform Einzug in tägliche Arbeitsprozesse gefunden hat. Der Anteil der Nutzer, der das Netzwerk für die täglichen Aufgaben als relevant ansehen, steigt kontinuierlich an.

Zudem zeigt die Analyse der Nutzerzufriedenheit, dass diese stetig zunimmt. Dies illustriert die Relevanz, die das ESN für die Arbeitsprozesse der Mitarbeiter/innen bereits gewonnen hat.

Die Belegschaft arbeitet aktiv an einer Verbesserung der Software mit. Verbesserungsvorschläge werden in dafür vorgesehenen Communities diskutiert und an IBM weitergeleitet, um diese in zukünftigen Versionen adressieren zu können.

Ein kontinuierliches Monitoring gibt schließlich Aufschluss über die Entwicklung der Systemnutzung. Per Serverstatistik werden verschiedene Key Performance Indikatoren gemessen und mit den Basiswerten verglichen. Auf dieser Grundlage konnte ein Anstieg der komplett ausgefüllten Mitarbeiterprofile von 10 % nachgewiesen werden. Darüber hinaus konnte Bayer einen Anstieg der aktiven Systemnutzung von 10 % erfassen. Zudem wird eine Vielzahl weiterer Kenngrößen erhoben, beispielsweise die Anzahl der neu erzeugten Profilbilder.

14.3 Fazit

Die Fallstudie über Connections@Bayer gibt Einblicke in die effektive Gestaltung eines Relaunch für ein ESN. Mit einem relativ geringen Budgeteinsatz wurde die konzernweite Einführung der neuen Software durch eine erfolgreiche Kommunikationskampagne ergänzt, die die Wahrnehmung des ESN aus Mitarbeiterperspektive deutlich beeinflusste.

Für die Adoption eines ESN zeigt sich, dass es zunächst wichtig ist, die Mitarbeiter/innen ohne Erfahrung bei der Nutzung einer entsprechenden Plattform, über die Einsatzmöglichkeiten zu informieren. Darüber hinaus ist es wichtig, die Nutzer aktiv auf die Plattform zu führen. Durch den Upload von Profilbildern und die Eintragung der Basisinformationen in Profile kann die Hürde für ein erstmaliges Einloggen gesenkt und die Neugier der Mitarbeiter/innen geweckt werden.

Bei den Nutzern findet im Anschluss eine Veränderung der Kommunikation statt. Es werden Diskussionen geführt, die zu einer Sensibilisierung bezüglich der Frage, über welche Themen gepostet werden darf, führt. Zeitgleich wurde die Vorgabe abgeschafft nur das zu posten, was absolut notwendig ist. Dies führte zu mehr öffentlich verfügbaren Informationen, was den Informationsfluss im gesamten Unternehmen positiv beeinflusste.

Die weltweite Interaktion der Nutzer im Rahmen eines ESN hat auch Einfluss auf die Unternehmenskultur. Über die Zeit entwickelt sich eine stärkere Neigung zum Teilen von Informationen und eine höhere Wertschätzung der Nutzer untereinander.

14.3.1 Lessons Learnt

Nach dem großen Erfolg des Relaunches wurde entschieden, die Nutzung der Plattform weiterhin zu stimulieren. Zu diesem Zweck werden jährliche Kampagnen gestartet, die mit wechselnden Schwerpunkten die Aufmerksamkeit auf das ESN lenken. Im Kern der diesjährigen Aktion steht das Thema „Videos in Connections@Bayer".

Ein weiteres wichtiges Learning war die Öffnung von Connections für soziale Interaktion. Obwohl das Netzwerk primär zu Nutzung für Arbeitsinhalte bestimmt ist, wird ein sozialer Austausch geduldet. Dies gibt den Nutzern die Möglichkeit sich spielerisch in die Funktionen und Umgangsweisen im ESN hineinzufinden.

14.3.2 Pläne für die Zukunft

Für die Zukunft gibt es bei Bayer Bestrebungen die Anzahl der parallel genutzten Plattformen zu minimieren und Connections als zentrales Tool für das Wissensmanagement zu etablieren. Dadurch wird das Ziel verfolgt, das im Unternehmen vorhandene Wissen zentral zu speichern und nicht unnötig zu fragmentieren.

Für den Ausbau der Software gibt es ebenfalls Pläne. Neben den von den Mitarbeiter/innen eingebrachten Wünschen, gibt es eine Vielzahl an Funktionen, die implementiert werden sollen. Beispielsweise sollen Gamification-Elemente eingeführt werden, um weitere Anreize für die kontinuierliche Nutzung der Plattform zu bieten.

Zudem ist eine umfassende Social Media Strategie in Arbeit, in die Connections eingebettet wird. Aus dieser sollen weitere Maßnahmen abgeleitet werden, um den Weg von Bayer in der Digitalen Transformation zu ebnen.

Thomas Helfrich leitete von 2011 bis 2015 den Bereich Social Media in der Unternehmenskommunikation der Bayer AG. Zuvor war er über 20 Jahre als Journalist und Moderator im Bereich Radio und Fernsehen tätig. Unter anderem war er als Chef vom Dienst verantwortlich für die Wirtschaftsnachrichten von Deutsche Welle TV. Zudem moderierte er dort die Magazinsendung „Made in Germany" sowie die die Wirtschaftsnachrichten der Nachrichtensendung „Journal". Hiervor war er bei Bloomberg TV unter anderem zuständig für die Themen Wirtschaftspolitik, eCommerce und Banken und moderierte die von ihm entwickelte „Morning Show" in London.

2015 übernahm Helfrich die Bereiche Kultur und Communication Center.

Gerald Stei forscht als Wissenschaftlicher Mitarbeiter an der Hochschule Reutlingen und am Herman Hollerith Zentrum in Böblingen. Als Projektleiter im Research Lab for Digital Business untersucht er die Erfolgsfaktoren der Digitalen Transformation. Seine Forschungsschwerpunkte liegen in den Bereichen Digital Business und Enterprise Social Networks.

Vor dieser Tätigkeit war er bei einer renommierten schweizerischen Unternehmensberatung angestellt. Sein Betriebswirtschaftsstudium an der Friedrich-Alexander-Universität Erlangen-Nürnberg und der Technischen Universität Freiberg absolviert.

Er verbringt seine Freizeit gerne mit Sport, Lesen und Reisen.

Enterprise Social Networks (ESN): Keimzelle agiler Unternehmen

15

Rüdiger Schönbohm

Inhaltsverzeichnis

R. Schönbohm (✉)
TYSCONsulting, Organisations- und Managementberatung, Rubensweg 4, 74372
Sersheim, Deutschland
e-Mail: r.schoenbohm@tyscon.com

© Springer Fachmedien Wiesbaden 2016
A. Rossmann et al. (Hrsg.), *Enterprise Social Networks,*
DOI 10.1007/978-3-658-12652-0_15

Zusammenfassung

Der Weg in ein vernetztes Unternehmen begann bei Bosch 2009 unter dem Begriff „Enterprise 2.0" mit der schrittweisen Einführung einer Social Collaboration Platform zur internen Vernetzung der weltweit über 300.000 Mitarbeiter der Bosch-Gruppe. Dieses auch als ESN bezeichnete weltweite Netzwerk entwickelte sich unterdessen in einen elementaren Befähiger-Baustein für die langfristig angelegte Weiterentwicklung der Organisation in ein agiles Unternehmen. Der Beitrag erläutert wichtige Schritte auf diesem Weg und zeigt exemplarisch die Vorgehensweise und ihre Auswirkungen auf Strategie, Geschäftsprozesse, IT, Führungs- und Mitarbeiterentwicklung sowie Kultur auf.

15.1 Einleitung

In den letzten Jahrzehnten sind wir Zeugen einer beispiellosen Globalisierung der Wirtschaft bei gleichzeitiger regionaler und lokaler Ausdifferenzierung und Nischenbildung von Produkten und Dienstleistungen geworden. Während noch in den achtziger Jahren des letzten Jahrhunderts viele global operierende Konzerne an ihren ausländischen Standorten vornehmlich Vertriebs- und Fertigungseinheiten angesiedelt hatten, während die Kernfunktionen in der Regel im Ursprungsland beheimatet blieben, sind die Organisationsstrukturen selbst kleiner und mittlerer Unternehmen heute vielfach weltweit verteilt. Dies hat ganz erhebliche Auswirkungen auf die interne Aufstellung und die Art und Weise der Zusammenarbeit sowohl innerhalb der Unternehmen als auch mit deren externen Partnern wie Kunden, Lieferanten und anderen Stakeholdern. Unterschiedliche Sprachen, Zeitzonen, Länderkulturen sowie globale Informationsströme und die Notwendigkeit eines schnellen und engen weltweiten Wissensaustauschs stellen zunehmend hohe Anforderungen an die Kommunikation, die ja Grundlage für jedwede Art der Zusammenarbeit ist. Neben den klassischen Informationskanälen wie Telefon, Fax und E-Mail haben daher in den letzten rund zehn Jahren vor allem die Enterprise Social Networks (ESN) erheblich an Bedeutung gewonnen. ESN basieren auf den technologischen Entwicklungen des World Wide Web (WWW) und seinen Standards wie des Übertragungsprotokolls HTTP[1] und der Seitenbeschreibungssprache HTML[2], die es heute ermöglichen, von nahezu jedem Standort weltweit, unabhängig vom Endgerät, stationär oder mobil auf das WWW zuzugreifen. Durch die kontinuierlichen Verbesserungen der Netzbandbreiten und Prozessorleistungen können heute selbst anspruchsvolle Medieninhalte wie Video-Streams über einen einfachen Browser-Zugang per ESN weltweit übermittelt und geteilt werden. Dies eröffnet völlig neue Möglichkeiten der internen und auch externen Zusammenarbeit mit entsprechenden, teils weitreichenden Konsequenzen – insbesondere für große, global agierende Konzerne.

---

[1] Hypertext Transfer Protocol.

[2] Hypertext Markup Language.

15.2 Wie alles begann

15.2.1 Web 2.0 und die sozialen Medien

Die Vernetzung eines Unternehmens über elektronische Medien ist an sich ja nicht wirklich neu. Das Intranet, Extranet, Websites, Newsletter, E-Mails sind seit vielen Jahren Standard in der Unternehmenskommunikation. Mitte des letzten Jahrzehnts kam allerdings ein wichtiger Aspekt dazu, der in den Folgejahren für eine grundsätzliche Veränderung elementarer Strukturen und Arbeitsweisen innerhalb und außerhalb von Unternehmen sorgen sollte: Kommunikation wurde „social", bi- und multidirektional, der Zugriff auf Wissen und Informationen weltweit, zu jeder Tages- und Nachtzeit, von überall her verfügbar. Dabei hat „social" nur wenig mit dem deutschen Wort „sozial" zu tun. Vielmehr geht es um Einbindung, Transparenz, Teilen und in der Folge ganz neue, andere Möglichkeiten der Zusammenarbeit und des kommunikativen Austausches untereinander. Das alles ist seit Jahren bekannt, spätestens seit der Publikation des MIT-Professors Andrew P. McAfee „Enterprise 2.0: The Dawn of Emergent Collaboration" im Harvard Business Review (HBR) aus dem Jahre 2006 (McAfee 2006).

Später kam dann der Begriff „Social Business", auch kurz SocBiz, hinzu, der die daraus resultierende Art der vernetzten Geschäftstätigkeit beschreibt (Hinchcliffe und Kim 2012). Häufig wird dieser Begriff im Zusammenhang mit der externen Vernetzung und der damit einhergehenden Einbindung der Kunden verwendet, er lässt sich aber auch intern verwenden. Die Effekte sind durchaus vergleichbar und letztendlich gibt es auch innerhalb der Unternehmen hunderte von internen Kunden-Lieferantenbeziehungen. Wenn also Enterprise 2.0 ein Synonym für das voll-vernetzte Unternehmen darstellt, dann steht Social Business für die Art und Weise, wie die Geschäfte in einem solchen Unternehmen abgewickelt werden, intern wie extern.

Der Weg in ein vernetztes Unternehmen begann bei Bosch eher zufällig. Er war weder geplant noch systematisch abgeleitet. Wie häufig in großen Konzernen, bestand natürlich auch bei Bosch eine hohe Wahrscheinlichkeit, dass man sich – ohne wirklich voneinander zu wissen – irgendwo bereits mit dem Thema Web 2.0 beschäftigte. Denn in den späten 2000er Jahren bestand ein großer Hype rund um die neuen sozialen Plattformen wie Facebook, Twitter & Co. Es war vor allem das große Potenzial und Werteversprechen für die Unternehmen, das McAfee und in der Folge auch andere Autoren damals so eindrucksvoll zeichneten. Insbesondere für große, weltweit operierende Konzerne mit ihrer global verteilten Organisationsstruktur und der immerwährenden Herausforderung, für die wichtigen Aufgaben die richtigen Köpfe zusammenzubringen und das Wissenspotenzial, was in diesen Köpfen steckte, zum Wohle des Unternehmens und seiner Mitarbeiter zu nutzen, erschien der E2.0-Ansatz mehr als lohnenswert.

So geschah es eher zufällig, dass 2009 zwei Abteilungsleiter aus den Zentralbereichen der Unternehmenskommunikation und der Organisationsentwicklung ins Gespräch kamen und dabei feststellten, dass sie sich beide mit dem Thema „Web 2.0" beschäftigen, wenngleich auch aus unterschiedlichen Perspektiven. Für die Unternehmenskommunikation war damals eine Kernfrage, wie denn soziale Medien in der Außenkommunikation wie dem „Brand Management" eingesetzt werden könnten, während man sich in der Organisationsentwicklung mit dem Thema beschäftigte, inwieweit das „Web 2.0" Auswirkungen auf die interne Organisation, die Mitarbeiter- und Führungskräfteentwicklung haben könnte.

In dem damaligen Hype rund um Web 2.0 und Social Media konnte man leicht den Eindruck gewinnen, dass hierin – insbesondere für global agierende und verteilte Konzerne – die Lösung für viele Herausforderungen der internen und externen Kommunikation bestand. Erst in den Folgejahren zeigte sich, dass es ganz so einfach doch nicht ist, und dass der notwendige Veränderungshub tatsächlich wesentlich größer ist als ursprünglich angenommen. Warum? Kommunikation ist nun einmal der Kern des Zusammenlebens und -arbeitens. Wenn sich diese Kommunikation grundlegend verändert, hat das erheblichen Einfluss auf die Art und Weise des Miteinanders und letztendlich damit auf die (Unternehmens-)Kultur in all ihren Aspekten. Dazu später mehr.

15.2.2 Selbstorganisiert und freiwillig

Aus der tiefen Überzeugung, dass – wenn man es nur richtig angeht – im Enterprise 2.0-Ansatz erhebliches Potenzial für das Unternehmen liegt, fanden sich schon bald Mitstreiter aus weiteren Bereichen: aus der Forschung, dem Wissensmanagement, der HR und natürlich der IT. Heute würde man das als „Selbstorganisation" bezeichnen: wir bündelten und harmonisierten unsere bislang getrennt laufenden Aktivitäten hin auf ein gemeinsames Zielbild, das wir schrittweise schärften (Schönbohm 2012b). Natürlich geschah das zunächst ohne offiziellen Auftrag, quasi als „Hobby", denn jeder hatte noch ein Tagesgeschäft zu bestreiten und Enterprise 2.0 gehörte damals (noch) nicht dazu. Wir waren Überzeugungstäter, motiviert und angestachelt von einer gemeinsamen Vision.

Unsere Bemühungen, das neue Thema halbwegs geordnet ins Unternehmen zu bringen und es „diskussionsfähig" zu machen, erregte schon bald die Aufmerksamkeit einiger Bereichsleiter aus dem oberen Führungskreis. Sie waren gute Sparrings-Partner in dieser frühen Phase und halfen mit, E2.0 auf die Agenda bestehender Konzerngremien zu bringen. Dieser frühe Schritt war elementar wichtig und doch nur der Anfang einer langen Kette von Präsentationen und Diskussionen über alle Ebenen des Unternehmens hinweg.

Es war – und ist es teilweise immer noch – eine anspruchsvolle Aufgabe, die für das operative Geschäft Verantwortlichen in der Breite davon zu überzeugen, sich eingehend mit dem Thema der internen Vernetzung zu beschäftigen, denn wer kann schon schnell und überzeugend den Mehrwert einer verbesserten internen Kommunikation wirklich beziffern?

„Zu abstrakt", „zu allgemein", „wir brauchen kein Facebook im Unternehmen", „wenn die Mitarbeiter nur noch chatten, geht die Produktivität runter", „wir ertrinken schon jetzt in E-Mails – wir brauchen nicht noch einen Informationskanal", sind klassische Gegenargumente, dies es erst einmal zu entkräften galt. Erschwert wurde diese Aufgabe dadurch, dass damals sehr viele Begriffe parallel, teilweise synonym und auch schlichtweg falsch genutzt wurden: Web 2.0, Web 3.0, Social Media, Enterprise 2.0, Internet der Dinge, usw. liefen häufig durcheinander. Jeder verstand etwas anderes darunter, das Bild war ziemlich „fuzzy". Daraus folgten zwei Kernaufgaben, um die wir uns in den frühen Jahren intensiv kümmerten:

- Saubere Begriffsklärung und -differenzierung
- Aufzeigen des Nutzens für das operative Geschäft

15.2.3 Wie zeigt man den Mehrwert von ESN auf?

Eine der größten Herausforderungen bei der Einführung von Enterprise Social Networks (ESN) ist die Beantwortung der Frage nach deren *Mehrwert*. Während die Kosten für die Einführung derartiger IT-Systeme relativ leicht bezifferbar ist und bei großen Unternehmen schnell in die Millionen gehen kann, ist das Ausweisen der damit erzielten Mehrwerte, insbesondere wenn sie monetärer und nicht ideeller oder strategischer Art sein sollen, erheblich schwieriger. Die Suche nach entsprechenden KPI ist oft mühsam und führt sehr schnell auf eine Differenzierung nach „harten" *(tangible)* und „weichen" *(intangible)* Indikatoren.

Man darf dabei nicht vergessen, dass ESN im Grunde nichts anderes sind als Kommunikations-Werkzeuge, die das Internet und seine Übertragungstechnologien nutzen. Reduziert man ESN auf diese rein technische Funktionalität, dann kann die Mehrwert-Diskussion sehr schnell zum vorzeitigen Ende derartiger Initiativen führen.

Das große Wertversprechen flächendeckender ESN *im* Unternehmen liegt vor allem in den Feldern der Effizienz und Innovation. Effizienz, bezogen auf die internen Zusammenarbeits*prozesse* (Kollaboration) und Innovation bezogen auf die Nutzung der Ideen- und Innovationspotenziale beliebiger Mitarbeitergruppen und nicht nur der wenigen, die diese Aufgabe als offizielles Mandat haben, wie z. B. Entwickler und Innovationsmanager. *Externe* Social Networks wie Kundenplattformen, Open Innovations-Foren, u. ä. bieten noch weitere Potenziale, die sich vor allem um den Aspekt der höheren Kunden- und Marktnähe und der Einbindung der externen Stakeholder des Unternehmens in das eigene Wertschöpfungs-Netzwerk drehen. Auf diese soll hier später nur kurz eingegangen werden.

Wenn also das ESN-Potenzial vor allem im Heben der internen Effizienz- und Kreativitäts-Potenziale liegt, dann ist es sinnvoll, den Scope etwas weiter zu spannen und nicht nur auf die Technologie zu schauen. Im Übrigen unterscheiden sich die auf dem Markt verfügbaren IT-Systeme und –Plattformen nur geringfügig in ihrer Grundfunktionalität, auch wenn Bedienbarkeit (UX[3]) und Integrationsfähigkeit in eine bestehende IT-Landschaft wichtige Merkmale für die Annahme (Adoption) dieser Systeme durch die Belegschaft sein können.

Bei der Frage nach den Feldern mit dem höchsten ESN-Potenzial sollte man Bereiche und Felder im Unternehmen unter die Lupe zu nehmen,

- in denen viel kreativ gearbeitet wird
- die weltweit aufgestellt sind, z. B. große Geschäftsbereiche

---

[3] UX steht für „User Experience" und umschreibt alle Aspekte der Erfahrungen eines Nutzers bei der Interaktion mit einem Produkt, Dienst, einer Umgebung oder Einrichtung.

- die organisationsübergreifend arbeiten, z. B. globale Projekte
- die an grundlegenden „großen" Prozessen beteiligt sind, z. B. Wirtschafts-, Fertigungs- oder Technologieplanung
- in denen typischerweise Wissens- und Informationslücken bestehen

Gerade der letzte eher allgemeine Punkt trifft für viele große Organisationen zu. Man denke nur an die Schwierigkeit, eine verabschiedete Konzernstrategie über alle Ebenen hinunter zu kommunizieren, Feedback aufzunehmen und sicherzustellen, dass die Kernbotschaften auch wirklich richtig verstanden wurden. Informations- und Wissenslücken bestehen häufig auch zwischen den Geschäftsbereichen und Werken oder zwischen Zentrale und Regionalgesellschaften, also den klassischen „Silos". ESN sind gut geeignet, zu wichtigen Konzernthemen Feedback aus der Organisation einzusammeln, oder Puls-Checks zu machen, die Aufschluss geben, wie sich die Belegschaft zu bestimmten Themen positioniert.

Um die gewünschten Potenziale dann auch wirklich zu heben, gilt es, vorher zu verstehen, was die Ursachen und Hebel für die aktuelle Situation sind und warum die Nutzung von Social Networks diese verbessern sollte. Oft wird man dann feststellen, dass es kontraproduktiv ist, neben E-Mail, Telefon usw. nur noch einen weiteren Informationskanal aufzumachen. Nicht mehr vom Gleichen wird Erfolge bringen, sondern Dinge grundlegend anders anzugehen. Was konkret heißt das?

Als Beispiel sei hier ein Standard-Prozess aus dem Bosch Automotive Geschäft genannt, der u. a. Basis für die Investitionsplanung der Werke weltweit ist. In diesem Prozess, der konzernweit standardisiert ist, werden die Markterhebungen für Ausrüstungsgrade und damit Stückzahlen für Bosch-Erzeugnisse eingespeist und entlang der gesamten Wertschöpfungskette verarbeitet, um letztendlich eine fundierte Basis für Investitionsentscheidungen zu haben. Man kann sich leicht vorstellen, wie aufwändig dieser Prozess ist, wie viel Informationen dort einfließen und wie viele Stellen und Mitarbeiter an diesem Prozess beteiligt sind, der bis dato über die klassischen Kommunikationsverfahren wie E-Mails, Telefon, Konferenzen und persönliche Meetings abgewickelt wurde.

Durch Potenzialanalyse und schrittweise Überführung nahezu des kompletten Prozess-Ablaufs in die ESN-Plattform bei gleichzeitiger Öffnung der Dokumente und Einbindung aller Beteiligten in eine entsprechende Community-Struktur konnte dieser Geschäftsprozess um 70 % (!) verkürzt werden, wobei die Prozessqualität und die Ergebnisse deutlich zulegten. Entscheidend für diesen Erfolg waren die vorangehende, systematische Analyse der Schwachstellen und die Verbesserung der Prozess-Schritte entlang der Möglichkeiten der ESN-Plattform und Enterprise 2.0-Kollaborationskonzepte.

Rückblickend bleibt allerdings festzuhalten, dass die Erkenntnis, diese Dinge gesamthaft anzugehen, erst das Ergebnis eines längeren Lernprozesses war. Dieser Lernprozess, der viel Experimentieren und Offenheit für Neues beinhaltet und auch Rückschläge nicht als Niederlagen wertet, sondern als wichtige Lektion auf dem Weg in ein vernetztes Unternehmen, sollte in jedem Fall durchlaufen werden und bewusst in einer Enterprise 2.0-Strategie berücksichtigt werden. Das Experimentieren im Rahmen der frühen Pilotierung ist wichtig, um den späteren Adoptions- und Change-Prozess erfolgreich bewältigen zu können.

15.3 Die Experimentier-Phase

15.3.1 Erste Anwendungen im Geschäftsbereich

Wie bei jeder Veränderung gab es auch hier einzelne Kolleginnen und Kollegen, die schon sehr früh begeistert und überzeugt waren von den Möglichkeiten eines Enterprise 2.0, und des Social Business.

Natürlich waren es vielfach junge Leute – das Thema „GenY" war ja in aller Munde – aber nicht nur. Bis hinauf ins Top-Management gab es Menschen, die fasziniert waren von den Möglichkeiten der online-gestützten, organisationsübergreifenden Zusammenarbeit und des internen „Crowd Sourcing".

Als erste Einheit startete 2011 der Bosch-Geschäftsbereich AA (Automotive Aftermarket) aus eigener Initiative Aktivitäten zur internen Vernetzung, die sich in der Folge ziemlich rasch im übrigen Konzern herumsprachen. Aus den ursprünglich geplanten 100 Mitarbeitern auf der Pilot-ESN-Plattform wurden 300, 500… erste Anfragen aus anderen Geschäftsbereichen folgten.

Und dann entstand eine unerwartet hohe Eigendynamik: die Mitarbeiterzahl auf der AA-Plattform übersprang die 1000er Linie, so dass aus Performance-Gründen die Server-Hardware erweitert werden musste. Der CIO schaltete sich ein mit der Forderung nach einem Umzug der Plattform in das Rechenzentrum nach Stuttgart. Parallel baute er innerhalb der Konzern-IT binnen kürzester Zeit ein eigenes E2.0-Team auf, zusammengesetzt aus erfahrenen Boschlern und neuen Mitarbeitern, die gezielt von außen akquiriert wurden, da das E2.0-Wissen innerhalb des Unternehmens ja bislang sehr eingeschränkt war. Es sollte sich bald zeigen, wie wichtig dieser Schritt war.

Auch in der zuvor selbstorganisierten zentralen Gruppe gab es Veränderungen: der Autor wechselte als Internet-Gesamtverantwortlicher in den Geschäftsbereich AA und nahm dort das Konzept einer ganzheitlichen Vernetzung, die explizit die externen Stakeholder mit einbezog, auf. In ähnlicher Weise wurde das zentrale E2.0-Team um Vertreter aus Sales & Marketing sowie HR ergänzt, so dass nun auch die Außenperspektive ausreichend Beachtung in dem entstehenden E2.0-Bild fand. Noch etwas anderes passierte: durch das starke Interesse der anderen Geschäftsbereiche an der Pilotierung bildeten sich erste organisationsübergreifende Netzwerke von Kollegen, die bislang gar nichts voneinander wussten, nun aber ein gemeinsames Thema hatten. Schon bald zeigte sich, dass sich dieses Netzwerk zum Kern der Enterprise 2.0-Familie entwickeln würde, der heute mehrere hundert Mitarbeiter aus allen Bereichen der Organisation umfasst.

Es entstanden viele Anwendungsfälle *(Use Cases)*, von denen manche sehr erfolgreich waren, manch andere jedoch kläglich scheiterten. Diese frühe Phase des Ausprobierens schaffte aber die Grundlage für das spätere große Konzernprojekt, viele der Do's und Dont's und der Erfahrungen von damals sind dort eingeflossen. Voraussetzung, dass die Organisation auch wirklich lernt, ist hierbei eine vernünftige Dokumentation des entstehenden Wissens und eine Strukturierung des Vorgehens. Es ist sinnvoll, ein dediziertes Projekt aufzusetzen und dieses mit ausreichend Kapazität und Expertise auszustatten. Die

Nutzung agiler Arbeitsmethoden und -werkzeuge, wie z. B. *Scrum*, kann auf diesem Weg des Lernens, der ja nur schlecht vorhersagbar und planbar ist, sehr hilfreich sein.

Auf Wunsch der Geschäftsführung und unter Federführung des CIO wurde im Spätsommer 2011 ein interdisziplinäres Team aus Anwendern und IT-Experten zusammengestellt. Es bekam die Aufgabe, verschiedene Software-Plattformen zu evaluieren, die für einen potenziellen konzernweiten Einsatz mit weit über 250.000 Usern in Frage kämen. Denn eines war klar: die Pilotierung konnte nicht unendlich weitergehen, irgendwann musste eine Entscheidung getroffen werden. Bei unterdessen rund 5000 aktiven Kollegen auf der Plattform wurde ja bereits so viel Content produziert, dass eine Migration auf ein anderes System mit jedem weiteren Tag aufwändiger würde.

Nach Wochen intensiver Evaluierung verschiedener Optionen durch ein interdisziplinäres, hierarchieübergreifendes Team entschied man sich bei für den konzernweiten Einsatz von IBM® Connections als ESN, intern als „Bosch Connect" (BC) bezeichnet.

15.3.2 Eine erste Vision entsteht

Der Auftrag der Geschäftsführung zur Evaluierung einer Konzern-Vernetzungsplattform war quasi der Startschuss der offiziellen E2.0-Projektphase. Man sah jetzt deutlicher, welches Potenzial Enterprise 2.0 für Bosch innehatte, aber durchaus auch, wie groß der Veränderungshub werden konnte, und dass es schwierig werden würde, diesen Hub nur mit einer Handvoll Überzeugter – ohne offizielles Mandat und Auftragsrahmen – zu bewerkstelligen.

Umso wichtiger war die Erarbeitung einer **Vision** (Abb. 15.1) und grundlegender (Social Business-) **Prinzipien**, die Orientierung geben konnten, wo die Reise hingehen sollte (Abb. 15.2).

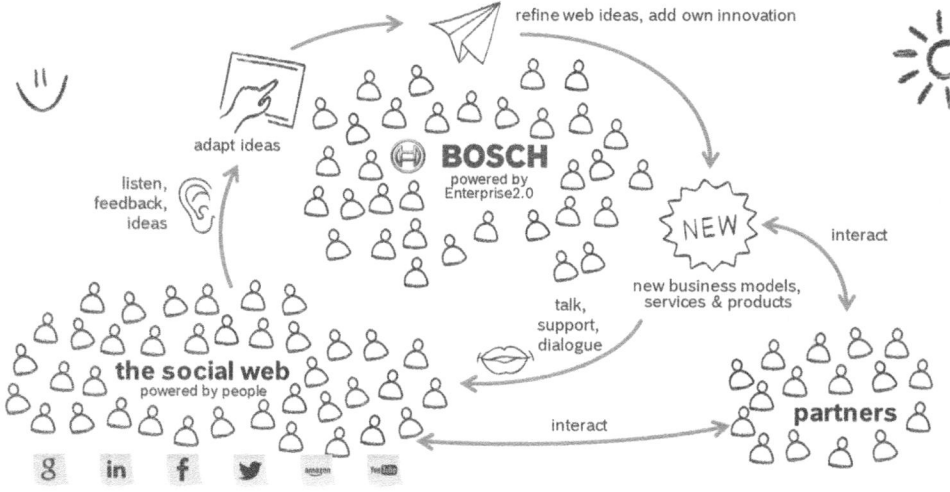

Abb. 15.1 Vision des vernetzten Unternehmens

Diese Bausteine wurden in enger Zusammenarbeit zwischen Experten und den operativen Bereichen entwickelt. Es zeigte sich im weiteren Verlauf, dass diese Art der „Co-Creation", also der gemeinschaftlichen Erarbeitung, ein wichtiges Element für die spätere Akzeptanz der Ergebnisse sein sollte (Schönbohm 2014b).

Bis heute steht Enterprise 2.0 bei Bosch als Synonym für das durchgängig hochvernetzte Unternehmen. Diese Vision beinhaltet nicht nur die interne Kommunikation und Kollaboration, das interne Ideen- und Innovations-Management, sondern auch das nach außen gerichtete Reputations-Management, Employer Branding und die anderen auf das Social Web ausgerichteten Online-Aktivitäten, wie z. B. das Social Media Monitoring (Abb. 15.3).

Zum 1. Januar 2012 wurde das Konzernprojekt „Enabling Enterprise 2.0" aufgesetzt und direkt an die Geschäftsführung der Bosch-Gruppe angebunden. Es umfasste sowohl Mitarbeiter aus dem bereits bestehenden E2.0 IT-Projekt als auch Vertreter aus den Unternehmensbereichen Kommunikation, Entwicklung, Organisationsentwicklung und Training sowie Sales & Marketing. Die gesammelte Erfahrung aus der ersten Pilotierung in den Geschäftsbereichen legte nahe, dass es sinnvoll war, Enterprise 2.0 nicht als IT-Projekt anzugehen, sondern gleich von Anfang an als systemische Organisationsentwicklung (Schönbohm 2012b).

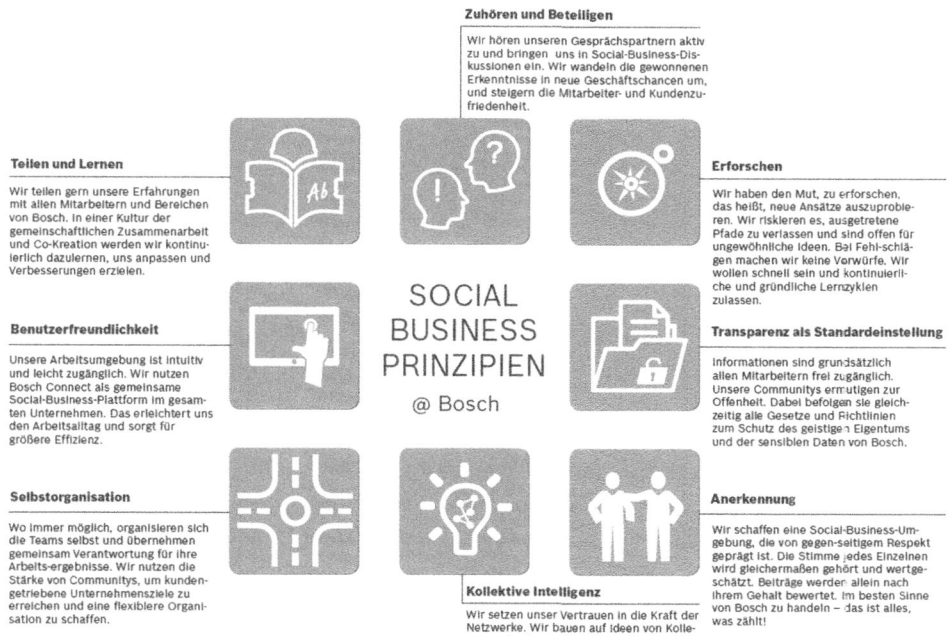

Zuhören und Beteiligen

Wir hören unseren Gesprächspartnern aktiv zu und bringen uns in Social-Business-Diskussionen ein. Wir wandeln die gewonnenen Erkenntnisse in neue Geschäftschancen um, und steigern die Mitarbeiter- und Kundenzufriedenheit.

Teilen und Lernen

Wir teilen gern unsere Erfahrungen mit allen Mitarbeitern und Bereichen von Bosch. In einer Kultur der gemeinschaftlichen Zusammenarbeit und Co-Kreation werden wir kontinuierlich dazulernen, uns anpassen und Verbesserungen erzielen.

Benutzerfreundlichkeit

Unsere Arbeitsumgebung ist intuitiv und leicht zugänglich. Wir nutzen Bosch Connect als gemeinsame Social-Business-Plattform im gesamten Unternehmen. Das erleichtert uns den Arbeitsalltag und sorgt für größere Effizienz.

Selbstorganisation

Wo immer möglich, organisieren sich die Teams selbst und übernehmen gemeinsam Verantwortung für ihre Arbeitsergebnisse. Wir nutzen die Stärke von Communitys, um kundengetriebene Unternehmensziele zu erreichen und eine flexible Organisation zu schaffen.

SOCIAL BUSINESS PRINZIPIEN
@ Bosch

Erforschen

Wir haben den Mut, zu erforschen, das heißt, neue Ansätze auszuprobieren. Wir riskieren es, ausgetretene Pfade zu verlassen und sind offen für ungewöhnliche Ideen. Bei Fehlschlägen machen wir keine Vorwürfe. Wir wollen schnell sein und kontinuierliche und gründliche Lernzyklen zulassen.

Transparenz als Standardeinstellung

Informationen sind grundsätzlich allen Mitarbeitern frei zugänglich. Unsere Communitys ermutigen zur Offenheit. Dabei befolgen sie gleichzeitig alle Gesetze und Richtlinien zum Schutz des geistigen Eigentums und der sensiblen Daten von Bosch.

Anerkennung

Wir schaffen eine Social-Business-Umgebung, die von gegenseitigem Respekt geprägt ist. Die Stimme jedes Einzelnen wird gleichermaßen gehört und wertgeschätzt. Beiträge werden allein nach ihrem Gehalt bewertet. Im besten Sinne von Bosch zu handeln – das ist alles, was zählt!

Kollektive Intelligenz

Wir setzen unser Vertrauen in die Kraft der Netzwerke. Wir bauen auf Ideen von Kollegen und externen Partnern auf und entfachen Kreativität für bessere Produkte, Dienste, Lösungen und Entscheidungen.

Abb. 15.2 Social Business Prinzipinen @ Bosch

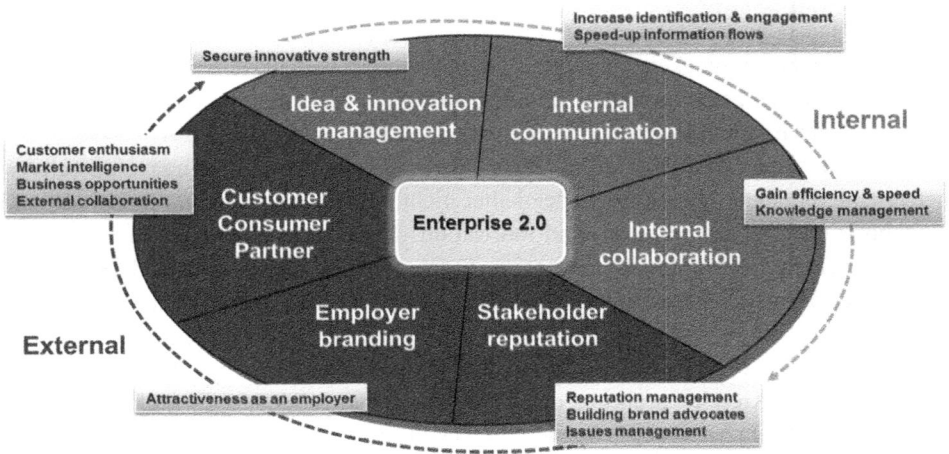

Abb. 15.3 Interne und externe Anwendungsfelder von E2.0 (Bosch)

15.4 Das Konzernprojekt „Enabling Enterprise 2.0"

Das E2.0-Projekt bekam den Auftrag, in den vier „Befähiger"-Feldern *Technologie, Prozesse & Richtlinien, Mitarbeiter & Führung* sowie *Organisation* die notwendigen Voraussetzungen für diese Transformation zu schaffen (Schönbohm 2012a). Dabei folgt dieser Ansatz einer Erkenntnis, die auch anderen Business-Exzellenz-Modellen zugrunde liegt: Management und Führung kann in der Regel Ergebnisse nicht direkt beeinflussen, wohl aber die Faktoren, die für deren Erreichung grundlegende Bedeutung haben.

15.4.1 Enabling vs. Change

Vor diesem Hintergrund ist das E2.0-Konzernprojekt kein Veränderungsprojekt, sondern eines, das die Grundlagen dafür schafft, dass die angestrebte Veränderung stattfinden kann (Schönbohm 2012b). Diese Grundlagen lassen sich den oben genannten Befähigern (Enabler) zuordnen.

Komplex wird die Aufgabe allerdings dadurch, dass diese Befähiger nicht isoliert nebeneinander stehen, sondern dass es teils sehr enge Wechselwirkungen gibt. So führen z. B. Veränderungen in Arbeitsprozessen sehr schnell zu weiteren Änderungen in den anderen Befähigerfeldern, wie z. B. der Technologie. Eine organisationsübergreifende, transparente Zusammenarbeit über ESN entlang eines Trägerprozesses wiederum führt zu Fragestellungen in den Feldern der Führung und Mitarbeiter, sei es in Bezug auf die erforderliche Transparenz oder auch Entscheidungsbefugnis der Teams. Man erkennt schon, dass viele der Anwendungsfelder mit hohem Potenzial direkt auf Fragen der Unternehmenskultur und Strategie führen. Hier gilt es spätestens dann Antworten zu finden, wenn man die Phase der einzelnen Anwendungsfälle verlässt und größere Bereiche transformieren möchte.

15.4.2 Leuchtturm-Anwendungsfälle

Zu Beginn des offiziellen E2.0-Projekts im ersten Halbjahr 2012 standen rund 25 konzernweite **„Lighthouse Use Cases"** im Mittelpunkt, die aus einer Vielzahl von Vorschlägen ausgewählt wurden. Es handelte sich dabei um Anwendungsfälle, die weitgehend repräsentativ und damit übertragbar auf andere Bereiche waren, z. B. globale Projekte, Online-Ideengenerierung, Zusammenarbeit entlang von Trägerprozessen, und ähnliches.

Zu diesen Leuchtturm-Projekten wurde sauber beschrieben, wie die gegenwärtige Arbeitssituation war, wie sie idealerweise sein sollte, und woran man dann erkennen konnte, ob und wie sie sich verbessert hatte (Schönbohm 2012a). Die Laufzeit dieser Leuchtturm-Anwendungsfälle betrug einige Monate und wurde vom Zentralprojekt intensiv begleitet. Diese Begleitung bestand sowohl in der Vor-Ort Unterstützung durch das Projektteam wie auch im engen Monitoren des Fortschritts. Dabei wurde präzisiert, was schon in der frühen Experimentierphase im Geschäftsbereich AA begonnen wurde: die Ausarbeitung der Erfolgsfaktoren und die Auswirkungen auf den Geschäftserfolg.

Die Untersuchung dieser Leuchtturm-Anwendungsfälle lieferte sehr fundierte und praxisnahe Hinweise, wie hoch das Potenzial von E2.0 in den verschiedenen Geschäftsfeldern des Bosch-Konzern nun wirklich war, welche funktionalen Bereiche am ehesten davon profitierten, und was deren Erfolgsfaktoren waren. Daraus entwickelte sich eine umfangreiche Bibliothek von Anwendungsfällen, die unterdessen als **„Social Business Atlas"** integraler Bestandteil der ESN-Plattform Bosch Connect ist. Sie wird immer noch weiter ausgebaut und gepflegt (Abb. 15.4).

Während der Evaluierung der Leuchtturm-Anwendungsfälle entstanden viele der grundlegenden E2.0-Konzepte, vor allem in den Feldern Kommunikation, Qualifizierung

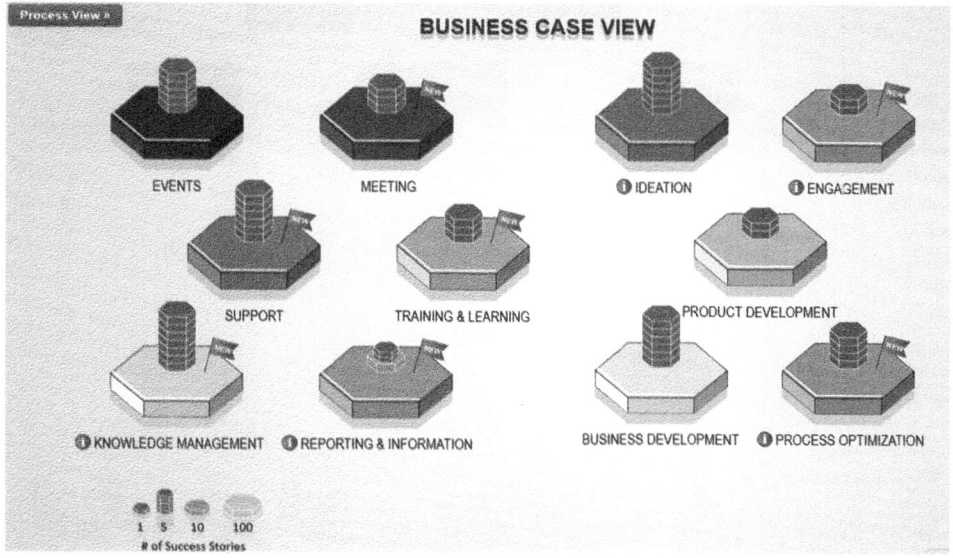

Abb. 15.4 Social Business Atlas – Bosch Connect

und Training. Damit wurde die Grundlage für das spätere konzernweite Öffnen der ESN-Plattform gelegt.

15.4.3 Experience City

Bei einem Vorhaben dieser Größenordnung, bei dem viele hundert Mitarbeiter weltweit in unterschiedlich starkem Maße beteiligt sind, wird Wissensmanagement zum kritischen Erfolgsfaktor, damit die Organisation wirklich (voneinander) lernt und Fortschritte macht.

Es ist bekannt, dass in der Vergangenheit viele Versuche, Wissensmanagement als tragfähigen Prozess zu etablieren, gescheitert sind. Aus diesem Grund sind wir im E2.0-Projekt einen anderen Weg gegangen: wir haben die eigenen Community-Strukturen der Bosch Connect-Plattform genutzt, um die Erfahrungen und das stetig wachsende Wissen aus den unterschiedlichsten Aktivitäten dort zu dokumentieren und aktuell zu halten (Schönbohm 2014b). Angefangen vom technischen Anforderungs-Management für die BC-Plattform, über die Dokumentation der Anwendungsfälle bis hin zum Hilfe-Forum finden dort Nutzer von Bosch Connect geballtes Wissen einer Community mit unterdessen mehr als 7000 aktiven Mitgliedern (Stand: Oktober 2015). Beim konzernweiten Ausrollen der ESN-Plattform ab September 2013 machte die Experience City zum Beispiel eine Hotline-Betreuung für neue Nutzer völlig überflüssig. Die Community half sich einfach selber und lernte dabei gleichzeitig den Umgang mit der Kollaborationsplattform (Abb. 15.5).

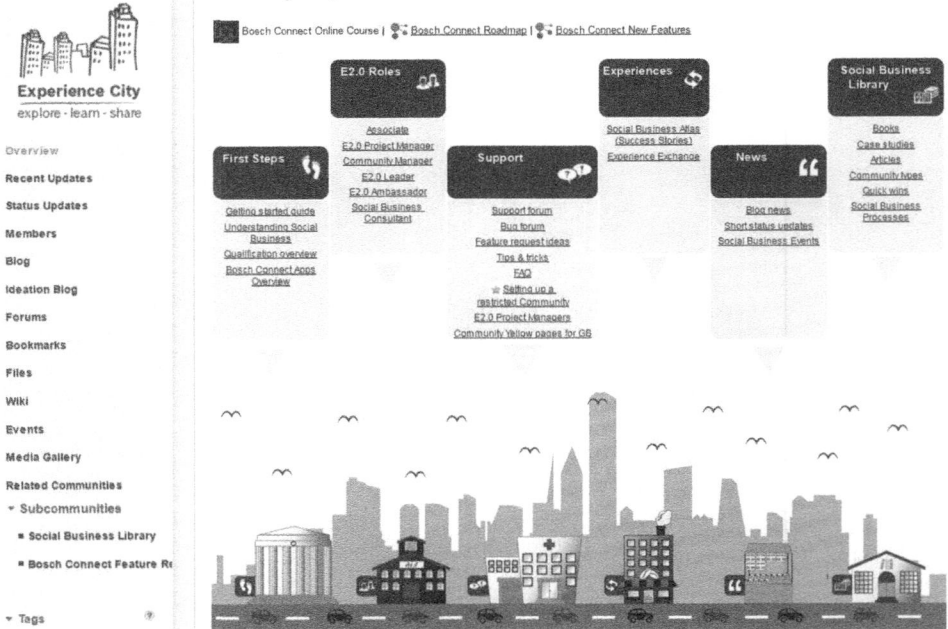

Abb. 15.5 Experience City – Bosch Connect

15.4.4 Das Community-Management

Zentrales Element eines hochvernetzten Unternehmens sind **Communities** oder Netzwerke. Teams also, die – häufig organisationsübergreifend und interdisziplinär besetzt – (online) an gemeinsamen Themen arbeiten. Bis Mitte 2015 waren auf Bosch Connect mehr als 22.000 Communities entstanden, knapp 80 % davon offen, d. h. mit Inhalten, die jeder Bosch-Mitarbeiter einsehen kann. Ein wichtiger Indikator für die Anwendung des SocBiz-Prinzips **„Transparency as default"**. Die Tatsache, dass jeder Mitarbeiter grundsätzlich eine (offene) Community gründen kann, fördert außerdem das Prinzip der **„Selbstorganisation"**. Allerdings liegen hier auch erhebliche Risiken, wenn man Community-Management nicht als wichtige Kernkompetenz etabliert bekommt: der Wildwuchs ähnlich gelagerter Communities führt leicht zu neuen Themen-Silos und erzeugt neue Intransparenz, während das Unterschätzen des Community Managements und seiner spezifischen Anforderungen schnell in großen Enttäuschungen mündet, wenn Communities dann nicht die gewünschten Ergebnisse liefern.

Bereits die frühe Pilotphase zeigte deutlich, dass schlecht oder mit unzureichenden Ressourcen gemanagte Communitys ohne klare Zielsetzung und Spielregeln mit hoher Wahrscheinlichkeit scheitern. Das Management großer Communities ist äußerst anspruchsvoll und eine besondere *Führungsaufgabe*, die breit gefächerte Kompetenzen erfordert. Diese aufzubauen und kontinuierlich weiter zu entwickeln, gehört letztendlich nicht in ein E2.0-Projekt, sondern in das HR-Portfolio der Mitarbeiter- und Führungskräfteentwicklung eines hochvernetzten Unternehmens.

15.4.5 Wie motiviert man eine ganze Organisation?

Erfolgskritisch für die Annahme der neuen Arbeitsweisen vernetzter Kollaboration durch die Organisation ist eine Überzeugung der Führung *und* der Belegschaft, dass damit echter Mehrwert generiert wird, und zwar sowohl für das übergeordnete *Geschäft* als auch für den *Einzelnen*. Diese Überzeugungsarbeit zu leisten ist alles andere als einfach. Vor allem in weltweit verteilten Konzernen mit ihren unterschiedlichen regionalen Kulturen braucht es eine hohe Sensibilität für die kulturellen Besonderheiten, ansonsten ist das Vorgehen schnell zum Scheitern verurteilt.

Bei Bosch hatten wir daher einen **„Bottom-up-down"-Ansatz** gewählt (Schönbohm 2012b). In den frühen Phasen der E2.0-Aktivitäten lag der Fokus auf den begeisterten *Fast-Followers*, die aktiv vernetzt und unterstützt wurden, um damit eine solide Basis mit tiefgehenden Kenntnissen und Erfahrungen zu schaffen, und gleichzeitig das Konzernprojekt eng an das operative Geschäft zu koppeln. In der Literatur wird dieses Vorgehen häufig als „Grass-roots" bezeichnet, also dem Wachsen eines Themas quasi von unten heraus. Naturgemäß fokussierten sich unsere Aktivitäten während der Erprobungsphase zunächst auf Deutschland, und auf die hier beheimateten Geschäftsbereiche mit ihren Vorständen und großen funktionalen Einheiten.

Das E2.0-Konzernprojekt mit seiner interdisziplinären Zusammensetzung aus funktionalen Experten hatte im Schwerpunkt die Aufgabe, Enterprise 2.0-*Konzepte* für Bosch zu entwi-

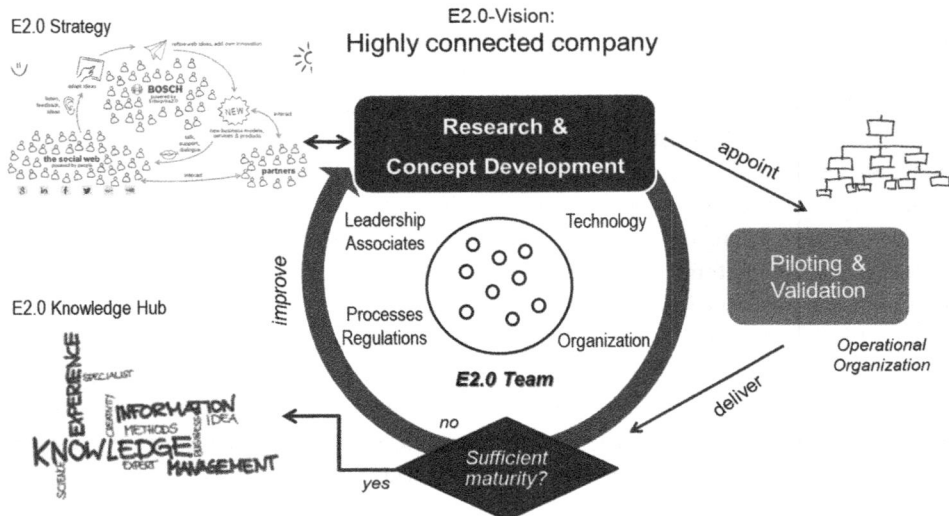

Abb. 15.6 Lern- und Validierungszyklus in der E2.0-Konzeptarbeit

ckeln, zu pilotieren und zu validieren, um damit die Voraussetzungen in den Enabler-Feldern (siehe Abschn. 15.4.1) für eine hohe Vernetzung des Unternehmens zu schaffen (Abb. 15.6).

Diese Aufgabe ist mit relativ kleinen Teams durchaus gut zu bewerkstelligen. Auch das zentrale Bosch-Team in seiner weltweiten Verantwortung hatte nur rund 20 Mitarbeiter, von denen gut 90 % räumlich in der Nähe der Konzernzentrale in Stuttgart angesiedelt waren.

Die tatsächliche *Applikation* der Prinzipien und Konzepte und das Management der damit verbundenen *Veränderung* in den operativen Bosch-Einheiten mit ihren so unterschiedlichen Geschäften und Organisationsstrukturen kann jedoch von solch einem zentralen Team keinesfalls geleistet werden. Dafür reicht weder die Kapazität noch das Know-How aus. Dies erfordert dann den engen Schulterschluss mit den jeweiligen Fach- und Führungskräften aus den Geschäftseinheiten und Regionen. Man darf auch nicht übersehen, dass ja grundsätzlich Konzept- und Veränderungsarbeit ganz unterschiedliche Kompetenzen und Fähigkeiten erfordern und sie daher in der Regel kaum von ein- und denselben Köpfen gleichzeitig bewerkstelligt werden kann.

15.4.5.1 Die E2.0-Schlüsselrollen im Adoptionsprozess

Die von Anfang an etablierte, sehr enge Zusammenarbeit mit den operativen Einheiten war eines der Erfolgsfaktoren für die spätere hohe Adoptionsrate der E2.0-Konzepte und -Methoden. Während in der **Erprobungsphase**, die der weltweiten Öffnung der ESN-Plattform für über 250.000 Mitarbeiter im September 2013 voranging, und deren Fokus auf einzelnen Anwendungsfällen und dem Sammeln von Erfahrungen lag, rückten in der dann folgenden **Adoptions-Phase** die E2.0-Strategie, die Integration der E2.0-Methoden in die Arbeitsprozesse, deren Beitrag zum Geschäftserfolg und der persönliche Nutzen von Bosch Connect in den Mittelpunkt der Aktivitäten. Mit anderen Worten: die Verbindlichkeit und damit die strategische Relevanz nahmen deutlich zu.

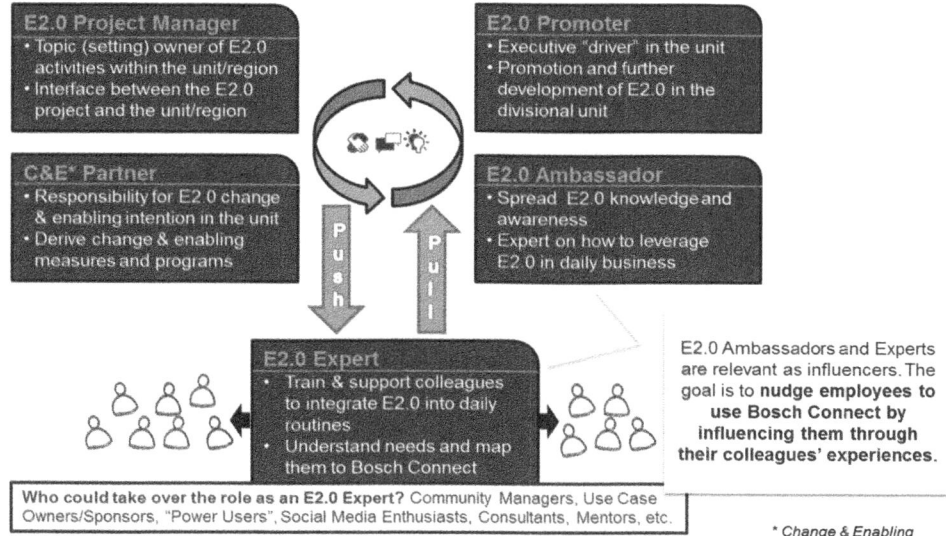

Abb. 15.7 Strategische E2.0-Rollen in den Geschäftseinheiten während der Adoptionsphase

Dies war ein sehr bewusster Schritt, denn die Erfahrung zeigt deutlich, dass ein reines bottom-up Vorgehen seine Grenzen hat, zumal wenn die Veränderung grundsätzlich ist und viele Bereiche des täglichen Geschäfts tangiert. Zwar blieb es weiter den Geschäftseinheiten überlassen, ob und in welchem Maße sie in die Vernetzung einsteigen wollten. Allerdings wurde diese Entscheidung ab 2013 nicht mehr nur dem Zufall und einigen „Freiwilligen" überlassen, sondern wurde Bestandteil der Geschäftsstrategien.

In diesem Zuge mussten auch die bisherigen E2.0-Rollen in den operativen Einheiten neu formuliert und implementiert werden. Aus Geschäftsbereichs-Koordinatoren ohne echtes Mandat wurden E2.0-Projektmanager, aus funktionalen Koordinatoren Botschafter („Ambassadors") mit eindeutiger Aufgaben- und Rollenbeschreibung. Jede Geschäftseinheit benannte einen Promotor auf Executive-Ebene und erweiterte die bestehenden E2.0-Teams um Experten im Veränderungsmanagement.

So aufgestellt, wurde das bisherige Vorgehen um eine verbindliche **top-down Komponente** ergänzt, die für den weltweiten Adoptionsprozess zwingend notwendig war und immer noch ist (Abb. 15.7).

Vorangegangen war eine mehrmonatige Phase des intensiven Dialogs mit den Top-Führungskräften, zumeist im kleinen Kreis, entweder bilateral und im Rahmen von Executive-Talks oder als Workshops. Dabei zeigte sich, dass eine der wichtigsten Methoden, Führungskräfte zu gewinnen und zumindest ein Bewusstsein für Enterprise 2.0 und „Social Business" zu schaffen, das *Reverse Mentoring* ist.

15.4.5.2   Reverse Mentoring

Klassisches Mentoring, bei dem eine erfahrene Führungskraft einen in der Regel jüngeren Mitarbeiter über einen gewissen Zeitraum begleitet und berät, kennt jeder. Beim Reverse Mentoring werden die Rollen vertauscht: ein jüngerer Mitarbeiter mit besonderer Expertise

Abb. 15.8 Reverse Mentoring bei Bosch (2013)

berät einen erfahrenen Kollegen im Fachthema und lernt im Gegenzug von den Erfahrungen des anderen. Besonders bei web-nahen Themen zeigt sich ja deutlich, dass die mit dem Internet aufgewachsene Generation wesentlich selbstverständlicher mit Social Media umgeht und mehr einschlägige eigene Erfahrung besitzt als diejenigen, die schon 15 oder 20 Jahre im Unternehmen sind. Die Idee einer echten Win-Win Situation lag also nahe (Abb. 15.8).

Konsequenterweise begann das Reverse Mentoring-Programm gleich ganz „oben". In einem Kickoff Workshop mit der Bosch-Geschäftsführung tauschten sich im Sommer 2012 Mentoren aus dem erweiterten Umfeld des E2.0-Zentralprojekts mit den Geschäftsführern, den Mentees, über die neuesten Entwicklungen rund um Social Media, das Internet und die entsprechenden Bosch-Aktivitäten aus (Schönbohm 2014a). Es wurden in der Folge weitere bilaterale Treffen vereinbart, in denen dann, zugeschnitten auf den jeweiligen Bedarf, Inhalte vertieft werden konnten. Manche dieser Sessions laufen bis heute.

Das Mentoring-Programm folgt dabei einem festen Schema: es beginnt mit einem Kickoff, läuft typischerweise über 6 Monate und hat ein breites Portfolio von Inhalten, aus denen bedarfsweise geschöpft werden kann. Es unterstützt sowohl den intensiven Austausch zwischen Mentor und Mentee, wie auch innerhalb der Mentoren und Mentee-Communities. Das Programm endet mit einem finalen Review mit allen Teilnehmern.

Nach der Geschäftsführung wurde das Programm in zwei Geschäftsbereichen validiert und anschließend weltweit ausgerollt. Das Feedback aller Teilnehmer war und ist unverändert außerordentlich positiv. Allerdings ist das Programm aufwändig und erfordert vor allem entsprechend engagierte und qualifizierte Mentoren. Bei einem globalen Rollout sind außerdem kulturelle Besonderheiten zu berücksichtigen. Das betrifft insbesondere das in verschiedenen Kulturkreisen unterschiedliche Verhältnis und Selbstverständnis zwischen Führungskräften und Mitarbeitern. Hier ist Fingerspitzengefühl angebracht, soll das Programm seine volle Wirksamkeit entfalten.

15.4.5.3   7-Step Modell
In den Diskussionen mit den Führungskräften kamen immer zwei Grundsatzfragen hoch: „wo fängt man an?" und „wie kann man eine strategische Kopplung erreichen?". Unser

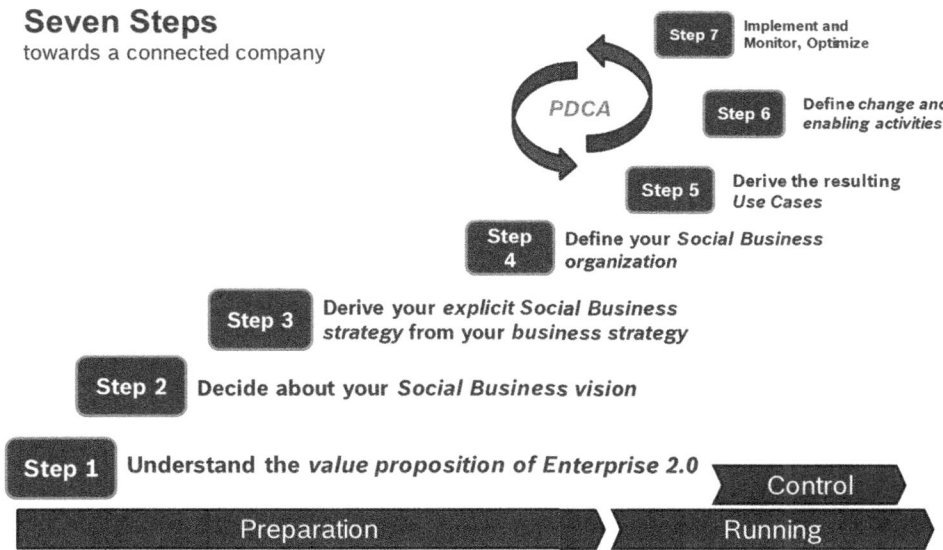

Abb. 15.9 7-Step Model (Bosch)

Vorschlag, dem auch weitgehend gefolgt wurde, war ein relativ simples 7-Schritte Vorgehensmodell (Schönbohm 2014b), das sich gut eignet, um erste Erfahrungen zu sammeln und darüber hinaus bereits die wichtigsten Elemente enthält, die auch bei höherem Reifegrad notwendig werden, um ein systemisches, strategiegeleitetes Veränderungsmanagement aufzugleisen (Abb. 15.9):

Entscheidend ist bereits in den frühen Phasen, dass man sich Gedanken um eine **Strategie** macht. Auch wenn es zu Anfang vielleicht noch nicht um eine vollständige Integration von Enterprise 2.0 in die eigentliche Geschäftsstrategie handelt, so sollte man sich dennoch überlegen, wie man das Thema angeht, in welchen Bereichen, mit welchen Ressourcen, mit welcher erwarteten Zielsetzung und ähnliches. Eine solche Enterprise 2.0-Strategie ist hilfreich, um einerseits Enttäuschungen und unerfüllten Erwartungen vorzubeugen und andererseits eine saubere Priorisierung zwischen schnellen Erfolgen („Quick-Wins") und langfristigen, in der Regel dann auch anspruchsvolleren Optimierungen des Geschäfts zu erlangen.

Dabei ist es von elementarer Bedeutung, entsprechend dieser Strategie auch ausreichend Ressourcen bereitzustellen. Ein leider sehr beliebtes, aber fatales Muster ist, mit völlig unzureichender Kapazität und zu wenig Fachkompetenz diesen Wandel erst einmal so nebenbei zu starten, zum Beispiel mit Praktikanten und studentischen Hilfskräfte oder als Nebenjob von sowieso schon gut beschäftigten Leistungsträgern. Die Wahrscheinlichkeit des Scheiterns ist bei diesem Vorgehen sehr hoch und man läuft Gefahr, ein ganzes Thema zu „verbrennen", bevor es überhaupt begonnen hat.

Neben ausreichender Kapazität und Budget ist es wichtig, sich zu überlegen, auf welcher hierarchischen Ebene man die E2.0-Verantwortlichen in der Organisation ansiedelt. Häufig ist zu beobachten, dass man auf der Arbeitsebene beginnt. Auch wenn dies während der Experimentierphasen ein durchaus gangbarer Weg sein kann, um erst mal Erfahrungen zu sammeln, so stellt sich spätestens in den Schritten 3 und 4 die Frage nach dem Mandat und der „Augenhöhe" der E2.0-Protagonisten. Denn eines darf man nicht vergessen: die Schritte 5–7, d. h. die Implementierung der Anwendungsfälle und deren Optimierung entlang eines PDCA[4]-Zyklus, beinhalten vor allem klassisches Veränderungsmanagement mit all seinen Herausforderungen, wie Zielkonflikten, Widerständen, Verlustängsten, usw. Um mit diesen Hürden umzugehen, ist entsprechende Kompetenz und hierarchische Stellung bzw. Unterstützung durch die Führung unabdingbar.

15.4.5.4 E2.0-Reifegrad

Hat man erfolgreich einige Piloten durchgeführt, und ist die Organisation oder zumindest die Führung grundsätzlich vom Mehrwert der Vernetzung überzeugt, tauchen sehr schnell – berechtigterweise – Fragen nach der Messbarkeit oder dem „SocBiz"-Reifegrad einer Organisation auf. Während sich für einzelne Use Cases relativ gut spezifische, auf den Anwendungsfall zugeschnittene KPI formulieren lassen, ist dies auf der Ebene einer großen Gesamtorganisation wie Bosch wesentlich schwieriger, denn hier werden vom handelsnahen Geschäft mit Elektrowerkzeugen über Investitionsgüter und Industrieausrüstung bis hin zum Automotive-Geschäft die unterschiedlichsten Geschäftsmodelle unter einem Konzerndach gebündelt.

Aus diesem Grunde hatten wir entschieden, uns der Frage nach dem Reifegrad nicht auf Konzern-, sondern auf *Business Unit*-Ebene zu nähern. Der Vorteil liegt darin, dass die Geschäftsmodelle und -prozesse innerhalb einer Geschäftseinheit (BU) in der Regel sehr ähnlich und oft auch standardisiert sind. Somit lassen sich leichter Vergleiche anstellen und auch konkrete Reifegradstufen ableiten.

Das mehrdimensionale Modell fußt auf 3 Reifegradstufen *(maturity stages)* in 3 Fähigkeitskategorien *(capability dimensions)*. Diesen Fähigkeiten werden je 3 unterschiedliche Aspekte in Gruppen zugeordnet, die anhand vorher definierter Kriterien in ihrer jeweiligen Ausprägung beurteilt werden. Man beachte, dass die hier herangezogenen Fähigkeiten Culture, Leadership, Organization & Processes **organisationale Fähigkeiten** (Schönbohm 2014b) sind und nicht mit den in Abschn. 15.4.1 eingeführten Enablern verwechselt werden sollten (Abb. 15.10).

Bei der Beurteilung der organisationalen Fähigkeiten entlang eines Reifegradmodells kommt früher oder später die Frage auf, wie denn der Zusammenhang zwischen diesen Fähigkeiten und den Geschäftsergebnissen ist (Abb. 15.11). Dies ist eine grundsätzliche Frage, die sich bei jedem Reifegradansatz stellt und oft nur schwierig abschließend zu beantworten ist. Zu viele Einflussfaktoren auf die Ergebnisse bestehen außerhalb der betrachteten Kriterien, die im Rahmen eines Reifegradmodells konkret bewertet werden. Dennoch lassen sich logische Zusammenhänge aufzeigen, die mit einer gewissen Wahrscheinlichkeit erwarten lassen, dass exzellente Fähigkeiten in bestimmten Feldern letztendlich auch die Geschäftsergebnisse positiv beeinflussen werden. Ein populäres Beispiel für ein derartiges Reifegradmodell, das seit vielen Jahren etabliert ist, ist das 1988 entwickelte *Business Excellence Mo-*

---

[4] PDCA: Plan-Do-Change-Act: Systematik zur kontinuierlichen Verbesserung (Kaizen).

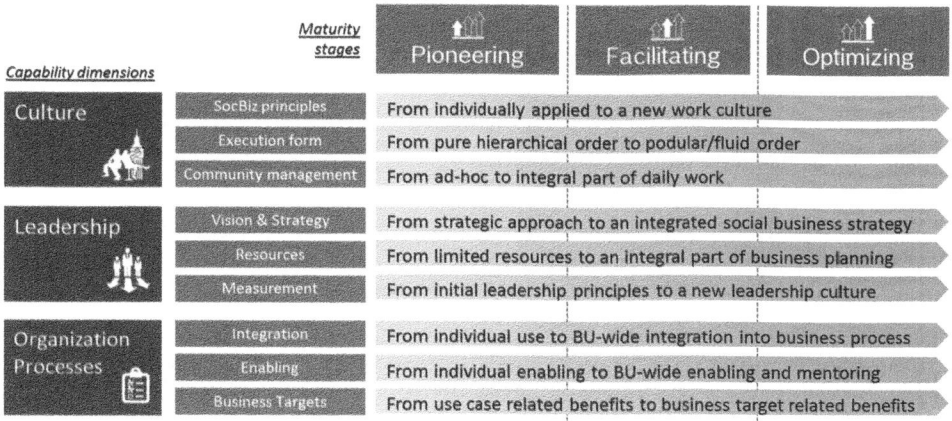

Abb. 15.10 Reifegrad-Stufen in operativen Geschäftseinheiten

del der EFQM Foundation[5]. Es basiert auf dem TQM[6]-Ansatz der japanischen Autoindustrie und setzt 5 Befähiger- und 4 Ergebniskriterien in Bezug.

Eine eigentlich banale, aber im Nachhinein doch sehr wichtige Erkenntnis war, dass die Entwicklung organisationaler Fähigkeiten im Rahmen des E2.0-Modells die *Voraussetzung* dafür ist, dass sich später auch die geschäftsrelevanten Ergebnisse positiv verändern. Unbenommen davon können natürlich auch Quick-Wins sehr schnell konkrete Verbesserungen bringen. Oft handelt es sich dabei allerdings eher nur um die Beseitigung

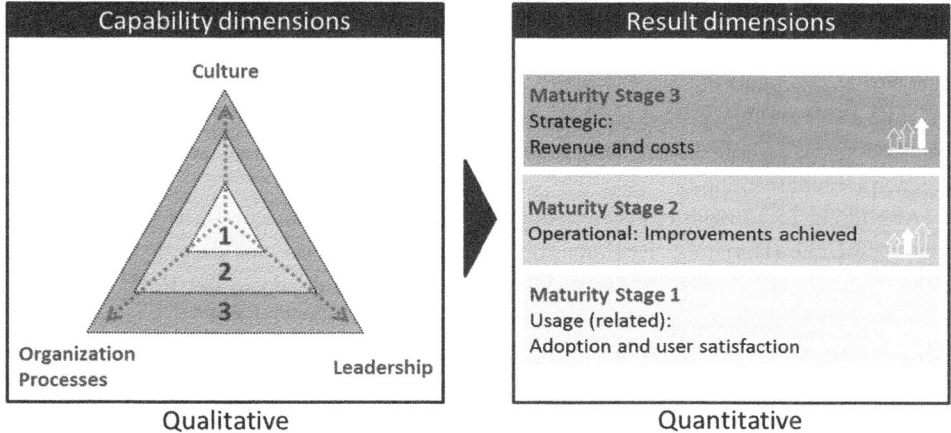

Abb. 15.11 Bezug zwischen quantitativen Ergebnissen und E2.0-Fähigkeiten

---

[5] EFQM: European Foundation of Quality Management, Brüssel.
[6] TQM: Total Quality Management.

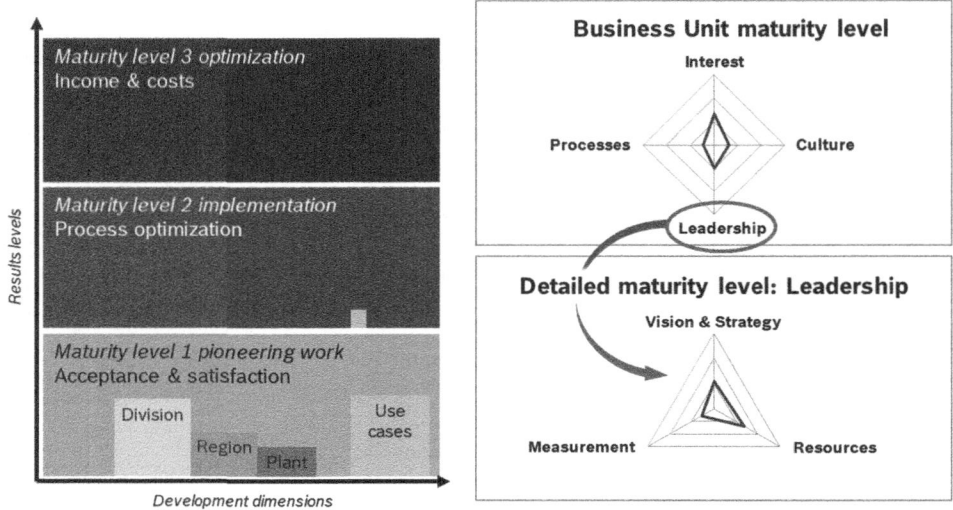

Abb. 15.12 Reifegrad verschiedener Geschäftseinheiten (2014)

eines offensichtlichen Missstands als um eine systematische Weiterentwicklung der organisationalen Fähigkeiten.

Vor diesem Hintergrund sollte man sich hüten, zu früh nach dem quantitativen RoI einer ESN-Plattform zu fragen. Jede Aussage dazu, die über den Scope einzelner Anwendungsfälle hinausgeht, wird angreifbar sein, wenn sie nicht im Rahmen einer gesamtheitlichen und strategiegeleiteten Weiterentwicklung der Organisation erfolgt.

Das skizzierte E2.0-Reifegradmodell entstand bei Bosch im Jahre 2013 und wurde seitdem kontinuierlich in Zusammenarbeit mit den Geschäftseinheiten weiterentwickelt. Um eine breite Akzeptanz bei den Führungskräften zu erreichen, beträgt der zeitliche Aufwand für eine Reifegradbewertung als *Self-Assessment* nur rund 2 Stunden. In regelmäßigen Abständen wiederholt, liefert das Modell eine gute Indikation bzgl. des Fortschritts der eigenen Geschäftseinheit.

Abbildung 15.12 zeigt eine Momentaufnahme der konsolidierten Reifegrade über Geschäftsbereiche (Division), Regionalorganisationen und Werke aus dem ersten Halbjahr 2014 (Schönbohm 2014a). Man erkennt deutliche Unterschiede in der Reife der unterschiedlichen Einheiten, was natürlich vor allem auf das in Abschn. 15.4.5 beschriebene schrittweise Ausrollen der Aktivitäten zurückzuführen ist. Man erkennt auch, dass der Reifegrad einzelner Anwendungsfälle (Use cases) bereits die Stufe 2 erreicht hat. Eines dieser Beispiele wurde in Abschn. 15.2.3 erläutert.

15.4.6   Optimierung der ESN-Plattform

Auch wenn – wie gezeigt – der Enterprise 2.0 und Social Business-Ansatz weit über die Einführung und Nutzung eines ESN hinausgeht, sollte dennoch nicht unterschätzt werden, welche große Rolle eine gute Funktionalität, Usability und vor allem die saubere Integration der ESN-Plattform mit der übrigen IT-Landschaft darstellt. Man sollte sich immer vor Augen halten, dass man ja ein neues Werkzeug einführt, einen weiteren Informationskanal aufmacht und gleichzeitig von den Mitarbeitern erwartet, dass sie anders arbeiten sollen. Das sind relativ viele zeitgleiche Veränderungen, die schon von sich aus nicht überall zu Begeisterung führen werden. Kommt dann noch eine umständliche oder ungewohnte Bedienung des ESN-Tools dazu, keine Durchgängigkeit der Daten zwischen ESN und der bestehenden IT, oder erheblicher Mehraufwand, weil die Nutzung nicht intuitiv möglich ist, dann wird die Bereitschaft, sich mit dem neuen ESN auseinanderzusetzen, schnell gegen Null gehen. Die Nutzererfahrung (UX) muss bestmöglich gestaltet werden, ohne dass aufwändige Schulungsprogramme oder dicke Bedienungsanleitungen erforderlich werden.

Aus der Erfahrung der konzernweiten Einführung von IBM Connections bei Bosch mit deutlich über 250.000 Nutzern lassen sich ein paar wichtige Kernaspekte ableiten, die im Vorfeld betrachtet und in die Gesamtkalkulation des (IT-)Aufwands einfließen sollten.

15.4.6.1   Mobilzugriff aus dem Internet und Mobile Apps

Der Zugriff auf das ESN aus dem Internet ist eine elementar wichtige Funktionalität, die von Anfang an bereitgestellt werden sollte. Insbesondere für Führungskräfte, die oft sehr viel unterwegs sind, ist dies ein absolutes Muss. Aber auch vor dem Hintergrund, dass sich Konzepte mobilen Arbeitens mehr und mehr durchsetzen, sollte ein Zugriff auf das ESN von außen grundsätzlich gewährleistet sein. Hierbei können allerdings Anforderungen an die Zugriffs- und Datensicherheit, insbesondere bei SmartPhones, einen erheblichen Aufwand verursachen, denn ESN liegen typischerweise in inneren, oft durch mehrere Firewall-Stufen abgesicherten IT-Strukturen, die meist keinen einfachen Zugang von außen haben.

15.4.6.2   Integration des ESN in die bestehende IT-Landschaft

Hier sei an erster Stelle eine möglichst nahtlose Verknüpfung – es muss nicht immer eine echte *Integration* sein – mit etablierten Applikationen wie den in vielen Firmen eingesetzten **Office-Paketen** oder auch gängigen **Projektmanagement**-Tools genannt. Das dokumentenzentrierte Arbeiten mit File Shares, Portalen u. ä. hat sich über viele Jahre als Standard etabliert. Von der Philosophie her sind ESN aber eher personenzentrierte Systeme, bei denen es weniger darauf ankommt, *wo* etwas abgelegt ist, sondern *wer* welchen Content produziert hat und mit wem in Verbindung steht. Diese beiden Welten geeignet zusammenzubringen, sollte Teil einer ESN-Einführungsstrategie sein.

Workflow-Systeme: in jedem Unternehmen gibt es zahlreiche standardisierte Arbeitsprozesse, die über entsprechende IT-Systeme abgebildet werden. ESN-Plattformen haben
in der Regel allerdings nur äußerst beschränkte Möglichkeiten, Arbeits- oder Wert-
ströme abzubilden, was eine echte Einschränkung ist, denn in vielen Use Cases folgt auf
Kommunikation und Kreativität irgendwann der Übergang in die wertstromorientierte
Abarbeitung.

Ein Beispiel aus dem Anwendungsfeld **Ideenmanagement**, das bei Bosch sehr erfolgreich realisiert wurde, ist die Kopplung von IBM® Connections mit dem Innovationsma-
nagement-Tool *Hype*[7]. Dabei muss man sich die Integration so vorstellen, dass die beiden
IT-Systeme zwar über die API[8]-Schnittstellen eng miteinander kommunizieren und Daten
synchronisieren, der Nutzer durch eine entsprechend angepasste Oberfläche aber kaum
merkt, in welchem Werkzeug er sich gerade befindet (seamless integration).

Stichwort **E-Mails**: in den frühen Jahren der Enterprise 2.0-Diskussion war eines der
großen Werteversprechen, dass das Arbeiten in vernetzten Strukturen wie Communities
die E-Mail komplett überflüssig machen würde. Heute zeigt sich, dass diese Annahme
wohl eher unrealistisch war, denn unverändert gibt es viele Anwendungsfälle, in denen
eine Push-Nachricht an einen bestimmten Verteilerkreis immer noch die beste Möglichkeit ist. Die Popularität von *Instant Messaging*[9]-Apps wie WhatsApp oder WeChat[10] zeigt
dies sehr deutlich. Daher sollte bei einer ESN-Einführung darauf geachtet werden, dass
entweder eine geeignete Schnittstelle zu klassischen E-Mail Systemen wie MS Outlook
besteht und/oder aber eine **Instant Messaging**-Funktion enthalten ist.

Intranet: hier besteht eine ähnliche Situation wie bei E-Mails. Anders als manch einer
früher glaubte, hat aus heutiger Sicht das Intranet als Plattform für „offizielle" Push-Nach-
richten und -Informationen unverändert seine Daseinsberechtigung. Sicherlich sinnvoll
– und so wurde es bei Bosch auch realisiert – ist dessen Erweiterung um „social" Features
wie das Kommentieren, Bloggen oder Liken. Ideal aus Sicht vieler Nutzer ist die Integration des Intranets in eine konfigurierbare Nutzeroberfläche, die sowohl den Zugang zu
den wichtigsten Applikationen, die der Betreffende für seine persönliche Arbeit benötigt,
als auch einen Datenaustausch zwischen diesen Systemen, ermöglicht.

Eine gute Integration von ESN in die bestehende IT-Umgebung ist ein sehr wichtiger
Erfolgsfaktor für eine hohe Akzeptanz der Nutzer. Doch Vorsicht: häufig liegen völlig
unterschiedliche IT-Architekturen hinter den jeweiligen Werkzeugen, die eine kostenseitig
vernünftige Integration erschweren oder gar unmöglich machen können. Daher gehört die
Entwicklung einer **IT-Strategie und -Roadmap** unter Berücksichtigung von UX-Aspek-

---

[7] HYPE Innovation ist ein Hersteller von Software für Ideen- und Innovationsmanagement.

[8] API: Application Programming Interface – Schnittstelle zur Anwendungsprogrammierung.

[9] Instant Messaging: Kommunikationsmethode, bei der sich zwei oder mehr Teilnehmer per Text-
nachrichten im Push-Verfahren unterhalten (chatten).

[10] WeChat: Chat-Dienst für Smartphones, veröffentlicht 2011 von der chin. Firma Tencent.

ten und mit Einbindung unterschiedlichster Nutzergruppen unbedingt in die frühen Phasen einer E2.0-Strategie.

15.4.6.3 Öffnung der ESN nach außen

Wir haben bisher vor allem über die Nutzung von ESN im firmeninternen Kontext gesprochen. Wie in Abschn. 15.3.2 dargelegt, bestehen aber nicht nur intern große Potenziale, sondern vor allem auch in der durchgängigen Vernetzung zwischen innen und außen, zwischen den internen Experten und den externen Stakeholdern wie Kunden, Dienstleistern und anderen Geschäftspartnern (Schönbohm und Gabriel 2013). Wenn die Enterprise 2.0-Strategie vorsieht, auch den Schritt nach draußen zu gehen, und eine Verknüpfung der externen und internen Netzwerke angestrebt ist, dann sollte die ESN-Plattform umso sorgfältiger ausgewählt werden. Denn nicht jedes Tool bietet die dafür benötigte, erheblich erweiterte Rechte- und Zugriffsverwaltung. Zusätzlich bestehen auch hier die vorher schon aufgezeigten technologischen Herausforderungen unterschiedlicher IT-Architekturen: Kunden-Communities, E-Shops, Extranets und ähnliche nach außen gerichtete Werkzeuge laufen häufig auf eigenen Plattformen. Diese gilt es dann geeignet mit dem ESN zu verknüpfen – eine nicht ganz einfache Aufgabe, die im Rahmen der E2.0-Strategie sorgfältig geplant werden muss.

15.5 Verknüpfung mit der Geschäfts-Strategie

Die Frage nach der Strategie ist eine äußerst interessante und zuweilen auch recht schwierige, denn sie beinhaltet viele grundsätzliche Fragestellungen, die zum Teil nur auf Konzernebene beantwortet können, und zum Teil sinnvollerweise den operativen Einheiten vorbehalten bleiben sollten. Es gilt, eine Balance zu finden zwischen hoheitlich (top-down) und dezentral (bottom-up).

15.5.1 E2.0-Konzernstrategie

Aspekte einer Enterprise 2.0-Strategie, die nur gesamthaft, sprich für den **Konzern**, adressiert werden sollten, um entsprechende Synergien zu heben und Reibungsverluste von vornherein zu minimieren, betreffen vor allem

- die Art der angestrebten Vernetzung (intern, extern oder durchgängig)
- die Formulierung und Verabschiedung verbindlicher (SocBiz)-Prinzipien und Prozesse
- die Nominierung und Rolle der funktionalen Stakeholder (z. B. HR) einer E2.0-Transformation
- die Auswahl und das Mandat des E2.0-Themeneigners (Product Owner) auf Board-Ebene
- die Auswahl, Funktionalität und Reichweite der ESN-Plattform
- die IT-Architektur der Einbindung der ESN-Plattform

- den Rollout im globalen Kontext über Geschäftseinheiten, Regionalorganisationen und Werke
- den Aufbau und die Umsetzung von Qualifizierungs- und Trainingsprogrammen
- alle Fragestellungen, die mit dem Außenauftritt des Unternehmens und seiner Marke(n) zusammenhängen
- alle Fragestellungen, die in den Verantwortungsbereich von Bereichen mit hoheitlichen Aufgaben fallen, z. B. Unternehmenskommunikation, IT oder Sales und Marketing
- alle übrigen Konzepte (z. B. Reifegradmodelle), bei denen Durchgängigkeit und Vergleichbarkeit erwünscht und sinnvoll ist

15.5.2 (Social) Business-Strategie

Ist der grundsätzliche Rahmen über Vision, Mission und die E2.0-Konzernstrategie gesteckt, dann gilt es, eine Verknüpfung zwischen den Geschäftsstrategien der verschiedenen operativen Einheiten und E2.0 zu schaffen. Das hört sich vielleicht abstrakter an, als es wirklich ist.

Konkret geht es darum, ähnlich wie bei den Use Cases der frühen Experimentierphase, nun zu ermitteln, mit welchen Vorgehensweisen, Methoden und Werkzeugen aus dem E2.0-Konzeptbaukasten Aspekte des laufenden Geschäfts verbessert werden können. Diese Diskussion sollte am Anfang der **Adoptionsphase** stehen, denn eine verabschiedete *und* sauber kommunizierte Social Business-Strategie gibt Betroffenen wie Beteiligten die für den Change erforderliche Orientierung (Abb. 15.13).

Die Anwendungsfelder von Social Business sind weitreichend, von schnellen Verbesserungen im Tagesgeschäft, die ohne großen Aufwand erreicht werden können, bis hin zur

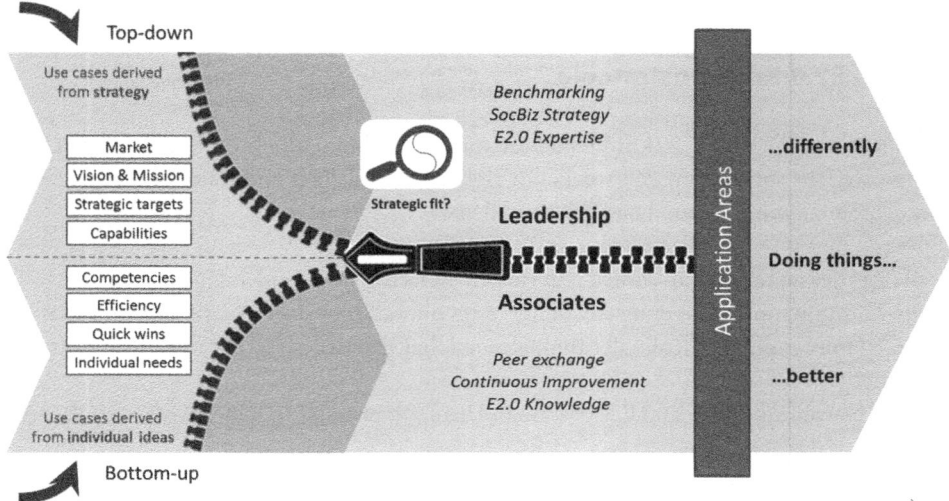

Abb. 15.13 Social Business-Strategieprozess in den Geschäftseinheiten (Bosch 2014)

kompletten Neugestaltung von Kommunikations- und Arbeitsprozessen. Während erste-
re häufig bottom-up aus der Belegschaft kommen oder einfach sowieso bekannt sind,
sind die größeren Veränderungsthemen meist Ergebnis eines Strategie- und Meinungsbil-
dungsprozesses auf Ebene der Leitung oder des Vorstands. Allerdings gibt es auch Felder,
die wenig oder gar nicht von E2.0-Konzepten profitieren. Dies ist meistens dann der Fall,
wenn die Kommunikation in diesen Bereichen ohnehin im persönlichen Kontext stattfindet (zum Beispiel, wenn ein Projektteam auf einer Fläche räumlich zusammensitzt), oder
aber Arbeitsabläufe sehr strikt vorgegeben und weitgehend standardisiert sind bzw. wenig
Spielraum oder Notwendigkeit für verbesserte Transparenz besteht (Abb. 15.14).

Genau diese Aspekte abzuwägen und Folgeaktivitäten entsprechend zu priorisieren, zu
monitoren und ggf. neu zu überdenken, ist Aufgabe der **Social Business-Strategiearbeit**,
die idealerweise kontinuierlich stattfindet und nicht nur einmal im Jahr. Bei der Entwicklung einer Social Business-Strategie ist es sinnvoll, Fachleute aus verschiedenen Frak-
tionen und E2.0-Experten zum Beispiel über Workshops zusammenzubringen, damit die
unterschiedlichen Wissensstände angeglichen werden und in der Folge ein gemeinsames
Bild entstehen kann. Bewährt hat sich zudem, bei der internen Vernetzung über die bestehenden Arbeitsprozesse zu starten, diese im Detail unter die Lupe zu nehmen, um dann

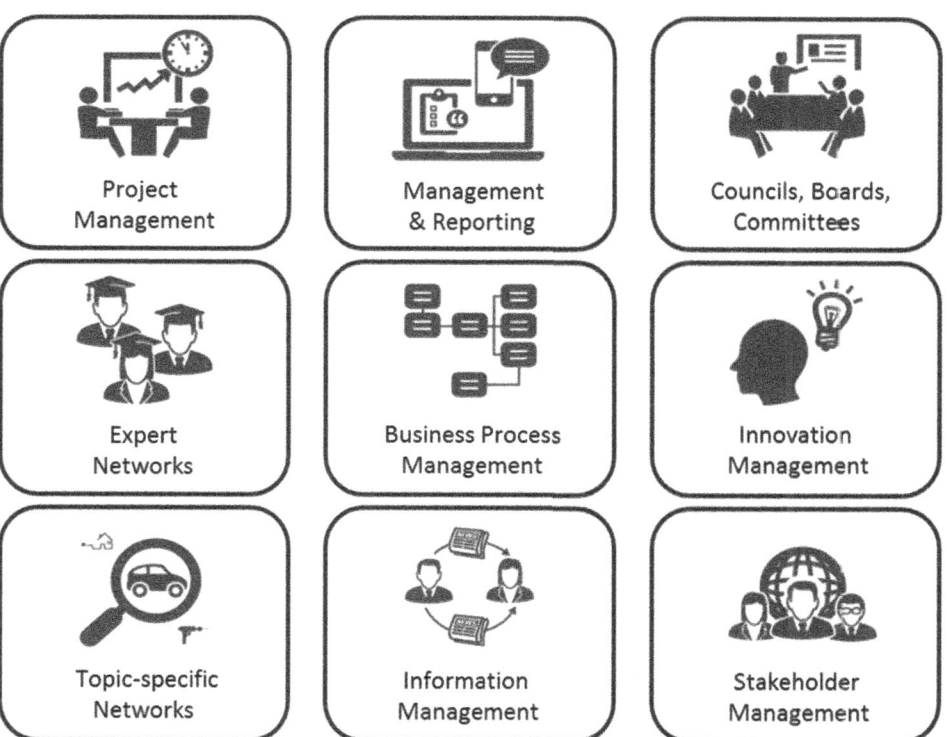

Abb. 15.14 Typische Anwendungsfelder von Social Business

entlang dieser Prozesse zu prüfen, an welcher Stelle E2.0-Ansätze einen Mehrwert bringen. Das grundsätzliche Vorgehen ist mit der bekannten Wertstromanalyse[11] vergleichbar.

Bei der externen oder durchgängigen Vernetzung kommen noch weitere Aspekte aus Kunden- und Marktsicht hinzu. Hier empfiehlt es sich, von „außen" zu starten, beispielsweise mit Fragestellungen des Marketing, der Markenführung, des Kundenkontakt-Managements und des E-Commerce. Da die Behandlung dieser Felder den Rahmen dieses Beitrags sprengen würden, können sie hier nicht betrachtet werden.

Da Strategieentwicklung und -implementierung immer noch weitgehend Chefsache ist, und die aktive Mitarbeit der Führungskräfte auch für Veränderungsprozesse dringend erforderlich ist, haben wir bei Bosch spezielle Werkzeuge und Vorgehensweisen entwickelt, die es Führungskräften erleichtert, diesen Prozess zu gestalten: von dem bereits in Abschn. 15.4.2 erwähnten **Social Business Atlas**, über **Case Studies, Social Business Libraries** und organisationsübergreifenden **Communities** bis hin zur persönlichen Betreuung und **Prozessbegleitung** durch speziell ausgebildete **interne Consultants** und **Ambassadoren**[12] in einem weltweiten Netzwerk.

Um den persönlichen Austausch und die Vernetzung zu fördern, finden bei Bosch darüber hinaus jedes Jahr einige **Social Business-Konferenzen** in verschiedenen Teilen der Welt statt, meist in der Nähe der regionalen Konzernzentralen. Ziel dieser Konferenzen, deren Teilnehmerzahlen in den letzten Jahren stark angestiegen sind, ist zum einen die Vorstellung von Praxiserfahrungen aus den unterschiedlichen Bereichen der Organisation. Zum anderen sind diese Veranstaltungen sehr gute Plattformen für das E2.0-Zentralprojekt, um über neue Entwicklungen und Erkenntnisse zu informieren und gleichzeitig in den direkten Dialog mit den Geschäftseinheiten zu gehen.

15.6   Der nächste Schritt: das „agile" Unternehmen

In den vergangenen Kapiteln wurde dargelegt, dass der Weg in ein hochvernetztes Unternehmen neben der Einführung entsprechender ESN-Werkzeuge vor allem über die konsequente Anwendung der Social Business-Prinzipien und einer ganzheitlichen, strategiegeleiteten Weiterentwicklung der Organisation unter aktiver Beteiligung der Führungskräfte und Mitarbeiter führt. Es kann gar nicht oft genug wiederholt werden, dass dies ein langfristiges Unterfangen ist, welches ein hohes Maß an Energie und Veränderungswillen erfordert, soll der Wandel nachhaltig und ergebnisrelevant sein.

Früher oder später kommt man dabei unweigerlich zu der Frage, inwieweit auch die organisatorische Aufbau- und Ablauforganisation an sich davon betroffen sein könnte. Dave

---

[11] Wertstromanalyse: Methode zur Verbesserung der Prozessführung in Produktion u. Dienstleistung.

[12] Ambassadoren sind „Botschafter" auf Experten-Ebene, die neuen Anwendern als Ansprechpartner zur Verfügung stehen. Bei Bosch umfasst das Ambassadoren-Netzwerk mehrere hundert Mitarbeiter weltweit.

Gray beschreibt dies sehr eindrucksvoll in seinem Buch „The Connected Company" (Gray und Vander 2012). Er schildert dort anhand vieler Beispiele, wie Unternehmen sich aufstellen, um agiler und flexibler den Herausforderungen der Digitalisierung und der fortlaufend zunehmenden Marktdynamik zu begegnen. Auch andere aktuelle Management-Literatur wie John P. Kotter's „Accelerate!" (Kotter 2012) oder Jacob Morgan's „The Collaborative Organization" (Morgan 2011), geht diesen strategischen Überlegungen nach.

Dabei geht es im Prinzip immer um dieselbe Fragestellung: wie kann die Stärke hocheffizienter, prozessorientierter Unternehmen und gewachsener, hierarchischer Strukturen kombiniert werden mit der Flexibilität, Anpassungsfähigkeit und Kreativität flacher, netzwerkartiger Einheiten, wie sie zum Beispiel Startups aufweisen?

Denn eines ist klar: einfach zusammenfügen lässt sich das nicht, Anforderungen und Arbeitsmodi unterschieden sich erheblich. Auch wir haben gelernt, dass z. B. Ausgründungen, die mal als kleine Einheit im Startup-Modus gestartet wurden, über kurz oder lang, wenn sie erfolgreich sind und wachsen, mit ähnlichen Herausforderungen konfrontiert werden wie große Unternehmen: es braucht Strukturen und Arbeitsteilung, Governance und Standards, Prozesse und deren Optimierung. Alles Themen, die wichtig sind, um die Produktivität und Wettbewerbsfähigkeit zu sichern, solange – und das ist der entscheidende Punkt – sich die Kunden- bzw. Marktanforderungen nur im vorhersehbaren und damit planbaren Rahmen ändern. Das war viele Jahrzehnte so und hat viele Unternehmen weltweit erfolgreich gemacht.

Mit dem Siegeszug der weltweiten Vernetzung über das Internet hat sich das innerhalb kürzester Zeit drastisch verändert. **VUCA** ist der neue Begriff, der Führungsetagen in aller Welt umtreibt. VUCA steht für Volatility, Uncertainty, Complexity, Ambiguity – Eigenschaften also, mit denen sich recht treffend das derzeitige und wohl auch zukünftige wirtschaftliche Umfeld beschreiben lässt. Disruptive Geschäftsmodelle, die binnen kürzester Zeit über Jahrzehnte etablierte Branchen bedrohen und Marktanteile rauben. Startups wie Uber, Airbnb oder auch Zalando sind nur Beispiele dafür, wie das Internet und die weltweite Vernetzung die Grundlage für neue Geschäfte darstellt und damit die etablierten Geschäftsmodelle bedroht oder gar zerstört. Denn im Kern geht es immer um dasselbe: Anbieterleistung und Abnehmerwunsch zusammen zu bringen, möglichst schnell, unkompliziert und kostengünstig.

Um dem dauerhaft gerecht zu werden, reicht es nicht aus, mehr vom Gleichen zu tun. Vielmehr erfordert es, Arbeitsprozesse, Aufbau- und Ablauforganisationen, Standards und Regelungen, sowie die Rolle von Führung und Mitarbeitern kontinuierlich zu hinterfragen und, wo nötig, anzupassen. Also genau die Enabling-Cluster, in denen das E2.0-Projekt von Anfang an unterwegs war.

Um diese Herausforderungen zu adressieren, braucht es nicht nur ein einzelnes Veränderungsprojekt, sondern eine orchestrierte „Guiding Coalition" aller beteiligten Stakeholder, die, ausgerichtet an der Geschäftsstrategie, gesamthaft die Voraussetzungen für ein vernetztes, agiles Unternehmen schaffen und die jeweils notwendigen Anpassungen in ihren Bereichen voranbringen. Aus heutiger Sicht läuft dieser Ansatz auf eine Organisation hinaus, die beides kann: wie ein Startup in kleinen, innovativen Teams mit hoher

Geschwindigkeit und Effektivität neues Geschäft entwickeln ohne dabei aber die Stärken des gewachsenen Konzerns aufzugeben.

Bei Bosch begann Anfang 2014 die zweite Phase der Vernetzung: das Experimentieren mit kleinen, agilen Einheiten, die wie Startups arbeiten dürfen, aber trotzdem im Gesamt-rahmen des Konzerns eingebettet bleiben (Schönbohm 2014a). Knapp 25 agile Pilotein-heiten, organisationsübergreifend und interdisziplinär besetzt mit typischerweise nicht mehr als 25 Mitgliedern wurden über ein knappes Jahr beobachtet, um herauszuarbeiten, was diese Teams erfolgreich macht, aber auch, was sie bremst und welche Hürden sie im Zusammenspiel mit der etablierten Linienorganisation erfahren. Die Erkenntnis aus der Pilotierung zeigte deutlich, dass die Einführung von ESN zwar notwendig, bei weitem aber nicht hinreichend ist für den Wandel in ein vernetztes, agiles Unternehmen. In der Nachfolge des bisherigen E2.0-Projekts wird nun auf Konzernebene im Zusammenspiel mit anderen Zentraleinheiten erarbeitet, was ein agiles Unternehmen im digitalen Zeitalter kennzeichnet und welcher Wandel dafür bei Bosch erforderlich ist.

Web 2.0, Enterprise 2.0, Social Business sind allesamt Begriffe, die zwar nur eine kur-ze Halbwertszeit hatten, andererseits jedoch schön aufzeigen, wie die inhaltliche Entwick-lung in den letzten Jahren war: von der Fokussierung auf die Tools (Web 2.0), über deren Einsatz im Unternehmen (E2.0), hin zu dem Versuch, zu beschreiben, wie man damit sein Geschäft gestalten kann (Social Business).

Immer geht es dabei darum, die notwendigen Veränderungen im Unternehmen, die die zunehmende Digitalisierung unserer Welt erfordern, zügig und kreativ mit Engagement und Mut voranzutreiben, was nach Überzeugung des Autors nur gelingen kann mit einer gemeinsamen Vision, einer starken Unterstützung des Top-Managements und in einer partnerschaftlichen Zusammenarbeit der Menschen, die diese Veränderung aus Überzeu-gung, Leidenschaft und Freude am Thema tragen.

15.7   Fazit

Enterprise Social Networks (ESN) spielen eine zunehmend zentrale Rolle in der Ver-netzung insbesondere global verteilter und agierender Konzerne. Während sie firmen-intern vor allem dazu beitragen, die Effizienz und Kreativität der Zusammenarbeit der Mitarbeiter zu steigern, führt ihre Ausdehnung auf externe Stakeholder wie Kunden und Lieferanten zu einer durchgängigen kommunikativen Vernetzung mit weiteren Potenzia-len für das Geschäft, zum Beispiel über die Einbindung der Kunden in das eigene Wert-schöpfungsnetzwerk. Dabei ist nicht zu unterschätzen, dass eine veränderte Kommunika-tion und Kollaboration in Netzwerkstrukturen ganz erhebliche Auswirkungen auf andere Felder hat, soll sie das volle Potenzial entfalten. Besonders betroffen sind die Bereiche der Governance und Regularien, der Geschäftsprozesse, der IT, der Organisation und vor allem der Führung und Firmenkultur. Gerade letztere werden in ihrer Bedeutung für den notwendigen Wandel sehr häufig unterschätzt. Vor dem Hintergrund einer zunehmenden Volatilität und Dynamisierung des globalen wirtschaftlichen Umfelds liegt allerdings genau hier der Schlüssel für die kontinuierliche und nachhaltige Weiterentwicklung in eine agile, vernetzte Organisation.

Literatur

Gray, D., und T. Vander Val. 2012. *The connected company*. USA: O'Reilly Media Inc.

Hinchcliffe, D., und P. Kim. 2012, Mai. *Social business by design*. 1. Aufl. Jossey Bass

Kotter, John P. 2012. Accelerate! *Harvard Business Review (HBR)*, Nov 2012 issue.

McAfee, Andrew P. 2006. Enterprise 2.0: The dawn of emergent collaboration. *MIT Sloan Management Review* 47 (3): 21–28.

Morgan, J. 2011, Juli 1. *The collaborative organization*. New York: McGraw-Hill Publ.

Schönbohm, R. 2012a. Organization of the Digital Workplace – How to become a fully networked enterprise. Wirtschaftswoche Konferenz: Enterprise Collaboration & Communication. Frankfurt a. M. November 2012.

Schönbohm, R. 2012b. The Bosch way to Enterprise 2.0 – Requirements for Organizational Development. IOM-Summit 2012 Konferenz: Herausforderungen und Lösungen für die Gestaltung der digitalen Arbeitsumgebung der Zukunft, Köln. Juni 2012.

Schönbohm, R. 2014a. Highly connected, highly agile – Our way to become an Enterprise 2.0. Konferenz HR Tech Europe, Amsterdam. Niederlande, Oktober 2014.

Schönbohm, R. 2014b. Social Business @ Bosch. Enterprise 2.0 Summit Paris, Frankreich, Februar 2014.

Schönbohm, R., und J. Gabriel. 2013. Beyond the Intranet – How to shape the future digital workplace in an Enterprise 2.0. Intranet Reloaded Konferenz, Berlin. April 2013.

Dipl.-Ing. Rüdiger Schönbohm   begann seine berufliche Laufbahn 1992 als Entwicklungsingenieur bei der Bosch-Siemens Hausgeräte GmbH in Berlin. Nach weiteren Stationen in der Vorentwicklung und Qualitätssicherung wechselte er 1996 zur Robert Bosch GmbH und begleitete dort verschiedene Führungspositionen in Entwicklung und Technischem Vertrieb des Geschäftsbereichs *Automotive Electronics*, bevor er 2005 als Bereichsleiter in die Zentrale Organisationsentwicklung der Bosch-Gruppe eintrat. Er initiierte dort 2009 das globale „Enterprise 2.0"-Programm, bevor er 2011 als Chief Digital Officer (CDO) in den Geschäftsbereich *Automotive Aftermarket* wechselte. Im April 2013 übernahm er im Auftrag der Geschäftsführung die Leitung des Bosch-Konzernprojekts „Enabling E2.0". Seit Dezember 2015 ist Herr Schönbohm als freiberuflicher Unternehmens- und Organisationsberater im Themenfeld „Digitale Transformation" tätig.

Teil IV

Unternehmensprofile von ESN-Software-Anbietern

Unternehmensprofile von ESN-Software-Anbietern

16

Markus Besch

Inhaltsverzeichnis

M. Besch (✉)
SocialMedia Institute, Nürtingen, Deutschland
E-Mail: mbesch@socialmedia-institute.com

© Springer Fachmedien Wiesbaden 2016
A. Rossmann et al. (Hrsg.), *Enterprise Social Networks,*
DOI 10.1007/978-3-658-12652-0_16

Zusammenfassung

In dieser gemeinsamen Arbeit des Research Lab for Digital Business der Hochschule Reutlingen und des SocialMedia Institutes wurde versucht, die Abdeckung unterschiedlicher Funktionsbereiche von ESN Plattformen abzufragen und gleichzeitig mögliche Zielgruppen und Schwerpunkte der Plattformen herauszuarbeiten.

Ziel war es, in einer tabellarischen Aufstellung die Funktionen der Plattformen ohne Wertung gegenüberzustellen und damit eine Entscheidungsgrundlage für Unternehmen für den Auswahlprozess der ESN zu liefern. Ebenso dient die gewonnene Übersicht natürlich dem Marktüberblick für Anwender, Berater und die Anbieter selbst. Ausschnitte aus der Tabelle finden Sie hier zusammen mit den Unternehmensprofilen der Anbieter, die sich an der Studie beteiligt haben.

Für das Vertrauen der Anbieter und die allseitige Unterstützung, die uns entgegengebracht wurde, bedanken wir uns.

Eine komplette und ausführliche tabellarische Darstellung der Ergebnisse sowie weitere Begleitmaterialien und weitere Ausarbeitungen zum Themenbereich ESN finden Sie unter dem Weblink http://esn-studie.de

Als Besitzer dieses Buches haben Sie kostenfreien Zugang zu der ausführlichen Tabelle und Profilen mit dem Zugangscode ABX24R7T4.

Gern hören wir auf Ihr Feedback und sind an Ihren Erfahrungen bei Nutzung der Studienergebnisse interessiert, insbesondere bei der Auswahl und Einführung von ESN Plattformen und natürlich gern auch aus Ihrem Erfahrungsschatz des laufenden Betriebs.

Alle Angaben in der nachfolgenden Tabelle beziehen sich auf Aussagen der jeweiligen Anbieter. Die Angaben wurden bestmöglich plausibilisiert, eine Haftung für deren Richtigkeit durch den Herausgeber der Studie ist aber ausgeschlossen.

Schlüsselwörter

ESN · ESN-Plattform · ESN-Toolkit · Enterprise Social Networks · ESN-Studie

16.1 Broadvision

BroadVisions Lösungen für Kommunikation, Zusammenarbeit und Business Prozesse ermöglichen effizienteres und sichereres Arbeiten und unterstützen damit die gezielte Erreichung des geschäftlichen Erfolgs. Mit einem effektiven Werkzeug zur Vereinheitlichung der Kommunikation und Zusammenarbeit soll das Unternehmen produktiver, organisierter und transparenter werden. Lösungen von BroadVision helfen Firmen weltweit, ihre Kommunikation zu optimieren, ihr intellektuelles Eigentum zu schützen, Beschäftigte effektiver einzusetzen und letztlich damit den Dienst an ihren Kunden persönlicher zu gestalten. Die erprobten Werkzeuge von BroadVision sparen Zeit und schaffen – unter Einbindung der vorhandenen Unternehmenssysteme – eine neue Ebene der Transparenz und Verantwortlichkeit, die herkömmliche Methoden wie E-Mail nicht zu erreichen in der Lage sind.

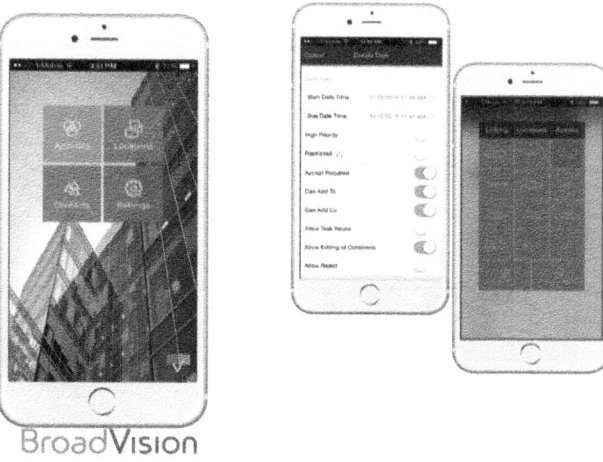

Abb. 16.1 Vmoso Screens. (Broadvision)

16.1.1   Vmoso

Vmoso ist eine sichere Echtzeitlösung für die Geschäftskommunikation und Zusammenarbeit in agilen Unternehmen mit „Mobility, Collaboration und Workflow" Anforderungen,
um die Produktivität des Einzelnen und des Unternehmens zu optimieren. Vmoso bündelt
E-Mail, Instant Messaging, Sozial Netzwerk, Content Sharing und Workflow in einer e
integrierten Lösung, die Zeit spart und doppelte Arbeit verhindert, die mehrere fragmentiert
Werkzeuge verursachen. Die Lösung kann aus der Cloud, dem eigenen Rechenzentrum oder
in einer Hybrid Implementierung genutzt werden, unter Berücksichtigung aller geforderten
Sicherheitsvorgaben. Länderspezifische Cloud Lösungen werden angeboten (Abb. 16.1).

16.1.2   Referenzen

- City of Tilburg
- T-Systems Digital Division
- SoftBank
- National Health Service UK
- Barnet Group (Abb. 16.2)
- Document Future
- NTT

16.1.3   Kontaktdaten

BroadVision GmbH
  Feringastrasse 6
  85774 Unterfoehring

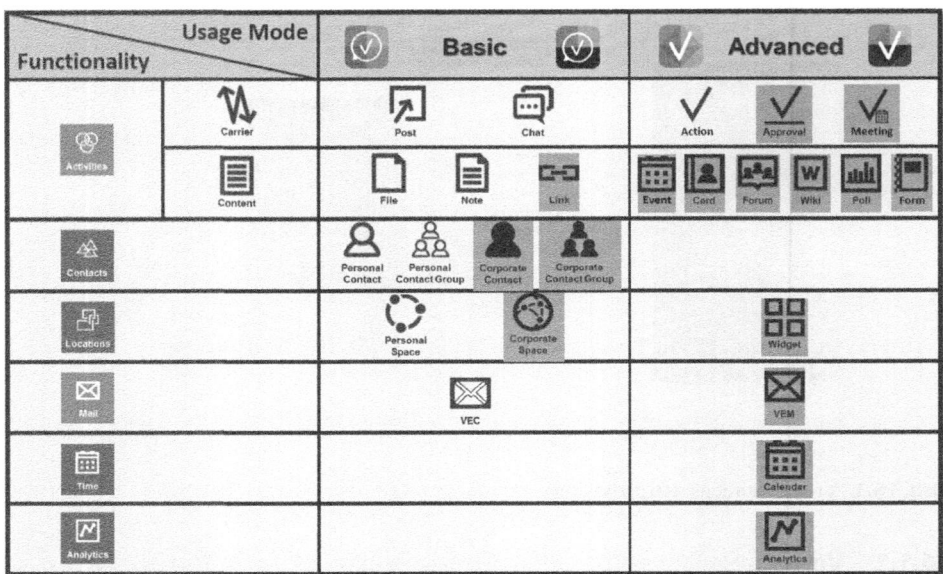

Abb. 16.2 Functionality Matrix. (Broadvision)

Ansprechpartner
Michael Drescher
michael.drescher@broadvison.com
Tel: +41794012442

16.2 IBM

Vor über 100 Jahren gegründet hat sich die IBM in dieser Zeit immer wieder neu definiert und ist durch Innovationen, die weit über Technologie hinausgehen, zu einer der stärksten Marken der Welt aufgestiegen. Innovation bildet dabei den Kern der IBM Strategie. Das Lösungsportfolio bietet ein breites Spektrum von Consulting-, Cloud- und IT-Services über die zugehörigen intelligenten IT-Infrastrukturen aus Software und Hardware sowie Finanzierung. Für Unternehmen aller Größen wird die IT zu einem zentralen Element, um die Transformation ihrer Geschäftsmodelle voranzutreiben und die Chancen durch die zunehmende Globalisierung der Märkte erfolgreich zu nutzen.

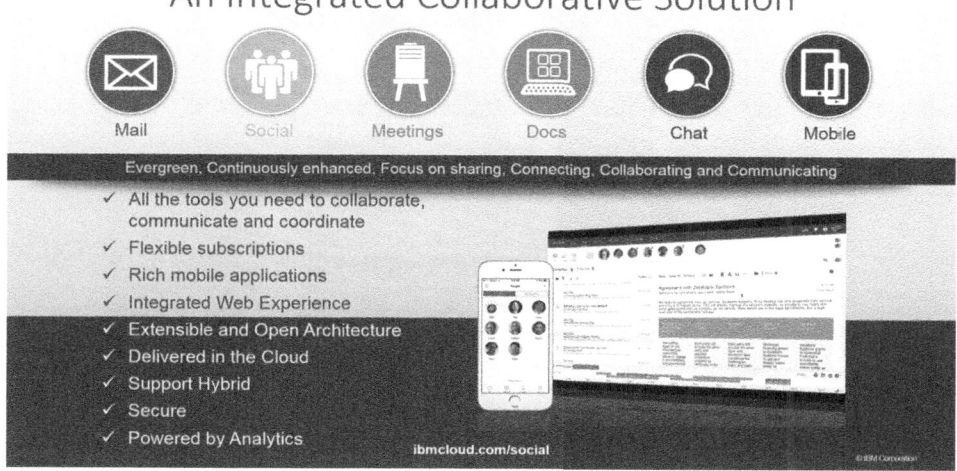

Abb. 16.3   Zu Collaboration anregen. (IBM)

IBM hat in 2015 die Cognitive Ära ausgerufen. Cognitive Computing beschreibt einen vollkommen neuen Ansatz der IT, der von Analytics, natürlicher Sprachverarbeitung und neuronalen Netzwerken bis hin zu traditionellem Machine Learning reicht. In der Ära des „Cognitive Business" gehen Unternehmen den nächsten Schritt in der Digitalisierung. IBM Watson und IBM Analytics, die auch in das Collaboration-Portfolio integriert sind liefern die technologischen Fundamente dafür. Allianzen mit Apple, Twitter oder Facebook begleiten den Weg zum „Cognitive Business".

Die IBM ist entlang der Wertschöpfungskette nach vier Kernkompetenzen ausgerichtet (Abb. 16.3):

- Entwicklung & Forschung
- Vertrieb & Beratung
- Lösungen & Services
- Management & Business Support

16.2.1   IBM Connections

IBM Connections ist eine umfassende Social-Software-Plattform mit allen Funktionalitäten und Modulen sozialer Werkzeuge, auf deren Grundlage Ihr Unternehmen die richtigen Personen einbinden, Innovationen beschleunigen und Ergebnisse erzielen kann. Diese tief integrierte Plattform ermöglicht vereinfacht die Interaktion mit Mitarbeitern, Kunden und Geschäftspartnern im Kontext kritischer Geschäftsprozesse.

Abb. 16.4 The workspace just for you – on IBM Cloud. (IBM)

IBM Connections lässt sich vor Ort, auf hybride Weise und in der Cloud implementieren. Alle relevanten mobilen Plattformen werden direkt unterstützt. IBM Connections unterstützt Unternehmen wie folgt:

- Umfassende Nutzung von Methoden des sozialen Netzes im Unternehmenskontext. Mit Connections können Arbeits- und Kommunikationsformen des sozialen Netzes direkt bei allen Kundeninteraktionen in die Geschäftsprozesse integriert werden. Kein Rätselraten mehr. Umfangreiche Social-Analytics-Funktionalität fördert die Zusammenarbeit. Immer mehr Funktionen des kognitiven Systems IBM Watson werden integriert, um die tägliche Arbeit zu erleichtern.
- Nährboden für Kreativität. Mit sozialen Methoden arbeiten, heißt mobil arbeiten. IBM Connections stellt eine flexible, sichere Grundlage für eine umfassende BYOD-Strategie (Bring-your-own-device) dar.
- Kombination mit IBM Software und Anwendungen anderer Anbieter. So können Anwender die Social-Business-Plattform Ihres Unternehmens erweitern.
- Kombination mit Microsoft-Anwendungen. Dazu gehören Microsoft SharePoint, Microsoft Windows Explorer, Microsoft Outlook und Microsoft Office (Abb. 16.4).

16.2.2 Referenzen

- Bosch
- Continental
- Vaude
- Rheinmetall
- Hamm Reno Group
- TÜV Rheinland
- Fresenius Medical Care

16.2.3 Kontaktdaten

IBM Deutschland GmbH
   IBM Allee 1
   71139 Ehningen
   Ansprechpartner
   Stefan Pfeiffer
   Stefan.Pfeiffer@de.ibm.com
   +49 7034 643 1233

16.3 Microsoft

Microsoft ist weltweit führender Hersteller von Standardsoftware, Services und Lösungen. Das Unternehmen hilft Menschen sowie Unternehmen aller Branchen und Größen ihr Potenzial voll zu entfalten. Sicherheit und Zuverlässigkeit, Innovation und Integration sowie Offenheit und Interoperabilität stehen bei der Entwicklung aller Microsoft-Produkte im Mittelpunkt. Die Microsoft Deutschland GmbH ist in Deutschland für das Marketing der Produkte und die Betreuung von Kunden und Partnern zuständig. Die Microsoft Deutschland GmbH kooperiert dazu mit rund 31.500 lokalen Partnerunternehmen. Microsoft hat sich zum Ziel gesetzt, nicht nur wirtschaftliche, sondern auch gesellschaftliche Verantwortung zu übernehmen. So leistet der Konzern auch einen Beitrag zum Wachstum und zur Entwicklung des Standorts Deutschlands.

16.3.1 Office 365 mit Yammer & SharePoint

Microsoft Deutschland treibt den Wandel von der Büro- zur Wissensarbeit voran und gestaltet aktiv mit, was inner- und außerhalb der Büros heute und morgen passiert. Die Veränderung der Arbeitswelt funktioniert aus Sicht von Microsoft über die Verbindung der Dimensionen Menschen, Technologie und Orte. So ist Office 365 u. a. mit Yammer und SharePoint (SharePoint auch on-premises oder im Hybridbetrieb mit Cloud verfügbar) für Microsoft der Weg, Unternehmen auf den digitalen Wandel vorzubereiten, ohne jemanden auf der Strecke oder in ungewohnten Fahrwassern zu lassen. Cloudlösungen und Yammer sind dabei zentrale Ausgangspunkte für erfolgreiche Teamarbeit (Abb. 16.5). Als das soziale Unternehmensnetzwerk hilft Yammer Teams, sich auszutauschen und agil zu bleiben. Das Kollaborationstool ermöglicht Unterhaltungen, gemeinsame Arbeit an Dokumenten und eine organisationsübergreifende gemeinsame Projektorganisation. Eine ef-

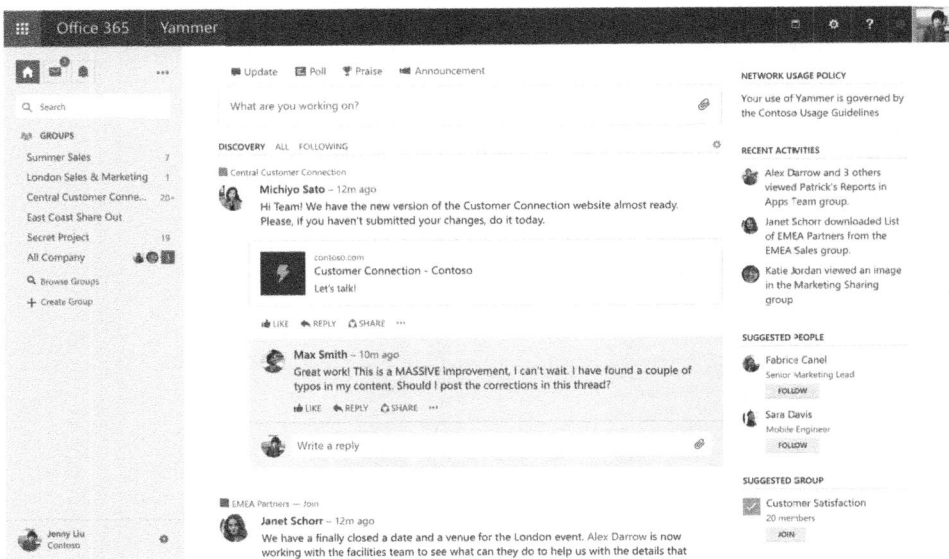

Abb. 16.5 Yammer Startseite

fiziente und schnelle Zusammenarbeit mit Partnern, Zulieferern und Kunden gelingt über externe Gruppen, die sich durch mobile Apps bedienen lassen.

Einerseits lässt sich Yammer mit Skype Meeting Broadcast verbinden, um während Präsentationen oder Vorträgen Fragen an große Audienzen zu stellen oder über Inhalte zu diskutieren, andererseits lassen sich Yammer Newsfeeds in SharePoint integrieren. Office 365 Video ist die zentrale Plattform für das Teilen von Videos im Unternehmen. Yammer ermöglicht es, sich über die Videos auszutauschen und den Produzenten Feedback zu geben. Wird Yammer in Dynamics CRM eingebettet, lassen sich Wissen und Verkaufsfortschritte über Leads und Kunden festhalten. So haben die relevanten Marketing-und Vertriebsteams auch Zugriff auf all die Unterhaltungen, die sonst außerhalb des CRM Tools laufen würden. Delve stellt nicht nur eine Suchmaschine für Dokumente auf OneDrive for Business dar, sondern enthält auch die Profile der Mitarbeiter, Blogs und die Integration von Yammer. So können Diskussionen angestoßen oder verfolgt und Dokumente geteilt werden. Delve stellt das zentrale personalisierte Dashboard dar, das die Inhalte von Office365 integriert und in Magazinform ansprechend visualisiert. In der Zukunft wird Yammer in Office 365 Groups integriert, die Teams bereits jetzt Email-Verteiler, Teamkalender, OneNote und Dokumentenbibliothek bereitstellen. Jeder Nutzer von Office 365 kann sich eine Gruppe als Self-Service auf Knopfdruck provisionieren und sie über den Browser, Outlook 2016 oder eine mobile App (Windows, iOS, Android) nutzen (Abb. 16.6).

Abb. 16.6 Teamarbeit. (Microsoft)

16.3.2   Referenzen

Aktuelle Referenzen sind hier zu finden: http://customers.microsoft.com/

16.3.3   Kontaktdaten

Microsoft Deutschland GmbH
   Konrad-Zuse-Straße 1
   85716 Unterschleißheim
   Ansprechpartner
   Caroline Rünger
   caroline.ruenger@microsoft.com
   Tel: + 49 89 3176 35 62
   www.microsoft.com/germany

16.4   mixxt

mixxt entwickelt Social Intranets und Extranets der nächsten Generation. Das Bonner Unternehmen ermöglicht es über eine Standardsoftware die Zusammenarbeit, das Wissensmanagement und Kommunikation in einem einzigen Tool zu bündeln. Im Büro, unterwegs, überall. Mit Kollegen, mit Kunden, mit Partnern. Bei mixxt erwartet Sie ein hoher Qualitätsanspruch hinsichtlich Technologie und Service. Wir leben nicht nur in der Welt der Social Media, wir leben und lieben auch die Prinzipien und Philosophien dieser modernen Art der Kommunikation! Ob für große Unternehmen, einzelne Abteilungen oder für Projektteams – mixxt fördert Vernetzung und Austausch und verbindet Menschen und Inhalte!

16.4.1   Tixxt

Der tixxt Collaboration Hub ist das perfekte Enterprise 2.0 Tool für effektive Zusammenarbeit. Unser Social Intranet schafft unnötige E-Mails ab und steigert die Effizienz Ihrer Kommunikation. Wo auch immer sich Ihre Mitarbeiter gerade aufhalten; dank tixxt sind sie immer auf dem Laufenden und ganz nah am Team (Abb. 16.7).

   Funktionen im Überblick

   Die Funktionen sind:

* Individuelle Apps
* Datenbanken, Listen
* Suchen & Finden
* Kalender, Events & Termine
* Dateiverwaltung
* Aufgabenverwaltung
* Arbeitsräume
* Soziales Netzwerk – intern & extern
* Kommunikation
* Intranet-Seiten
* Projektverwaltung & -Durchführung

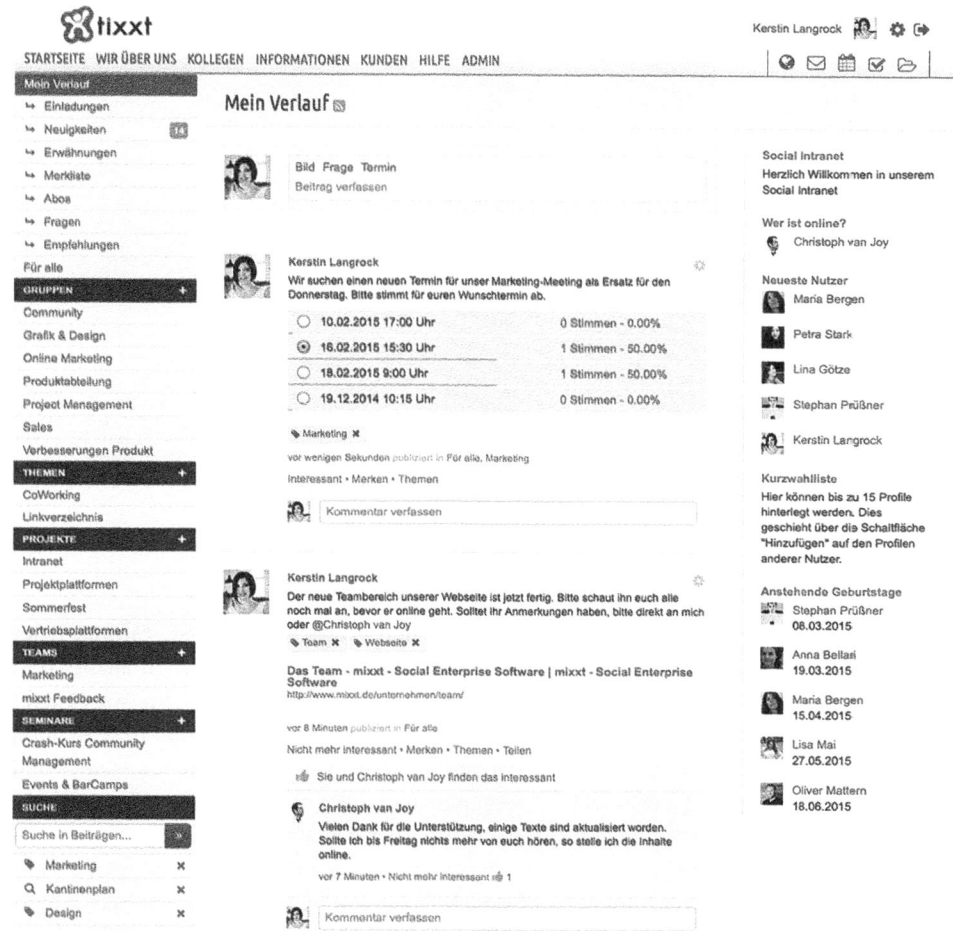

Abb. 16.7 tixxt Screenshot. (mixxt)

16.4.2   Referenzen

- Bitkom
- buw Holding AG
- Seat
- Senat der Wirtschaft
- nwb Verlag
- DIGITALEUROPE
- Deutscher Bundeswehrverband
- GdW Bundesverband deutscher Wohnungsunternehmen
- Bundesnetzwerk Bürgerschaftliches Engagement

16.4.3 Kontaktdaten

mixxt GmbH
   Adenauerallee 134
   D-53113 Bonn
   Ansprechpartner
   Oliver Überholz
   O.Ueberholz@mixxt.de
   +49 228 29979977 0
   http://www.mixxt.de

16.5 SAP

Als Marktführer für Unternehmensanwendungen unterstützt die SAP SE Firmen jeder Größe und Branche, ihr Geschäft profitabel zu betreiben, sich kontinuierlich anzupassen und nachhaltig zu wachsen. Vom Back Office bis zur Vorstandsetage, vom Warenlager bis ins Regal, vom Desktop bis hin zum mobilen Endgerät, on premise und in der Cloud – SAP® Lösungen und -Services vereinfachen Prozesse und versetzen Menschen und Organisationen in die Lage, effizienter zusammenzuarbeiten und Geschäftsinformationen effektiver zu nutzen. SAP befindet sich im Zentrum der gegenwärtigen Technologierevolution und entwickelt Innovationen, die nicht nur unseren Kunden helfen, ihre Arbeitsabläufe zu optimieren. Als Marktführer im Bereich Unternehmenssoftware hilft SAP Unternehmen zu neue Möglichkeiten für Innovation und Wachstum zu schaffen und sich im Wettbewerb zu behaupten.

16.5.1 SAP Jam Collaboration

Integration von Werkzeugen für die Zusammenarbeit in Unternehmenslösungen und in mobilen Apps.

Vereinfachen Sie die Zusammenarbeit im gesamten Unternehmen: mit Software, Apps und mobilen Geräten, die Ihre Mitarbeiter täglich benutzen. Kombinieren Sie Know-how, Inhalte und Best Practices mit Echtzeitdaten aus Unternehmenssystemen und SAP-Werkzeugen für die Zusammenarbeit in Vertrieb, Service und Personalwesen. Auf dieser Basis entscheiden Sie fundiert und liefern überzeugende Ergebnisse.

Unternehmensweite interne Zusammenarbeit um Geschäftsergebnisse zu erzielen. Beinhaltet Gruppen, Diskussionen, Zusammenarbeit auf Inhalten, Projekten, Geschäftsprozessen (z.B. Vertrieb und Service).

Eingesetzt für Mitarbeiter und bekannte Externe.

Anzahl aktiver User weltweit Ende 2015: 28 Millionen

16.5.2   Referenzen

* Kaeser Kompressoren
* Parmalat
* Genband
* Brookshire Grocery Company

16.5.3   Kontaktdaten

SAP SE
   Dietmar-Hopp-Allee 16
   69190 Walldorf
   Ansprechpartner
   Martin Stocker
   martin.stocker@sap.com
   +496227746854

16.6   United Planet

United Planet ist Pionier im Bereich Unternehmensportale „out of the box". Das Unternehmen ist seit 1998 am Markt und gehört mit über 4800 Kunden und mehr als einer Million Nutzern zu den Marktführern im Bereich der mittelständischen Wirtschaft, der öffentlichen Verwaltung und Organisationen (z. B. Kliniken). Das Unternehmen wird von Manfred Stetz und Katrin Beuthner geführt. Mit der innovativen Portalsoftware Intrexx lassen sich webbasierende Applikationen bis hin zu kompletten Intranets/Enterprise Portalen mit modernsten Funktionalitäten schnell und wirtschaftlich erstellen. Die Software ist einfach erlernbar und kann schnell eingesetzt werden. Sie erlaubt die Erstellung produktiver Workflows und die Generierung mobiler Apps für Smartphones und Tablet PCs aller Hersteller. Mit Intrexx können Prozesse automatisiert, vereinfacht und jederzeit an wechselnde Anforderungen angepasst werden. Daten aus verschiedensten weiteren Softwaresystemen wie beispielsweise ERP oder CRM können integriert und konsolidiert werden. Somit erhält jeder Mitarbeiter an jedem Ort, zu jeder Zeit alle gewünschten Informationen. Seine tägliche Arbeit wird erheblich erleichtert, das Unternehmen erhält mehr Flexibilität und einen deutlichen Wettbewerbsvorsprung.

16.6.1   Intrexx Share

Intrexx Share ist eine Social Business Applikation auf Basis von Intrexx, die den Wissensaustausch und die Zusammenarbeit fördert. Durch die Basis Intrexx können auch in Intrexx Share verschiedenste weitere Softwaresysteme integriert und effizient genutzt werden. So wird aus einer Applikation zur Kommunikation der Mitarbeiter untereinander eine ganzheitliche „Unternehmensschaltzentrale", die alle relevanten Informationen und Daten auf einen Blick darstellt. Das fördert die Akzeptanz der Nutzer und steigert die Effizienz der Zusammenarbeit deutlich. Durch den unternehmensweiten Informationsaustausch finden Mitarbeiter schnell das nötige Know-how und können auf das Wissen im gesamten Unternehmen zurückgreifen. Das reduziert die Anzahl an Meetings und erhöht die Schnelligkeit und Qualität von Entscheidungen. Darüber hinaus führt der Informationsaustausch zur dynamischen Generierung von Mehrwissen und macht die kollektive Intelligenz im Unternehmen nutzbar. So soll Wissensmanagement auf höchstem Niveau ermöglicht werden.

Funktionen im Überblick:

- Effektive Beschleunigung von Prozessen
- Nahtlose Integration weiterer Applikationen („Apps in an App")
- Gruppen
- Dateiablage
- Beziehungsanzeiger
- Intelligente Filter
- Events (Abb. 16.8, 16.9 und 16.10)

16.6.2   Referenzen

- Megazoo
- KJF Augsburg
- Stadt Ulm
- T-Systems
- Stadtwerke Borkum

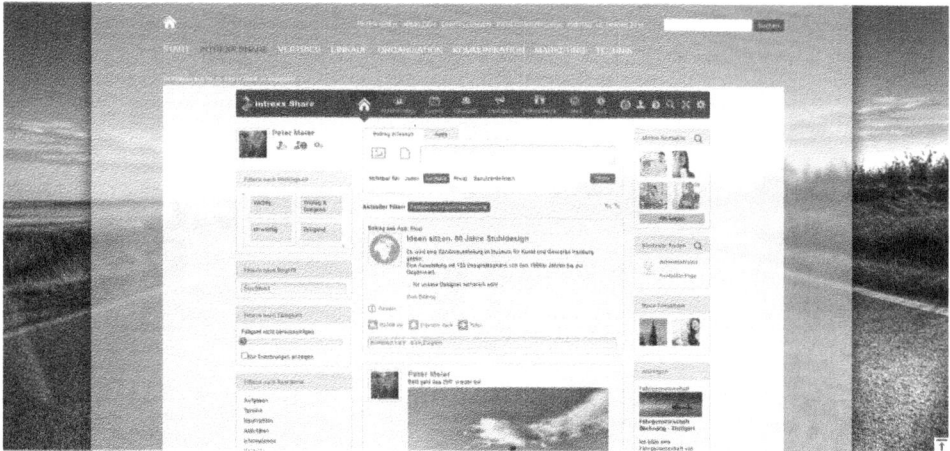

Abb. 16.8 Intrexx Beispiellayout. (United Planet)

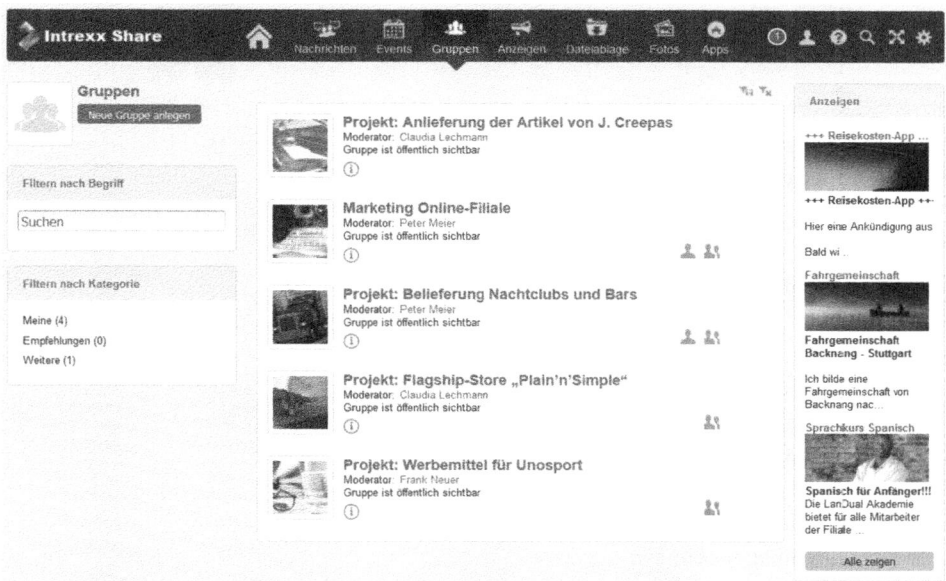

Abb. 16.9 Intrexx Share-Gruppen. (United Planet)

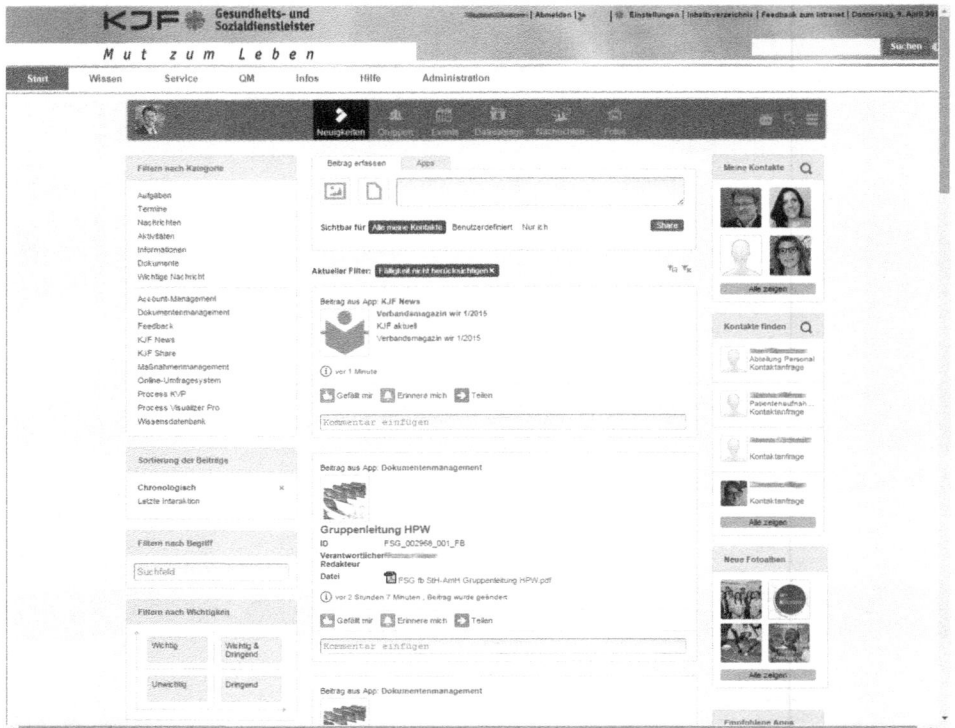

Abb. 16.10 Intrexx Share Beispiel der KJF Augsburg. (United Planet)

16.6.3 Kontaktdaten

United Planet
   Schnewlinstraße 2
   79098 Freiburg
   Ansprechpartner
   Christoph Herzog
   Christoph.Herzog@unitedplanet.com
   www.unitedplanet.com/esn

16.7   Zyncro

zyncro

Zyncro ist eine flexible Social-Business-Plattform die Organisationen eine neue Art zu arbeiten ermöglicht: Zusammenarbeit, Kommunikation & Mobile. Das ESN Zyncro erleichtert Kommunikation und Teamwork, bietet einen transparenten Überblick über Prozesse und steigert Produktivität und Effizienz. Zyncro-Benutzer profitieren von einem zentralisierten Datei-, Aufgaben- und Workflowmanagement, Kontaktlisten, Wikis, Events, Chats und Emails – alles auf einer einzigen Plattform, auf die auch mobil und als App zugegriffen werden kann. Zyncro kann mit vielen anderen Business-Management-Systemen integriert und vollständig personalisiert werden. Es kann vollständig an das CI und CD eines Unternehmens angepasst werden und ist in verschiedenen Ausführungen erhältlich: Für jegliche operative Systeme als Desktop- oder als mobile Version sowie als cloudbasierte (öffentlich oder privat) oder als On-Premise-Lösung. Zyncro Tech wurde 2009 in Barcelona gegründet und hat im Laufe des Jahres 2010 seine aktuelle Geschäftsstrategie entwickelt. Innerhalb der letzten 5 Jahre ist das Unternehmen exponentiell gewachsen und stark internationalisiert. Zyncro ist heute über ein weitläufiges Netzwerk von Partnern in 28 Ländern auf 3 Kontinenten vertreten.

Das Ziel von Zyncro ist, Organisationen dabei zu unterstützen, mittels der Nutzung von Social Technology im Unternehmensbereich ihr volles Potenzial auszuschöpfen und ihr Geschäftsergebnis direkt positiv zu beeinflussen.

16.7.1   Vorteile von Zyncro

Die Vorteile von Zyncro sind:

* Steigerung der Mitarbeiterproduktivität
* Zugriff jederzeit und von jedem Ort aus
* Motivation und Bindung von Mitarbeitern
* Sicherer Datenaustausch
* Kontrollierter Zugang zu externem kollektivem Wissen
* Kundenbindung und –treue (Abb. 16.11)

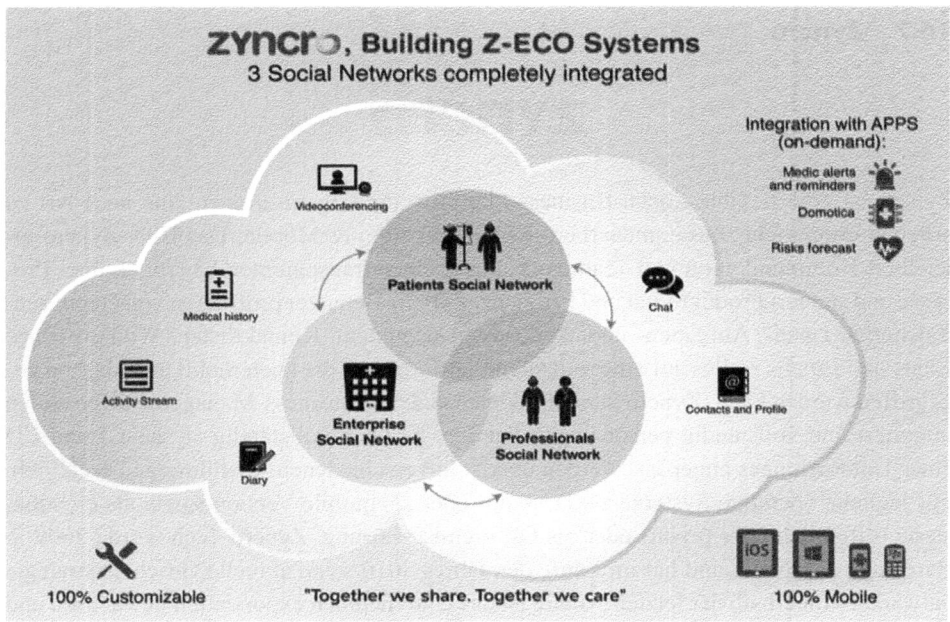

Abb. 16.11 Integrierte Social Networks bei Zyncro

16.7.2 Referenzen

- Club Cambra
- AON
- STARBUCKS
- eat out
- Palladium Hotel Group
- Adecco
- Audi (Tab. 16.1)

16.7.3 Kontaktdaten

ZYNCRO
Passeig de Gràcia, 120, 1° Dcha.
08008 Barcelona
Spain
Ansprechpartner
Pim Koemans
pim.koemans@zyncro.com
+31 76 5317980
www.zyncro.com

Tab. 16.1 Tabellarische Studienergebnisse der Befragung von ESN-Plattformanbietern 08/2015

Frage-Stellung	Broad-Vision Inc.	IBM Deutschland GmbH	Microsoft Deutschland GmbH	mixxt GmbH	SAP SE	United Planet GmbH	Zyncro Tech s.l.
Wie lautet der Name Ihrer ESN-Lösung?	Vmoso	IBM Connections	Office 365 mit Yammer/ SharePoint on Premises	tixxt	SAP® Jam	Intrexx	Zyncro
Kann das ESN auf eigenen Servern laufen?	Funktion ist implementiert	Funktion ist implementiert	Funktion ist implementiert	Funktion ist implementiert	Funktion ist nicht implementiert und nicht geplant	Funktion ist implementiert	Funktion ist implementiert
Kann ESN als Software as a Service/Private Cloud betrieben werden?	Funktion ist implementiert	Funktion ist implementiert	Funktion ist implementiert	Funktion ist implementiert	Funktion ist nicht implementiert und nicht geplant	Funktion ist implementiert	Funktion ist implementiert
Besteht die Möglichkeit, das ESN über eine „Cloud" zu hosten?	Funktion ist implementiert	Funktion ist implementiert	Funktion ist implementiert	Funktion ist implementiert	Funktion ist implementiert	Funktion ist implementiert	Funktion ist implementiert
Auf welche Version beziehen sich die Angaben hier?	On premise. Software as a Service, Cloud	Software as a Service	Cloud	On premise	Cloud	On premise	On premise, Software as a Service, Cloud
Für welche Versionsnummer wurde ausgefüllt?	Vmoso 2015_R4	IBM Connections Cloud S1 (Q3 2015)	September 2015	0,29	Mai 2015	7.0	4,34
Besteht die Möglichkeit, das ESN per Customizing (CD) an die Unternehmensbedürfnisse anzupassen?	Funktion teilweise implementiert	Funktion ist implementiert	Funktion ist implementiert	Funktion ist implementiert	Funktion ist implementiert	Funktion ist implementiert	Funktion ist implementiert
Eigenes Logo in Oberfläche machbar?	Funktion ist implementiert	Funktion ist implementiert	Funktion ist implementiert	Funktion ist implementiert	Funktion ist implementiert	Funktion ist implementiert	Funktion ist implementiert

Tab. 16.1 (Fortsetzung)

Frage-Stellung	Broad-Vision Inc.	IBM Deutschland GmbH	Microsoft Deutschland GmbH	mixxt GmbH	SAP SE	United Planet GmbH	Zyncro Tech s.l.
Können Farben, Fonts und Stile des Layouts unternehmensspezifisch (CI) angepasst werden?	Funktion teilweise implementiert	Funktion ist implementiert	Funktion ist implementiert	Funktion ist implementiert	Funktion ist implementiert	Funktion ist implementiert	Funktion ist implementiert
Besteht eine API für das Produkt zur Einbindung in bestehende Systemlandschaft?	Funktion ist implementiert	Funktion ist implementiert	Funktion ist implementiert	Funktion ist teilweise implementiert	Funktion ist implementiert	Funktion ist implementiert	Funktion ist implementiert
Kann Admin Termini wie „Like" oder „Kommentar" anpassen?	Funktion ist nicht implementiert, jedoch geplant	Funktion ist nicht implementiert und nicht geplant	Funktion ist nicht implementiert und nicht geplant	Funktion ist implementiert	Funktion ist implementiert	Funktion ist implementiert	Funktion ist implementiert
Können eigene Speicherservices des Unternehmens eingebunden werden?	Funktion teilweise implementiert	Funktion ist implementiert	Funktion ist nicht implementiert und nicht geplant	Funktion ist teilweise implementiert	Funktion ist implementiert	Funktion ist implementiert	Funktion ist implementiert
Sind Cloud-Speicher wie Dropbox, Box, GDrive etc. einbindbar?	Funktion ist implementiert	Funktion ist teilweise implementiert	Funktion ist nicht implementiert und nicht geplant	Funktion ist nicht implementiert, jedoch geplant	Funktion ist implementiert	Funktion ist implementiert	Funktion ist implementiert
Gibt es eine integrierte Funktion für Backups?	Funktion teilweise implementiert	Funktion ist teilweise implementiert	Funktion ist implementiert	Funktion ist implementiert	Funktion ist implementiert	Funktion ist implementiert	Funktion ist implementiert
Funktion zur Datenübernahme/Datenexport bei Wechsel?	Funktion ist implementiert	Funktion ist teilweise implementiert	Funktion ist implementiert	Funktion ist teilweise implementiert	Funktion ist implementiert	Funktion ist implementiert	Funktion ist implementiert

Tab. 16.1 (Fortsetzung)

Frage-Stellung	Broad-Vision Inc.	IBM Deutschland GmbH	Microsoft Deutschland GmbH	mixxt GmbH	SAP SE	United Planet GmbH	Zyncro Tech s.l.
Online-Status im Profil angezeigt?	Funktion ist implementiert	Funktion ist implementiert	Funktion ist implementiert	Funktion ist teilweise implementiert	Funktion ist teilweise implementiert	Funktion ist teilweise implementiert	Funktion ist implementiert
Können die Nutzer die Anzeige des Online-Status deaktivieren?	Funktion ist implementiert	Funktion ist implementiert	Funktion ist implementiert	Funktion ist teilweise implementiert	Funktion ist teilweise implementiert	Funktion ist teilweise implementiert	Funktion ist implementiert
Mehrsprachige Personen-Profile möglich?	Funktion ist implementiert	Funktion ist nicht implementiert und nicht geplant	Funktion ist implementiert	Funktion ist nicht implementiert, jedoch geplant	Funktion ist teilweise implementiert	Funktion ist implementiert	Funktion ist implementiert
Audiofile mit der korrekten Aussprache des Namens bei Person hinterlegbar?	Funktion nicht implementiert und nicht geplant	Funktion ist implementiert	Funktion ist nicht implementiert und nicht geplant	Funktion ist nicht implementiert, jedoch geplant	Funktion ist nicht implementiert und nicht geplant	Funktion ist implementiert	Funktion ist implementiert
Zeitzonen in Nutzerprofilen selbst änderbar?	Funktion teilweise implementiert	Funktion ist implementiert	Funktion ist implementiert	Funktion ist nicht implementiert, jedoch geplant	Funktion ist implementiert	Funktion ist implementiert	Funktion ist implementiert
Profile mit ext. Social Networks wie LinkedIn gekoppelt und synchronisier-bar?	Funktion ist nicht implementiert, jedoch geplant	Funktion ist teilweise implementiert	Funktion ist implementiert	Funktion ist implementiert	Funktion ist nicht implementiert und nicht geplant	Funktion ist teilweise implementiert	Funktion ist implementiert
Können die Nutzer eigene Tags für sich vergeben?	Funktion ist implementiert	Funktion ist implementiert	Funktion ist implementiert	Funktion ist teilweise implementiert	Funktion ist implementiert	Funktion ist nicht implementiert, jedoch geplant	Funktion ist implementiert

Tab. 16.1 (Fortsetzung)

Frage-Stellung	Broad-Vision Inc.	IBM Deutschland GmbH	Microsoft Deutschland GmbH	mixxt GmbH	SAP SE	United Planet GmbH	Zyncro Tech s.l.
Können Nutzer anderen Nutzern Tags vergeben und sind diese sichtbar?	Funktion ist implementiert	Funktion ist implementiert	Funktion ist implementiert	Funktion ist teilweise implementiert	Funktion ist implementiert	Funktion ist nicht implementiert, jedoch geplant	Funktion ist implementiert
Auto Suggest-Funktion zur Inhalts-Standardisierung verfügbar?	Funktion ist nicht implementiert, jedoch geplant	Funktion ist implementiert	Funktion ist implementiert	Funktion ist teilweise implementiert	Funktion ist implementiert	Funktion ist teilweise implementiert	Funktion ist implementiert
Profil versch. Rollen zuteilbar (Administrator, Community-Manager, Nutzer)?	Funktion ist implementiert	Funktion ist implementiert	Funktion ist implementiert	Funktion ist nicht implementiert, jedoch geplant	Funktion ist implementiert	Funktion ist implementiert	Funktion ist implementiert
Externe Anwendungen in das ESN integrierbar?	Funktion ist implementiert	Funktion ist implementiert	Funktion ist implementiert	Funktion ist implementiert	Funktion ist implementiert	Funktion ist implementiert	Funktion ist implementiert
Kann ein CRM-System in das ESN integriert werden?	Funktion ist implementiert	Funktion ist implementiert	Funktion ist implementiert	Funktion ist implementiert	Funktion ist implementiert	Funktion ist implementiert	Funktion ist implementiert
Gibt es eine administrierbare Anbindung an externe Social Media (Twitter, FB), um Posts zu veröffentlichen?	Funktion ist nicht implementiert, jedoch geplant	Funktion ist nicht implementiert und nicht geplant	Funktion ist implementiert	Funktion ist nicht implementiert, jedoch geplant	Funktion ist implementiert	Funktion ist teilweise implementiert	Funktion ist implementiert
Gibt es einen Appstore für die Integration des ESN mit anderen Produkten?	Funktion ist nicht implementiert, jedoch geplant	Funktion ist teilweise implementiert	Funktion ist implementiert	Funktion ist nicht implementiert, jedoch geplant	Funktion ist implementiert	Funktion ist implementiert	Funktion ist implementiert

Tab. 16.1 (Fortsetzung)

Frage-Stellung	Broad-Vision Inc.	IBM Deutschland GmbH	Microsoft Deutschland GmbH	mixxt GmbH	SAP SE	United Planet GmbH	Zyncro Tech s.l.
Wie viele Apps befinden sich aktuell in Ihrem Appstore?	K. A.	500	K. A.	0	Möglich mit OpenSocial API, zudem Rest API, OData API	200	42
Gibt es einen Activity-Stream auf der Startseite?	Funktion ist implementiert	Funktion ist implementiert	Funktion ist implementiert	Funktion ist implementiert	Funktion ist implementiert	Funktion ist implementiert	Funktion ist implementiert
Wird der Activity-Stream live/regelmäßig aktualisiert?	Funktion ist implementiert	Funktion ist nicht implementiert, jedoch geplant	Funktion ist implementiert	Funktion ist teilweise implementiert	Funktion ist implementiert	Funktion ist implementiert	Funktion ist implementiert
Eigene ActivityStreams für Gruppen?	Funktion ist implementiert	Funktion ist implementiert	Funktion ist implementiert	Funktion ist implementiert	Funktion ist implementiert	Funktion ist implementiert	Funktion ist implementiert
Ist Inhalt ext. Anwendg. wie Wiki, CMS... möglich in ActivityStream abzubilden?	Funktion ist implementiert	Funktion ist implementiert	Funktion ist implementiert	Funktion ist nicht implementiert, jedoch geplant	Funktion ist implementiert	Funktion ist implementiert	Funktion ist implementiert
Startseite für das Unternehmen konfigurierbar?	Funktion ist implementiert	Funktion ist implementiert	Funktion ist teilweise implementiert	Funktion ist teilweise implementiert	Funktion ist implementiert	Funktion ist implementiert	Funktion ist implementiert
Startseite durch den Nutzer anpassbar/konfigurierbar?	Funktion ist implementiert	Funktion ist implementiert	Funktion ist teilweise implementiert	Funktion ist nicht implementiert und nicht geplant	Funktion ist implementiert	Funktion ist implementiert	Funktion teilweise implementiert

Tab. 16.1 (Fortsetzung)

Frage-Stellung	Broad-Vision Inc.	IBM Deutschland GmbH	Microsoft Deutschland GmbH	mixxt GmbH	SAP SE	United Planet GmbH	Zyncro Tech s.l.
Übersicht der Expertise (Wissens-Gebiete) von Nutzern für andere Nutzer?	Funktion ist nicht implementiert, jedoch geplant	Funktion ist implementiert	Funktion ist implementiert	Funktion ist nicht implementiert, jedoch geplant	Funktion ist implementiert	Funktion ist teilweise implementiert	Funktion ist implementiert
„Leaderboard" über die einflussreichsten Nutzer, meisten Kommentare, meisten Likes, etc.?	Funktion ist nicht implementiert, jedoch geplant	Funktion ist nicht implementiert und nicht geplant	Funktion ist implementiert	Funktion ist nicht implementiert, jedoch geplant	Funktion ist teilweise implementiert	Funktion ist teilweise implementiert	Funktion ist implementiert
Besitzt das ESN pro Nutzer eine eigene Email, um Inhalte einfach an das ESN zu übermitteln?	Funktion ist implementiert	Funktion ist nicht implementiert und nicht geplant	Funktion ist implementiert	Funktion ist nicht implementiert, jedoch geplant	Funktion ist implementiert	Funktion ist teilweise implementiert	Funktion ist implementiert
Ist es möglich, Anhänge an E-Mails in ESN darzustellen?	Funktion ist implementiert	Funktion ist implementiert	Funktion ist implementiert	Funktion ist nicht implementiert, jedoch geplant	Funktion ist implementiert	Funktion ist teilweise implementiert	Funktion ist implementiert
Welche externen Chat-Services und Konferenz-Systeme können eingebunden werden?	WhatsApp; WeChat; Go To Meeting; WebEx	IBM Connections Chat; IBM Connections Meetings	Über Office 365 Groups kann Skype for Business eingebunden werden	XMPP	Lync out-of-the box, beliebige andere im Projekt gilt auch für Video	über Consulting verschiedene Systeme einbindbar	Chat-on, for, own integration by customers with development knowledge
Können offene Gruppen (Communities) über das ESN angelegt werden?	Funktion ist implementiert	Funktion ist implementiert	Funktion ist implementiert	Funktion ist implementiert	Funktion ist implementiert	Funktion ist implementiert	Funktion ist implementiert
Geschlossene Gruppen mit Einladung betretbar?	Funktion ist implementiert	Funktion ist implementiert	Funktion ist implementiert	Funktion ist implementiert	Funktion ist implementiert	Funktion ist implementiert	Funktion ist implementiert

Tab. 16.1 (Fortsetzung)

Frage-Stellung	Broad-Vision Inc.	IBM Deutschland GmbH	Microsoft Deutschland GmbH	mixxt GmbH	SAP SE	United Planet GmbH	Zyncro Tech s.l.
Versteckte geschlossene Gruppen anlegbar?	Funktion ist implementiert	Funktion ist implementiert	Funktion ist implementiert	Funktion ist implementiert	Funktion ist implementiert	Funktion ist implementiert	Funktion ist implementiert
Gibt es eigene Zugänge für Admins?	Funktion ist implementiert	Funktion ist implementiert	Funktion ist implementiert	Funktion ist implementiert	Funktion ist implementiert	Funktion ist implementiert	Funktion ist implementiert
Werden alle Administrations-Tätigkeiten geloggt und getrackt?	Funktion ist implementiert	Funktion ist teilweise implementiert	Funktion ist nicht implementiert, jedoch geplant	Funktion ist implementiert	Funktion ist teilweise implementiert	Funktion ist teilweise implementiert	Funktion ist implementiert
Gibt es eigene Zugänge für Gruppenleiter (Community Manager)?	Funktion ist implementiert	Funktion ist implementiert	Funktion ist implementiert	Funktion ist implementiert	Funktion ist teilweise implementiert	Funktion ist implementiert	Funktion ist implementiert
Stellvertreter-Funktion für die Gruppenleiter (Community Manager)?	Funktion ist implementiert	Funktion ist implementiert	Funktion ist implementiert	Funktion ist nicht implementiert, jedoch geplant	Funktion ist teilweise implementiert	Funktion ist implementiert	Funktion ist implementiert
Gruppenleiter an ihrem Profil für andere Nutzer erkennbar?	Funktion teilweise implementiert	Funktion ist nicht implementiert und nicht geplant	Funktion ist implementiert	Funktion ist implementiert	Funktion ist implementiert	Funktion ist implementiert	Funktion ist implementiert
Festlegung Sprache für eine Gruppe und ist diese angezeigt?	Funktion ist implementiert	Funktion ist nicht implementiert und nicht geplant	Funktion ist nicht implementiert und nicht geplant	Funktion ist nicht implementiert, jedoch geplant	Funktion ist nicht implementiert und nicht geplant	Funktion ist implementiert	Funktion ist implementiert
Kann Admin Gruppen anlegen?	Funktion ist implementiert	Funktion ist implementiert	Funktion ist implementiert	Funktion ist implementiert	Funktion ist implementiert	Funktion ist implementiert	Funktion ist implementiert
Kann Nutzer neue Gruppen anlegen?	Funktion ist implementiert	Funktion ist implementiert	Funktion ist implementiert	Funktion ist implementiert	Funktion ist implementiert	Funktion ist implementiert	Funktion ist implementiert

Tab. 16.1 (Fortsetzung)

Frage-Stellung	Broad-Vision Inc.	IBM Deutschland GmbH	Microsoft Deutschland GmbH	mixxt GmbH	SAP SE	United Planet GmbH	Zyncro Tech s.l.
Existiert ein Beantragungs-Prozess für eine neue Gruppe oder kann er implementiert werden?	Funktion ist implementiert	Funktion ist teilweise implementiert	Funktion ist nicht implementiert und nicht geplant	Funktion ist teilweise implementiert	Funktion ist nicht implementiert und nicht geplant	Funktion ist implementiert	Funktion ist implementiert
Gibt es die Funktion von Untergruppen/Subgroups?	Funktion ist implementiert	Funktion ist implementiert	Funktion ist nicht implementiert und nicht geplant	Funktion ist nicht implementiert, jedoch geplant	Funktion ist implementiert	Funktion ist nicht implementiert und nicht geplant	Funktion ist implementiert
Kann Untergruppe andere Module beinhalten als Hauptgruppe?	Funktion ist nicht implementiert, jedoch geplant	Funktion ist teilweise implementiert	Funktion ist nicht implementiert und nicht geplant	Funktion ist nicht implementiert, jedoch geplant	Funktion ist implementiert	Funktion ist nicht implementiert und nicht geplant	Funktion ist implementiert
Gegliederte Übersicht von Gruppen in Haupt- und Untergruppen?	Funktion ist implementiert	Funktion ist implementiert	Funktion ist nicht implementiert und nicht geplant	Funktion ist implementiert	Funktion ist implementiert	Funktion ist nicht implementiert und nicht geplant	Funktion ist implementiert
Wochenzusammenfassungen per E-Mail von Aktivitäten in Gruppen möglich?	Funktion ist nicht implementiert, jedoch geplant	Funktion ist implementiert	Funktion ist implementiert	Funktion ist implementiert	Funktion ist implementiert	Funktion ist implementiert	Funktion ist implementiert
Besteht die Möglichkeit RSS-Feeds zu abonnieren?	Funktion ist implementiert	Funktion ist implementiert	Funktion ist nicht implementiert und nicht geplant	Funktion ist implementiert	Funktion ist implementiert	Funktion ist implementiert	Funktion ist implementiert
Netzwerk-Kontakt möglich ohne zu folgen?	Funktion ist implementiert	Funktion ist implementiert	Funktion ist implementiert	Funktion ist implementiert	Funktion ist implementiert	Funktion ist implementiert	Funktion ist implementiert
Ist es möglich, Gruppen zu folgen?	Funktion ist implementiert	Funktion ist implementiert	Funktion ist implementiert	Funktion ist implementiert	Funktion ist implementiert	Funktion ist implementiert	Funktion ist implementiert

Tab. 16.1 (Fortsetzung)

Frage-Stellung	Broad-Vision Inc.	IBM Deutschland GmbH	Microsoft Deutschland GmbH	mixxt GmbH	SAP SE	United Planet GmbH	Zyncro Tech s.l.
Können Nutzer Beiträge teilen?	Funktion ist implementiert	Funktion ist teilweise implementiert	Funktion ist implementiert	Funktion ist implementiert	Funktion ist implementiert	Funktion ist implementiert	Funktion ist implementiert
Kann Beitrag u. Kommentar ge- und entfolgt werden?	Funktion ist implementiert	Funktion ist implementiert	Funktion ist implementiert	Funktion ist implementiert	Funktion ist implementiert	Funktion ist implementiert	Funktion ist implementiert
Blog-Funktion innerh. Gruppe verfügbar?	Funktion ist implementiert	Funktion ist implementiert	Funktion ist implementiert	Funktion ist implementiert	Funktion ist implementiert	Funktion ist implementiert	Funktion ist implementiert
Können Blogs von Nutzern angelegt werden (Pers.-Blog)?	Funktion ist implementiert	Funktion ist implementiert	Funktion ist implementiert	Funktion ist nicht implementiert, jedoch geplant	Funktion ist implementiert	Funktion ist implementiert	Funktion ist implementiert
MicroBlogging verfügbar (Statusmeldung etc.)?	Funktion ist implementiert	Funktion ist implementiert	Funktion ist implementiert	Funktion ist implementiert	Funktion ist implementiert	Funktion ist implementiert	Funktion ist implementiert
Ideensammlung (Crowdsourcing) möglich?	Funktion ist implementiert	Funktion ist implementiert	Funktion ist implementiert	Funktion ist implementiert	Funktion ist implementiert	Funktion ist implementiert	Funktion ist implementiert
Wiki-Funktion im ESN verfügbar?	Funktion teilweise implementiert	Funktion ist implementiert	Funktion ist implementiert	Funktion ist nicht implementiert, jedoch geplant	Funktion ist implementiert	Funktion ist implementiert	Funktion ist implementiert
Anlage von Wikis möglich durch die Nutzer?	Funktion teilweise implementiert	Funktion ist implementiert	Funktion ist implementiert	Funktion ist nicht implementiert, jedoch geplant	Funktion ist implementiert	Funktion ist implementiert	Funktion ist implementiert
Gibt es eine öffentlich einsehbare Änderungs-Historie?	Funktion ist implementiert	Funktion ist implementiert	Funktion ist implementiert	Funktion ist nicht implementiert, jedoch geplant	Funktion ist implementiert	Funktion ist implementiert	Funktion ist implementiert

Tab. 16.1 (Fortsetzung)

Frage-Stellung	Broad-Vision Inc.	IBM Deutschland GmbH	Microsoft Deutschland GmbH	mixxt GmbH	SAP SE	United Planet GmbH	Zyncro Tech s.l.
Würden Sie Ihr integriertes Wiki-Modul als im Vergleich sehr leistungsstark bezeichnen?	Ja	Ja	Nein	Ja	Ja	Ja	Ja
Externe Wiki-Systeme in das ESN einbindbar?	Funktion ist nicht implementiert, jedoch geplant	Funktion ist nicht implementiert und nicht geplant	Funktion ist nicht implementiert und nicht geplant	Funktion ist teilweise implementiert	Funktion ist teilweise implementiert	Funktion ist teilweise implementiert	Funktion ist implementiert
Ist eine Foren-Funktion verfügbar?	Funktion ist implementiert	Funktion ist implementiert	Funktion ist implementiert	Funktion ist nicht implementiert, jedoch geplant	Funktion ist implementiert	Funktion ist implementiert	Funktion ist implementiert
„Liken" einer Frage möglich (um sich etwa anzuschließen)?	Funktion ist nicht implementiert, jedoch geplant	Funktion ist implementiert	Funktion ist implementiert	Funktion ist nicht implementiert, jedoch geplant	Funktion ist implementiert	Funktion ist implementiert	Funktion ist implementiert
Ist „Liken" von Antworten/Kommentaren möglich (um sich etwa für eine gute Antwort zu bedanken)?	Funktion ist nicht implementiert, jedoch geplant	Funktion ist implementiert	Funktion ist implementiert	Funktion ist nicht implementiert, jedoch geplant	Funktion ist implementiert	Funktion ist implementiert	Funktion ist implementiert
Ist OrgChart + Organigramm verfügbar?	Funktion ist implementiert	Funktion ist implementiert	Funktion ist implementiert	Funktion ist nicht implementiert, jedoch geplant	Funktion ist implementiert	Funktion ist implementiert	Funktion ist implementiert

Tab. 16.1 (Fortsetzung)

Frage-Stellung	Broad-Vision Inc.	IBM Deutschland GmbH	Microsoft Deutschland GmbH	mixxt GmbH	SAP SE	United Planet GmbH	Zyncro Tech s.l.
Ist Import Nutzerdaten inkl. Hierarchie aus Active Directory möglich?	Funktion ist implementiert	Funktion ist implementiert	Funktion ist implementiert	Funktion ist implementiert	Funktion ist implementiert	Funktion ist implementiert	Funktion ist implementiert
Leistungen über Accomplishments, Badges… erkennbar?	Funktion ist nicht implementiert, jedoch geplant	Funktion ist teilweise implementiert	Funktion ist implementiert	Funktion ist nicht implementiert, jedoch geplant	Funktion ist implementiert	Funktion ist teilweise implementiert	Funktion ist implementiert
Personen mit Schlagworten versehen werden (Tagging)?	Funktion ist implementiert	Funktion ist implementiert	Funktion ist implementiert	Funktion ist nicht implementiert, jedoch geplant	Funktion ist implementiert	Funktion ist nicht implementiert, jedoch geplant	Funktion ist implementiert
Themen mit Schlagworten versehen (Tagging)?	Funktion ist implementiert	Funktion ist implementiert	Funktion ist implementiert	Funktion ist implementiert	Funktion ist implementiert	Funktion ist nicht implementiert, jedoch geplant	Funktion ist implementiert
Externe Internetseiten verlinken mit Bookmarks möglich?	Funktion ist implementiert	Funktion ist implementiert	Funktion ist nicht implementiert und nicht geplant	Funktion ist implementiert	Funktion ist nicht implementiert und nicht geplant	Funktion ist implementiert	Funktion teilweise implementiert
Gibt es eine Such-Funktion nach Nutzern im ESN?	Funktion ist implementiert	Funktion ist implementiert	Funktion ist implementiert	Funktion ist implementiert	Funktion ist implementiert	Funktion ist implementiert	Funktion ist implementiert
Ist geregelte Zulassung ext. Nutzer auf Gruppen im ESN möglich?	Funktion ist implementiert	Funktion ist implementiert	Funktion ist implementiert	Funktion ist implementiert	Funktion ist implementiert	Funktion ist teilweise implementiert	Funktion ist implementiert

Tab. 16.1 (Fortsetzung)

Frage-Stellung	Broad-Vision Inc.	IBM Deutschland GmbH	Microsoft Deutschland GmbH	mixxt GmbH	SAP SE	United Planet GmbH	Zyncro Tech s.l.
Ext. Nutzer in Befugnissen einschränkbar?	Funktion ist implementiert	Funktion ist implementiert	Funktion ist implementiert	Funktion ist implementiert	Funktion ist implementiert	Funktion ist implementiert	Funktion ist implementiert
Sind Gruppen ext. Nutzer extra gekennzeichnet?	Funktion ist implementiert	Funktion ist implementiert	Funktion ist implementiert	Funktion ist teilweise implementiert	Funktion ist implementiert	Funktion ist teilweise implementiert	Funktion teilweise implementiert
Wöchentlicher E-Mail-Bericht an ext. Nutzer zu Aktivitäten in der Gruppe?	Funktion teilweise implementiert	Funktion ist nicht implementiert und nicht geplant	Funktion ist implementiert	Funktion ist implementiert	Funktion ist implementiert	Funktion ist implementiert	Funktion teilweise implementiert
Zugang über Webbrowser unterstützt?	Funktion ist implementiert	Funktion ist implementiert	Funktion ist implementiert	Funktion ist implementiert	Funktion ist implementiert	Funktion ist implementiert	Funktion ist implementiert
Existiert auf dem Client zu installierende Software?	Funktion ist implementiert	Funktion ist implementiert	Funktion ist implementiert	Funktion nicht implementiert, jedoch geplant	Funktion ist implementiert	Funktion nicht implementiert und nicht geplant	Funktion nicht implementiert und nicht geplant
ESN mobil verfügbar?	Funktion ist implementiert	Funktion ist implementiert	Funktion ist implementiert	Funktion ist implementiert	Funktion ist implementiert	Funktion ist implementiert	Funktion ist implementiert
Mobillösung in Responsive Design umgesetzt?	Funktion ist implementiert	Funktion ist implementiert	Funktion ist implementiert	Funktion ist implementiert	Funktion ist implementiert	Funktion ist implementiert	Funktion ist implementiert
Ist der Upload von Dateien durch Nutzer möglich?	Funktion ist implementiert	Funktion ist implementiert	Funktion ist implementiert	Funktion ist implementiert	Funktion ist implementiert	Funktion ist implementiert	Funktion ist implementiert
Integriertes Aufgaben-Management (Task-Management)?	Funktion ist implementiert	Funktion ist implementiert	Funktion ist implementiert	Funktion ist implementiert	Funktion ist implementiert	Funktion ist implementiert	Funktion ist implementiert

Tab. 16.1 (Fortsetzung)

Frage-Stellung	Broad-Vision Inc.	IBM Deutschland GmbH	Microsoft Deutschland GmbH	mixxt GmbH	SAP SE	United Planet GmbH	Zyncro Tech s.l.
Persönlicher interner Kalender im ESN?	Funktion ist implementiert	Funktion ist implementiert	Funktion ist implementiert	Funktion ist implementiert	Funktion ist implementiert und nicht geplant	Funktion ist implementiert	Funktion teilweise implementiert
Gibt es einen internen Gemeinschaftskalender im ESN?	Funktion ist nicht implementiert, jedoch geplant	Funktion ist implementiert	Funktion ist implementiert	Funktion ist implementiert	Funktion ist implementiert	Funktion ist implementiert	Funktion teilweise implementiert
Supporthotline für das ESN angeboten?	Funktion ist implementiert	Funktion ist implementiert	Funktion ist implementiert	Funktion ist implementiert	Funktion ist implementiert	Funktion ist implementiert	Funktion ist implementiert
Gibt es ein Monitoring, das Auswertungen der Aktivitäten aggregiert auf globaler Ebene ermöglicht?	Funktion ist nicht implementiert, jedoch geplant	Funktion ist teilweise implementiert	Funktion ist implementiert	Funktion ist implementiert	Funktion ist implementiert	Funktion ist teilweise implementiert	Funktion ist implementiert
Unter welchem Link sind weitere Informationen zu finden?	www.broad-vision.com & www.broadvision.com/de	http://www.ibm.com/cloud-com-puting/social/	https://www.office.com/	https://www.tixxt.com/de/expertise/	http://help.sap.com/sapjam	http://www.intrexx.com/intrexx	www.zyncro.com
Unter welchen Kontaktdaten ist der Vertrieb zu erreichen? Wer ist der Ansprech-Partner?	Michael Drescher michael.drescher@broadvision.com +4194012442	http://www-03.ibm.com/software/products/de/conn	Caroline Ruenger, 0151 44063629 (Product Marketing Manager) Ragnar Heil, 0173 3788838 (Customer Success Manager)	Oliver Ueberholz, 0228 2997997 78, O.Ueberholz@mixxt.de	Yvonne Bender, +49 6227 7-44198, yvonne-jessica.bender@sap.com	Simone Grün-inger Leiterin Kundenberatung Tel.: +49 761 20703-650 Simone.Grueninger@unitedplanet.com	pim.koemans@zyncro.com

Markus Besch Bereits mit 17 Jahren gründete Markus Besch sein erstes IT-Unternehmen im Bereich der Softwareentwicklung für Branchenlösungen. Das Portfolio wurde Anfang der 90'er Jahre um Lotus Notes-basierte Lösungen erweitert, was dann auch bereits der Eintritt in die Welt der Kollaborationslösungen war.

Dem folgte ein USA Aufenthalt als Verantwortlicher Manager für die Markteinführung der ERP-Software Dynamics im deutschsprachigen Markt beim Hersteller Great Plains Software und später Microsoft Business Solution. 2002 begründete er dann mit mehreren Gründungsaktionären gemeinsam die IT Advantage AG, die sich im Technologiemarkt als Business Development Agentur erfolgreich etabliert. Zu den Kunden zählen viele große und mittlere Softwareunternehmen, aber auch bereits Social Network Unternehmen wie Xing und LinkedIn. Das so sehr früh und intensiv erworbene Knowhow über die Einsatzpotenziale und Umsetzung von Social Networks für Unternehmen wurde in der Folge 2009 in die Gründung des SocialMedia Institutes (SMI) übernommen, dem Markus Besch ebenfalls vorsteht. Das SMI berät und unterstützt Unternehmen bei ihrer Social Media Strategie und dem unternehmensweiten Einsatz von Social Business, bietet Enabling-Maßnahmen an und hat ein Coaching- und Begleitungskonzept für Unternehmen.

Sachverzeichnis

© Springer Fachmedien Wiesbaden 2016
A. Rossmann et al. (Hrsg.), *Enterprise Social Networks,*
DOI 10.1007/978-3-658-12652-0

The manufacturer's authorised representative in the EU is Springer
Nature Customer Service Centre GmbH, Europaplatz 3, 69115 Heidelberg,
Germany. If you have any concerns regarding our products, please
contact ProductSafety@springernature.com

Printed and bound by CPI Group (UK) Ltd, Croydon, CR0 4YY
26/04/2026
02097302-0012